MES PHOTOS

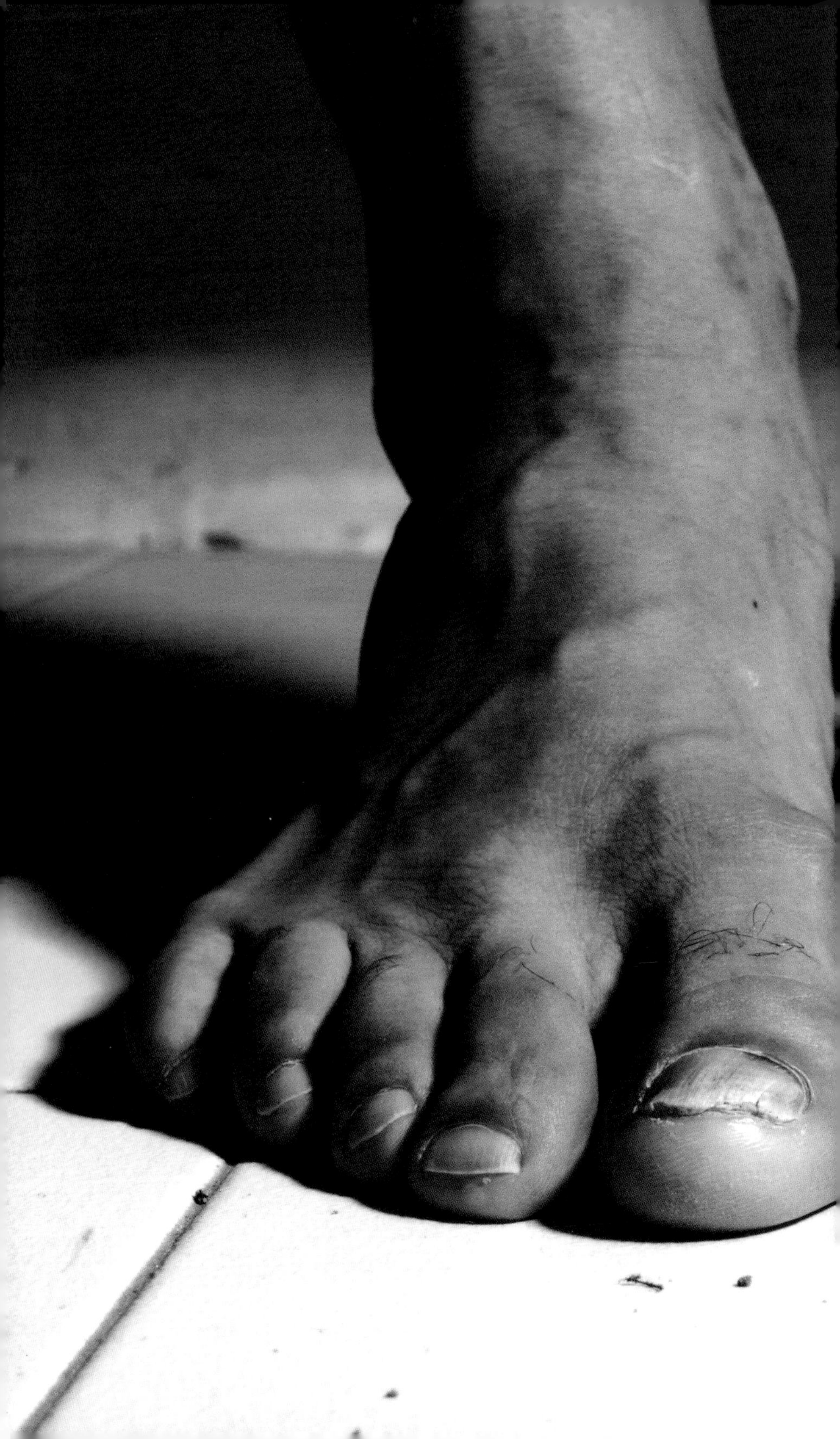

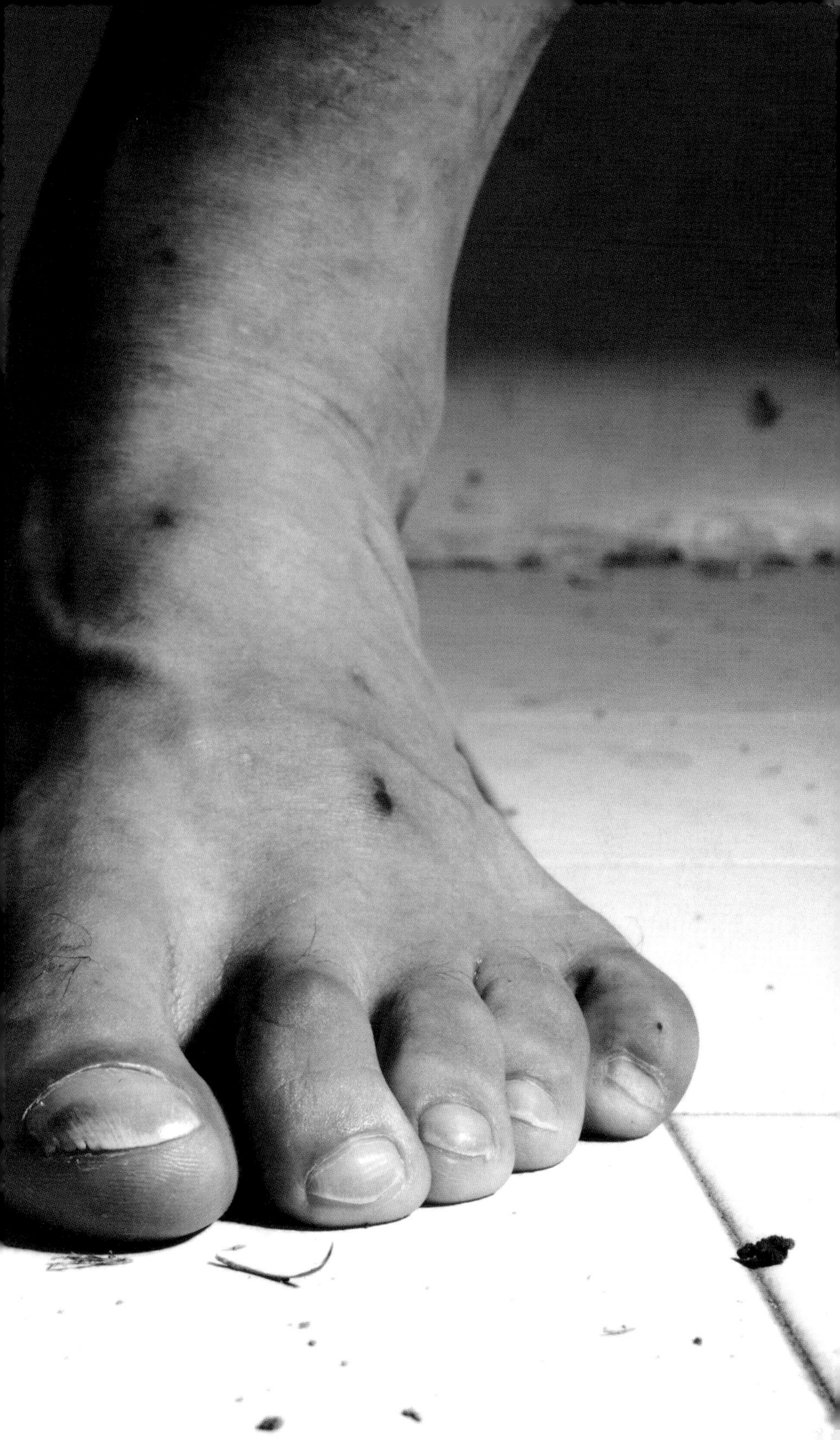

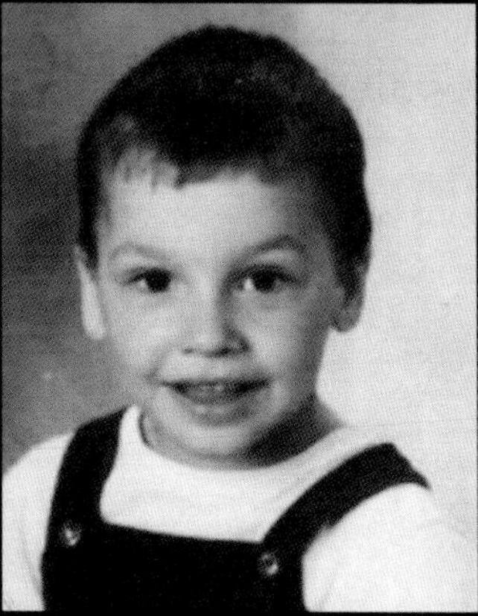

Sanela et moi sur l'Opel de papa.

L'équipe junior de Malmö FF.

L'équipe junior du MBI.

Avec Ronaldinho.

Avec Gattuso
à Milan.

Victoire du championnat d'Italie avec l'Inter.

Fête avec Maxwell à l'Ajax.

Avec Messi à Barcelone.

Inauguration du *Zlatan Court*,
terrain de football à Rosengård.

IBRAHIMOVIC

Chez papa,
avec Maxi
et Vincent.

Patrick Vieira et moi.

Après avoir été élu meilleur joueur de l'année de Serie A.

Mourinho apparaît à l'improviste derrière Guardiola et moi pendant la demi-finale de la Ligue des Champions 2009-2010.

Avec Thierry Henry à Barcelone.

Avec Pelé.

IBRAHIMOVIĆ
10

Avec Erik Hamrén.

« Vous pouvez sortir un gars de Rosengård
mais vous ne pourrez jamais faire sortir Rosengård de ce gars. » Signé Zlatan.

« Bienvenue chez toi Zlatan ».

Chez nous à Malmö.

Dr Ibrahimović, à la naissance de Maxi.

Maxi, Helena et moi.

Helena.

BENVENUTO
MAXIMILIAN
inter inside
FORZA INTER

Avec Moggi et Maxi.

Ci-contre : Les ultras souhaitent la bienvenue à Maximilian.

Zlatan Camp: école de football pour filles et garçons

À la pêche.

À la chasse.

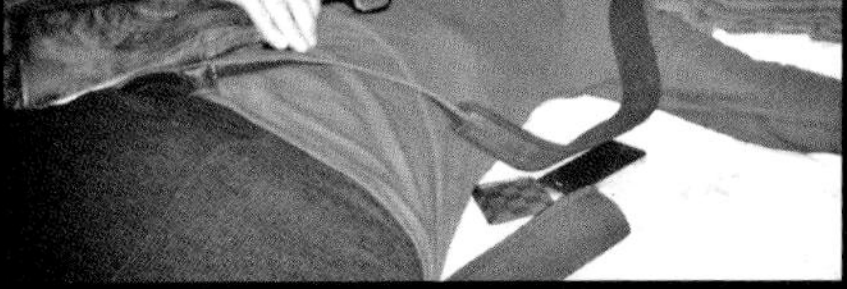

De retour à Milan. Mino, Vincent, Maxi, et moi

INTER
RAHIMOVIĆ
RELLI

Fly
Emirates
sibly
18

PSG, l'aventure
continue…

Au calme avec Trustor.

MOI, ZLATAN IBRAHIMOVIĆ

www.editions-jclattes.fr

MOI, ZLATAN IBRAHIMOVIĆ

Mon histoire racontée à David Lagercrantz

Traduit de l'anglais par Olivier Villepreux

JC Lattès

Titre de l'édition originale :
JAG ÄR ZLATAN IBRAHIMOVIĆ
Publiée par Albert Bonniers Förlag, Stockholm, Suède

Maquette de couverture : Atelier Thimonier, d'après le design de Nina Ulmaja
Photos © Eric Broms
Publié en français avec l'accord de Bonniers Group Agency, Stockholm, Suède.

ISBN : 978-2-7096-4292-7

Première édition janvier 2013.

Je dédie ce livre à ma famille et à mes amis, à tous ceux qui m'ont suivi durant ces années et qui m'ont soutenu dans les bons comme les mauvais moments. Je veux également adresser une pensée à tous ces mômes là-bas, tous ces gosses qui se sentent différents, qui ne sont pas vraiment dans le moule et qui se font remarquer pour un tas de mauvaises raisons. Ça ne pose aucun problème de ne vouloir ressembler à personne d'autre qu'à soi. Ayez confiance en vous. Après tout, je m'en suis moi-même plutôt bien tiré.

1

Pep Guardiola, l'entraîneur de Barcelone, se dirige vers moi dans son costume gris, l'air préoccupé, un brin embarrassé.

En ce temps-là, je pensais qu'il était réglo, pas vraiment le style de Mourinho ou Capello, mais un type bien. C'était avant que nous commencions à avoir de sérieux désaccords, tous les deux. Cet automne 2009, j'étais en train de vivre mon rêve de gosse. Je jouais avec la meilleure équipe du monde et soixante-dix mille personnes étaient venues m'accueillir au Camp Nou. J'étais aux anges ; bon, peut-être pas tout à fait. Les journaux écrivaient pas mal de bêtises. Que j'étais un *bad boy*, que j'étais ingérable. Quoi qu'il en soit, j'étais bel et bien là. Helena et les enfants étaient contents. Nous avions une jolie maison à Esplugues de Llobregat et j'étais prêt. Qu'est-ce qui pouvait clocher ?

« Écoute, me dit Guardiola. Ici, au Barça, on garde les pieds sur terre.

— Bien sûr, ça marche.

— Donc on ne vient pas à l'entraînement en Ferrari ou en Porsche. »

J'approuvai d'un signe de tête, sans rien rétorquer, surtout pas : et alors, qu'est ce que ça peut bien te faire dans quelle voiture je roule ? Je me demandais ce qu'il voulait dire par là. C'était quoi son message ? Croyez-moi, j'ai passé l'âge de jouer les caïds au volant de bolides, qui les garent sur les trottoirs ou je ne sais où. Ça n'a rien à voir. Mais j'aime les voitures. Je suis un passionné et je sentais bien que sa réflexion avait un sens caché. Quelque chose comme : ne va pas t'imaginer que tu auras un traitement de faveur !

J'avais déjà eu l'impression que Barcelone ressemblait à une école, ou à ce type d'institution. Les joueurs étaient sympas, rien à dire de ce côté-là, et Maxwell, mon vieux pote de l'Ajax et de l'Inter, était avec moi. Mais, pour être honnête, pas un des gars ne se comportait comme une vedette, ce qui était étrange. Messi, Xavi, Iniesta et toute la bande se tenaient comme des petits écoliers. Les meilleurs footballeurs du monde étaient plantés là, la tête baissée, et je n'y comprenais rien. C'était ridicule. En Italie, si un entraîneur disait « saute ! », les stars de l'équipe le regarderaient d'un air sceptique : « Pourquoi devrions-nous sauter ? »

Or, ici, ils faisaient tous exactement ce qu'on leur demandait. Ça ne m'allait pas du tout, mais alors vraiment pas. Profite de l'occasion ! me suis-je dit. Ne leur donne pas raison ! Je décidai de m'adapter et de rentrer dans le moule. J'en devins presque trop gentil. C'était dingue. Mino Raiola, mon agent et ami, me dit :

« Qu'est-ce qu'il t'arrive, Zlatan ? Je ne te reconnais pas. »

Personne ne me reconnaissait, pas un seul de mes potes, absolument personne. Je commençais à déprimer et, à ce stade, je dois vous dire que depuis mes débuts au Malmö FF je n'ai toujours eu qu'une seule et même philosophie : n'en faire qu'à ma tête. Je me tape de ce que les autres pensent et je n'ai jamais aimé me retrouver au milieu de gens coincés. J'aime les mecs qui grillent les feux rouges, si vous voyez ce que je veux dire. Tandis que là, je ne disais pas ce que je pensais.

Je disais ce que je pensais que les gens voulaient que je dise. Ce qui était une erreur totale. Je conduisais l'Audi du club et je faisais oui avec la tête comme quand j'étais à l'école. Je ne gueulais même plus vraiment sur mes coéquipiers. J'étais barbant. Zlatan n'était plus Zlatan et la dernière fois que cela s'était produit je fréquentais une école chic, à Borgarskolan, où pour la première fois de ma vie je voyais des filles en polo Ralph Lauren sans arriver à leur demander de sortir avec moi. Par ailleurs, mon début de saison était excellent. Je marquais un but après l'autre. Nous remportâmes la Super Coupe de l'UEFA. C'était formidable. Sur la pelouse, je maîtrisais, mais je ne me sentais pas moi-même. Quelque chose s'était produit, rien de sérieux, pas encore, mais quand même. Je restais silencieux et, croyez-moi, chez moi, c'est dangereux. Si je ne suis pas en colère, je ne joue pas bien. J'ai besoin de gueuler, je fais du boucan. Mais là, je me retenais. Cela avait peut-être à voir avec la presse. Je ne sais pas.

Mon arrivée avait donné lieu au deuxième plus gros transfert de l'histoire et les journaux écrivaient que j'avais été un enfant à problèmes, que j'étais un personnage retors, des tas de bêtises en somme, et malheureusement toute cette pression me pesait, à savoir qu'ici, au Barça, on ne faisait pas le malin, on ne créait pas d'histoires, et je voulais prouver que je pouvais m'adapter. C'est ma plus grosse erreur. Sur le terrain, j'étais toujours aussi impressionnant mais je ne m'amusais plus.

J'ai même envisagé d'arrêter le football. Pas au point de casser mon contrat, après tout, je suis un professionnel. Mais j'avais perdu mon enthousiasme et pour les vacances de Noël nous sommes rentrés en Suède où, dans une station de ski du nord du pays, je pus louer une motoneige.

Dans la vie, même quand je m'accorde une pause, j'ai besoin d'action. Je conduis toujours comme un fou. J'ai déjà fait mordre la poussière aux flics en roulant à trois cent vingt-cinq kilomètres à l'heure au volant de ma Porsche Turbo. J'ai fait tellement de trucs insensés que je ne veux même pas y penser mais là, avec ma motoneige, dans les montagnes, je m'en payais une bonne tranche. J'ai chopé des engelures et je me suis éclaté comme jamais.

Enfin une montée d'adrénaline ! L'ancien Zlatan était de retour et je ne voyais pas bien ce qu'il pourrait lui arriver. J'avais de l'argent à la banque, je n'avais pas à m'en faire, je n'avais pas besoin de m'écraser devant un crétin d'entraîneur alors que je pourrais m'amuser et passer du temps avec ma famille. Ce séjour fut vraiment agréable. Mais ça n'a pas duré. Le retour en Espagne serait une catastrophe. Pas immédiatement, ça couvait, je le sentais venir doucement.

Il y eut une tempête de neige. On aurait dit que les Espagnols n'avaient jamais vu de neige de leur vie et sur les collines où nous habitions il y avait des voitures abandonnées un peu partout. Mino, ce gros imbécile (ce merveilleux gros imbécile, devrais-je dire pour écarter tout malentendu), se les caillait dans ses chaussures de ville et sa veste d'été et il me persuada de prendre l'Audi. Ce qui se termina dans le chaos total, complet. Je perdis le contrôle du véhicule dans une descente assez raide et nous avons percuté un mur de béton, massacrant le côté droit de la voiture.

Pas mal de gars de l'équipe avaient embouti leur voiture à cause de la tempête mais personne n'avait eu un tel accident. J'ai donc remporté le concours de voitures écrasées et nous en avons tous bien rigolé. J'étais, pour une fois, moi-même. Je me sentais donc toujours plutôt bien. Mais c'est alors que Messi a commencé à faire des remarques. Lionel Messi est génial. Il est totalement bluffant. Je ne le connais pas plus que ça. Nous sommes très différents. Il a été recruté au Barça à l'âge de treize ans. Il a été élevé dans cette culture et n'a aucun problème avec cette fichue école. Dans l'équipe, le jeu tourne autour de lui, ce qui est tout à fait normal, il est excellent. Mais il se trouve que j'étais là et que je marquais plus de buts que lui. Messi est allé voir Guardiola. « Je ne veux plus jouer sur l'aile droite, je veux jouer au centre. »

Or c'était moi, au centre. Mais Guardiola s'en balançait totalement. Il changea de dispositif tactique. Il passa d'un 4-3-3 à un 4-5-1, j'étais en pointe et Messi était placé juste derrière moi, ce qui faisait que je me retrouvais dans l'ombre. Toutes les balles passaient par Messi et je n'arrivais pas à m'exprimer. Sur un terrain, je dois être aussi libre que l'air. Je suis le genre de type à vouloir faire la différence à tous les niveaux. Mais Guardiola m'a sacrifié. C'est la vérité. Il m'a coincé à la pointe de l'attaque. Bien sûr, je peux comprendre son dilemme. Messi était la star.

Guardiola était obligé de l'écouter. Mais allez ! J'ai marqué des tas de buts avec le Barça et moi aussi j'avais été plutôt bon. Il ne pouvait quand même pas changer toute l'équipe en fonction d'un seul mec. Sinon pourquoi diable m'avait-il recruté ? Personne ne lâcherait une telle somme pour étouffer un joueur comme moi. Guardiola aurait dû nous écouter tous les deux et, bien sûr, l'atmosphère au sein de la direction du club se tendit. Ils n'avaient jamais autant misé sur un joueur et le nouveau schéma ne me convenait pas. Txiki Begiristain, le directeur sportif, insista pour que j'aille parler à l'entraîneur.

« Trouve une solution ! »

Je n'ai pas apprécié. Mais je suis un joueur qui s'adapte aux événements. « D'accord, très bien, c'est ce que je vais faire. »

Un de mes potes m'avait dit : « Zlatan, c'est comme si le Barça avait acheté une Ferrari et la conduisait comme une Fiat. » C'était une bonne manière de voir la chose. Guardiola m'avait transformé au point de devenir un simple joueur, un bien plus mauvais joueur que je le suis. Un vrai gâchis pour toute l'équipe.

Donc, j'allai le voir. Pendant un entraînement, alors que nous étions sur le terrain. Je ne me souciais que d'une chose : je ne voulais pas que nous nous disputions. C'est ce que je lui dis : « Je ne cherche pas la bagarre. Je ne veux pas que ce soit la guerre. Je veux juste discuter de deux ou trois choses. » Il acquiesça.

Mais comme il avait l'air un peu effrayé, je lui répétai ce que je venais de lui dire. « Si tu penses que je cherche la bagarre, je m'en vais. Je veux juste avoir un mot avec toi.

— Très bien ! J'aime discuter avec les joueurs.

— Écoute, tu n'utilises pas tout mon potentiel. Si tu cherchais un simple buteur, tu aurais dû acheter Inzaghi ou un autre. J'ai besoin d'espace, j'ai besoin de me sentir libre. Je ne peux pas courir tout le temps de haut en bas du terrain. Je pèse quatre-vingt-dix-huit kilos. Je ne suis pas fait pour ça. »

Il se mit à réfléchir. Il passait son temps à tout ressasser.

« Je pense que tu peux jouer de cette façon.

— Non, autant me mettre sur le banc. Avec tout le respect que je te dois, je sais d'où tu viens, tu es en train de me sacrifier au profit d'autres joueurs. Ça ne marche pas. C'est comme si tu avais acheté une Ferrari et que tu la conduisais comme une Fiat. »

Il se mit à réfléchir davantage.

« O.K., c'était peut-être une erreur. C'est mon problème. Je vais trouver une solution. »

J'étais heureux. Je repartis d'un pas léger mais c'est à partir de ce moment-là qu'il me fit la gueule. Il me regardait à peine. Je ne suis pas quelqu'un qui s'emporte pour si peu, pas vraiment, de plus, en dépit de ma nouvelle position sur le terrain, je continuais à être très bon. Je marquais toujours des buts, même s'ils n'étaient pas aussi beaux que ceux que je marquais en Italie. J'étais trop devant. Ce n'était plus le même vieux « Ibracadabra », mais tout de même… En Ligue des Champions, contre Arsenal, dans leur nouveau Emirates Stadium, dans une ambiance de folie, nous avons complètement dominé. Les premières vingt minutes étaient absolument dingues : je marquai deux fois, deux buts magnifiques. Nous menions 2 à 0 et je me dis : qu'est-ce que t'en as à faire de Guardiola ? Fonce !

Mais c'est alors que je fus remplacé et Arsenal revint au score, d'abord 1 à 2, puis 2 à 2, c'était affligeant. Après quoi je me suis blessé, une déchirure au mollet. Normalement, les entraîneurs sont plutôt inquiets dans cette situation. Un Zlatan blessé, pour n'importe quelle équipe, c'est vraiment un coup dur. Mais Guardiola restait de glace. Il ne pipa mot. J'étais indisponible pour trois semaines et pas une fois il ne vint me voir pour me demander : « Comment ça va, Zlatan ? Penses-tu pouvoir jouer le prochain match ? »

Il ne me disait même pas bonjour. Pas un traître mot. Il évitait mon regard. Quand j'entrais dans une pièce, il sortait. Je me demandais : que se passe-t-il ? Qu'est-ce que j'ai fait ? Je fais fausse route ? Est-ce que j'ai l'air bizarre ? Tout ça me prenait la tête. Je n'arrivais plus à dormir.

J'y pensais constamment. Pas parce que j'avais besoin d'être aimé par Guardiola, certainement pas. Il aurait pu me détester, cela ne m'aurait pas touché. La haine et le désir de revanche me permettent d'avancer. Mais là, j'en perdais ma concentration et sondai les autres joueurs. Personne n'en avait la moindre idée. Je demandai son avis à Thierry Henry qui, alors, était remplaçant. Thierry Henry est le meilleur buteur de l'histoire du football français. Il est excellent. Il était toujours aussi fabuleux et passait lui aussi un sale moment avec Guardiola.

« Il ne me parle pas. Il ne me regarde pas dans les yeux. Qu'est-ce que tu penses de tout ça ?

— Aucune idée », me répondit-il.

On commença à en plaisanter : « Eh, Zlatan, est-ce que tu as pu capter son regard aujourd'hui ?

— Non, mais j'ai aperçu son dos.

— Pas mal, tu fais des progrès. »

On disait des trucs bêtes comme ça qui me soulageaient un peu. Mais ça me tapait sur les nerfs et, à chaque heure de la journée, je m'interrogeais : qu'ai-je fait ? Qu'est-ce qui ne va pas ? Je ne trouvais aucune réponse, rien. Ou simplement que sa froideur ne pouvait venir que de la conversation que nous avions eue concernant ma position sur le terrain. Il n'y avait pas d'autre explication. Mais si c'était le cas, c'était ridicule. Essayait-il de me faire craquer après cette discussion à propos de mon poste ? Il fallait que je le voie. Je me plantais devant lui et le regardais droit dans les yeux. Il m'évitait. Il avait l'air énervé. Évidemment, j'aurais pu demander un rendez-vous pour savoir ce qui n'allait pas. Mais c'était hors de question. Je m'étais suffisamment aplati devant lui. C'était son problème.

Mon souci n'était pas tellement de ne pas savoir ce qui se passait. Je ne le sais toujours pas d'ailleurs, ou peut-être bien que si… Je pense que le mec ne sait pas gérer les fortes personnalités. Il veut des écoliers bien dociles et il fuit les problèmes. Il n'arrive pas à les affronter, et cela fait que les choses ne peuvent qu'empirer.

Ce fut de pire en pire.

Et puis il y eut le nuage de cendre volcanique d'Islande. Tous les vols à travers l'Europe étaient annulés et nous devions rencontrer l'Inter de Milan à San Siro. Nous avons dû y aller en bus. Certains brillants esprits au Barça pensèrent que c'était une bonne idée. J'étais remis de ma blessure mais le voyage fut désastreux. Il nous fallut seize heures pour arriver, crevés, à Milan. Il s'agissait de notre match le plus important jusqu'ici : une demi-finale de Ligue des Champions et je m'étais préparé à être sifflé et à l'hystérie qui régnerait dans mon ancien stade. Pas de problème, c'était même l'inverse en fait. Je carbure à ce genre de truc. Sinon, l'ambiance était pourrie et je pense que Guardiola s'était accroché avec Mourinho.

José Mourinho est une méga-star. Il a déjà remporté la Ligue des Champions avec Porto. Il a été mon entraîneur à l'Inter. Il est génial. La première fois qu'il rencontra Helena, il lui chuchota : « *Helena, you have only one mission. Feed Zlatan, let him sleep, keep him happy !* »[1] Ce mec dit tout ce qui lui passe par la tête. Je l'aime bien. C'est un meneur d'hommes mais il est bienveillant. À l'Inter, il m'envoyait tout le temps des SMS pour me

1. « Helena, vous n'avez qu'une mission. Nourrir Zlatan, le laisser dormir, le rendre heureux ! »

demander comment j'allais. Il est l'exact opposé de Guardiola. Quand Mourinho allumait la lumière dans une pièce, Guardiola tirait les rideaux. Je pense que Guardiola essayait de l'égaler.

« Nous ne jouons pas contre Mourinho mais contre l'Inter », disait-il comme si nous étions assis là en nous imaginant que nous allions jouer au foot contre un entraîneur, et puis il commença à philosopher.

Je ne l'écoutai guère. Pourquoi, du reste ? Il avait atteint un seuil avancé d'absurdité en nous parlant de sang, de sueur, et de ceci, de cela. Je n'avais jamais entendu un entraîneur de football parler comme ça ! D'énormes foutaises ! Mais le voilà qui s'avançait maintenant vers moi. C'était pendant la séance d'entraînement au stade San Siro, il y avait du monde qui était venu pour nous observer, « Ibra est de retour ! ».

« Tu peux jouer dès le coup d'envoi ?

— Absolument, je n'attends que ça.

— Mais est-ce que tu es prêt ?

— Tout à fait. Je me sens bien.

— Mais est-ce que tu es prêt ? »

Il faisait le perroquet et je sentais de mauvaises ondes.

« Écoute, le voyage a été horrible mais je suis en forme. Ma blessure est guérie. Je me donnerai à cent pour cent. »

Guardiola avait l'air d'en douter. Un peu plus tard, parce que je n'arrivais pas à me faire une idée, j'appelai Mino Raiola. Avec Mino, on se téléphone tout le temps. Les journalistes suédois disent toujours que Mino nuit à l'image de Zlatan. Mino est ceci, Mino est cela. Dois-je être plus clair ? Mino est un génie. Je lui demandai donc : « Qu'est-ce qu'il mijote ? »

Aucun de nous deux n'arrivions à comprendre. Ça commençait à nous chauffer sérieusement. Pourtant, je fus titularisé et nous avons même mené 1 à 0. Puis le vent a tourné. J'étais remplacé à la soixantième minute avant de perdre finalement le match 3 à 1. Quelle bêtise. J'étais furieux. Par le passé, par exemple quand je jouais à l'Ajax, je ruminais sur les défaites pendant des jours et des jours. Aujourd'hui j'ai Helena et les enfants. Ils m'aident à oublier et à passer à autre chose et, donc, je me concentrai directement sur le match retour au Camp Nou. Il était important de se reprendre mais l'ambiance était de plus en plus pesante.

La pression était malsaine. Il y avait de l'orage dans l'air et nous avions besoin de gagner largement pour passer. Mais alors… Je ne veux même pas y penser, mais en fait si, parce que cela me rend plus fort. Même en gagnant 1 à 0, cela n'a pas suffi.

Nous étions éjectés de la Ligue des Champions et Guardiola me regardait comme si tout cela était ma faute. Et je me disais : Voilà, j'ai abattu ma dernière carte. Après ce match, il me sembla que je n'étais plus le bienvenu dans le club et rien que conduire leur Audi m'écœurait. Quand je m'assis dans le vestiaire, je me sentis comme un moins que rien, Guardiola me fixa méchamment comme si j'étais de trop, comme si j'étais un paria. C'était dingue. On aurait dit un mur, un mur de briques. Je n'ai pas perçu un seul signe d'humanité de sa part et il ne se passait plus une heure sans que je souhaite me tirer de ce club. Je n'avais plus ma place. En déplacement à Villareal, il me laissa jouer cinq minutes. Cinq minutes ! Intérieurement, je fulminais. Pas parce que j'étais sur le banc. Je peux m'en arranger si l'entraîneur est un homme, un vrai, capable de me dire que je ne suis pas assez bon, « Zlatan, tu n'es pas au niveau ».

Mais Guardiola ne prononça pas un mot, n'émit pas un son et là, je n'en pouvais plus. Je le sentais de tout mon être et, si j'avais été à la place de Guardiola, j'aurais eu les jetons. J'ai fait tout un tas d'idioties mais je ne me bagarre pas à coups de poing. Oui, d'accord, sur le terrain j'ai distribué quelques coups de boule. Tout de même, quand je suis en colère, quand je vois rouge, il vaut mieux ne pas être dans les parages.

Bon, maintenant, pour entrer un peu plus dans les détails, je n'ai pas regagné le vestiaire juste après le match en ayant prévu de lui sauter dessus. Mais je n'étais pas content, c'est le moins que l'on puisse dire, et mon ennemi était là, debout, en train de se gratter la tête. Il n'y avait pas grand monde autour de nous.

Touré était là, avec quelques autres, et je fixais du regard la boîte en métal dans laquelle nous jetions nos affaires sales. Je donnai un coup de pied dedans. Elle a volé à quelque trois mètres de là et ce n'était pas fini. J'allai vers Guardiola et je hurlai, « Tu n'as pas de couilles ! » et des choses bien plus terribles que ça encore avant d'ajouter : « Tu te fais dessus face à Mourinho. Tu peux aller au diable ! »

J'avais pété les plombs et on aurait pu s'attendre que Guardiola prononce quelques mots en guise de réponse, comme « Calme-toi, on ne parle pas de cette façon à son entraîneur ! ». Mais ce n'est pas son style. C'est un lâche. Il a juste ramassé la boîte en métal comme un larbin et s'en est allé, sans dire un mot, mais ai-je besoin de le préciser. Bien évidemment, tout cela se sut. Dans le bus, entre eux, tous les autres joueurs demandaient : « Que s'est-il passé ? Que s'est-il passé ? »

Rien, me disais-je. Juste quelques vérités. Mais je n'avais pas trop envie d'en parler. J'étais furieux. Semaine après semaine, mon entraîneur et mon patron m'avaient écarté sans me donner d'explications. C'était complètement ridicule. Par le passé, j'avais déjà eu des embrouilles. Mais nous nous expliquions le jour suivant et il n'y avait aucune rancœur. Alors que là je n'avais face à moi que du silence, des jeux psychologiques. Je n'avais que vingt-huit ans. J'avais marqué vingt-deux buts et fait quinze passes décisives, ici, au Barça, tout seul, et l'on continuait à faire comme si je n'existais pas. Devrais-je rester les bras croisés et encaisser ? Devrais-je continuer comme ça en essayant de m'adapter ? Hors de question !

Quand je compris que je serais sur le banc contre Almeria, je me souvins de cette phrase : « Ici, à Barcelone, on ne vient pas à l'entraînement en Ferrari ou en Porsche ! » Qu'est-ce que ça voulait dire, au juste ? Je conduis la voiture que je veux, au moins ça fait causer les imbéciles. Je montai dans mon Enzo, j'appuyai sur l'accélérateur et je me garai juste devant la porte d'entrée du centre d'entraînement. Bien sûr, ce fut tout un cirque. Les journaux écrivirent que ma voiture valait autant que la somme des salaires mensuels des joueurs d'Almeria. Mais je m'en fichais royalement. Dans un tel contexte, la bêtise des médias n'était qu'une broutille. Je décidai que j'aurais mon mot à dire.

J'étais déterminé à ne pas me laisser faire et vous devez savoir que c'est un jeu auquel je sais jouer. J'ai été un dur, croyez-moi. Mais il fallait que je m'y prépare et j'en parlai donc avec Mino. Nous élaborons toujours nos coups ensemble, les bons comme les mauvais. Et j'appelai mes potes.

Je voulais avoir différents avis et, mon Dieu, j'ai eu toutes sortes de conseils. Les gars de Rosengård voulaient venir jusqu'ici pour tout casser et, bien sûr, c'était sympathique de leur part, mais cela ne m'apparut pas être la meilleure stratégie vu les circonstances et, évidemment, j'en parlai à Helena. Elle est d'un autre milieu. Elle est douce, même si elle peut aussi être dure. Elle me dit des choses réconfortantes : « En tout cas, tu es devenu un meilleur père. Quand tu n'es pas bien dans une équipe, tu en formes une à la maison, et cela me rend heureuse. »

Alors je tapais des balles avec les enfants, j'essayais de faire en sorte que tout le monde se sente bien et je m'asseyais aussi dans un coin avec mes jeux vidéo parce que je suis un peu accro. Je peux me laisser totalement absorber. Mais je me suis fixé des limites : pas de Xbox ou de PlayStation après 22 heures, alors que quand j'étais à l'Inter je pouvais jouer jusqu'à 4 ou 5 heures du matin puis aller à l'entraînement en ne dormant que deux ou trois heures.

Je ne pouvais pas perdre mon temps. Durant ces semaines passées en Espagne, j'ai vraiment essayé de me consacrer à ma famille, de me détendre, tout simplement, en restant dans le jardin, en buvant à l'occasion une Corona. C'était le bon côté des choses. Mais la nuit, quand, étendu sur mon lit, je ne dormais pas, ou durant les entraînements quand je voyais Guardiola, mon côté sombre se réveillait. La rage me vrillait la tête, je serrais les poings et j'échafaudais des représailles. Non, en réalité, je m'apercevais qu'il était trop tard pour revenir en arrière. Il était temps de se rebeller et de renouer avec celui que j'étais.

Parce qu'il ne faut pas l'oublier : « Vous pouvez sortir un gars du ghetto mais vous ne pourrez jamais faire sortir le ghetto de ce gars. »

2

Quand j'étais petit, mon frère m'avait offert un BMX. Je lui avais donné le nom de Fido Dido. Fido Dido était un petit personnage de dessin animé furibard avec des cheveux frisés. Je trouvais que c'était le truc le plus cool qui soit. Mais on m'a piqué le vélo, que j'avais garé à l'extérieur de la piscine de Rosengård, et mon père est arrivé, la chemise ouverte et les manches retroussées. Il est du genre on ne touche pas à mes enfants. Personne ne leur prend leurs affaires. Mais même un type solide comme mon père n'y pouvait rien. Fido Dido avait disparu et cela m'avait vraiment brisé le cœur.

Après quoi j'ai commencé à piquer des vélos. Je pétais les cadenas. J'étais un expert. Boum, boum ! Et le vélo était à moi. J'étais le voleur de bicyclettes. Ça, c'était mon premier truc. C'était assez innocent. Mais il arrivait que je ne me contrôle plus. Une fois, je me suis habillé tout en noir, façon Rambo, et, à l'aide d'une énorme pince coupante, je fauchai un vélo de l'armée. Cette affaire avait fait grand bruit. Ça me plaisait. Mais, pour être honnête, c'était plus pour l'adrénaline que pour les vélos. Puis je me suis mis à rôder à la nuit tombée pour balancer des œufs sur les fenêtres, ce genre de trucs, et je ne me suis pas fait prendre souvent.

C'est arrivé une fois et c'était assez ennuyeux. C'était chez Wessels, un grand magasin du centre commercial de Jägersro[1]. Pour être honnête, je le méritais. Avec un copain, en plein été, nous sommes entrés dans le magasin vêtus d'une doudoune, une idée vraiment stupide, et nous avons pris quatre raquettes de tennis de table et d'autres objets sans intérêt. « Et comment comptez-vous payer tout ça ? » demanda l'agent de sécurité. J'ai sorti six pièces de dix öres (moins de dix centimes d'euro) de ma poche : « Avec ça ? »

Mais le gars n'avait aucun sens de l'humour et je me jurai d'être plus professionnel à l'avenir. On s'en était sortis avec une bonne petite frayeur en règle.

Enfant, je n'étais pas très grand. J'avais un long nez, je zozotais et je devais aller chez l'orthophoniste. Une femme qui passait à l'école m'apprenait comment prononcer les S, ce qui, pour moi, était humiliant et je voulais m'affirmer. À côté de ça, j'avais la bougeotte. Je ne pouvais pas rester assis une seconde et j'étais constamment en train de courir partout. Tant que je courais assez vite je pensais qu'il ne pouvait rien m'arriver. Nous habitions Rosengård, à la périphérie de Malmö, dans le sud de la Suède. Le quartier était plein de Somaliens, de Turcs, de Yougos, de Polaks, plein d'immigrés et de Suédois. Tous les gars du coin se la jouaient. Un rien pouvait nous faire dégoupiller et les choses n'étaient pas faciles à la maison. Loin de là.

Nous vivions à ce moment-là dans un appartement situé en haut de quatre volées d'escaliers et on n'était pas du genre à se prendre dans les bras. Personne ne me demandait : « Comment vas-tu, mon petit Zlatan ? » Rien du tout. Il n'y avait pas d'adulte autour de nous pour

1. Quartier de Malmö.

nous aider à faire nos devoirs, personne à qui parler de nos problèmes. Il fallait se débrouiller tout seul et ça ne se faisait pas de se plaindre si quelqu'un vous embêtait. Il fallait serrer les dents et, dans cette pagaille, on prenait pas mal de gifles et de coups. Mais, évidemment, on espérait toujours un peu d'attention. Un jour, je suis tombé du toit du centre aéré. J'avais récolté un cocard et je suis rentré à la maison en braillant, attendant que l'on me pose une compresse sur la tête ou au moins que l'on me réconforte gentiment. Je me suis fait pincer l'oreille.

« Qu'est-ce que tu faisais sur ce toit ? »

Il n'y eut pas de « pauvre Zlatan ». C'était plutôt : « Espèce d'imbécile, monter sur un toit, je vais te filer une raclée. » J'étais si stupéfait que je me suis enfui. Maman avait autre chose à faire que de nous consoler, en ce temps-là. Elle suait sang et eau pour nous élever, c'était vraiment une battante. Mais elle ne pouvait guère faire mieux. Elle a eu la vie dure et nous avions tous très mauvais caractère. Il n'y avait pas à la maison de conversation civilisée à la suédoise du type, « Chéri, s'il te plaît, pourrais-tu me passer le beurre ? ». C'était plutôt : « Va chercher le lait, espèce d'enfoiré ! » Les portes claquaient et maman pleurait. Elle pleurait beaucoup. Elle avait tout mon amour. Durant toute sa vie elle dut travailler dur. Elle faisait le ménage à peu près quatorze heures par jour et, dès que possible, nous allions avec elle vider des poubelles, ou autre, pour récupérer un petit peu d'argent de poche. Il arrivait que maman pète un plomb.

Elle nous frappait avec une cuillère en bois qui parfois se brisait. Je devais alors sortir en acheter une autre, comme si c'était ma faute qu'elle frappe aussi fort. Je me souviens d'un jour en particulier. Pendant que j'étais au centre aéré, j'ai jeté une brique qui, je ne sais comment, rebondit et cassa un carreau. Quand maman l'apprit, elle sortit de ses gonds. Tout ce qui coûtait de l'argent la rendait folle et elle me rossa avec la cuillère. Bang, boum ! Cela me faisait mal et, à nouveau, la cuillère se fendit. Il arriva qu'il n'y ait plus une seule de ces cuillères dans la maison et elle se servit alors d'un rouleau à pâtisserie. Mais je suis parvenu à filer et j'en parlai à Sanela.

Sanela est ma seule vraie sœur. Elle a deux ans de plus que moi. C'est une fille qui a du caractère et elle pensait que nous devions charrier un peu ma mère. Mince ! Nous frapper sur la tête avec ça ! C'est dingue ! Donc, nous sommes allés au supermarché acheter des cuillères, trois, je crois, pour quelques couronnes et nous les avons offertes à maman pour Noël.

Je ne pense pas qu'elle ait saisi l'ironie. Il n'y avait pas de place pour ça. Il fallait qu'il y ait à manger sur la table. Toute son énergie passait là-dedans. Il y avait du monde à la maison, dont ma demi-sœur qui, plus tard, coupera totalement les ponts. Il y avait aussi mon petit frère Aleksandar, surnommé Keki, et il n'y avait pas assez d'argent. Il n'y avait assez de rien et les plus grands s'occupaient des plus petits. Sans quoi on ne s'en serait pas sortis. Il y avait beaucoup de nouilles instantanées au ketchup et de repas chez des amis ou chez ma tante Hanife. Elle vivait dans un appartement dans le même immeuble et a été la première de la famille à s'installer en Suède.

J'avais moins de deux ans quand mes parents ont divorcé et je ne me souviens de rien. C'est certainement aussi bien comme ça. Ce n'était pas un mariage heureux d'après ce que j'ai compris. Ça gueulait et c'était compliqué mais ils se sont mariés, ce qui permit à papa d'obtenir une carte de séjour. Et je présume qu'il était normal que nous restions avec maman. Mais mon père me manquait. Il s'en sortait mieux et les choses étaient plus amusantes avec lui. Sanela et moi lui rendions visite un week-end sur deux. Il déboulait avec sa vieille Opel Kadett et nous allions au parc Pildamm ou sur l'île de Limhamn, sur la côte de Malmö où nous mangions des hamburgers et des glaces. Un jour, il flamba carrément et nous acheta à chacun une paire de Nike Air Max, ces super baskets qui coûtent si cher, autour de mille couronnes (environ cent dix-sept euros). Les miennes étaient grises, celles de Sanela, roses. Tout se passait bien avec papa. Et il nous donnait cinquante couronnes (environ six euros) pour une pizza et un Coca. Il avait un bon boulot et un seul autre fils, Sapko. Il était notre papa des bons week-ends.

Mais les choses se corsèrent. Sanela était bonne à la course. Dans la région de Skåne, elle était la plus rapide de sa catégorie au sprint sur soixante mètres. Mon père était fier comme un coq et se mit à vouloir l'entraîner. « Bien, Sanela. Mais tu peux mieux faire », affirmait-il. Pendant ce temps, je restais dans la voiture. Enfin, c'est ce dont se souvient mon père. Quoi qu'il en soit, il s'en douta tout de suite, quelque chose n'allait pas. Sanela était très silencieuse. Elle se retenait de ne pas pleurer.

« Qu'est-il arrivé ? lui demanda-t-il.

— Rien », répondit-elle.

Il reposa donc la question et enfin elle le lui dit. Il n'y a pas besoin d'entrer dans les détails ; c'est l'histoire de Sanela. Mais mon père, il est comme un fauve. Si quelque chose arrive à ses enfants, il devient sauvage, particulièrement avec tout ce qui touche Sanela, sa fille unique. Il y eut fort à faire entre les auditions, l'enquête des services sociaux et les disputes sur la garde… C'était nul. Je ne comprenais pas trop de quoi il s'agissait. Je venais d'avoir neuf ans.

C'était à l'automne 1990 et ils m'ont préservé de ça. Mais, quand même, je sentais bien qu'il se passait quelque chose. La vie à la maison n'avait rien de paisible. Ce n'était pas la première fois. Une de mes demi-sœurs prenait de la drogue, des trucs affreux, et elle en avait caché à la maison. Il y avait souvent du barouf dans son entourage et des gens louches sonnaient à la porte, nous avions très peur qu'il arrive quelque chose de grave. Une autre fois, maman a été arrêtée pour vol. Des proches lui avaient demandé de garder des colliers et elle avait accepté. Elle n'avait rien compris. Il se révéla que les objets avaient été volés et la police fit irruption à la maison et l'arrêta. J'ai un vague souvenir de ça, comme une étrange sensation. Où est maman ? Pourquoi est-elle partie ?

Et à la suite de ce dernier épisode avec Sanela, elle pleurait encore. Je fuyais tout ça. Je restais dehors, je courais ou je jouais au football. Je n'étais pas vraiment le garçon le plus équilibré ou le plus prometteur. J'étais juste un de ces morveux qui tapaient dans la balle. J'avais d'incroyables coups de sang. Je filais des coups de têtes aux uns et aux autres et je hurlais sur mes copains de l'équipe. Enfin, au moins, j'avais le football. C'était mon truc et je jouais tout le temps, en bas, dans la cour, sur le terrain, dès que j'avais un moment. Nous allions alors à l'école Värner Rydén. Sanela était en CM2 et moi en CE2 et il n'y avait aucun doute quant à savoir lequel de nous deux était le mieux élevé. Sanela avait dû grandir très vite et a été comme une deuxième mère pour Keki. Quand nos deux autres sœurs s'en allèrent, elle s'occupa de la famille. Elle assumait une large part des responsabilités. Elle savait se tenir. Ce n'était pas le genre de fille à être convoquée dans le bureau du directeur pour avoir été grossière et c'est pour cette raison que je me suis tout de suite inquiété quand j'ai su que nous étions tous les deux attendus chez le directeur. Bon, si j'avais été le seul à avoir été appelé, cela aurait été normal. Mais là, il s'agissait de moi et Sanela. Quelqu'un est mort ? De quoi s'agissait-il ?

Tandis que nous marchions dans le couloir de l'école, j'avais mal au ventre. Ça devait être la fin de l'automne ou le début de l'hiver. Je ne me sentais pas rassuré. Mais quand nous sommes entrés, papa était assis là, avec le directeur, alors j'étais content. Papa, d'habitude, ça signifie passer de chouettes moments. Mais ce n'était pas le cas. Tout était tendu et formel et je commençais à m'angoisser. Pour être honnête, je n'ai pas vraiment tout compris, il s'agissait juste de papa et maman mais ça ne sentait pas bon, pas bon du tout. Maintenant, je sais. Bien des années après, alors que je travaillais sur ce livre, les pièces du puzzle se sont mises en place.

En novembre 1990, les services sociaux ont mené leur enquête et papa a obtenu ma garde et celle de Sanela. L'ambiance à la maison, chez ma mère, n'était pas convenable et je dois dire que ce n'était pas vraiment sa faute. Il y avait d'autres raisons, dont une majeure que tout le monde aurait jugée inacceptable, et ma mère était désespérée. Allait-elle nous perdre ? C'était un désastre. Elle pleurait et pleurait encore et, pour sûr, elle nous frappait avec des cuillères en bois, elle nous avait frappés sur les oreilles, ne nous écoutait pas et n'a jamais eu de chance avec les hommes, rien ne marchait. Mais elle aimait ses enfants. Elle a juste grandi en tirant les mauvaises cartes. Et je pense que mon père s'en est rendu compte. Dans l'après-midi, il est allé chez elle.

« Je ne veux pas que tu les perdes, Jurka », lui dit-il.

Il voulait qu'elle se ressaisisse. Et, dans ce type de situation, papa ne rigole pas. Je suis certain qu'il lui a dit des choses très dures. « Si les choses ne s'améliorent pas, tu ne verras plus tes enfants », des choses comme ça. Je ne sais pas exactement ce qui s'est passé. Mais, malgré tout, Sanela partit vivre chez papa pendant quelques semaines et je restai avec ma mère. Ce n'était pas la bonne solution. Sanela n'aimait pas vivre chez papa. Nous l'avions découvert endormi par terre, il y avait des canettes de bière et des bouteilles sur la table. « Papa, réveille-toi ! Réveille-toi ! » Mais il continuait à dormir. Je trouvais ça étrange. Pourquoi faisait-il cela ? Nous ne savions que faire mais nous voulions l'aider. Peut-être avait-il froid. Nous l'avons recouvert de serviettes de bain et de couvertures pour qu'il se réchauffe. À part ça, je n'ai pas bien compris ce qu'il se passait. Probablement, Sanela en savait plus. Elle avait remarqué qu'il était d'humeur changeante et je pense qu'elle avait peur de lui quand il s'emportait en grognant comme un ours. Mon petit frère lui manquait. Elle voulait rentrer chez maman alors que, pour moi, c'était l'inverse. Mon père me manquait et, un de ces jours, je lui téléphonai. J'étais accablé, c'est une certitude. Sans Sanela, je me sentais seul.

« Je ne veux pas rester ici. Je veux vivre avec toi.

— Amène-toi, je t'envoie un taxi. »

Après enquête approfondie des services sociaux, en mars 1991, maman obtint la garde de Sanela et mon père, la mienne. Ma sœur et moi étions séparés alors que nous avions toujours été collés l'un à l'autre, ou, plus précisément, nous avions des hauts et des bas mais nous étions vraiment proches. Aujourd'hui, Sanela est coiffeuse et ses clients s'exclament souvent : « Mon Dieu, tu ressembles tellement à Zlatan ! » Et elle répond toujours : « N'importe quoi, c'est lui qui me ressemble. » Elle est super. Ni l'un ni l'autre n'avons eu la vie facile. Mon père, Šefik, avait déménagé, quitté Rosengård pour un endroit plus agréable, à Värnhemstorget, dans Malmö, et on peut dire qu'il avait le cœur gros. Il se serait saigné pour nous. Mais les choses n'allaient pas se passer comme je l'imaginais. Je ne le connaissais que comme le père du week-end qui nous achetait des hamburgers et des glaces.

Nous devions désormais vivre ensemble et je remarquai immédiatement que son appartement était dégarni. Il manquait quelque chose. Peut-être une femme. Il y avait une télé, un canapé, une bibliothèque et deux lits. Mais rien de plus, rien de joli ; il y avait des canettes de bière sur la table et des saletés sur le sol. Et quand, à l'occasion, ça lui prenait de poser du papier-peint, il ne recouvrait qu'un seul mur. « Je ferai le reste demain. » Mais il ne le faisait jamais et nous déménagions souvent, nous n'arrivions pas à nous fixer. Ce vide signifiait autre chose.

Papa était gardien d'immeuble et travaillait selon des horaires impensables et quand il revenait avec sa salopette, les poches pleines de tournevis et d'outils, il tenait à s'asseoir près du téléphone, devant la télé, et ne voulait pas être dérangé. Il était dans son petit monde et se mettait souvent un casque pour écouter de la musique populaire yougoslave. Il était fou de musique yougo. Il avait lui-même enregistré quelques cassettes. Quand il est d'humeur, il peut vraiment être très rigolo. Mais, la plupart du temps, il était dans son petit monde et si mes copains appelaient, il leur braillait : « N'appelez pas ici ! » Je n'avais pas droit au téléphone même si je n'avais pas grand monde à qui parler à la maison. Bon, quand il y avait une bonne raison de le faire, je n'hésitais pas et papa m'écoutait. Alors, il aurait fait n'importe quoi, il serait allé en ville avec son air arrogant et aurait résolu n'importe quel problème.

Il a une façon de marcher qui fait qu'on se demande : qui diable est-il ? Mais quand il s'agissait des choses de tous les jours, comme ce qu'il se passait à l'école ou sur un terrain de football, ou avec mes amis, ça ne l'intéressait pas et je ne pouvais m'adresser qu'à moi-même ou sortir. Au début, Sapko, mon demi-frère, vivait avec nous. Et, évidemment, il m'arrivait de lui parler. Il devait alors avoir dix-sept ans. Mais je ne m'en souviens pas très bien et c'était peu de temps avant que papa ne le flanque à la porte. Ils ont eu quelques terribles disputes.

Tout cela était bien triste parce qu'à partir de ce moment-là je restai seul avec papa, chacun dans son coin, on peut le dire, puisque, bizarrement, il n'avait pas d'amis non plus. Il s'asseyait tout seul et buvait. Il n'avait aucune compagnie. Mais, pire que tout, il n'y avait rien dans le frigo.

La plupart du temps, je restais dehors, jouant au foot ou chevauchant les vélos que je volais et je rentrais souvent à la maison avec une faim de loup. J'ouvrais grandes les portes du placard en pensant pourvu, pourvu qu'il y ait quelque chose là-dedans ! Mais non, rien, sinon l'ordinaire : lait, beurre, un bout de pain et, dans les bons jours, un jus de fruit, généralement un jus multivitaminé dans une brique de quatre litres acheté à l'épicerie du coin parce que c'était moins cher. Et, bien sûr, de la bière Pripps Blå et de la Carlsberg, par packs de six canettes. Parfois, il n'y avait que de la bière et mon estomac grouillait. C'est une douleur que je n'oublierai jamais. Demandez donc à Helena ! Le réfrigérateur doit être toujours plein à ras bord, je lui répète tout le temps. Je ne m'y ferai jamais. Récemment, mon garçon, Vincent, pleurait parce qu'il n'avait pas eu ses pâtes qui venaient juste de cuire. L'enfant pleurait parce que sa nourriture n'arrivait pas assez vite et j'avais envie de crier : « Si seulement tu savais comme tout va bien pour toi ! »

Je devais fouiller dans tous les tiroirs, chaque coin et recoin pour quelques pâtes, une boulette de viande. Je me gavais de toasts, je pouvais bouffer une miche de pain entière, ou alors, j'allais chez maman. Elle ne m'accueillait jamais vraiment à bras ouverts. C'était plutôt : que se passe-t-il, bon sang ? Zlatan aussi ? Šefik ne le nourrit pas ? Et parfois elle me balançait un vibrant : « Tu me prends pour la poule aux œufs d'or ? Tu vas finir par nous faire tous manquer de nourriture ! » Cependant, nous nous entraidions et, chez mon père, j'entamais une petite guerre contre la bière. J'en vidais un peu dans l'évier, jamais la totalité parce qu'il s'en serait aperçu, mais pas mal.

Il ne le remarquait que rarement. Il y avait de la bière partout, sur la table, les étagères, et je mettais souvent les boîtes vides dans de grands sacs noirs et les amenais à la collecte pour récupérer la consigne. Je ramassais cinquante öres (environ soixante centimes d'euro) par canette. Ainsi, j'arrivais parfois à grapiller entre cinquante et cent couronnes (entre six et douze euros). Cela représente un certain nombre de canettes et j'étais bien content d'empocher cette monnaie. Mais, bien sûr, ce n'était pas si drôle que ça. Et, comme chaque enfant confronté à ce genre de situation, j'appris à savoir reconnaître précisément de quelle humeur il était. Je sentais parfaitement quand il était préférable de ne pas lui parler. Les lendemains de beuverie, les choses se calmaient de nouveau. Dans certains cas, il pouvait démarrer au quart de tour. D'autres fois, il était incroyablement généreux. Il me donnait cinq cents couronnes (environ soixante euros), juste comme ça. À cette époque, je collectionnais les figurines de footballeurs. Pour le prix d'un chewing-gum, vous aviez trois cartes dans un petit paquet. Oh ! Mon Dieu ! Quels joueurs vais-je avoir ? Je me demande bien. Peut-être Maradona ? La plupart du temps, j'étais déçu. Surtout quand il s'agissait de banales vedettes du football suédois dont je ne savais rien. Un jour, il revint à la maison avec une boîte pleine. C'était comme une grande fête et, après avoir déchiré le papier pour les ouvrir, j'avais tout un groupe de joueurs brésiliens. Parfois, nous regardions la télé ensemble et nous parlions. Ces moments-là étaient inestimables.

Mais d'autres jours il était saoul. J'ai des images terribles à l'esprit et, en prenant de l'âge, je m'embrouillais avec lui. Je ne baissais pas les bras comme mon frère. Je lui disais : « Tu bois trop papa. » Et nous avons eu de grosses engueulades qui, parfois, pour être honnête, ne rimaient à rien. Je me disputais avec lui quand bien même il me hurlait à la figure « Je vais te fiche dehors » et des trucs comme ça. Je voulais lui montrer que je pouvais me défendre tout seul et parfois le boucan que nous faisions était juste insupportable.

Mais il ne leva jamais la main sur moi. Pas une seule fois. Bon, une fois il m'a soulevé à plus d'un mètre cinquante du sol pour me jeter sur le lit, juste parce que je n'avais pas été gentil avec Sanela, la prunelle de ses yeux. Fondamentalement, il était le meilleur homme du monde et je ne comprends que maintenant qu'il n'a pas eu la vie facile. « Il boit pour noyer son chagrin », disait mon frère, mais ce n'était pas tout à fait vrai. La guerre l'a profondément marqué.

La guerre était un sujet bizarre pour nous tous. Je n'ai jamais pu me faire mon idée là-dessus. J'étais protégé. Tout le monde a fait ce qu'il a pu. Je ne comprenais même pas pourquoi ma mère et mes sœurs s'habillaient en noir. C'était complètement incompréhensible, comme une nouvelle mode. En fait, ils étaient tous en deuil parce que ma grand-mère était morte lors d'un bombardement aérien en Croatie. Tous sauf moi, qui n'étais pas autorisé à savoir et qui ne se soucierais jamais de savoir qui était serbe ou bosnien ou n'importe quoi d'autre. Mon père en a souffert plus que tout.

Il vient de Bijeljina, en Bosnie. Là-bas, il était maçon et toute sa famille et ses amis vivaient dans cette ville. Et soudain, l'enfer s'est déchaîné. Bijeljina était violée, et ce n'est pas étonnant qu'il se mît à se revendiquer comme musulman. Pas du tout. Les Serbes sont entrés dans la ville et ont exécuté des centaines de musulmans. Je pense qu'il en connaissait beaucoup et toute sa famille, au sens large, a dû s'enfuir. Toute la population de Bijeljina fut déplacée et les Serbes investirent les logements restés vides, dont la vieille maison de mon père. Quelqu'un est entré comme ça et a pris possession des lieux et je peux parfaitement comprendre qu'il n'ait pas eu de temps à me consacrer quand il s'asseyait tous les soirs en attendant les informations télévisées ou un coup de fil de là-bas. La guerre l'a usé et il suivait obsessionnellement le cours des événements. Il s'asseyait tout seul et buvait en pleurant, tout en écoutant sa musique yougo. Dans ces moments-là, je faisais en sorte de rester dehors ou je m'en allais chez ma mère. Chez elle, c'était un autre monde.

Chez papa, nous n'étions que tous les deux. Chez maman, c'était le cirque. Les gens entraient et sortaient, il y avait du bruit, ça gueulait. Maman avait déménagé dans la même rue, au 5A de Cronmans Väg, cinq étages plus haut, juste au-dessus de chez tante Hanife, ou Hanna, comme je l'appelais. Keki, Sanela et moi étions très proches. Nous avions fait un pacte. Chez maman, il se passait aussi des histoires vraiment nazes. Ma demi-sœur s'enfonçait de plus en plus dans la drogue et maman sursautait chaque fois que le téléphone sonnait ou que quelqu'un frappait à la porte, du genre : « Oh ! Non ! Par pitié. » Comme si nous n'étions pas suffisamment dans la panade. Quoi encore ? Très vite, elle fit plus vieille que son âge et elle était viscéralement contre toute forme de substances illégales. Il n'y a pas si longtemps, elle m'a appelé, complètement hystérique : « Il y a de la drogue dans le frigo.

— Mon Dieu ! De la drogue ! » Cela m'agaçait également. Je me disais encore ! J'appelai Keki, très agressif : « Que diable se passe-t-il ? Il y a de la drogue dans le frigo de maman ! » Il ne comprenait pas ce qui se passait. Elle parlait de snus[1].

« Du calme, maman, ce n'est que du snus, la rassurai-je.

— C'est la même saloperie. »

Ces années ont laissé des traces et je suis sûr que durant cette période nous aurions dû être plus gentils. Sauf que nous n'avions jamais appris à l'être. Nous ne savions qu'être durs. Ma demi-sœur avec ses problèmes de drogue avait dégagé un peu plus tôt. Elle suivait un traitement dans une clinique mais, dès qu'elle en sortait, elle retombait toujours dedans. Finalement, maman a coupé tout contact avec elle, ou peut-être l'ont-elles décidé toutes les deux. Je ne suis pas vraiment au courant de ce qui s'est passé. En tout cas, c'était vraiment dur, mais c'est aussi un trait de caractère chez nous. Nous vivons dans le drame, nous sommes très rancuniers, et nous balançons facilement des phrases comme : « Je ne veux plus jamais te voir ! »

1. Du tabac à chiquer.

Quoi qu'il en soit, je me souviens d'une fois où je passai voir ma sœur droguée dans son petit appartement. Il me semble que c'était le jour de mon anniversaire. Elle avait acheté quelques cadeaux. Malgré tout, elle restait gentille avec moi. Mais, au moment où je m'apprêtais à aller aux toilettes, elle bondit pour m'arrêter. « Non, non ! » hurlait-elle en courant pour nettoyer là-dedans. Je sentais bien que quelque chose n'allait pas, qu'elle avait un secret. Plein de choses se passaient ainsi. Mais comme je l'ai déjà dit, on me tenait à l'écart de tout ça et je m'occupais tout seul avec mes vélos et le football ou mes rêves de Bruce Lee et Mohammed Ali. Je voulais être comme eux.

Papa avait un frère qui était resté en ex-Yougoslavie. Son nom était Sabahudin mais on l'appelait Sapko, nom que l'on a ensuite donné à mon frère. Sabahudin était un boxeur doué. Avec le club de Radnički dans la ville de Kragujevac, il remporta le championnat de Yougoslavie puis fut sélectionné en équipe nationale. Mais, en 1967, alors qu'il venait de se marier, à juste trente-trois ans, il alla nager dans la Neretva, rivière où il y avait, entre autres, de forts courants et il me semble qu'il avait un problème au cœur ou aux poumons. Entraîné sous l'eau, il se noya, vous voyez un peu. Pour la famille, ce fut un choc très rude, après quoi mon père est devenu une sorte de fanatique. Il avait plein de matchs enregistrés sur des cassettes vidéo, non seulement ceux de Sabahudin mais on y voyait aussi Ali, Foreman et Tyson. Enfin, il avait aussi tous les films de Bruce Lee et Jackie Chan.

Nous les regardions à la télé quand nous n'avions rien d'autre à faire. La télé suédoise ne nous intéressait pas. Je ne captais rien. J'ai vu mon premier film suédois à l'âge de vingt ans et je n'avais aucune idée de qui étaient ces acteurs ou les grands sportifs, comme Ingemar Stenmark ou d'autres. Mais Ali, je savais. C'était une légende ! Il faisait les choses à sa manière, qu'importe ce qu'en pensaient les gens. Il ne s'excusait jamais et c'est quelque chose que je n'ai pas oublié. Ce type était cool. Il était exactement ce que je voulais être et j'essayais de l'imiter, comme « Je suis le meilleur ! ». À Rosengård, il valait mieux afficher une attitude supérieure car s'il arrivait que quelqu'un vous insulte, le pire étant de se faire traiter de gonzesse, vous ne pouviez pas laisser passer ça.

Mais la plupart du temps on ne se battait pas. On ne chie pas sur le pas de sa porte, comme nous avions l'habitude de dire. Il nous importait plus, pour nous autres de Rosengård, de surtout rester unis contre le monde entier. J'étais de ceux qui regardent et gueulent sur ces racistes qui défilent chaque année, le 30 novembre, pour la commémoration de la mort du roi Charles XII de Suède, le « roi guerrier ». Et, une fois, au festival de Malmö, j'ai vu toute une bande de Rosengård, ils étaient près de deux cents, courser un type. Franchement, ce n'était pas très beau à voir. Mais comme c'était des mecs de mon quartier, je les ai rejoints et je pense qu'après ça le gars en question faisait moins le malin. Nous étions arrogants et sauvages, tous, sans exception. Mais ce n'était pas toujours si facile de jouer aux durs.

Quand je vivais avec mon père près de l'école Stenkula, je restais souvent jusque tard chez maman, puis je devais marcher jusqu'à la maison en passant par un tunnel sombre sous une grande route. Quelques années auparavant, mon père avait été agressé et salement amoché là-dessous et il avait fini à l'hôpital avec un affaissement du poumon. J'ai souvent pensé à ça, même si je m'y refusais, évidemment. Plus je m'en empêchais, plus cela me revenait. Dans le même coin, il y avait une ligne de chemin de fer et une autoroute. Il y avait une affreuse allée avec quelques buissons et deux lampadaires : le premier juste avant le tunnel et l'autre juste après. Partout ailleurs, l'obscurité et de mauvaises vibrations. Les lampadaires devinrent mes bornes. Entre les deux, je courais comme un dératé, le cœur battant en pensant je parie qu'il y a des mecs louches là-dedans, comme ceux qui ont attaqué papa. Tout du long, de folles idées m'assaillaient, si je courais assez vite, je pouvais m'en sortir, et je débouchais de là à bout de souffle, pas tout à fait comme Mohammed Ali.

Une autre fois, papa nous emmena nager avec Sanela à Arlöv, après quoi j'allai chez un ami. Juste avant de partir, il se mit à pleuvoir. Ça tombait dru et j'ai pédalé comme un dingue pour rentrer à la maison et, sous la pluie, j'ai dérapé, j'étais trempé. Nous habitions alors à Zenitgatan, à quelques kilomètres de Rosengård, et j'étais dans de sales draps. Je tremblais et j'avais mal au ventre. Une douleur incroyable. Je ne pouvais pas bouger. Je me pelotonnais dans mon lit. Je vomissais. J'étais pris de convulsions. Je flippais.

Papa arriva bien sûr, il est comme il est, le frigo était vide et il buvait trop, mais quand il prenait les choses en main, il n'y avait personne comme lui. Il appela un taxi et me porta jusqu'à la voiture dans la seule position que je pouvais supporter, recroquevillé comme une petite crevette. J'étais aussi léger qu'une plume à cette époque. Papa était costaud et il était hors de lui. Il était redevenu un lion et a crié au chauffeur, qui était une femme : « C'est mon fils, il est tout pour moi, on se tape du code de la route, je paierai les amendes, je m'expliquerai avec la police. » Et la femme obéit. Elle brûla deux feux rouges et nous arrivâmes au bloc réservé aux enfants de l'hôpital général de Malmö. La situation devenait critique, à ce que je compris. J'allais subir une injection dans le dos et papa avait entendu des idioties à propos de gens qui étaient restés paralysés après ce genre de chose. Je me doute bien qu'il s'était embrouillé avec l'équipe médicale. Si quelque chose avait mal tourné, il aurait saccagé la ville entière.

Puis il s'apaisa, je me couchai sur le ventre en sanglotant et l'on me fit cette piqûre dans la colonne vertébrale. Il en ressortit que j'avais une méningite et l'infirmière baissa les jalousies et éteignit toutes les lumières. Je devais rester dans le noir total, on me donna des médicaments et papa me veilla, assis à côté du lit. À 5 heures le lendemain, j'ai ouvert les yeux et la crise était passée sans que j'en connaisse la cause. Peut-être que je ne faisais pas assez attention à moi.

Je ne mangeais pas vraiment de manière équilibrée. J'étais alors petit et vraiment chétif. Pourtant, d'une certaine manière, je devais être assez fort. J'oubliai ça et passai à autre chose. Au lieu de rester à la maison à me morfondre, je cherchais un peu d'excitation. J'étais presque tout le temps dehors. Il y avait un feu en moi et, comme papa, je pouvais exploser, m'écrier tout à coup : mais pour qui tu te prends ? Ces années furent dures, je ne m'en rends compte que maintenant. Papa avait des hauts et des bas, il était souvent complètement absent ou en rage : « Je veux que tu sois à la maison à telle ou telle heure ! » Ou : « Je t'interdis de faire ça ! »

Dans le monde de mon père, s'il vous arrivait un sale coup, il vous fallait rester digne et vous comporter comme un homme. Rien à voir avec ces types d'aujourd'hui qui geignent : j'ai mal au ventre ce matin, je me sens un peu déprimé. Rien du tout !

J'ai appris à serrer les dents et dépasser tout ça. J'ai aussi beaucoup appris sur le sens du sacrifice. Quand nous sommes allés acheter un nouveau lit pour moi à IKEA, mon père n'avait pas assez d'argent pour payer la livraison. Ça devait coûter autour de cinq cents couronnes (environ soixante euros). Donc, qu'avons-nous fait ? Papa a porté le sommier sur son dos tout au long du chemin, il est complètement frappé, kilomètre après kilomètre, j'étais derrière lui avec les pieds de lit. Ils ne pesaient presque rien et pourtant j'avais du mal à suivre.

« Doucement, papa, attends. »

Mais il continuait. Il était du style macho et parfois il se pointait aux soirées des parents à l'école avec un total look de cow-boy. Tout le monde devait se demander : mais c'est qui ? Il ne passait pas inaperçu. Il était respecté et les instituteurs n'osaient pas se plaindre de moi autant qu'ils avaient prévu de le faire. Ils devaient se dire faut faire gaffe avec ce type-là.

On m'a demandé ce que j'aurais fait si je n'étais pas devenu footballeur. Je n'en ai pas la moindre idée. Peut-être serais-je devenu un criminel. Il y avait beaucoup de criminalité à cette époque. Ce n'est pas que nous sortions pour voler mais il se passait beaucoup de choses et je ne parle pas seulement des vélos. Il y avait des incursions dans les grands magasins, pour lesquelles j'éprouvais un malin plaisir. Cela m'excitait de piquer des trucs et je dois m'estimer heureux que papa n'en ait jamais rien su. Papa buvait, ouais, mais il y avait aussi un certain nombre de règles à suivre. « Tu dois faire les choses comme ceci, comme cela, etc. » En tout cas, il ne fallait pas voler, hors de question. Ça aurait été l'enfer.

Le jour où nous avons été pris dans le grand magasin Wessels avec nos doudounes, j'ai eu du bol. Nous avions volé pour mille quatre cents couronnes (environ cent soixante-cinq euros). C'était plus que les bonbons habituels. Le père de mon ami avait dû venir nous chercher et, quand la lettre dans laquelle il était écrit « Zlatan

Ibrahimović a été surpris en train de voler dans un magasin, bla bla bla… » est arrivée à la maison, je réussis à la déchirer avant que papa ne la voie. J'avais été pris et je continuais à voler, donc oui, les choses auraient pu mal tourner.

Mais je peux affirmer une chose, je ne prenais pas de drogue. J'étais complètement contre. Je ne faisais pas que vider la bière de mon père. Je jetais aussi les cigarettes de ma mère. Je détestais toutes les drogues et les poisons. Et je n'ai pris ma première cuite qu'à dix-sept ou dix-huit ans et j'ai dégueulé dans l'escalier comme n'importe quel autre adolescent. Depuis, je n'ai que rarement été saoul. Une fois, je me suis évanoui dans la baignoire après le *Scudetto*[1] remporté avec la Juventus. C'était Trézéguet, ce traître, qui m'avait poussé à boire cul sec.

Sanela et moi étions aussi très stricts avec Keki. Il n'avait le droit ni de boire ni de fumer ou de prendre tout ce qui aurait pu lui faire du mal. Nous avions une relation particulière avec notre petit frère.

On s'en occupait. Pour les choses délicates, il allait vers Sanela. Pour les affaires plus rudes, il s'adressait à moi. Je le défendais. Je m'en sentais responsable. Sinon, je n'étais pas tout à fait un saint, je n'étais pas si sympa que ça avec mes amis et mes coéquipiers. J'ai été agressif, j'ai fait des choses qui me feraient dégoupiller aujourd'hui si quelqu'un les faisait à Maxi et Vincent. Mais c'est vrai, j'avais déjà deux facettes.

J'étais discipliné et sauvage à la fois et j'en ai retiré toute une philosophie. Je devais en même temps raconter des craques et tenir ma parole. Et pas « Moi, je suis vachement bon, et toi, t'es qui ? ». Évidemment non, il n'y a rien de plus ringard, mais je ne voulais pas non

1. Titre de champion d'Italie.

plus n'être que performant et débiter des répliques tièdes comme le faisaient les vedettes suédoises. Je voulais être le meilleur mais aussi faire de la provocation. Ce n'est pas que je croyais devenir une sorte de superstar, pas vraiment. Bon Dieu, j'étais de Rosengård ! Et peut-être que les choses se sont passées différemment justement à cause de ça.

J'étais bagarreur. J'étais cinglé. Mais j'avais aussi de la personnalité. Je n'arrivais pas toujours à l'heure à l'école. J'avais du mal à me lever le matin (c'est toujours vrai aujourd'hui) mais je faisais mes devoirs, au moins de temps en temps. Les maths étaient trop faciles. Juste bam ! bam ! et je trouvais la réponse. C'était un peu comme sur un terrain de football. Les images et les solutions me venaient comme un flash. Mais je ne savais pas mettre en valeur mon travail et les profs pensaient que je trichais. Je n'étais pas le genre d'élève dont on s'attend qu'il ait de bonnes notes aux contrôles. J'étais plutôt le môme que l'on fichait à la porte. Mais j'ai vraiment étudié. Je pouvais bachoter avant les examens et tout oublier le lendemain. Je n'étais pas vraiment un mauvais garçon. Je n'arrivais pas à tenir en place, à rester assis, et j'étais plutôt celui qui balance les gommes. J'avais la bougeotte.

Ces années-là furent angoissantes. On déménageait sans cesse. Je ne sais pas vraiment pourquoi. Mais on ne vivait jamais plus d'un an au même endroit et les professeurs en profitaient. « Vous devez changer d'école chaque fois que vous changez de quartier », décrétaient-ils, pas parce qu'ils respectaient les règles, mais parce qu'ils voyaient là l'occasion de se débarrasser de moi. J'ai changé si souvent d'école que j'avais du mal à me faire des amis. Papa avait ses boulots intérimaires, sa guerre, la boisson, et souffrait terriblement de ses acouphènes. C'était comme s'il avait en lui des sonneries et je devais me débrouiller seul, de plus en plus, en essayant de ne pas trop m'inquiéter du désordre qui régnait dans la famille. Il y avait toujours quelque chose qui n'allait pas. Nous, dans les Balkans, nous ne sommes pas tendres. Ma sœur avec sa drogue avait coupé les ponts avec ma mère et nous tous. On pouvait largement s'y attendre vu les disputes à propos de la dope et des centres de désintoxication. Mais mon autre demi-sœur avait aussi quitté la famille. Maman l'a tout simplement effacée de sa mémoire et je ne sais même pas pour quelle raison. Cela avait à voir avec son petit ami, un mec de Yougoslavie. Ils s'étaient disputés et ma mère avait pris la défense du type. Et donc ma sœur avait piqué une crise et elles avaient eu une terrible prise de chou. Malgré tout, elles n'auraient pas dû en faire toute une histoire.

Ce n'était pas la première fois que nous nous affrontions, dans notre famille. Maman a sa fierté. Et je suis certain qu'elle et ma sœur ont été capables d'aller jusqu'au point de non-retour. Je le reconnais, je n'oublie rien non plus. Je peux me souvenir d'un mauvais tacle pendant des années. Je me souviens de toutes les saloperies que les gens m'ont faites et je leur en veux à mort. Mais cette fois, c'était allé trop loin.

Nous avions vécu à cinq enfants chez maman et nous nous retrouvions d'un seul coup à trois. Moi, Sanela et Aleksandar. Et on ne pouvait plus revenir en arrière. Il semblait que cela avait été gravé dans la pierre. Notre demi-sœur ne serait plus jamais des nôtres et les années passaient. Elle avait disparu. Mais, quinze ans plus tard, son fils appela ma mère. Ma demi-sœur avait eu un fils, en d'autres termes, pour ma mère, un petit-fils.

« Bonjour, mamie ! » s'exclama-t-il. Ma mère ne voulut pas en entendre parler.

« Désolée », répondit-elle. Et elle raccrocha.

Quand je l'appris, je ne pus le croire. J'en avais mal au ventre. Je ne peux pas décrire cette sensation. Je voulais disparaître sous terre. On n'a pas le droit de faire ça ! Jamais ! Jamais ! Ils sont si orgueilleux dans ma famille que cela nous a fichus en l'air. Heureusement pour moi, il y a eu le football.

3

À Rosengård, il y avait plusieurs parcs HLM, aucun n'était pire qu'un autre, même si celui dit « des Gitans » était regardé de haut. Mais ce n'était pas comme pour les Albanais ou les Turcs qui restaient entre eux, dans leur coin. C'était votre cité qui comptait, pas le pays d'origine de vos parents. On faisait corps avec elle et le quartier dans lequel vivait maman s'appelait Törnrosen, ce qui signifie « rosiers églantiers ». Il y avait des balançoires, un terrain de jeu, un mât, et un terrain de football où nous jouions tous les jours. Parfois, les autres ne voulaient pas de moi. J'étais trop petit. Alors j'explosais instantanément.

Je détestais être mis à l'écart. Je déteste perdre. Et pourtant, gagner n'était pas l'essentiel. Les feintes et les beaux gestes comptaient plus que tout. On disait souvent : « Oh ! Regarde-moi ça ! » On devait impressionner les gars avec des ruses et des gestes techniques. Et l'on devait s'entraîner, s'entraîner, jusqu'à devenir plus fort qu'eux. Souvent, les mères criaient à la fenêtre :

« Il est tard. Le dîner est prêt. Il est l'heure de rentrer. »

On répondait tout en continuant : « Dans une minute. » Qu'il soit tard, qu'il pleuve, tout pouvait s'écrouler autour de nous, on continuait à jouer.

Nous étions inépuisables et le terrain trop petit. Il fallait être rapide de la tête et des pieds, surtout dans mon cas, moi qui étais petit et malingre et qu'on taclait facilement, mais j'apprenais tout le temps des coups tordus. Il le fallait. Sinon je n'obtenais pas de « Oh ! » et personne ne m'aurait laissé passer. Souvent je m'endormais en pensant à ma façon de jouer au football, aux tactiques que j'allais appliquer le lendemain. Comme un film qui défilait sans arrêt.

Mon premier club s'appelait MBI, Malmö Boll och Idrottsförening. J'avais juste six ans quand j'ai débuté. Nous jouions sur un terrain en graviers derrière des baraques vertes et je me rendais aux séances d'entraînement sur des vélos volés et, sans doute, cela ne faisait pas très bien élevé. L'entraîneur me renvoya plusieurs fois à la maison, j'avais dû les injurier en criant. J'entendais constamment : « Passe la balle, Zlatan ! » Cela m'agaçait et je me sentais comme un poisson hors de l'eau. Au MBI, il y avait autant d'enfants d'immigrés que des Suédois et bien des parents rouspétaient en voyant les ficelles que j'avais apprises dans la cité. Je les envoyai au diable et je changeai plusieurs fois de club avant d'arriver au Balkan Club. C'était autre chose !

Au MBI, les pères suédois restaient autour de nous et lançaient : « Allez, les gars ! Bon travail ! »

Au Balkan, c'était plus : « Je vais niquer ta mère. » C'étaient tous des barjots de Yougoslaves qui fumaient comme des pompiers et qui balançaient leurs crampons n'importe où. Super, c'est comme à la maison ! J'adore ! L'entraîneur venait de Bosnie. Il avait joué à un assez bon niveau en Yougoslavie et il devint une sorte de figure paternelle pour nous. Il nous ramenait quelquefois à la maison en voiture et il me donnait quelques couronnes pour une glace ou quelque chose qui me cale.

Pendant un moment, je gardais les buts. Je ne sais pas pourquoi. Il se peut que j'aie volé dans les plumes de l'ancien gardien en lui disant un truc comme : « Tu es nul, même moi je pourrais faire mieux. » Je suis sûr que c'était quelque chose comme ça. Il y eut un match où j'avais laissé passer un tas de buts et cela me rendait fou. Je gueulais aux autres que ce qu'ils faisaient était naze. Que ce style de football était naze. Que c'étaient tous des incapables et que je ferais mieux de m'inscrire au hockey sur glace.

« Le hockey, c'est bien mieux. Vous êtes tous des enfoirés. Je serai hockeyeur professionnel ! Allez vous faire voir ! »

Et puis c'est tout. Je me suis renseigné à propos du hockey en pensant, mince, il me faut tous ces équipements ! Un kit de protections, ça coûte un bras. Donc, l'unique chose à faire était de s'y remettre et de continuer avec cette idiotie de football. Je n'étais plus gardien, j'intégrai la ligne d'attaque et j'étais plutôt pas mauvais.

Un jour de match, je n'étais pas là. Tout le monde appelait : « Où est Zlatan ? Où est Zlatan ? » C'était juste avant le coup d'envoi et je suis sûr que l'entraîneur et mes coéquipiers avaient envie de m'étrangler. « Où est-il ? Mais bon sang, pourquoi n'est-il pas là pour un match aussi important ? » Ils aperçurent alors la silhouette d'un personnage qui pédalait comme un fou tout droit en direction de l'entraîneur sur un vélo volé. Est-ce que ce crétin allait lui rentrer dedans ? Non, je freinai en dérapant juste devant lui pour entrer directement sur le terrain. Je pense que le coach était extrêmement furieux.

Il avait reçu des graviers dans les yeux. Je l'avais complètement mitraillé. Mais il me laissa jouer et je crois que nous avons gagné. Nous étions un bon groupe. Un jour, écarté pour une autre bêtise, j'étais sur le banc pendant la première mi-temps. Nous étions menés 4 à 0 par une bande de snobs de Vellinge, les moricauds jouaient contre les enfants chics et ça sentait le souffre. Ça me rendait si dingue que j'étais prêt à exploser. Pourquoi ce crétin m'a-t-il mis sur le banc ?

« T'es débile ? lançai-je au coach.

— Calme-toi. Tu vas bientôt entrer.»

Entré en deuxième mi-temps, je marquai huit buts. Nous avons gagné 8 à 5, on chambrait les gosses de riches et, pour sûr, j'étais bon. J'étais technique et je voyais les occasions qui se présentaient, tout le temps. Sur le terrain, chez maman, j'étais devenu une sorte de prodige en réalisant des mouvements imprévisibles dans de petits espaces. Pour autant je n'aimais pas que ces gens me tournent autour en jacassant : « J'ai tout de suite vu que Zlatan avait un truc spécial, bla bla bla. Je lui ai pratiquement tout appris de ce qu'il sait. C'était mon meilleur pote. » C'est n'importe quoi.

Personne ne m'a jamais rien dit. En tout cas, pas autant qu'ils le prétendraient par la suite. Aucun grand club ne venait frapper à ma porte. J'étais un petit morveux. On ne s'adressait pas à moi, genre : « Oh ! Nous devons être sympas avec ce jeune talent. » C'était plutôt : « Qui a laissé entré le petit basané ? » Et, déjà à l'époque, j'étais inconstant. Je pouvais marquer huit buts dans un match et être inexistant le suivant.

Je traînais avec un type qui s'appelait Tony Flygare. Nous avions le même prof de langue qui donnait des cours dans notre communauté. Ses parents sont aussi des Balkans et c'était également un gars assez rude. Il n'habitait pas Rosengård mais pas très loin, dans une rue appelée Vitemöllegatan. Nous avions le même âge mais son anniversaire tombait en janvier et le mien en octobre, et cela fait une différence. Plus costaud, plus grand, il était perçu comme plus doué que moi au foot. On s'intéressait beaucoup à Tony : « Regarde-moi ça, quel joueur ! », et je me retrouvais un peu dans son ombre. Peut-être n'était-ce pas une mauvaise chose. Je ne sais pas. J'ai dû serrer les dents et me battre comme le dernier des derniers. Comme je le disais, en ce temps-là, personne ne me connaissait.

J'étais un enfant sauvage, une terreur, et je ne contrôlais pas mes pulsions. Je continuais à cracher ma bile sur les joueurs et les arbitres et je changeais tout le temps de club. J'ai joué pour le Balkan. Je suis retourné au MBI et encore au Balkan, et enfin au BK Flagg Club. Ce n'était pas simple parce qu'il n'y avait personne pour m'accompagner aux entraînements et il m'arrivait d'observer les parents sur le bord de la touche.

Mon père ne venait jamais, que je sois chez les Suédois ou parmi les Yougos, et je ne parviens pas exactement à savoir ce que je ressentais. Sans doute que cela était douloureux. Je ne peux pas vraiment vous dire. Dans la vie, on s'habitue à certaines situations et je ne pensais pas trop à ça. Papa était tel qu'il avait toujours été. Aussi désespéré que fantastique. Il était heureux et triste. Je ne comptais pas sur lui, pas de la même façon que ce que d'autres enfants attendent de leurs parents. Mais, bien sûr, moi aussi, j'espérais quelquefois. Bon sang ! Imagine qu'il ait vu ce geste dément, ce joli coup à la brésilienne, je pensais. Papa avait des périodes où il s'intéressait vraiment à moi. Il voulait que je devienne avocat.

Je dois reconnaître ne pas avoir beaucoup réfléchi à cette possibilité. Dans mon milieu, les gens ne sont pas trop enclins à devenir avocats. Nous faisions des trucs de cinglés, nous rêvions de devenir des durs à cuire et nous n'étions pas beaucoup encouragés par nos parents. On ne nous demandait pas : « Veux-tu que je t'apprenne l'histoire de la Suède ? » Il y avait des canettes de bière, de la musique yougo, des frigos faméliques et la guerre des Balkans. Mais parfois, vous voyez, il prenait le temps de parler de football avec moi et, chaque fois, c'était épatant. Je veux dire, c'était mon père. Un jour, il est venu vers moi, je ne l'oublierai jamais, le ton avait quelque chose de solennel.

« Zlatan, il est temps que tu commences à jouer dans un grand club.

— Qu'est-ce que tu veux dire par "grand club" ? C'est quoi un grand club ?

— Une bonne équipe, Zlatan. Une équipe de l'élite, comme le Malmö FF. »

Sur l'instant, je n'étais pas sûr d'avoir compris.

Qu'est-ce que le Malmö FF avait de si particulier ? Je ne savais rien de tout ça, de ce qui valait le coup ou pas. Mais j'avais entendu parler du club. J'avais joué contre eux avec le Balkan et, donc, pourquoi pas ? Si papa le dit. Mais je ne savais même pas où était leur stade pas plus que je ne connaissais quoi que ce soit de la ville de Malmö. Malmö n'était peut-être pas si loin mais c'était un autre monde. J'avais dix-sept ans passés quand je suis allé dans le centre-ville pour la première fois et je ne savais rien de la vie là-bas. Mais je trouvai le chemin pour me rendre aux entraînements, je pédalai une trentaine de minutes avec mon équipement dans un grand sac de supermarché et, bien sûr, j'étais nerveux. Au Malmö FF, c'était du sérieux. On ne nous disait plus : « Allez les gars ! On joue ! » Ici, on devait d'abord passer des tests avant d'être recruté et je remarquai tout de suite que je ne ressemblais pas aux autres. J'étais prêt à remballer mes affaires et à rentrer chez moi. Mais dès le deuxième jour, j'entendis ces mots d'un entraîneur qui s'appelait Nils :

« Bienvenue dans l'équipe.

— Vous êtes sérieux ? »

J'avais treize ans et il y avait déjà quelques autres étrangers, dont Tony. Sinon, il n'y avait que des Suédois normaux, y compris ceux des banlieues chics. Je me sentais comme un Martien. Pas seulement parce que mon père ne possédait pas de grande et belle maison et qu'il ne venait jamais aux matchs. Je parlais différemment. Je faisais des dribbles. Je fonçais comme une torpille et, sur le terrain, j'en voyais de toutes les couleurs. Une fois, je reçus un carton jaune parce que je beuglais après mes partenaires.

« Tu n'as pas le droit, objecta l'arbitre.

— Tu peux aller te faire voir ! » lui gueulai-je, puis je me cassai.

Avec les Suédois, ça sentait le moisi. Les parents voulaient me flanquer dehors et je pensais pour la millième fois que je m'en tapais complètement de ces gens. J'aurais pu encore changer d'équipe ou même faire du taekwondo à la place. C'est plus cool. Le football, c'est naze. Un crétin de père d'un joueur du club faisait tourner une pétition. Elle prônait : « Zlatan doit quitter le club » et toutes sortes de gens l'ont signée. En douce, ils glissaient : « Zlatan n'est pas des nôtres. Il doit être écarté. Signez ici, bla bla bla. »

C'était dingue ! O.K., j'avais été surpris en train de mettre une raclée au fils de ce type. J'avais ramassé un tas de mauvais tacles et pété les plombs sur un des joueurs. Je lui ai filé un coup de boule. Mais, juste après, j'étais plein de remords. J'ai roulé jusqu'à l'hôpital pour lui demander pardon. C'était idiot de ma part, vraiment, mais une pétition ! Lâchez-moi. L'entraîneur, Åke Kallenberg, avait à peine jeté un œil sur le papier et avait dit : « Qu'est-ce que c'est que ces bêtises ?! »

Il déchira la feuille. C'était un brave type, Åke. Bon, jusqu'à un certain point parce que, en équipe junior, il me collait sur le banc des remplaçants pour presque l'intégralité de la saison. Comme tous les autres, il pensait que je dribblais trop, que je gueulais trop fort sur mes coéquipiers et que je me comportais mal, que j'avais un mauvais état d'esprit. J'ai appris une chose importante durant ces années-là. Si un type comme moi voulait gagner le respect, il devait être cinq fois plus fort que n'importe quel Leffe Persson ou appelez-le comme vous voulez. Il doit s'entraîner dix fois plus. Sinon, il n'a aucune chance. Pas sur cette planète. Et particulièrement si c'est un voleur de bicyclettes.

Bien sûr, après cette affaire, j'aurais dû laisser tomber les vélos. J'en avais vraiment envie. Je n'étais pas totalement abattu mais le chemin pour aller à l'entraînement était long, plus de six kilomètres. Souvent, je devais y aller à pied. Parfois, quand je voyais un joli vélo, la tentation était trop forte. Une fois, j'en avais repéré un jaune équipé de grosses sacoches et je me suis dit, pourquoi pas ? Je suis monté dessus et j'ai roulé avec, tout en souplesse. Au bout d'un moment, j'ai réfléchi. Les sacoches étaient particulières et tout d'un coup je captai : c'était le vélo du facteur. J'avais pédalé tranquillement avec le courrier du voisinage. Je sautai du vélo et le laissai un peu plus loin. Je ne voulais pas, en plus, chaparder le courrier des gens.

Une autre fois, le vélo que je venais juste de piquer avait été carotté et je me retrouvais seul à l'extérieur du stade. La route était longue, j'avais faim, et je m'impatientais. J'en fauchai donc un autre devant les vestiaires. Je faisais sauter le cadenas comme d'habitude et je me souviens de l'avoir trouvé à mon goût. C'était un beau vélo et je faisais exprès de le garer dans un petit passage afin que l'ancien propriétaire ne puisse pas me surprendre. Mais, trois jours après, l'équipe était convoquée pour une réunion. J'avais déjà eu une histoire après un truc pareil. Les réunions signifiaient qu'il y avait un souci, que l'on allait en causer, et je commençais à me préparer à donner quelques explications intelligentes, des choses comme : « Ce n'est pas moi. C'est mon frère, non ? » Et j'avais bien raison de m'y préparer parce que le vélo appartenait à l'entraîneur adjoint.

« Est-ce que quelqu'un l'a vu ? »

Personne ne l'avait vu. Moi non plus ! Dans ce genre de situation, on ne doit rien dire. C'est comme ça que ça marche. On se tait. « Oh, quel dommage, mon pauvre, moi aussi, un jour, on m'a piqué mon vélo. »

Tout de même, j'étais inquiet. Qu'est-ce que j'avais fait ? Et quel manque de bol ! Le vélo de l'entraîneur adjoint ! On est censés respecter les entraîneurs. Ça, je le reconnais. Ou, plus précisément, on est censés les écouter et apprendre d'eux, le jeu en zone, les tactiques, tout ça, mais en même temps ne pas les écouter. C'était mon attitude. Mais piquer leurs vélos ? Je ne pense pas que ça rentrait dans ce cadre-là. Je devins nerveux et je finis par aller trouver l'entraîneur adjoint.

« Hum, voilà, j'ai emprunté ta bicyclette momentanément. C'était, comment dirais-je, pour une urgence. L'histoire d'une fois. Je te la rends demain. »

J'ai fait de mon mieux pour paraître penaud et je pense que cela a, en quelque sorte, fonctionné. Mon sourire m'a beaucoup aidé durant ces années, quand j'étais mal barré, je pouvais m'en tirer avec une blague. Mais ce n'était pas simple. Je n'étais pas seulement le mouton noir. Quand un survêtement disparaissait, tout le monde m'accusait. Mais j'avais de bonnes raisons, j'étais complètement fauché. Tandis que les autres avaient toujours les derniers crampons Adidas ou Puma en peau de kangourou. J'ai acheté ma toute première paire dans un supermarché discount pour cinquante-neuf couronnes quatre-vingt-dix (environ sept euros), elles étaient près des tomates et des légumes, et c'est ainsi que l'on s'en sort. Je n'avais jamais eu une paire comme ça pour parader.

Quand l'équipe partait jouer à l'extérieur, la plupart des autres avaient deux mille couronnes (environ deux cent trente-cinq euros) chacun à dépenser. J'avais vingt couronnes (un peu plus de deux euros) et encore, quand mon père ne payait pas son loyer pour pouvoir me laisser partir. Il préférait se faire expulser que m'empêcher d'y aller. C'était vraiment très gentil de sa part. Mais je ne pouvais pas suivre les autres.

« Zlatan, viens avec nous, on va prendre une pizza, un hamburger, on va acheter ceci et cela », qu'ils disaient. « Non, plus tard. J'ai pas faim. Je préfère me reposer. »

J'essayais de rester flou et de garder mon calme. Ce n'était pas très drôle, mais pas trop grave non plus. C'était quelque chose de neuf, alors que j'entrais dans une période où je n'avais pas confiance en moi. Ce n'est pas que je voulais ressembler aux autres. Bon, peut-être un peu ! Je voulais apprendre leurs trucs, comme les bonnes manières, tout ça. Mais, la plupart du temps, je restais moi-même. C'était mon arme, en quelque sorte. J'avais déjà vu des mecs des cités HLM, dans les banlieues comme la mienne, qui essayaient de se donner un genre distingué. Ça n'a jamais marché, même en ayant toute la panoplie. Moi, je ferais l'inverse. J'en rajouterais. Au lieu de dire, « je n'ai que vingt couronnes », j'aurais dit, « je n'ai pas de fric, pas un rond. » C'était plus cool. Plus décalé. J'étais une petite frappe de Rosengård. J'étais différent. Ce serait mon identité et j'en jouissais de plus en plus en me fichant bien de savoir quoi que ce soit à propos des idoles que vénéraient les Suédois.

Il arrivait que nous fassions les ramasseurs de balle lors des matchs de l'équipe première. Une de ces fois, le Malmö FF rencontrait l'IFK Göteborg ; en d'autres termes, c'était un gros match. Mes équipiers devinrent complètement marteau, ils voulaient des autographes des stars, notamment d'un joueur qui s'appelait Thomas Ravelli, devenu un super-héros après avoir marqué quelques pénaltys durant la Coupe du Monde. Je n'avais jamais entendu parler de ce mec, sans l'avouer. Je ne voulais pas avoir l'air ridicule. Bien sûr, j'avais regardé la Coupe du Monde. Mais je suis de Rosengård et je n'en avais rien à fiche des Suédois. J'ai suivi les Brésiliens, avec Ronaldo, Bebeto et les autres, et la seule chose qui m'intéressait chez Ravelli, c'était son short. Je me demandais où je pourrais bien en piquer un comme ça pour moi.

Nous étions censés vendre des billets de Bingo Lotto pour faire gagner de l'argent au club. Je n'avais aucune idée de ce qu'était cette loterie. Je ne connaissais pas les types comme Loket, le présentateur de l'émission du loto à la télé. J'ai frappé aux portes des voisins. « Salut à vous, mon nom est Zlatan. Désolé de vous déranger. Achèteriez-vous des billets de loto ? »

Pour être honnête, j'étais nul à ce truc-là. J'ai vendu approximativement un ticket et encore moins de calendriers de l'Avent qu'on nous avait collés. Pour ainsi dire, pas un. À la fin, mon père a dû acheter tout le paquet. Ce n'était pas juste. On ne pouvait pas se le permettre et nous n'avions vraiment pas besoin de ces saletés à la maison. Ça ne me réjouissait pas vraiment de devoir ouvrir toutes les portes de chaque calendrier dès novembre. C'était ridicule et je ne comprends pas comment des gens sont capables d'envoyer des gamins, comme ça, pour, disons-le, mendier.

Nous étions une belle promotion cette saison-là, celle des gars nés en 1980 et 1981. Il y avait Tony Flygare, Gudmunder Mete, Matias Concha, Jimmy Tamandi, Markus Rosenberg. Et moi. Il y avait toutes sortes de pointures mais ça grinchait toujours. Principalement à cause des parents. Ils ne me lâchaient pas. « Et voilà, il dribble encore ! » se plaignaient-ils. « Il ne convient pas à l'équipe ! » Ça me rendait fou. Qui étaient-ils pour se permettre de me juger ? On a raconté que j'envisageai d'arrêter le football à ce moment-là. Ce n'est pas vrai. Mais je pensais sérieusement aller dans un autre club pour un temps. Je n'avais pas mon père à mon côté pour me défendre ou m'acheter des vêtements coûteux. Je devais me débrouiller tout seul et ces pères suédois avec leurs snobs de fils étaient partout, expliquant pourquoi j'étais mauvais. Je savais qu'on me pourrissait ! Mais je n'arrêtais pas pour autant. Je voulais de l'action, plus d'action. Je voulais de la nouveauté.

Johnny Gyllensjö, l'entraîneur des jeunes, en avait eu vent et fit remonter l'affaire dans le club. « Allons, dit-il, tout le monde ne peut pas arriver avec les cheveux plaqués, tout bien peignés. Nous sommes en train de perdre un grand talent. » Ils rédigèrent alors pour moi un contrat « espoir » que mon père signa. Je gagnais mille cinq cent couronnes par mois (environ cent soixante-seize euros), et cela fit du bruit, bien entendu, mais je fournis davantage d'efforts. Je n'étais pas complètement ingérable, comme je l'ai déjà dit. Je ne me disais pas tout le temps « ne les écoute pas », j'étais aussi capable de me dire « écoute ».

Je me suis entraîné très dur pour arriver à contrôler la balle en faisant le moins de touches possibles. Quand bien même, ce n'était pas vraiment brillant, je le reconnais. Tout tournait encore et toujours autour de Tony et j'ingurgitais tout ce que je pouvais d'informations, de manière à devenir au moins aussi bon que lui. Toute ma génération, à Malmö, ne s'intéressait qu'aux trucs et aux grigris des Brésiliens. On rivalisait entre nous avec ça. C'était un peu comme dans le temps, dans le quartier de maman. Et dès que nous avons eu accès aux ordinateurs, nous avons téléchargé toutes sortes de feintes, les gestes de Ronaldo et Romario, et nous nous exercions jusqu'à ce que ça commence à venir. On cliquait souvent sur l'avance-rapide et le rembobinage. Au fait, comment faisaient-ils ? Comment réussissaient-ils ce petit geste ?

Nous savions tous ce qu'était le toucher de balle. Mais les Brésiliens, eux, semblaient l'emmener avec le pied. Et nous nous entraînions encore et encore jusqu'à ce que cela rentre et, enfin, nous essayions de le reproduire en match. Nous sommes un paquet à avoir fait ça. Mais je poussais un peu plus loin. J'approfondissais la chose. J'étais plus précis dans les détails. Pour être honnête, j'étais complètement obnubilé.

Je me suis toujours fait remarquer grâce à cette technique et j'ai continué à dribbler, qu'importe combien de pères et entraîneurs pestaient. Non, je ne m'adaptais pas. Enfin, oui et non. Je voulais être différent. Mais je faisais aussi ce que demandait l'entraîneur et cela me permettait de progresser. Ce n'était pas si facile. Parfois, il m'arrivait de souffrir. La situation de mes parents m'affectait, c'est certain. Il y avait un tas de saloperies dont il fallait que je me débarrasse.

À l'école, « pour mon bien », ils engagèrent une enseignante particulière. J'étais vraiment en colère. Certes, j'étais turbulent. Peut-être le pire de tous. Mais un prof particulier ! Laisse tomber ! J'avais A en art et B+ en anglais, en chimie et en physique. Je n'étais pas vraiment un toxico. Je tirais à peine une taffe sur une cigarette. J'étais juste agité et je faisais un tas d'idioties. Mais il était question de me mettre dans une école spécialisée. On voulait m'écarter et j'avais l'impression d'être un Martien. Tic-tac, j'avais la sensation d'avoir en moi une bombe à retardement. Dois-je préciser que j'étais bon en éducation physique ? Assez peu attentif en classe, j'avais du mal à m'asseoir avec un livre. Mais j'étais aussi capable de me concentrer quand il s'agissait d'apprendre à tirer dans un ballon, ou lancer un œuf.

Un jour, nous jouions au bandy. Cette prof particulière arriva et me fixa. Elle observait le moindre de mes gestes, elle était là, comme une bernique. Je fulminais. Je frappais alors un tir de classe mondiale qu'elle prit dans la tronche. Elle était sonnée, mais elle me regardait. Après cela, ils ont appelé papa pour lui parler d'une aide psychiatrique et d'une école spécialisée, de ce genre d'ineptie, et vous comprenez bien que ce n'est pas la meilleure manière d'aborder mon père. Personne ne dit du mal de ses enfants, surtout pas les profs qui les persécutent. Il devint fou et fonça à l'école avec toute la panoplie du cow-boy : « Pour qui vous prenez-vous pour venir me parler d'aide psychiatrique ? C'est vous qui devriez être dans un asile de dingues, tous autant que vous êtes. Parce qu'il n'y a rien qui cloche avec mon fils, c'est un bon garçon, vous pouvez tous aller au diable ! »

C'était un barjot de Yougo et il était totalement dans son élément. Peu de temps après, la prof démissionna. Ce qui n'avait rien d'étonnant et les choses s'améliorèrent un peu. J'avais moi-même repris un peu confiance. Mais, quand même, quelle drôle d'idée ! Un professeur particulier, juste pour moi ! Ça me rendait furieux. Certes, je n'étais pas un ange, mais on ne peut pas faire d'un enfant un cas particulier ! Ce n'est pas possible !

Si jamais quelqu'un traitait Maxi ou Vincent comme s'ils étaient des êtres à part, je péterais les plombs. Je vous promets. Je serais pire que mon père. Ce traitement spécial me poursuit. Je ne me sens pas bien avec ça. D'accord, sur le long terme, cela m'a rendu plus fort. Je ne sais pas. Cela a peut-être fait de moi un combattant encore plus coriace. Mais sur le court terme, cela m'avait vraiment anéanti. Un jour, j'étais censé aller à un rencart et je n'étais pas vraiment sûr de moi à cette époque au contact des filles. J'étais l'enfant avec la prof particulière qui le suivait partout, trouvez-vous que c'est rassurant comme truc ? Rien que le fait de lui demander son numéro de téléphone me faisait dégouliner de sueur ! Une jolie fille se tenait en face de moi et je suis à peine parvenu à balbutier :

« Tu veux bien qu'on passe un moment ensemble après l'école ?

— Bien sûr.

— Que penses-tu de Gustav, un de ces quatre ? »

Gustav, c'est le square Gustav Adolf qui se situe entre le centre commercial Triangeln et le square Stortorget, dans le centre de Malmö, et l'idée avait l'air de lui plaire. Mais lorsque j'y suis arrivé, elle n'y était pas. Ça me rendait nerveux. Ce n'était pas mon territoire et je ne me sentais pas très à l'aise. Pourquoi n'était-elle pas là ? Je ne lui plaisais plus ? Une minute passa, deux, trois et à la fin, je n'en pouvais plus. C'était la pire des humiliations.

Je pensais m'être bien fait avoir. Qui accepterait d'avoir rendez-vous avec moi ? De toute façon, je vais devenir une star de football. Mais ma réaction était plus que stupide. Le bus de la fille était seulement un tout petit peu en retard. Le chauffeur avait fait une pause-clope, ou quelque chose comme ça, et elle était arrivée juste après que je fus parti et elle était tout aussi déçue que moi.

4

Je suis passé en secondaire à Borgarskolan en prenant la filière sciences sociales avec une option particulière pour le football et j'espérais de grandes choses. Tout serait différent, dorénavant ! À partir de maintenant, ce serait vraiment cool. En fait, ça a été un choc. Bon, je m'y attendais un peu.

Il y avait dans l'équipe quelques minets de Limhamn, une banlieue chic. Sauf qu'il y avait aussi des filles et d'autres types qui frimaient avec leurs fringues à la mode et se promenaient en fumant. Je me pavanais en baskets et survêtement couverts de logos Adidas ou Nike. Je les trouvais vraiment cool et je me baladais comme ça tout le temps. En revanche, je ne me doutais pas que je portais l'uniforme criard de Rosengård ! Une vraie publicité ambulante. Ça me faisait le même effet que si ma prof particulière était restée accrochée à mes basques.

À Borgaskolan, les enfants portaient des pulls Ralph Lauren, des chaussures Timberland et des chemises à col. Vous voyez un peu ! Je n'avais jamais vu ça, un mec porter une chemise, et je compris immédiatement que je devais agir de façon radicale. Il y avait un tas de jolies filles à l'école. Je ne voulais pas aller leur parler en ayant l'air d'un type de la cité HLM. J'en parlais à mon père et nous nous sommes embrouillés. Nous recevions une bourse d'études de la part du gouvernement à ce moment-là. Ça représentait sept cent quatre-vingt-quinze couronnes (environ quatre-vingt-douze euros) par mois et il était évident que mon père veillerait au grain parce qu'il était responsable du « coût de mon entretien », comme il disait. Je voyais les choses différemment : je ne veux pas passer pour un gros con à l'école.

Quoi qu'il en soit, il avala la pilule. La bourse d'études me serait versée sur un compte en banque, j'avais une carte de crédit sur laquelle était dessiné un arbre. Le montant de la bourse tombait tous les 20 du mois et mes potes se postaient en nombre près du distributeur juste avant minuit. Ils attendaient, comme des dingues. Il est minuit ? Dix, neuf, huit… Je n'étais pas aussi pressé, mais le lendemain matin, j'allais quand même retirer un petit paquet, et je suis allé m'acheter une paire de jean Davis.

C'était les moins chers. Ils coûtaient deux cent quatre-vingt-dix-neuf couronnes (environ trente-cinq euros), et je pris quelques polos, trois, pour quatre-vingt-dix-neuf couronnes (environ onze euros). J'en essayais plusieurs. Rien n'y faisait. Mon allure trahissait toujours le type de Rosengård que j'étais. Ça ne m'allait pas. Je le sentais. Jusqu'ici, j'étais plutôt petit mais, cet été-là, j'avais grandi incroyablement, j'avais pris presque treize centimètres en quelques mois et j'étais efflanqué. Clairement, il fallait que je m'affirme. Et pour la première fois de ma vie, je me mis à traîner dans le centre-ville, au Burger King, dans les centres commerciaux, au square Lilla Torg.

Il m'arrivait de faire d'autres trucs pas très nets, et pas pour la gloire. J'avais besoin d'affaires cool. Sinon, je n'aurais aucune chance dans la cour de l'école. J'ai donc subtilisé à un gars qui jouait de la musique son super lecteur minidisc. Nous disposions des casiers à l'extérieur des salles de classe. Ils avaient des cadenas à molettes et je savais quelle était la combinaison secrète de ce garçon grâce à un autre type qui me l'avait refilée. Quand il eut disparu de la circulation, j'y allai, je fis cinq à droite, trois à gauche et, enfin, je filai avec le minidisc, j'effaçai ses morceaux, je me trouvai très cool. Mais, bien sûr, cela ne me suffisait pas.

Je manquais encore d'atouts pour me mettre en valeur. J'étais toujours le mec de la cité HLM. Un de mes potes était plus malin. Il s'était déniché une fille d'une famille huppée et dont il se mit le frère dans la poche et il put lui emprunter ses habits. Bien joué, c'est sûr, seulement il y avait une limite. Les gars comme nous, des quartiers HLM, ça ne nous allait jamais. Nous étions différents. Mais, quand même, ce pote se pointait avec de drôles de marques. Il avait une super nana et était arrogant comme personne. Quant à moi, je me sentais un moins que rien. Je me suis donc rabattu sur le football.

Mais ça ne se passait pas très bien non plus. J'avais réussi à intégrer l'équipe junior et je jouais avec des gars qui étaient tous plus âgés, ce qui était déjà une réussite en soi. Nous étions un bon collectif, une des meilleures équipes du pays dans notre catégorie. Mais j'étais sur le banc. Åke Kallenberg en avait pris la décision. Bien sûr, un entraîneur peut mettre qui il veut sur le banc. Mais je crois que cela n'avait juste aucun rapport avec le football. Quand j'entrais en jeu, je marquais souvent des buts. Je n'étais pas mauvais. Mais ils pensaient que, sur un autre plan, je l'étais.

Les gens prétendaient que je ne participais pas assez au jeu d'équipe. « Tes dribbles n'amènent pas le jeu devant. » J'ai entendu ce genre de chose des centaines de fois et je percevais des ondes, comme : « Ce Zlatan ! N'est-il pas sérieusement déséquilibré ? » Il n'y avait plus de pétition mais on n'en était pas loin, véridique. Je pouvais me prendre la tête avec des spectateurs. Rien de sérieux, mais j'ai mon caractère et mon style de jeu. J'étais un type de joueur différent et je pouvais me mettre en rogne. Je ne faisais pas vraiment partie du Malmö FF. C'était le point de vue de pas mal de gens. Je me souviens du championnat de Suède junior. Nous étions arrivés en finale et, bien sûr, l'événement était d'importance.

Or Åke Kallenberg ne m'aligna pas dans l'équipe. Je n'allais même pas être remplaçant. « Zlatan est blessé », disait-il à tout le monde et j'ai sursauté. De quoi parlait-il ?

« Qu'est-ce que tu racontes ? Comment peux-tu dire une chose pareille ? »

Il répétait, « Tu es blessé », et je ne pouvais pas le croire. Pourquoi donc affirmait-il ce genre de bêtise alors que nous avions une finale à disputer ?

« Tu racontes ça parce que tu ne veux tout simplement pas avoir affaire à moi. »

Mais non, il « sentait » que j'étais blessé et il me rendait fou. Il y avait une drôle d'atmosphère. Personne ne disait véritablement de quoi il s'agissait. Personne n'en avait le courage. Cette année-là, le Malmö FF remporta le championnat de Suède junior sans moi et cela ne m'aida pas à prendre confiance. Évidemment, je l'ai ramenée. Comme quand mon prof d'italien m'a viré du cours et que je lui ai lancé : « J'en ai rien à fiche. J'apprendrai la langue quand je serai footballeur professionnel en Italie », ce qui est assez amusant quand on sait ce qui est arrivé par la suite. Mais alors, j'étais juste un fort en gueule. Je n'y croyais pas. Comment pouvais-je y croire alors que je ne jouais même pas régulièrement en équipe junior ?

L'équipe première avait des soucis, cette année-là. L'équipe première du Malmö FF était la meilleure du pays. Quand mon père est arrivé en Suède dans les années 1970, elle dominait le championnat. Elle avait même atteint la finale de la Ligue des Champions, la Coupe d'Europe comme on disait à l'époque, et presque aucun joueur de l'équipe junior n'avait été retenu. La direction recrutait à leur place des joueurs d'ailleurs. Mais, cette année-là, l'équipe avait changé. Cependant, personne ne comprenait vraiment pourquoi les choses se passaient aussi mal. Le Malmö FF, qui a toujours été aux premières loges dans l'Allsvenskan était aux portes de la relégation. Ils jouaient mal. Leurs finances étaient à plat. Ils ne pouvaient plus acheter de joueurs, ce qui fit qu'un groupe de jeunes eurent leur chance. Et vous pouvez vous imaginer ce dont nous parlions dans l'équipe junior ! Qui allait être pris ? Serait-ce lui, ou lui ?

Ce fut donc Tony Flygare, bien sûr, avec Gudmunder Mete et Jimmy Tamandi. Mon cas n'avait même pas été évoqué. J'étais le dernier qu'ils auraient sélectionné. C'est ce que je pensais. C'est ce que la plupart des gens pensaient. Donc, pour être honnête, il n'y avait vraiment aucun espoir. Même l'entraîneur des juniors me mettait sur le banc. Pourquoi m'auraient-ils pris ? Ça n'avait jamais été dans leurs plans. Pourtant, je n'étais pas plus mauvais que Tony, Mete, ou Jimmy. Je l'avais démontré en rentrant en cours de jeu. Quel était le problème ? De quoi étaient-ils capables ? Toutes ces pensées me prenaient la tête et j'étais de plus en plus convaincu qu'il y avait des raisons politiques qui entraient en ligne de compte.

Adolescent, c'était cool de n'être pas comme les autres et de faire le malin, mais, sur le long terme, cela me desservait. Le moment venu, ils ne voulaient pas de basané ou de tête brûlée qui, sans arrêt, étalait sa technique de Brésilien. Le Malmö FF était un club raffiné, orgueilleux. Dans ses glorieuses années, tous ses joueurs étaient blonds et bien éduqués, avec des noms comme Bosse Larsson qui évoquait des choses agréables et délicates. Et, depuis, ils n'avaient pas choisi beaucoup de joueurs d'origine étrangère. À part bien sûr Yksel Osmanovski, qui avait des parents macédoniens.

Il était lui aussi de Rosengård. En ce temps-là, il était pro à Bari. Mais il était mieux élevé que moi. Non, il n'y aurait pas de match en équipe première pour moi. J'avais mon contrat dans l'équipe jeune. Je devrais me contenter de ça et de la sélection des moins de vingt ans. L'équipe des moins de vingt ans avait été mise en place avec l'école de foot de Borgarskolan depuis que l'équipe junior allait jusqu'à dix-huit ans. Peu d'entre nous étaient retenus là-dedans, nous n'étions pas encore assez nombreux pour former une équipe. Mais l'idée était de nous retenir au club, et nous jouions souvent avec des garçons de l'équipe réserve contre des équipes de troisième division, ou autres. Ce n'était pas terrible, mais cela m'a donné la chance de me faire remarquer.

Parfois, nous nous entraînions avec l'équipe première et je refusais de rentrer dans le moule. Normalement, un junior ne se met pas à faire des dribbles démentiels. Il ne se met pas à appuyer ses tacles ni à gueuler : « Vas-y, descends-le ! » Il se tient bien. Mais je me disais, pourquoi pas ? Je n'ai rien à perdre. Je donnais tout ce que j'avais. Je fonçais et, bien sûr, je notais leurs remarques, « Pour qui se prend-il ? », ou autre, et je marmonnais, « Allez au diable ! », je tenais bon. Je restais sur mes astuces. Je faisais le dur et, parfois, Roland Andersson, l'entraîneur de l'équipe première, m'observait.

Au début, j'étais plein d'espoir. Je me demande s'il pense que je suis bon. Mais avec toutes les saletés qui allaient bon train sur mon compte, je changeai d'avis. Je parie qu'il a entendu les critiques ! Les reproches. À cette période, j'étais de plus en plus déçu par le football et je n'obtenais pas de meilleurs résultats par ailleurs, notamment à l'école. Toujours timide, je manquais de confiance et j'y allais la plupart du temps uniquement pour déjeuner. Je mangeais comme un ogre. Mais, fondamentalement, je me fichais du reste. Je faisais de moins en moins mes devoirs et finalement, j'ai complètement laissé tomber. Sans compter qu'à la maison il y avait des tas de problèmes et de disputes.

Je marchais sur un champ de mines mais je persistais à vouloir travailler mon jeu dans la cour. J'avais affiché des photos de Ronaldo dans ma chambre. Ronaldo, c'était quelqu'un. Pas seulement à cause de ses passements de jambes par-dessus la balle et de ses buts durant la Coupe du Monde. Ronaldo était excellent à tous les niveaux. Il incarnait ce que je voulais devenir. Le type qui fait la différence. Mais qui étaient les joueurs de l'équipe nationale suédoise ? Elle ne possédait aucune superstar, personne dont on parlait dans le monde entier. Ronaldo était mon héros et j'étudiais sur Internet ce qu'il faisait, essayant d'imiter ses gestes et je pensais alors être un joueur redoutable. Sur le terrain, je dansais avec la balle.

Mais que pouvais-je montrer de tout ça ? Rien. Le monde est injuste. Les types comme moi n'avaient pas leur chance et je ne deviendrais pas une star, quoi que je fasse. Ça ressemblait à ça. J'étais fini. J'avais tort, j'essayais de trouver d'autres moyens pour réussir. Mais je n'avais pas l'énergie pour m'investir. Je me contentais de continuer à jouer. Le jour où Roland Andersson se tenait là en train de m'observer d'un œil noir, je jouais avec les moins de vingt ans sur le terrain numéro 1. Le terrain numéro 1 n'existe plus. C'était un terrain en herbe, à côté du stade de Malmö et, juste après ça, on vint m'annoncer que Roland Andersson voulait me voir. C'est tout ce que l'on me dit. Pour être honnête, j'ai commencé à paniquer un peu et je me suis mis à penser : ai-je piqué un vélo ? Ai-je filé un coup de boule à quelqu'un ? Je passais en revue toutes les idioties que j'avais faites et elles étaient nombreuses. Mais je ne savais pas combien d'entre elles lui étaient arrivées aux oreilles et j'échafaudais un certain nombre d'explications.

Roland est un type plutôt solide avec une voix grave. Il est sympa, mais strict. Il tient son auditoire en respect et je crois bien que mon cœur battait un peu.

J'avais entendu dire que Roland Andersson avait disputé la Coupe du Monde en Argentine. Il n'était pas simplement une des anciennes stars du Malmö FF des glorieuses années. Il avait aussi été international. Le mec était respecté et, derrière son bureau, il n'esquissait pas le moindre sourire. Il avait l'air sérieux, genre, prépare-toi, je vais te casser les pieds comme jamais.

« Bien, Roland. Comment va ? Tu voulais me demander un truc ? »

J'ai toujours essayé de la jouer en fanfaronnant comme ça. C'est quelque chose qui est ancré en moi depuis que je suis petit. Ça me permettait de ne pas montrer de faiblesses.

« Assieds-toi.

— O.K., doucement. Je n'ai tué personne. Je le jure.

— Zlatan, il est temps pour toi d'arrêter de jouer avec les petits garçons. »

Avec les petits garçons ? Mais qu'est-ce qu'il me chante là ? pensai-je. Et qu'ai-je donc fait sur cette terre aux petits garçons ?

« Que veux-tu dire ? Tu parles de quelqu'un en particulier ?

— Il est temps pour toi de jouer avec les grands garçons. »

Je ne comprenais toujours pas.

« Hein ?

— Bienvenue en équipe première mon garçon. »

Franchement, je ne peux pas décrire ce que j'ai ressenti, je ne le pourrai même pas dans un million d'années.

J'avais l'impression d'avoir été propulsé en l'air à dix mètres de haut et, ça me revient, je suis sorti, je piquai une nouvelle bicyclette et je trouvai que j'étais le mec le plus cool de la ville.

5

À Malmö, nous avions un truc que nous appelions le « Milen[1] ».

Le Milen était un jogging terriblement long. On courait du stade jusqu'au château d'eau, on traversait Limhamnsvägen, on passait devant les maisons des millionnaires avec vue sur la mer – notamment une, rose, dont je me souviens bien – et nous faisions : « Waouh ! Mais qui peut bien habiter là ? Combien de millions faut-il avoir sur son compte en banque ? »

Nous poursuivions vers les jardins du Kungsparken, en passant sous un tunnel, puis nous remontions vers mon école, d'où toutes les filles et les gosses de riches nous voyaient passer. Mec, quel pied ! C'était ma revanche. Moi, le crétin de Rosengård qui osait à peine parler à une fille, j'étais là en train de courir avec les super mecs du Malmö FF comme Mats Lilienberg et les autres. C'était vraiment génial et je faisais presque l'intégralité du parcours.

Au début, je suivais le groupe. J'étais nouveau dans l'équipe première et je voulais montrer que j'étais à la hauteur. Mais très vite, j'ai compris : le plus important

1. Un « mil » en Suède équivaut à dix kilomètres.

était d'impressionner les filles. Donc, Tony, Mete, et moi, nous avons rusé. Nous courions les quatre premiers kilomètres. Mais dès que nous atteignions Limhamnsvägen, on stoppait à l'arrêt de bus. Personne ne nous voyait. Nous étions en queue de peloton et donc nous pouvions tranquillement attendre le bus pour monter dedans. Bien sûr, on se marrait comme des tordus. Quelle honte ! Puis nous devions bien nous planquer quand nous dépassions le reste de l'équipe. D'accord, cette histoire du bus, ce n'est pas le bon exemple à suivre. Au bout de la route, nous descendions, totalement détendus et suffisamment loin des autres, puis nous nous cachions à un angle de rue. Nous laissions passer le reste de l'équipe puis nous sprintions, nous avions de l'énergie à revendre pour frimer devant l'école. Les filles devaient se dire : « Waouh ! Ils sont trop forts ! »

Un autre jour, durant le Milen, j'ai suggéré à Tony et Mete : « C'est ridicule. Piquons des vélos. » Je pense qu'ils étaient un peu sceptiques. Ils n'avaient pas mon niveau d'expérience dans ce domaine. Mais je les persuadai et les emmenai sur le porte-bagage. Il arrivait aussi que les choses partent totalement en vrille. Je n'étais pas vraiment le type le plus mature de la ville et Tony était lui aussi un crétin. Cet imbécile voulait voir un film porno. Un jour, il entra dans un magasin et loua une vidéo, acheta du chocolat et au lieu de reprendre la course nous nous sommes assis pour manger le chocolat pendant que les autres continuaient leur Milen.

Je peux m'estimer heureux que Roland Andersson ait gobé nos explications. Sans doute n'y croyait-il pas. Il était sympa. Il nous comprenait, nous, les jeunes. Il avait le sens de l'humour. Mais bien sûr, par ailleurs, ça grommelait. « Qu'est-ce que c'est que ce type, ce Zlatan ? Ce n'est pas la modestie qui l'étouffe. » J'entendais toujours les mêmes bêtises : « Il dribble trop. Il ne pense pas à l'équipe. » Il y avait du vrai. Assurément ! J'avais beaucoup à apprendre. Le reste n'était que de la jalousie. Les joueurs ont le sens de la compétition et je n'étais pas uniquement un tricheur.

Je me donnais vraiment à fond et ne me contentais pas d'aller juste aux séances d'entraînement du Malmö FF. Je passais également du temps à jouer sur le terrain en bas de l'appartement de ma mère. J'avais un plan. À Rosengård, je criais aux gamins : « Je vous file un billet de dix si vous arrivez à me prendre la balle ! » Ce n'était pas qu'un jeu. J'affinais ma technique. Cela m'apprit à utiliser mon corps pour protéger le ballon.

Quand je ne m'amusais pas avec les gosses, je jouais au football sur la console. Je pouvais y passer dix heures d'affilée et, parfois, je trouvais des solutions de jeu qui auraient pu être utilisées dans la réalité. On pourrait dire que je jouais au foot vingt-quatre heures sur vingt-quatre. Mais tout n'allait pas comme sur des roulettes durant les séances d'entraînement au Malmö FF et j'ai sans doute un peu déconné. On aurait dit qu'ils avaient introduit un électron libre dans leur club, un mec qu'ils ne pouvaient pas saisir. N'importe qui ferait une passe dans tel ou tel cas, ou dirait telle chose dans telle situation. Sauf moi… Je venais d'une autre planète. Ma mentalité de type de Rosengård faisait que je continuais à piétiner ces règles.

Dans le club, les anciens joueurs s'opposaient aux nouveaux. Nous, les plus jeunes, nous étions censés porter les sacs et les affaires et attendre les autres. C'était ridicule et l'ambiance était pourrie dès le départ. Au début de la saison, Tommy Söderberg, le capitaine du club, avait prédit que le Malmö FF remporterait le championnat mais, depuis, une chose après l'autre allait de travers et maintenant le club risquait la rétrogradation en deuxième division. C'était la première fois en, disons, soixante ans, et les supporters se rebellaient et les anciens joueurs de l'équipe avaient tout le monde sur le dos.

Ils savaient tous ce que cela représenterait pour la ville s'ils ne se maintenaient pas dans l'Allsvenskan : rien de moins qu'un désastre. Ce n'était pas le moment de faire la fête ou de tricoter à la brésilienne. Mais j'étais toujours ravi d'avoir été pris dans l'équipe première et je voulais leur montrer qui j'étais. Ce n'était peut-être pas la bonne attitude à adopter.

Mais j'avais ça dans le sang. J'étais dans un nouveau groupe. Je voulais provoquer une réaction et qu'on l'admette, je refuserais de me soumettre et de vivoter. Le premier jour, à l'entraînement, quand Jonnie Fedel, le gardien de but, demanda : « Où diable sont les ballons ? », j'y suis allé doucement, surtout parce que j'avais noté que tout le monde me regardait et qu'il était évident qu'ils attendaient de ma part que j'aille les chercher. Il n'en était pas question, surtout s'il le prenait sur ce ton.

Je lui balançai : « Si tu les veux, tu n'as qu'à aller les chercher toi-même ! » Ce n'était pas la façon dont on s'exprimait d'habitude au Malmö FF.

Je jactais encore comme dans la cité, ce qui n'était pas très efficace. Cela dit, Roland me soutenait ainsi que son adjoint Thomas Sjöberg, je le savais, même si les autres, dans l'ensemble, misaient plutôt sur Tony. Il allait jouer et marquer un but dès son premier match. J'étais remplaçant et j'essayais de m'imposer en en faisant encore plus à l'entraînement. Mais ça ne marche pas comme ça et j'ai été grossier. Peut-être aurais-je dû me contenter de ça, de ne pas être si impatient. J'avais l'impression qu'on ne me donnerait pas ma chance. Le 19 septembre, nous devions jouer à l'extérieur contre Halmstad dans le stade de l'Örjans Vall.

C'était un match à quitte ou double. Si nous gagnions ou faisions match nul, nous restions dans l'Allsvenskan League. Sinon, nous devrions nous battre lors de barrages pour éviter la descente en deuxième division. Dans le club, tout le monde était sur les nerfs et avait la frousse. Les deux équipes étaient totalement bloquées. Au début de la deuxième mi-temps, Niklas Gudmundsson, notre avant-centre, fut victime d'une déchirure et j'espérai entrer. Mais non. Roland ne me jeta même pas un regard et l'horloge tournait. Rien ne se passait. Nous étions à un but partout et ça suffisait. Mais à quinze minutes de la fin, notre capitaine, Hasse Mattisson, se blessa également et Halmstad réussit à marquer dans la foulée. Je vis toute l'équipe devenir blême.

C'est le moment que choisit Roland pour me faire entrer. Pendant que les autres étaient en pleine dépression nerveuse, j'étais motivé par une grosse poussée d'adrénaline. J'avais dix-sept ans. C'était l'Allsvenskan, la ligue nationale, et il y avait dix mille spectateurs dans les tribunes. Sur mon maillot, il était écrit « Ibrahimović ». C'était, genre, « Waouh ! énorme, maintenant personne ne pourra plus m'arrêter » et immédiatement je frappai un ballon qui effleura la transversale. Puis voilà ce qu'il arriva : nous avons obtenu un pénalty dans les dernières minutes et vous savez ce que ça veut dire. C'était à la vie à la mort. Si nous marquions le pénalty, l'honneur du club était sauf, sinon nous risquions la catastrophe et tous les gros bras hésitaient. Ils ne souhaitaient pas le tirer. Il y avait de l'enjeu et donc, Tony, ce frimeur, s'avança.

« J'y vais ! »

Il faut des tripes. C'est un truc de mecs des Balkans, on ne lâche rien. Mais maintenant, avec le recul, je pense que quelqu'un aurait dû l'en empêcher. Il était trop jeune pour assumer un truc pareil et je me souviens de la façon dont il se positionna et toute l'équipe retint son souffle ou regarda ailleurs. C'était affreux. Le gardien arrêta le pénalty. Il l'avait un peu entourloupé. Nous avons perdu et Tony finit au placard. Quel dommage pour lui. Je sais que certains journalistes ont vu ça comme un symbole. Pour eux, c'était le moment où je le détrônai. Tony n'a jamais réussi à revenir dans le football de haut niveau, tandis que j'allais jouer plus souvent. J'avais été remplaçant six fois dans la Allsvenskan et, dans certaines interviews, Roland parlait de moi comme d'un « diamant brut ». L'expression se propagea et il ne fallut pas longtemps avant que les enfants ne commencent à venir après les matchs me demander un autographe. Ce n'était pas encore grand-chose. Mais ça me regonflait et j'ai pensé : maintenant, il faut tu sois plus précis. Tu ne peux pas décevoir ces gosses !

Regarde-moi ça ! C'est ce que je voulais leur crier. Regardez la merveille du monde ! C'est un peu bizarre, n'est-ce pas ? Je n'avais encore rien fait, peu en tout cas. Et pourtant, ces jeunes fans sortaient de nulle part et ils me donnaient envie d'étaler davantage encore ma technique. Ces morveux me faisaient sentir que j'avais le droit de jouer comme je l'entendais. Ils ne seraient pas venus vers moi si je n'avais été qu'un de ces pénibles joueurs de l'équipe ! Je me mettais à jouer pour ces gamins et, depuis mes débuts, je signe tous les autographes. Personne n'est lésé. J'étais jeune moi-même. Je comprenais exactement ce qu'ils auraient ressenti : la même chose que moi si mes potes avaient eu un autographe et pas moi.

Avant de les laisser, je demandai : « Tout le monde est content ? » Il se passait tellement de choses autour de moi que les déconvenues de l'équipe ne m'inquiétaient même pas.

C'était bizarre, dans un sens. J'étais en train de me faire un nom alors que mon club allait traverser la plus grosse crise qu'il ait jamais connue. Quand nous avons perdu à domicile contre Trelleborg, les supporters pleuraient dans les tribunes et criaient « démission » à Roland. La police dut intervenir pour le protéger, les gens jetaient des cailloux contre le bus de Trelleborg et il y eut des émeutes, c'était nul. Quelques jours après, les choses ne s'arrangèrent pas, quand nous fûmes humiliés par l'AIK ; la catastrophe était arrivée.

Nous étions éjectés de l'Allsvenskan. Pour la première fois en soixante-quatre ans, le Malmö FF ne jouerait pas en première division. Les joueurs s'assirent dans le vestiaire, la tête sous leur serviette, pendant que la direction tentait de positiver, mais peu importe ce qu'elle racontait, la frustration et la honte remontaient à la surface comme des bulles dans un verre d'eau.

Lors de ces rencontres capitales, certains devaient sûrement penser que je me prenais pour une diva, à me voir courir dans tous les sens en faisant de drôles de feintes. Mais, pour être honnête, je ne m'en souciais guère. J'avais d'autres chats à fouetter. Un truc incroyable arriva.

C'était juste après avoir été sélectionné en équipe première. On s'entraînait sur le terrain numéro 1 et, bien sûr, nous restions l'équipe de Malmö. Nous étions – ou plutôt, nous avions été – l'orgueil de la ville. Il n'y avait pas beaucoup de gens pour assister à nos entraînements, surtout à cette époque. Mais, cet après-midi-là, un mec à la chevelure sombre et grisonnante se pointa. Je l'avais repéré de loin. Je ne l'avais pas reconnu. J'avais juste remarqué qu'il nous observait près d'un arbre, là-bas, et je me sentais un petit peu bizarre. Il me semblait pouvoir flairer quelque chose et, donc, je me suis mis à faire de plus en plus de feintes. Mais il me fallut du temps avant de comprendre.

J'avais grandi en devant me débrouiller seul. On ne m'avait pas beaucoup aidé et, pour sûr, mon père avait tout de même fait pour moi des choses formidables. Mais il n'était pas comme les autres pères que j'avais croisés. Il ne venait pas voir mes matchs ni ne m'encourageait dans mes études.

Il avait la boisson, la guerre et sa musique yougo. Mais là, je ne pouvais pas y croire. Ce type, c'était bien mon père. Il était venu me voir et j'étais complètement soufflé. J'avais l'impression d'être en train de rêver et je me suis mis à jouer avec une hargne incroyable. Bon sang ! Papa est ici ! C'est dingue ! Je voulais lui crier : « Regarde-moi, papa ! Regarde ça ! Ton fils est le plus étonnant, le plus magnifique des joueurs ! »

Ça a été pour moi l'un des moments les plus forts de ma vie. Je le crois sincèrement. Non parce qu'il n'était pas présent auparavant. Quand il y avait du grabuge, il aurait débarqué comme l'Incroyable Hulk. Mais ça, c'était totalement nouveau. J'ai ensuite couru vers lui et nous avons discuté un petit peu, simplement, comme s'il était complètement naturel que mon père soit là.

« Comment ça va ?

— Bien joué, Zlatan. »

C'était fou. Je pense que mon père eut un déclic. Je devins sa drogue. Il se mit à suivre tout ce que je faisais. Il assistait à tous les entraînements. Son appartement se transforma en un mausolée érigé à ma carrière et il découpait tous les articles, jusqu'au moindre bout de papier le plus insignifiant. Vous pouvez le questionner aujourd'hui sur n'importe lequel de mes matchs. Il l'aura enregistré et aura conservé tout ce qui a été écrit au mot près à mon sujet. Même chose pour tous mes maillots, les crampons que j'ai portés, les trophées et les récompenses que j'ai reçus, comme le Guldbollen, le ballon d'or suédois, remis au footballeur de l'année. Demandez-lui un truc, tout est là. Et pas en pagaille comme il avait l'habitude de ranger ses affaires. Tout est à sa place. Il peut tout retrouver en une seconde. Il maîtrise totalement.

Depuis ce jour, sur le terrain numéro 1, et par la suite, il s'est mis à vivre à travers moi et mon football et je crois que cela a eu une influence bénéfique sur sa santé. Il n'avait pas eu la vie facile. Il était seul. Sanela avait rompu les liens avec lui parce qu'il buvait, mais aussi à cause de son caractère et de la façon dont il dénigrait ma mère et, pour lui, cela avait été très dur. Sanela était sa fille adorée et elle le restera toujours. Mais, à ce moment-là, elle n'était plus là pour lui. Elle avait coupé tout contact et c'était encore un mauvais coup porté à notre famille. Papa avait besoin de nouveauté et ça tombait bien. Nous avons alors pris l'habitude de nous parler tous les jours et cela me donna aussi un nouvel élan. Si le football avait le pouvoir de provoquer des trucs aussi invraisemblables, je comptais m'y consacrer encore davantage. Donc, que pouvait représenter une descente en deuxième division par rapport au fait que mon père devenait mon premier supporter ?

Je ne savais pas ce que je devais faire. Devais-je commencer par jouer dans le Superettan (le « Super Un »), nom ridicule du championnat suédois de deuxième division, ou cibler plus haut ?

Il semblait que l'AIK, un des grands clubs de Stockholm, me voulait. Mais était-ce vrai ? Je n'en savais rien. Je n'avais aucune idée de ce que je valais. Je ne jouais même pas régulièrement dans l'équipe de Malmö. J'avais dix-huit ans et j'ignorais si je devais signer un contrat avec l'équipe première. Je le repoussais au lendemain. Je ne le sentais pas. Surtout depuis que Roland Andersson et Thomas Sjöberg avaient été saqués. Ils étaient les seuls à avoir cru en moi quand tout le monde me critiquait. Et puis, aurais-je ma place si je restais ? Je n'étais pas tranquille. Papa et moi n'étions pas sereins. Étais-je vraiment bon ?

Je n'en avais aucune idée. J'avais donné quelques autographes à des gamins. Mais, bien sûr, cela ne veut rien dire et ma confiance avait des hauts des bas. Mon enthousiasme initial à rejoindre l'équipe première commençait à s'amenuiser. C'est alors que je rencontrais un type de Trinité et Tobago. C'était l'avant-saison. Il était cool. Il faisait un essai chez nous et il vint me voir.

« Eh, mec.

— Quoi ?

— Toi, si tu n'es pas pro avant trois ans, ce sera ta faute !

— Qu'est-ce que tu veux dire ?

— Tu as pigé. »

J'avais trop bien compris.

Mais je mis du temps à m'en persuader. Est-ce que c'était vrai ? Si quelqu'un d'autre me l'avait dit, je ne l'aurais pas forcément cru. Mais ce mec, il avait l'air de savoir. Il passait par là et il a mis le doigt là où il fallait. Étais-je vraiment du bon matériel professionnel ? Je commençai à y réfléchir. Pour la première fois, je réfléchissais vraiment ; mieux, je fermais ma gueule.

Hasse Borg, l'ancien défenseur de la sélection nationale suédoise était alors le directeur sportif du Malmö FF. Hasse m'avait remarqué depuis le début. Je pense qu'il avait compris que j'étais doué et il en avait touché un mot aux journalistes. Du genre, « Regardez ça, vous devriez surveiller ce garçon. » Au mois de février suivant, Rune Smith, un reporter du *Kvällposten*, un des tabloïds de Malmö, assista à une séance d'entraînement. Rune était cool. On aurait presque pu devenir amis. Après m'avoir vu m'entraîner, nous avons discuté un peu, lui et moi – rien d'extraordinaire, vraiment pas.

J'ai parlé du club, de la Superettan et de mes rêves de devenir professionnel en Italie, comme Ronaldo. Rune prenaient des notes en souriant et je ne savais pas trop à quoi m'attendre. Je n'avais aucune expérience avec les journalistes, à cette époque. Il m'a fait passer à la dimension supérieure. Rune écrivit un truc du style : « Entraînez-vous à prononcer son nom : ZLATAN. Ça a l'air excitant. Et c'est excitant. C'est un joueur tout à fait original, un paquet de dynamite dans la ligne d'attaque. » Puis il citait encore cette formule, le « diamant brut », et un certain nombre de mes propos, qui étaient assez provocants et si peu suédois.

Le reportage avait dû faire de l'effet. Il y avait de plus en plus de gamins qui venaient après les séances d'entraînement et quelques adolescentes aussi et même quelques adultes. C'était le début de toute l'hystérie, tous ces « Zlatan ! Zlatan ! » qui allaient devenir mon quotidien et qui me semblaient si irréels alors. Que se passe-t-il ? Ils parlent de moi ?

Je mentirais si je prétendais que ce n'était pas la chose la plus fantastique au monde, je veux dire, soudain, les gens se pointaient, fascinés, pour me demander un autographe. Bien sûr, c'était cool. Ça m'excitait beaucoup. J'étais gonflé à bloc. J'étais plein d'adrénaline. Je me suis senti pousser des ailes. Vous savez, j'ai entendu les gens dire : « Oh ! Tu as dû en baver », il y en avait dehors qui criaient sous les fenêtres. Ils voulaient un autographe. Pauvre de moi. Quelle bêtise.

Ces choses vous font avancer, croyez-moi – particulièrement si vous avez eu une vie comme la mienne, celle d'un morveux qui a grandi dans un quartier de HLM. J'avais l'impression que de gros projecteurs se braquaient sur moi. Bien sûr, il y avait des choses que je ne comprenais pas encore, comme la jalousie, ces machins psychologiques, qui font que certains veulent vous descendre quand vous êtes tout en haut, surtout si vous venez du mauvais côté de la barrière et que vous n'agissez pas comme un gentil petit Suédois. On m'a balancé des trucs comme « tu as eu de la chance » ou « pour qui te prends-tu ? ».

Je répliquais avec encore plus d'arrogance. Qu'est-ce que je pouvais faire d'autre ? On ne m'a jamais appris à m'excuser. Dans ma famille, on ne disait pas : « Oh, pardon, je suis tellement navré que tu te mettes en colère ! » Nous rendions ce que nous recevions. On se battait si nécessaire et on ne comptait sur personne en général. Dans ma famille, chacun a pris des coups et mon père disait toujours : « Ne te précipite pas. Des gens vont vouloir profiter de toi. » J'ai écouté et j'y ai réfléchi. Mais ce n'était pas facile. Durant cette période, Hasse Borg me tournait autour, tiré à quatre épingles, toujours prêt à me faire signer un contrat avec l'équipe première.

Il était incroyablement chaleureux et flatteur. Je me sentais important. Mais nous avions alors un nouvel entraîneur, Micke Andersson, et je ne savais pas jusqu'à quel point il voulait vraiment que je joue. Les gens pensaient que Micke Andersson préférerait se reposer sur Niclas Kindvall et Mats Lilienberg en attaque et m'avoir en tant que remplaçant, or je ne voulais pas être sur le banc en deuxième division. J'en parlai donc à Hasse Borg. Je pourrais dire un tas de choses à son sujet, évidemment. Je ne crois pas qu'il soit devenu un grand businessman par hasard. Il va droit au but. Il est sacrément doué pour arriver à convaincre les gens et il avait su tirer profit de son expérience en tant que joueur pour réussir.

« Ce sera parfait mon garçon. Nous allons investir sur toi et la ligue Superettan sera une bonne couveuse. Tu as le potentiel pour progresser. Il suffit de signer ! »

J'étais tenté d'accepter. Je commençais à croire ce type. Il m'appelait et me donnait des conseils et je me disais pourquoi pas ? Il doit savoir. Il a été professionnel en Allemagne, et tout ça, et il semblait vraiment vouloir s'occuper de moi. « Les agents sont des escrocs », répétait-il, et je le croyais.

Il y avait un mec qui me pistait. Son nom était Roger Ljung. Roger Ljung était un agent et il voulait me faire signer. Mais papa était sceptique, je ne connaissais moi-même rien des agents. Qu'est-ce qu'ils font, au juste ? Donc, j'adhérai au point de vue de Hasse Borg, les agents sont des escrocs, et je signai ce contrat qui me donnait droit à un appartement dans le quartier de Lorensberg à Malmö (un studio, pas loin du stade) et un téléphone portable, ce qui pour moi était inestimable parce que chez papa je n'avais pas le droit d'utiliser le téléphone, et un salaire de seize mille couronnes par mois (environ mille huit cent soixante-cinq euros).

J'étais décidé à en mettre un coup. Mais ça démarrait mal. Le premier match de la saison, nous jouions à l'extérieur contre Gunnilse, une équipe de bons à rien que nous aurions dû battre largement. Mais les mêmes vieilles inimitiés étaient vivaces dans l'équipe et je restais longtemps sur le banc. Bon sang ! Était-ce ainsi que les choses allaient se dérouler ? Il ne se passait pas grand-chose non plus dans les tribunes, il y avait du vent quand, enfin, j'entrai sur le terrain où je reçus un méchant coup de coude dans le dos. J'en donnais un à mon tour dans le dos de mon adversaire, bam !, comme ça, et puis je m'en suis pris à l'arbitre qui me fila un carton jaune. Après quoi il y eut tout un cirque sur la pelouse et dans les journaux où notre capitaine, Hasse Mattisson, déclarait que je dégageais une énergie négative.

« Qu'est-ce que tu veux dire par "négative" ? Je suis juste à bloc.

— Tu devrais te détendre un peu. »

On dit tout un tas d'imbécillités sur le fait que j'étais tout sauf la star que je croyais être et que d'autres étaient tout aussi techniques que moi. Et eux ne frimaient pas comme s'ils étaient le futur Maradona. Ça m'agaçait. À Gunnilse, on prit une photo de moi dans le bus, j'avais l'air en pétard.

Puis ça s'est tassé. Je me suis mis à mieux jouer et je devais donner raison à Hasse Borg : la Superettan me procurait du temps de jeu et l'occasion de progresser. D'une certaine manière, je pouvais être reconnaissant à l'équipe d'avoir été reléguée. Dans peu de temps, les choses allaient évoluer.

C'était dément, vraiment. J'étais loin d'être un Ronaldo et, d'ordinaire, les journaux nationaux suédois ne s'intéressent pas beaucoup à la deuxième division. Mais, maintenant, les tabloïds sortaient des doubles pages centrales avec des titres comme : « La Super Diva de la Superettan ». Soudain, le club des supporters du Malmö FF enregistra un afflux de jeunes femmes et les anciens joueurs du club se demandaient : de quoi s'agit-il ? Que se passe-t-il ? Et ce n'était pas facile à comprendre, surtout pour moi. Les gens s'asseyaient dans les tribunes et agitaient des banderoles où ils avaient écrit « Zlatan est le roi » et ils criaient comme si j'étais une rock star quand je me mettais à dribbler. Que se passait-il ? De quoi s'agissait-il ? Je ne savais pas. Je ne sais toujours pas vraiment.

Je suppose que mes feintes et mes drôles de gestes plaisaient aux gens et j'entendais tous les « Oh ! », tous les « Regarde ça ! », exactement comme dans le quartier de maman. Je me voyais beau quand les gens me reconnaissaient en ville, que les filles criaient, que les gamins fonçaient vers moi avec leur carnet d'autographes et j'en rajoutais. Mais, bien sûr, j'en faisais un petit peu trop. Pour la première fois de ma vie, j'avais un peu de pognon. J'ai dépensé mon premier salaire en cours intensifs de conduite pour avoir mon permis. Pour un mec de Rosengård, posséder une bagnole est le minimum requis.

Les gens de Rosengård se fichent d'avoir un bel appartement ou une maison sur le front de mer. Ils se vantent d'avoir une voiture qui se remarque et si vous voulez montrer que vous avez réussi, la meilleure façon de le prouver est d'avoir une belle caisse. Tout le monde conduit à Rosengård, qu'on ait le permis ou pas, et quand j'ai touché ma Toyota Celica achetée à crédit, mes potes et moi, on la prenait toujours pour sortir. Entre-temps, je m'étais un peu calmé. Tout ce tapage dans les médias m'incitait à la mettre un peu en veilleuse. Et quand mes potes commencèrent à piquer des bagnoles et ce genre de trucs, je leur ai dit que ce n'était plus pour moi.

Mais, quand même, j'avais besoin d'adrénaline de temps en temps. Comme cette fois où je conduisais avec un ami dans Industrigatan, la rue où les prostituées de Malmö font le trottoir. Industrigatan n'est pas loin de Rosengård et j'y avais déjà traîné enfant pour faire quelques mauvais coups. Un jour, j'avais lancé un œuf directement au visage d'une des filles, ce n'était pas très gentil, je le reconnais. Mais à l'époque je n'avais pas les idées très claires et là, quand mon copain et moi arrivâmes avec la Toyota, nous vîmes une prostituée se pencher vers une voiture, comme si elle parlait à un client, et nous nous sommes dit : rions un peu. J'ai donc bloqué les freins juste en face de lui et nous sommes sortis en hurlant : « Police ! Mains en l'air ! »

C'était vraiment débile. J'avais un flacon de shampoing à la main en guise de mauvaise imitation d'un revolver et, ce client, un vieux, fut totalement terrorisé et il décampa. Puis nous n'y pensâmes pas plus que ça, c'était fini. Mais en roulant, un peu plus loin, nous avons entendu une sirène et vu le vieil homme d'Industrigatan assis dans une voiture de police. Nous nous sommes demandé ce qu'il se passait. Et, c'est vrai, après tout, nous aurions pu accélérer et fiche le camp de là. Mais bon, nous avions nos ceintures de sécurité et tout et nous n'avions rien fait, rien de grave. Nous nous sommes arrêtés poliment.

« C'était une blague, avons-nous dit. On s'est fait passer pour la police. Pas très grave non ? On est désolés. »

Et les flics, pour la plupart, se marraient comme si, en effet, ce n'était pas grand-chose.

Mais c'est alors qu'un imbécile se pointa, un de ces photographes qui écoutent les fréquences radio de la police tout le temps et il prit un cliché, et moi, crétin que je suis, j'ai fait un grand sourire, parce que, pour moi, ces trucs des médias, à l'époque, c'était tout nouveau. C'était toujours sympa d'être dans les journaux, je ne me souciais pas de savoir si c'était pour un joli but ou parce que j'étais arrêté par la police. Donc, je me fendais la poire comme un clown et mon pote ferait encore mieux en faisant encadrer l'article pour l'accrocher au mur. Et cet affreux vieux bonhomme, vous savez ce qu'il a fait ? Il donna des interviews disant qu'il était un membre éminent de l'Église et qu'il aidait les prostituées. Ben voyons ! Mais, c'est vrai, cette histoire me poursuivrait et les gens prétendaient que certains grands clubs ne se décideraient pas à m'acheter à cause de ça. Ce n'était probablement que des ragots.

Mais la presse se déchaînait et des membres de l'équipe se permettaient de parler dans mon dos. « Il a beaucoup à apprendre. » « Il est pénible. » Et, vraiment, je peux les comprendre. Ça n'a pas dû être facile. Ils avaient sans doute besoin de me rabaisser un peu. Je débarquais de nulle part et j'attirais en une semaine plus d'attention qu'ils en auraient dans toute leur carrière et, par-dessus le marché, cette saison-là, des tas de mecs en costumes stricts et montres clinquantes pointèrent leur nez dans les tristes tribunes des villes de province dans lesquelles nous jouions – des mecs qui n'étaient pas du tout du coin et qui n'avaient d'yeux que pour moi.

Avec le recul, je ne saurais pas dire quand j'ai pigé ou pris un moment pour y réfléchir. Mais on se mettait à dire que c'étaient des recruteurs de clubs européens qui venaient pour me superviser. Le gars de Trinité et Tobago m'avait prévenu à ce sujet mais cela me semblait complètement irréel. J'essayais d'en parler à Hasse Borg. Il éludait. Il n'avait pas l'air d'apprécier ce genre de conversation.

« Est-ce que c'est vrai, Hasse ? Est-ce que des clubs étrangers s'intéressent à moi ?

— Du calme mon garçon.

— Mais lesquels ?

— Ce n'est rien. Et nous n'allons pas te vendre. »

Je me disais, bien sûr, il n'y a pas le feu malgré tout, et, pour compenser, je tentai de renégocier mon contrat.

« Assure cinq bons matchs d'affilée et nous ferons affaire », me rétorqua Hasse Borg. Ce que je fis. Je jouai très bien pendant cinq, six, sept matchs et nous nous sommes posés pour discuter les termes du nouveau contrat.

Je parvins à obtenir à peu près dix mille couronnes (environ mille cent soixante-sept euros) de plus à mon salaire et encore dix mille de plus en paiement différé, ce qui me sembla correct. En fait, je n'en avais aucune idée et je suis allé voir mon père pour lui brandir fièrement mon contrat. Il ne se montra pas très impressionné. Il avait changé sous tous les aspects. Il était maintenant un supporter plus qu'impliqué et, au lieu de s'enterrer dans la guerre ou autre chose, il s'asseyait chaque jour à la maison et s'informait sur le football et, quand il prit connaissance des clauses concernant les ventes aux clubs étrangers, il coupa court.

« Bon sang ! Pourquoi n'y a-t-il rien là-dedans à propos de ce que tu toucherais dans ce cas-là ?

— Combien je toucherais ?

— S'ils te vendent, tu peux ramasser dix pour cent du transfert. Sinon, ils t'exploitent, tout simplement. »

Et j'aurais bien pris dix ou vingt pour cent. Mais je ne savais pas comment cela fonctionnait. S'il y avait eu la moindre chance que ça se passe comme ça, Hasse Borg m'en aurait parlé, non ?

Quand bien même, je lui posai la question. Je ne voulais pas passer pour un abruti après tout.

« Hum, Hasse, est-ce que je pourrai avoir un pourcentage si je suis vendu ? »

Mais, bien sûr, je ne m'attendais à rien d'autre :

« Désolé, mon gars, dit-il. Ce n'est pas comme ça que ça marche. »

Et je racontai tout à mon père. Je présumais qu'il se résignerait. Si ça ne marche pas, ça ne marche pas. Mais ce n'est pas ainsi qu'il prit la chose. Il fonça tête la première et me demanda le numéro de Hasse Borg. Il l'appela une fois, deux fois, trois fois, et enfin parvint à le joindre. Il ne se satisferait pas d'un non au téléphone. Il demanda une entrevue et il était décidé qu'il rencontrerait Hasse Borg à 10 heures le lendemain matin dans son bureau. Vous pouvez imaginer. J'étais nerveux. Papa étant ce qu'il était, je craignais que les choses dérapent et, pour être honnête, la réunion ne fut pas la plus calme qui soit. Papa dégoupilla assez rapidement. Il se mit à piétiner sur place puis à taper du poing sur la table.

« Mon fils est-il un cheval ?

— Non, bien sûr, ce n'est pas un cheval.

— Alors pourquoi le traitez-vous comme si c'était le cas ?

— Nous ne le traitons pas… »

Et cela continua ainsi et enfin papa déclara que le Malmö FF ne me verrait plus, même pas en rêve. À partir de là, il n'était plus question que je joue une seule seconde tant que mon contrat ne serait pas réexaminé et Hasse Borg commença à devenir pâle et je le comprenais. Comme je le disais, mon père n'est pas quelqu'un avec qui l'on plaisante. C'est un lion, et nous avons obtenu ce rab de dix pour cent dans le contrat en cas de transfert, ce qui représentait beaucoup d'argent. Je respecte beaucoup mon père pour ce qu'il fit mais ça aurait dû nous servir de leçon, nous donner matière à réfléchir. Mais comme les agents étaient tous des escrocs, je me fiais toujours à Hasse Borg. Il était mon mentor, une autre sorte de figure paternelle. Il m'invitait chez lui à la campagne, dans sa maison à colombages de Blentarp, où j'avais la chance de côtoyer son chien, ses enfants, sa femme et les animaux et c'est à lui que je demandai conseil quand j'achetai ma Mercedes décapotable en leasing.

Et pourtant, comment dire ? La situation devenait difficile. J'étais de plus en plus confiant et je devenais plus audacieux. J'avais marqué pas mal de jolis buts et toutes les techniques brésiliennes sur lesquelles j'avais passé des heures se mirent à rentrer. Tous mes efforts commençaient à payer. Dans l'équipe junior, on avait balancé pas mal de saloperies à ce sujet et j'avais entendu les jérémiades des parents. « Oh ! Il dribble encore ! Il ne joue pas collectif ! », et tout ça. Sauf que, maintenant, on m'encourageait, les applaudissements montaient des tribunes et je compris que c'était là ma chance. Il y avait bien toujours des gens qui se plaignaient. Mais c'était d'autant moins facile pour eux que nous gagnions les matchs et que les fans m'aimaient.

Les chasseurs d'autographes et le grondement des supporters me dopaient. À l'extérieur, contre Västerås, pendant les arrêts de jeu, je reçus une passe de Hasse Mattisson. Le match était quasi terminé. Mais je repérai un trou, et c'est alors que je fis passer la balle au-dessus de moi, je lobai deux défenseurs, dont Majstorović, c'était un joli petit coup, et j'envoyai la balle dans les filets.

J'ai marqué douze buts dans la Superettan, soit plus que tout autre joueur du Malmö FF, et nous sommes remontés en Allsvenskan. J'étais indubitablement un membre important de l'équipe. Je n'étais pas juste un individualiste comme certains l'affirmaient. Je commençais à faire la différence et la folie autour de moi s'amplifiait. Durant cette période, je ne racontais pas que des sornettes.

Je n'avais pas encore eu de mauvais rapports avec la presse. Je restais *grosso modo* moi-même avec les journalistes, leur confiant quel type de voiture je voulais conduire et à quel jeu vidéo je jouais ; je leur assénais des phrases comme : « Il n'y a qu'un Zlatan », et « Zlatan est Zlatan », des trucs pas si modestes que ça, je suppose que j'étais considéré comme une curiosité. Avec moi, ils n'avaient pas seulement droit à « Le ballon est rond ».

Je me sentais plus libre, ça venait du cœur. Je parlais à peu près comme je l'aurais fait à la maison et même Hasse avoua que j'étais si populaire qu'il y avait des superviseurs planqués jusque dans les buissons. « Tu dois garder la tête froide », me recommandait-il.

Plus tard, j'appris que, à ce moment-là, il avait reçu des coups de fil d'agents. J'étais un bien convoité et je présume qu'il se rendait déjà compte que je pourrais sauver les finances du club. J'étais sa réserve d'or, comme les journaux l'écriraient plus tard et, un jour, il vint me trouver et me demanda :

« Qu'est-ce que tu dirais d'un petit voyage ?

— Bien sûr, avec plaisir ! »

Il m'expliqua que ce serait une petite virée dans plusieurs clubs que j'intéressais. Je sentais que quelque chose était en train de se passer.

6

Dans un sens, ça ne pouvait pas continuer. Les choses allaient trop vite. Il n'y a pas si longtemps, j'étais encore le fauteur de trouble de l'équipe junior. Maintenant, tout semblait graviter autour de moi et, avec Hasse Borg, nous sommes d'abord allés au centre d'entraînement d'Arsenal à Saint Albans.

C'était un lieu sacré où je découvrirais Patrick Vieira, Thierry Henry et Dennis Bergkamp sur la pelouse. Mais la chose la plus formidable était de rencontrer Arsène Wenger. À cette époque, Wenger n'était pas dans le club depuis très longtemps. Il a été le premier non-Anglais à avoir été recruté en tant que manager à Arsenal et les journaux écrivaient : Arsène qui ?, genre, mais qui diable est donc Arsène Wenger ? Mais, à la fin de sa deuxième saison, il rapporta le doublé, soit le Championnat et la Coupe, et il devint immensément populaire. Je me sentais comme un petit garçon quand nous sommes entrés dans son bureau.

Il y avait moi, Hasse Borg, un agent dont j'ai oublié le nom, et quand Wenger m'a regardé, j'eus un léger frisson. J'avais l'impression qu'il essayait de lire au fond de moi ou de me jauger. Ce mec dresse le profil psychologique de ses joueurs sur le mode sont-ils émotionnellement équilibrés ? Il fait des trucs comme ça. Il est méticuleux, comme tous les grands entraîneurs, et je n'ai d'abord pas dit grand-chose.

J'étais assis, silencieux et intimidé mais, au bout d'un moment, j'ai perdu patience. Il y avait quelque chose chez Wenger qui m'agaçait. Il n'arrêtait pas de se lever pour observer qui passait derrière la fenêtre. Il paraissait vouloir avoir un œil sur tout et il persistait à ne parler que d'une seule chose, tout le temps.

« Tu peux passer un test avec nous, disait-il. Tu peux passer un test. Tu pourrais essayer et on verra. » Quelle que soit ma volonté de rester poli, ses phrases m'énervaient. Je voulais lui montrer ce dont j'étais capable.

« Donnez-moi une paire de crampons. Je vais faire cet essai. Je vais le faire tout de suite », dis-je. Hasse Borg m'interrompit : « Stop, stop, on va trouver une solution, tu ne feras aucun test, rien du tout. » Bien sûr, je voyais où il voulait en venir : soit tu es intéressé, soit tu ne l'es pas. Accepter de passer un test signifierait se vendre au rabais. Cela te met dans une position de faiblesse. Donc, nous avons décliné : « Nous sommes désolés, monsieur Wenger, mais nous ne sommes pas intéressés. » Bien sûr, cela déclencha un torrent de réactions.

Mais je reste persuadé que c'était la bonne décision et nous avons poursuivi vers Monte-Carlo où Monaco était également tenté mais nous refusâmes également, ainsi qu'à Vérone, club jumelé avec la Roma en Italie, puis nous sommes rentrés à la maison. Ça, c'est sûr, c'était un voyage formidable. Il n'en était rien sorti de concret mais je suppose que ce n'était pas là le but de la chose. Maintenant, je comprenais mieux comment cela se passait sur le continent et, de retour à Malmö, l'hiver était glacial. J'attrapai la grippe.

Sélectionné dans l'équipe nationale des moins de vingt et un ans, j'avais été obligé de renoncer. De nombreux superviseurs devaient rentrer chez eux déçus. Les superviseurs me suivaient partout, même sans que je m'en aperçoive. Je ne connaissais, à peine, qu'un type. Il était danois et s'appelait John Steen Olsen. Il me suivait depuis si longtemps pour le compte de l'Ajax que je me suis mis à lui dire bonjour. Mais je n'en faisais pas toute une affaire. Il faisait partie de tout ce cirque, comme tous les autres, et je ne faisais aucune différence entre ce qui n'était que parole en l'air et ce qui pouvait être sérieux. Bien sûr, après notre petite virée, tout cela paraissait plus crédible. Mais j'avais toujours du mal à y croire. Je prenais les choses les unes après les autres et je me souviens d'avoir été impatient de reprendre l'entraînement avec le Malmö FF.

Nous étions en stage à La Manga. C'était début mars et je me sentais léger. Le soleil brillait. La Manga est une petite langue de terre au sud de l'Espagne, un complexe hôtelier avec de longues plages et des bars. Dans les terres, non loin de là, se trouvent des installations sportives où les grands clubs viennent se préparer avant de reprendre la saison. Je partageais ma chambre avec Gudmundur Mete, qui est islandais. Depuis les équipes junior, nous avions gravi ensemble tous les échelons et, pour être arrivés en retard au dîner, on s'était pris une sanction. Ce qui dans l'ensemble nous faisait bien rire et le lendemain matin nous sommes allés à l'entraînement sans que cela pose le moindre souci.

Sur le bord du terrain, je remarquai un visage connu. C'était John Steen Olsen. Il est là lui aussi ? Je l'appelai : « Eh, là-bas ! » Rien de plus. Je refusais de m'emballer. Ce genre de chose était courante, partout. Je m'y étais habitué. Mais le jour suivant, il y avait un autre mec. Je réussis à savoir que c'était le recruteur en chef de l'Ajax et Hasse Borg avait l'air particulièrement tendu.

« Les choses ont enfin l'air de bouger », m'apprit-il. Ce à quoi je répondis : « O.K., très bien. »

Je continuai à jouer. Mais ce n'était pas si facile. Tout d'un coup, ils furent trois types de l'Ajax. L'entraîneur adjoint était lui aussi arrivé et Hasse Borg m'informa que d'autres suivraient. Ce n'était pas loin d'être une invasion. Le jour d'après, où nous devions affronter en match amical Moss, une équipe norvégienne, l'entraîneur Co Adriaanse débarqua avec Leo Beenhakker, le directeur sportif.

Alors, je ne savais rien de Beenhakker. Je ne connaissais rien des patrons du foot à l'époque. Mais je m'aperçus immédiatement que ce mec était une grosse pointure. Il portait un chapeau d'été et se tenait sur la touche, fumant un gros cigare. Il avait les cheveux blancs, bouclés, et des étincelles dans les yeux. On le comparait au savant fou de *Retour vers le futur*, mais on était loin du compte. Beenhakker surpasse le personnage du film. Beenhakker irradiait de puissance et de sérénité. Il ressemblait un peu à un mafieux, ce qui me plaît. C'est le genre de type avec qui j'avais grandi et je n'étais pas du tout surpris d'apprendre que Beenhakker avait entraîné le Real Madrid avec qui il avait remporté le Championnat et la Coupe. Il était clair qu'il était un homme incontournable, celui qui prenait les décisions, et les gens racontaient qu'il était capable de déceler comme personne le potentiel de jeunes joueurs. J'ai pensé : Waouh ! Ça c'est du costaud ! Mais, bien sûr, il y avait bien d'autres choses que je ne percevais pas. Beenhakker avait demandé à plusieurs reprises à Hasse Borg qu'il lui donne son prix pour moi. Hasse refusait. Il ne voulait pas se laisser coincer par une unique proposition.

« Le garçon n'est pas à vendre », disait-il, ce qui était malin, assurément. C'était un jeu pour faire monter les enchères.

Beenhakker l'avait prévenu : « Si tu ne me donnes pas ton prix, je ne viendrai pas à La Manga ! » Hasse Borg avait rétorqué : « C'est ton problème. Dans ce cas, on oublie tout. » Enfin, c'est ce qu'il racontait et Beenhakker céda.

Il prit l'avion pour l'Espagne et la première chose qu'il voulut voir fut le match contre Moss. Je n'ai aucun souvenir de l'avoir vu le long de la touche. Je n'avais repéré que John Steel Olsen et l'entraîneur, Co Adriaanse, placés derrière le but opposé. Apparemment, Beenhakker était monté sur le toit d'un hangar pour avoir une meilleure vue et, bien sûr, il devait s'être préparé à une déception. Ce n'était sûrement pas la première fois qu'il faisait un si long voyage pour voir un jeune talent qui ne correspondrait pas à ses attentes et le match ne revêtait aucune importance. Il n'y avait aucune raison pour quiconque de faire un effort particulier et tout cela pourrait finir en eau de boudin. Personne n'aurait pu le dire. Les mecs de l'Ajax parlaient entre eux et je me sentais nerveux. Je ne tenais pas en place.

Tôt en première mi-temps, je reçus une passe venant de la droite. J'étais juste devant la surface de réparation et nous portions nos maillots bleu ciel. Si vous cliquez sur cette mauvaise vidéo qui est disponible sur YouTube, l'horloge indique 15 h 37. Il faisait chaud mais une brise venant du large soufflait. On n'allait prendre aucun risque, le jeu était prudent. Mais je repérai un trou – une chance. C'est le genre d'image qui me pète à la figure, un de ces flashs qui fusent dans mon esprit et que je ne saurai jamais parfaitement expliquer. Au football, on ne peut pas prévoir à l'avance. Les occasions se présentent et, dès que j'eus le ballon, je passai par-dessus un défenseur, un de ces petits lobs dont on sent instantanément qu'il est parfait, et je fonçai. J'ai accéléré, dépassé deux défenseurs pour reprendre la balle dans la surface, en étant idéalement positionné pour une talonnade.

Je talonnai et passai un autre défenseur, courus et frappai du pied gauche à la volée et, pendant un moment, je suis resté là à me demander, parce que, même en un dixième de seconde, on a le temps de penser à tout ce qui se passe : est-ce qu'il est rentré ? L'ai-je loupé ? Mais non, il y était. C'était l'un des plus beaux buts que j'avais marqués et j'ai traversé le terrain à fond de train en criant, les bras tendus, ouverts vers le ciel. Les journalistes présents étaient convaincus que je hurlais : « Zlatan ! Zlatan ! » Allons bon ! Pourquoi aurais-je crié mon nom ? Je criais : « *Showtime ! Showtime !* »

Le but était spectaculaire et j'aurais bien voulu savoir à quoi Beenhakker songeait à ce moment-là. Je parie qu'il était sidéré. Il n'avait sans doute jamais vu un truc pareil. Mais, longtemps après, j'ai su que cela l'avait aussi inquiété. Il avait trouvé ce qu'il était venu chercher, un grand joueur dangereux à la périphérie de l'aire de but, et celui-ci venait de lui livrer un but d'anthologie exactement comme s'il l'avait commandé. Il était surtout assez intelligent pour savoir qu'avec cet exploit ma valeur était montée en flèche et que si d'autres grands clubs avaient disposé d'espions autour de la pelouse, ce serait la guerre des enchères. Leo Beenhakker était donc résolu à agir sans attendre. Il sauta du haut du toit du hangar et alla trouver Hasse Borg.

« Je veux rencontrer ce type immédiatement », dit-il, parce que vous savez, dans le football, ce n'est pas qu'une question de joueurs, mais de personnes aussi. Ce n'est pas bon si le joueur, même s'il est brillant, n'a pas un bon comportement. On achète un tout.

« Je ne sais pas si c'est possible.

— Qu'est-ce que tu veux dire ?

— Nous n'aurons peut-être pas le temps. Nous avons un tas d'activités. »

Beenhakker fulminait parce qu'il savait, bien sûr, ce qu'il était en train de se tramer.

Il n'y avait aucune « activité » de prévue. Hasse Borg se faisait reluire.

Le mec avait tous les atouts entre les mains et, maintenant, il faisait le difficile et voulait jouer absolument tous ses coups.

« Eh ! Mais qu'est-ce que tu racontes ? C'est un gamin. Vous êtes en stage. Bien sûr que vous avez du temps.

— Peut-être, mais pas longtemps alors. »

Hasse Borg dit quelque chose comme ça et ils se mirent d'accord pour que l'on se rencontre à l'hôtel du personnel de l'Ajax qui était situé un peu plus loin.

Nous avons roulé jusque-là. Dans la voiture, Hasse Borg souligna combien il était important pour moi de faire bonne impression, d'être positif. Mais j'étais détendu. L'Ajax voulait peut-être m'acheter et c'était évidemment énorme, mais j'aurais d'autres occasions de me faire du souci.

Je n'avais pas l'habitude des gros bonnets étrangers à l'époque, encore moins des rendez-vous d'affaires. Mais après un but comme ça, vous êtes le roi du monde. Il était facile de les séduire. Hasse Borg et moi-même sommes entrés dans l'hôtel et nous avons serré les mains de toute la délégation, « Comment ça va ? », et nous avons parlé de choses et d'autres. J'ai souri en affirmant que j'étais très motivé par le football et que je savais que c'était un dur métier, ce genre de choses. C'était une petite performance théâtrale où chacun donnait des gages de bonne volonté. Mais il y avait à l'évidence de sérieux sous-entendus et de la suspicion. Tout le monde semblait me dévisager en se demandant : qui est-il vraiment ? Je me souviens principalement de Leo Beenhakker. Il se pencha vers moi et me glissa : « Si tu me baises, je te baiserai deux fois plus à mon tour », et, bon, ça m'a impressionné.

Beenhakker parlait le même langage que moi et avait cette étincelle dans le regard. Lui et ses gars avaient visiblement révisé avant de venir. Ils savaient probablement tout de moi, jusqu'à l'épisode d'Industrigatan. Ça ne m'a pas traversé l'esprit à ce moment-là. Mais ses phrases pouvaient être toutes interprétées comme des avertissements. Peu de temps après, il est revenu à notre hôtel et, cette fois, je n'étais pas invité.

Il y a les matchs sur le terrain.

Il y en a d'autres sur le marché des transferts. J'aime tout autant jouer sur les deux tableaux et je connais un certain nombre de tours. Je sais quand il faut fermer sa gueule et quand il faut se battre. J'ai appris à la dure. Au début, je ne savais rien. J'étais juste un gamin qui voulait jouer au football et, après cette réunion à La Manga, je n'ai plus entendu parler de l'Ajax pendant un bon bout de temps.

Je suis rentré à la maison et, ces jours-là, je roulai en Mercos décapotable – pas celle que j'avais commandée, mais une autre que j'avais louée en attendant de récupérer la mienne –, sans destination particulière. Je me baladais en me sentant comme un mec à la coule. J'avais un ballon de foot miniature sur le siège arrière au cas où je me sentirais de bosser quelques gestes. C'était un jour totalement ordinaire à Malmö.

Il restait encore quelques jours avant l'ouverture de l'Allsvenskan et je m'apprêtais à jouer avec l'équipe nationale des moins de vingt et un ans à Borås mais, à part ça, tout était calme. J'allais aux entraînements et je traînais avec mes potes ou je jouais aux jeux vidéo. Le téléphone sonna. C'était Hasse Borg. Cela n'avait rien d'étrange. On se téléphonait souvent. Mais, cette fois, ça avait l'air différent.

« Tu es occupé ? me demanda-t-il et je ne pouvais pas dire que c'était le cas. Mais dis-moi, est-ce que tu es prêt ? Est-ce que tu le sens ?

— Bien sûr. Que se passe-t-il ?

— Ils sont ici.

— Qui ?

— L'Ajax. Viens à l'hôtel Saint Jörgens. Nous t'attendons. »

Naturellement, j'y suis allé.

Il y avait une Jag garée devant l'hôtel et, bien sûr, mon cœur battait la chamade. Je compris que les choses étaient en train de se dénouer. J'avais dit à Hasse Borg que je voulais être vendu pour une somme record. Je voulais entrer dans l'histoire. À l'époque, un joueur suédois avait signé à Arsenal pour quarante millions de couronnes (environ quatre millions et demi d'euros), ce qui était beaucoup alors, et pour un Norvégien du nom de John Carew, Valence avait déboursé soixante-dix millions de couronnes (environ huit millions deux cent mille euros). En Scandinavie, c'était le record que j'espérais battre. Mais, mon Dieu, j'avais dix-neuf ans.

Ce n'était pas facile de faire le dur au moment fatidique, souvenez-vous que je portais les survêtements de la cité. Bien sûr, j'avais essayé différents looks quand j'étais à Borgarskolan. Mais là, j'avais remis mon équipement Nike, je portais une petite casquette et ce n'était pas terrible du tout. Quand je suis entré dans l'hôtel Saint Jörgen, j'ai été accueilli par John Steen Olsen et, bien sûr, je comprenais que tout cela devait rester secret. L'Ajax est une société cotée en Bourse et, si quelque chose venait à filtrer, ce serait un délit d'initié. C'est alors que j'aperçus Cecilia Persson et je m'arrêtai brièvement. Que faisait Cecilia ici ? Je ne m'attendais pas à tomber sur quelqu'un de Rosengård à l'hôtel Saint Jörgen. C'était un tout autre monde. Il y avait longtemps que je ne l'avais pas vue, pas depuis que j'avais quitté la cité HLM. Mais elle était là.

Elle et moi avons grandi dans le même lotissement, elle est la fille d'une des meilleures amies de ma mère. Soudain, je me souvins qu'elle travaillait à l'hôtel comme femme de ménage. Elle était femme de ménage comme ma mère et, à cet instant, elle me regarda, l'air suspicieux, genre, mais qu'est-ce que Zlatan fait avec ces types ? Je lui fis signe de ne rien dire d'un doigt sur la bouche. Je montai dans l'ascenseur et entrai dans une salle de conférence, remplie d'un tas de types en costard : Beenhakker, le mec qui s'occupait des finances et Hasse Borg, bien sûr, et je m'aperçus immédiatement qu'il y avait quelque chose de louche.

Hasse était vraiment inquiet et nerveux, plein d'adrénaline, mais, bien sûr, il la jouait cool.

« Eh ! Salut, mon garçon ! Tu comprends que nous ne pouvons pas encore dire un mot de tout ça. Mais veux-tu aller à l'Ajax ? Ils te veulent. »

Mes doutes s'envolèrent.

« Absolument. L'Ajax est un excellent terrain d'entraînement. » Alors tout le monde opina et sourit et tout ça.

Il n'en demeurait pas moins qu'il y avait quelque chose de bizarre là-dessous et, en serrant les mains de ces gens, on me dit que j'allais devoir maintenant négocier mon contrat personnel et, allez savoir pourquoi, Beenhakker et ses hommes quittèrent la pièce juste à ce moment-là. Je restai seul avec Hasse Borg. Que diable se passait-il avec Hasse ? Il avait un gros morceau de snus sous la lèvre et il me désigna une pile de documents.

« Regarde tout ça. C'est ce que nous avons prévu pour toi », dit-il, et je me mis à parcourir les papiers. Il était mentionné que je toucherais cent soixante mille couronnes par mois (environ dix-huit mille sept cents euros), ce qui était assurément une grosse somme d'argent. Waouh ! Je vais toucher ça ? Mais je ne savais absolument pas si cela correspondait au prix du marché.

« Est-ce que c'est bien ? demandai-je.

— C'est vachement bien. C'est quatre fois ce que tu gagnes aujourd'hui. »

J'ai pensé, O.K., je suis sûr que c'est bon, je suppose que c'est un paquet d'argent, tout en sentant combien l'atmosphère était tendue.

« C'est d'accord.

— Excellent, Zlatan ! Félicitations ! »

Puis il sortit pour négocier encore davantage et quand il revint il était fier comme tout. On aurait dit qu'il avait conclu le plus gros contrat du monde.

« Ils remettent au pot pour la Mercedes, ils vont la payer », ajouta-t-il. Je trouvais ça génial aussi et je répondis : « Waouh, cool. »

Mais je n'avais toujours pas plus d'indications sur le cours du marché, je ne me rendais pas compte que le « plus » pour la voiture n'était qu'une broutille pour eux, parce que, franchement, pensez-vous que j'étais prêt à de telles négociations ?

Absolument pas. Je ne savais rien du tout sur les salaires des footballeurs ni des lois fiscales aux Pays-Bas et je n'avais personne qui aurait pu parler en mon nom ou représenter mes intérêts. J'avais dix-neuf ans et j'étais de Rosengård. Je ne savais rien du monde. Je n'en savais pas plus que Cecilia qui était en bas et, comme vous le savez, je pensais que Hasse Borg était mon ami, comme un deuxième père. Je n'ai jamais saisi qu'il n'avait qu'une idée en tête : gagner de l'argent pour le club et, en fait, ce n'est que bien plus tard que j'ai été à même de comprendre pourquoi l'ambiance était aussi lourde dans la pièce. Car, bien sûr, les hommes en costard n'en avaient pas fini de négocier.

Ils ne s'étaient pas encore mis d'accord sur le prix concernant mon transfert et la seule raison pour laquelle ils m'avaient appelé était qu'il est plus facile de s'entendre sur un transfert si vous faites d'abord signer le joueur en définissant son salaire parce que ensuite vous savez de quelle somme d'argent vous parlez. Et si vous êtes assez rusé pour vous assurer que le mec que vous vendez est payé moins que n'importe quel autre joueur de l'équipe, il est donc plus aisé d'obtenir une grosse somme pour votre club. Pour faire court, c'était un jeu de stratégie et j'étais sacrifié. Mais je n'en savais rien. Je suis juste sorti faire un tour dans le hall et j'ai même dû pousser un petit cri de joie. Et je pensais qu'il était mieux de ne pas parler de ça. La seule personne à qui je racontais tout était mon père et il était suffisamment intelligent pour se méfier. Tout simplement parce qu'il ne croyait personne. En ce qui me concerne, je me suis laissé faire. Le lendemain, j'étais à Borås pour jouer avec l'équipe nationale des moins de vingt et un ans contre la Macédoine. C'était un match qualificatif pour le championnat d'Europe et mes débuts avec la jeune équipe de Suède, cela aurait dû être très important pour moi. Mais mon esprit était à l'évidence occupé par d'autres choses et je me souviens d'avoir de nouveau croisé Hasse Borg et Leo

Beenhakker pour signer le contrat. Ils avaient alors terminé leurs tractations.

Nous devions toujours garder le secret jusqu'à 14 heures cet après-midi-là, heure à laquelle les médias néerlandais annonceraient la nouvelle et je savais qu'un paquet d'agents étrangers seraient également là pour me voir. Mais ils arrivaient trop tard. L'affaire était conclue avec l'Ajax, je marchais sur des œufs et je demandai à Hasse Borg le montant du transfert. Je n'oublierai jamais sa réponse.

Je lui fis répéter. C'était comme si je n'arrivais pas à comprendre, peut-être me donnait-il d'abord la somme en florins, et je n'étais pas très au courant du cours des devises. Mais j'ai alors saisi combien cela représentait et j'ai perdu mon sang-froid.

D'accord, j'avais espéré battre un record. Je voulais faire mieux que John Carew, mais c'était autre chose de le voir écrit noir sur blanc. C'était juste ahurissant. Quatre-vingt-cinq millions de ces satanées couronnes (environ dix millions d'euros) ! Et par-dessus le marché, aucun Suédois, aucun Scandinave, pas même Henke Larsson, pas même John Carew, n'avait été vendu nulle part pour une telle somme. Bien sûr, tout cela allait être diffusé partout. Je n'étais pas habitué à une telle publicité.

Tout de même, quand j'ai acheté les journaux, le lendemain, c'était complètement dément. La presse se gavait de Zlatan. J'étais le type « aux shorts en or ». J'étais « l'Incroyable Zlatan ». Zlatan ceci, Zlatan cela, et je lisais tout en me régalant. Je me souviens qu'avec Chippen et Kennedy Bakircioglü, des joueurs de l'équipe nationale suédoise, nous sommes sortis manger quelque chose dans Borås. Nous étions assis dans un café en train de boire un soda et de manger des pâtisseries quand, soudain, des filles d'à peu près notre âge arrivèrent et l'une d'elle dit timidement : « Est-ce que tu es le type qui vaut quatre-vingt-cinq millions de couronnes ? » Que voulez-vous répondre à ça, franchement ?

« Ouais, c'est moi. » Mon téléphone portable sonnait sans arrêt.

On me cirait les pompes, on me félicitait et plus généralement on m'enviait. Tous, sauf maman. Elle était complètement à côté de la plaque. « Mon Dieu, Zlatan, que s'est-il passé ? gémit-elle. Tu as été kidnappé ? Est-ce que tu es mort ? » Elle m'avait vu à la télé et n'avait pas vraiment compris ce qu'ils racontaient et, bien sûr, quand vous êtes de Rosengård et que les médias parlent de vous, ce n'est pas forcément bon signe.

« Tout va bien, maman. J'ai juste été vendu à l'Ajax. » Alors elle se mit en colère. « Pourquoi tu n'as rien dit ? Pourquoi devons-nous apprendre ça à la télé ? »

Puis elle se calma (je trouve ça vraiment émouvant quand j'y pense) et, le jour suivant, John Steen Olsen et moi sommes partis en Hollande. Je portais un pull-over rose et un blouson de cuir marron qui étaient les fringues les plus cool que je possédais. Je donnai une conférence de presse à Amsterdam. Il y avait une énorme agitation, des photographes et des journalistes étaient assis ou allongés partout dans la salle et je rayonnais. Je baissais les yeux, heureux et peu sûr de moi. J'étais grand et petit à la fois. On m'a fait goûter du champagne pour la première fois de ma vie et j'ai grimacé, genre, qu'est-ce que c'est que cette saloperie ? Beenhakker me remit le maillot numéro neuf qui avait été porté par Van Basten.

C'était presque trop et, au beau milieu de tout ça, des types tournaient un documentaire sur moi et le Malmö FF intitulé : « *Blådårar*[1] ». Ils vinrent à Amsterdam et me

1. *Blådårar* : littéralement, « les fous bleus».

filmèrent avec le sponsor du club dans un hall d'exposition Mitsubishi où je me baladais avec mon blouson marron en examinant toutes les voitures.

« Ça me fait bizarre de venir ici et de repartir tranquillement avec une voiture. Je suppose que vous avez l'habitude », déclarai-je en souriant nerveusement.

C'était la première fois que j'avais le sentiment que tout était possible. Je vivais un conte de fées et ça l'était vraiment, le printemps était là ; j'allai sur le terrain de l'Ajax et je restai là, assis dans les tribunes vides, pensif, une sucette dans la bouche, tandis que la presse se déchaînait de façon incontrôlable. On avait publié l'histoire de l'enfant du ghetto qui tient sa chance de réaliser son rêve et, le lendemain, ils écrivaient que Zlatan était un professionnel bon vivant qui avait le goût du luxe, ceci au moment même où l'Allsvenskan débutait. Hasse Borg avait négocié que je reste à Malmö pour six mois encore et donc, en rentrant d'Amsterdam, j'allai directement à l'entraînement. Je me souviens qu'il faisait un peu frais ce jour-là.

Je venais de me faire couper les cheveux, j'étais heureux et je n'avais pas vu mes coéquipiers depuis un bout de temps. Et ils étaient assis là dans le vestiaire, les journaux posés sur leurs genoux, lisant ces articles sur moi et mon goût pour le luxe. Voici une petite anecdote : je suis entré à grandes enjambées en riant, j'ai enlevé mon blouson et j'ai poussé un petit cri de joie, un petit « youpi ! », et ils ont levé la tête. Je me sentais désolé pour eux.

Ils avaient l'air triste. Bien sûr, ils étaient verts de jalousie et Hasse Mattisson, celui qui m'avait baisé à Gunnilse, était de loin le plus touché. Il était complètement détruit, pourtant, c'est un mec qui envoie le son. Il est le capitaine de l'équipe, cela veut tout dire. Il tenta une approche : « Félicitations, je dois dire. C'est excellent ! Si seulement je pouvais avoir la même chance », affirma-t-il, mais il ne trompait personne à part les caméras.

Les caméras panneautaient de ses yeux vers moi et on me voit là, sur le banc, rayonnant, heureux comme un gosse, et peut-être, je ne sais pas, j'étais peut-être un peu survolté durant toute cette période. J'avais toujours besoin qu'il se passe quelque chose. Je voulais de l'action, toujours plus d'action. Je voulais que le spectacle continue, c'est pourquoi j'ai fait un tas de trucs stupides. Je me suis fait poser des mèches blondes et je me suis fiancé, enfin ce n'était pas une chose si débile que ça que de se fiancer avec Mia. C'était une chouette fille, elle étudiait le *web design*, elle était jolie et aimait sortir. Nous nous étions rencontrés à Chypre l'été précédent où elle travaillait dans un bar et nous avions échangé nos numéros de téléphone. Nous avions commencé à traîner ensemble en Suède et à nous amuser. Mais ces fiançailles étaient une sorte de coup de tête et, comme je ne savais pas comment faire avec les médias, j'en ai parlé à Rune Smith du tabloïd *Kvällsposten*. C'est la fois où il m'a demandé :

« Qu'est-ce qu'elle a eu comme cadeau de fiançailles ?

— Qu'est-ce que tu veux dire ? Elle a Zlatan. Elle a Zlatan ! »

C'était le genre de remarques qui me venaient à l'esprit, ça me paraissait gonflé, complètement en accord avec mon image dans les médias et cela avait toujours autant de succès. À la nuance près que, quelques semaines plus tard, Mia n'eut rien du tout. Je rompis les fiançailles parce qu'un pote m'avait persuadé que je risquais de me marier en moins d'un an et que je faisais généralement pas mal de trucs sans réfléchir. J'allais trop vite. Il se passait trop de choses autour de moi. Le début de la saison en Allsvenskan approchait et, comme vous pouvez vous en douter, c'était là que j'étais censé montrer que je valais les quatre-vingt-cinq millions de couronnes. La veille, Anders Svensson et Kim Källström avaient marqué deux buts dès le premier match et j'avais intérêt à être à la hauteur de mon nouveau statut. Peut-être n'étais-je qu'un adolescent surestimé. Comme cela arrivait souvent alors, il se disait que la presse m'avait surévalué et je sentais qu'il fallait que je sois bon. Ce n'était pas évident de faire face et je me souviens que le stade de Malmö était chaud bouillant. C'était le 9 avril 2001.

J'avais reçu ma Mercos décapotable bleue et j'étais fier comme tout. Mais quand Rune Smith m'interrogea avant le match, je ne voulais pas qu'elle apparaisse sur les photos. Je ne voulais pas avoir l'air de frimer. Je sentais que cela pourrait me revenir à la gueule et j'entendais déjà les critiques : la pression aurait été trop forte et ce n'était pas si facile de faire avec. J'avais dix-neuf ans et tout était arrivé si vite. Cependant, tout cela m'excitait. Les choses se jouaient à un niveau supérieur. Je voulais contredire tous ceux qui n'avaient pas eu confiance en moi, ceux qui avaient fait circuler des pétitions et tout le reste. J'avais gardé cette sensation enfouie en moi depuis trop longtemps. J'étais guidé par la rage et l'idée de revanche depuis que j'avais commencé à jouer et maintenant que l'attente était immense, c'était l'angoisse. Nous allions jouer contre l'AIK. Ce n'était pas une entrée en matière facile.

La dernière fois que nous avions joué contre eux, ils nous avaient humiliés et nous étions descendus en deuxième division. Là, au début de la saison, beaucoup voyaient l'AIK comme l'un des favoris de l'Allsvenskan League et, quoi ? Qui étions-nous ? Nous venions de monter sans jamais avoir été en tête de la Superettan. Pourtant, nous avions la pression et on disait aussi qu'elle pesait beaucoup sur moi, le gosse qui valait quatre-vingt-cinq millions de couronnes. Les tribunes du Malmö Stadium étaient pleines, presque vingt mille personnes, et, quand je suis sorti en courant du tunnel, passant du sol bleu au vert de la pelouse, j'ai perçu le grondement à l'extérieur. C'était énorme, je me rendais compte que nous revenions dans la Allsvenskan et c'était déjà invraisemblable.

Il y avait une mer de drapeaux et de pancartes et alors que nous nous alignions, ils criaient quelque chose que je n'entendis pas tout de suite. Ils scandaient « Nous aimons Malmö » et mon nom. C'était un immense chœur et les banderoles affichaient des trucs comme : « Bonne chance Zlatan » et je restai là, sur la pelouse, à m'imprégner de tout ça avec mes mains sur les oreilles, genre, « plus fort, plus fort encore ! ». Pour être honnête, tous les sceptiques avaient au moins raison sur un point. Le décor était parfait pour un fiasco. C'était trop.

Le coup de sifflet retentit à 20 h 45 et le grondement se fit plus fort. En ce temps-là, l'essentiel n'était pas de marquer des buts. Le spectacle, l'esthétique primaient, c'est-à-dire tout ce à quoi je m'étais exercé encore et encore. Assez tôt dans le match je parvins à prendre un trou face à un défenseur de l'AIK en arrivant à effectuer quelques dribbles. Puis je sortis peu à peu du rythme du match et l'AIK prenait le jeu à son compte en se procurant occasion sur occasion et, pendant un moment, cela sentait le roussi pour nous. J'en voulais peut-être un peu trop. C'est une chose que je pressentais déjà. Quand on veut trop en faire, il est facile de se faire plomber.

J'essayais de me détendre et, à la trentième minute, je reçus une passe de Peter Sörensen en dehors de la surface de réparation. Je n'ai pas pensé tout de suite que c'était une très bonne occasion. Mais je fis une feinte. Je talonnai la balle et m'avançai pour tirer un coup de canon dans le but et, mon Dieu, cela m'a sonné comme un coup de poing, voilà l'explosion, voilà c'est arrivé, et je tombai à genoux pour fêter le but tandis que tout le stade rugissait : « Zlatan ! Zlatan ! Super Zlatan ! » Après quoi j'eus l'impression d'être en apesanteur.

J'enchaînais les beaux coups et à la neuvième minute de la seconde mi-temps, une autre passe de Sörensen arriva. J'étais du côté opposé et je me mis à courir vers le but. Je n'apparaissais pas en bonne position pour tirer, pas du tout, et tout le monde pensait que j'allais faire une dernière passe. Mais je tirai au but. De cet angle impossible, je réussis à marquer et les spectateurs devinrent totalement cinglés. J'ai traversé le terrain très lentement avec mes bras levés en l'air et la tête que je faisais ! Quelle puissance ! « Et voilà pour vous, connards, qui vous plaigniez et qui aviez essayé de me faire arrêter le football. »

C'était ma revanche, j'étais plein d'orgueil et je clouai le bec de tous ceux qui pensaient que je ne valais pas les quatre-vingt-cinq millions de couronnes. Après ça, je n'ai jamais oublié les journalistes. L'ambiance était électrique et l'un d'eux me demanda :

« Si je prononce les noms d'Anders Svenson et Kim Källström, qu'est-ce que tu dis ?

— Je dis Zlatan, Zlatan. »

Ils se sont marrés. C'était une soirée de printemps, j'avais une Mercedes décapotable qui m'attendait dehors et c'était génial.

Je mis du temps avant de pouvoir rejoindre ma voiture. Il y avait des enfants partout qui me réclamaient un autographe, j'ai donc passé un long moment à les contenter, personne ne devait être lésé, c'est ma philosophie de la chose. Il faut que je donne en retour. Ce n'est qu'après avoir terminé que je pus grimper dans ma nouvelle voiture et me tirer de là au milieu des fans qui criaient en agitant leurs carnets d'autographes. Ils étaient très nombreux. Mais ça ne faisait que commencer. Le lendemain les journaux bavaient et devinez ce qu'ils disaient…

Ils avaient noirci des tonnes de papiers.

À l'époque où nous avions été relégués de la Allsvenskan, j'avais dit que j'avais envie que les gens me lâchent. Que personne ne sache que j'existe. Mais au moment de notre retour, j'allais frapper le terrain comme la foudre. Et les journaux avaient repris la citation.

Je devins l'éclair qui foudroie. Mon personnage faisait sensation et les gens en Suède commencèrent même à parler de la « Fièvre Zlatan ». J'étais partout, sur tous les supports médias, et je ne plaisais pas seulement aux gamins et aux adolescents mais aussi aux vieilles dames des bureaux de poste, aux anciens qui traînaient chez le caviste, et on me lançait des blagues, comme « Alors, comment vont les affaires ? Comment vas-tu ? » Je pense que j'avais attrapé la fièvre Zlatan. Je flottais sur mon petit nuage. C'était absolument incroyable. Des types avaient même écrit une chanson qui déferla sur le pays. Elle passait partout. Les gens la téléchargeaient pour leur sonnerie de téléphone. Les paroles étaient les suivantes : « Oh ! Ouais ! Zlatan et moi, nous sommes de la même ville. » Franchement, comment feriez-vous face à un pareil phénomène ? Une chanson sur moi. Bien sûr, je connus aussi le revers de la médaille. Il eut lieu lors de notre troisième match de la Allsvenskan. C'était le 21 avril, à Stockholm, où nous allions jouer contre Djurgården.

Djurgården est l'équipe qui était descendue en Superettan avec nous et remontée la même année. Ils avaient remporté le championnat et nous avions terminé deuxièmes et, la saison passée, ils nous avaient vraiment écrasés, d'abord 2 à 0 puis 4 à 0 et donc, logiquement, ils avaient l'avantage psychologique. Cependant, nous avions battu l'AIK et Elfsborg 2 à 0 lors de nos deux premiers matchs et, surtout, j'étais dans les rangs du Malmö FF. Tout le monde parlait de « Zlatan, Zlatan », j'étais plus chaud que de la lave et les gens disaient que Lars Lagerbäck, l'entraîneur de l'équipe nationale suédoise, était dans les tribunes pour me superviser.

Il y avait toujours autant de gens que j'agaçais : qu'est-ce qu'il a de si spécial, ce type ? Un des tabloïds avait écrit un sujet sur tous les défenseurs de Djurgården. Des mecs costauds. Je me souviens, ils se tenaient avec leurs bras croisés dans les pages centrales et dessous, le titre indiquait : « Nous avons prévu d'arrêter Zlatan, la diva surévaluée » et, évidemment, je m'attendais à une très chaude réception sur la pelouse. Nos réputations étaient en jeu et, bien entendu, nous n'allions pas échanger des politesses. N'empêche, en entrant dans le stade de Stockholm je fus parcouru par un frisson.

Les supporters de Djurgården transpiraient la haine et se livraient à d'horribles pressions psychologiques : « Nous détestons Zlatan, nous détestons Zlatan ! » Cela résonnait tout autour de moi. Le stade entier me provoquait et je percevais d'autres chants qui disaient des tas de saloperies sur mon compte et celui de ma mère.

Je n'avais jamais vécu cela, mais, dans un sens, je le comprenais. Les fans ne pouvaient pas descendre sur le terrain et jouer à notre place, donc que faisaient-ils ? Ils visaient le meilleur joueur de l'équipe adverse, essayaient de me déstabiliser, je présume que c'est normal. Au football, c'est comme ça. Mais là, ça dépassait les bornes et j'étais furieux, j'allais leur montrer et, en quelque sorte, je jouais davantage contre les spectateurs que contre nos véritables adversaires. Exactement comme lors du match contre l'AIK, j'ai mis du temps à entrer dans le match.

J'étais marqué de très près. Sans compter ces sangsues de défenseurs. Djugården domina pendant les premières vingt minutes. Nous venions juste de recruter un type du Nigéria. Il s'appelait Peter Ijeh et il avait la réputation d'être un brillant buteur. La saison suivante, il serait le meilleur marqueur du championnat. Mais, à ce moment-là, je lui faisais encore de l'ombre. D'ailleurs, qui n'était pas dans mon ombre ?

À la vingt et unième minute, il reçut une passe de Daniel Majstorović, notre milieu défensif, qui deviendra plus tard un de mes bons amis.

Peter Ijeh réussit à marquer le premier but et, à la soixante-huitième minute, il fit une belle passe en profondeur vers Joseph Elanga – l'autre recrue africaine que nous avions achetée cette année-là – et celui-ci parvint à effacer un défenseur et à marquer le but du 2 à 0. Les spectateurs se mirent à huer de façon hystérique, ils hurlaient et, bien sûr, c'était inutile, c'était nul. Comme l'avaient prévu leurs défenseurs, je n'avais pas marqué de but et, vu de cette façon, je n'avais pas dû être très bon.

J'avais fait quelques-uns de mes coups tordus et une talonnade près du drapeau de corner mais Ijeh et Majstorović avaient fait un meilleur match que moi et l'ambiance ne m'incitait pas à tenter l'impossible, quand, deux minutes après, je récupérai une balle au centre du terrain. Et soudain tout s'éclaira, je mystifiai un mec et juste après, un autre. Je me voyais faire : waouh, c'est fastoche, je contrôle, et je poursuivis ma route.

J'avais l'impression de danser et, sans en avoir conscience sur le moment, je dribblai un à un les défenseurs qui avaient posé dans ce journal et j'envoyai du bout du pied gauche la balle dans le but. Je n'étais pas que submergé de joie. Je tenais ma revanche. Voilà pour vous, pensai-je, voilà pour vos chansons et votre haine, et je craignais fort que la guerre engagée avec les spectateurs ne se prolonge après le coup de sifflet final.

Nous avons humilié Djurgården (le score final fut 4 à 0). Mais savez-vous ce qu'il arriva ? Je fus encerclé par les supporters de Djurgården et plus personne n'avait envie de se battre, il n'y avait plus personne pour me détester.

Ils voulaient un autographe. Ils étaient fous de moi et, franchement, quand je repense à cet épisode, et à d'autres, je me rends compte que je suis souvent parvenu à retourner une situation simplement grâce à un but ou un geste inhabituel. Vous savez, à l'époque, mon film préféré était *Gladiator*, dans lequel il y a une scène – que tout le monde connaît, d'accord –, où l'empereur descend dans l'arène et demande au gladiateur de retirer son masque, lequel s'exécute en clamant : « Mon nom est Maximus Decimus Meridius... Et je me vengerai... dans cette vie ou la prochaine. »

Voilà ce que je ressentais. Je voulais me dresser contre le monde entier et montrer à tous ceux qui avaient douté de moi qui j'étais et je ne concevais pas que quelqu'un puisse m'arrêter.

7

Comme j'aime le dire, c'était le Far West. Un vrai foutoir, je disais tout un tas d'âneries comme expliquer en quoi si j'avais joué avec l'équipe nationale suédoise elle aurait remporté l'Euro 2000. Je trouvais que c'était prétentieux et cool à la fois, je ne sais pas, mais j'ai moins rigolé le jour où j'ai effectivement été sélectionné.

Nous étions toujours en avril. Je venais de marquer ce fameux but contre Djurgården et les articles devenaient surréalistes. Je faisais constamment les gros titres et les lecteurs ne devaient pas me considérer comme le type le plus modeste du monde. Cela m'inquiétait un peu. Est-ce que les leaders de l'équipe comme Patrik Andersson et Stefan Schwarz pensaient eux aussi que je n'étais qu'un petit crâneur ?

C'est une chose que d'être une star à Malmö mais, soyons sérieux, en équipe nationale, c'est autre chose ! Il y avait dans cette équipe des types qui avaient terminé à la troisième place de la Coupe du Monde et, croyez-le ou non, j'avais bien conscience qu'étant donné l'état d'esprit en Suède, ce n'était pas une bonne idée de se faire remarquer, surtout quand vous êtes le petit nouveau. Dieu sait que j'avais dézingué plus d'un joueur dans les catégories jeunes et, en plus, il fallait qu'on m'aime.

Je voulais faire partie du groupe mais mes débuts n'ont pas été brillants. Nous étions dans un centre d'entraînement en Suisse et les journalistes me tournaient autour tout le temps. C'en était presque gênant. Je voulais leur dire : « Henke Larsson est juste là, allez donc plutôt lui parler », mais je n'y arrivais pas. Lors d'une conférence de presse, à Genève, on me demandait quel était, parmi les plus grands joueurs du monde, celui auquel j'aurais aimé ressembler.

« Personne. Il n'y a qu'un Zlatan », avais-je répondu. Sur dix, quelle aurait été ma note en modestie ? Je compris instantanément que je devais faire amende honorable. Après ça, j'ai fait profil bas et, pour être honnête, je n'ai pas eu à faire beaucoup d'efforts. Au milieu de tous ces grands joueurs, j'étais intimidé et je n'ai pas parlé à grand monde hormis Marcus Allbäck avec qui je partageais la chambre. Je restais à l'écart. Les journaux écrivaient : « C'est un solitaire. Il fait ce qu'il veut ! » Bien sûr, cela avait de la gueule. Du genre : « Zlatan, cet artiste fascinant. »

En réalité, c'était un peu délicat, je ne voulais plus ennuyer les autres et particulièrement Henrik Larsson, que je connaissais sous le nom de « Henke » et qui était pour moi un Dieu ! Il jouait alors au Celtic et cette année-là, en 2001, il avait reçu le Soulier d'Or du meilleur marqueur des championnats d'Europe, toutes compétitions confondues. Henke était merveilleux et je fus ravi d'apprendre qu'il serait titulaire pour jouer contre la Suisse.

Avant le match, je n'en avais pas fini avec les informations surréalistes que les journaux publiaient à mon sujet dans de longs articles. On voulait tourner un long métrage sur moi à partir de mes débuts internationaux et, dans un de ces articles, ils avaient interrogé la directrice d'études de Sorgenfri[1] (vous vous souvenez, cette école où on m'avait collé un orthopédagogue) qui racontait que j'étais l'élève le plus indiscipliné qu'elle avait eu en trente-trois ans de carrière. Elle prétendait en gros que j'étais un hooligan. Un véritable *one man show.* Que du bla-bla. Mais on attendait aussi beaucoup de moi, notamment que je réussisse au sein de l'équipe nationale. On voulait me voir à la fois comme un hooligan et une star, la pression montait.

Ce ne fut pas une réussite. J'étais remplacé à la mi-temps et je n'étais pas convoqué pour les qualifications à la Coupe du Monde contre la Slovaquie et la Moldavie. Lagerbäck et Söderberg s'appuyaient sur Larsson et Allbäck en attaque et je passais un peu plus inaperçu. Je n'étais même pas régulièrement appelé dans le groupe.

Rien ne marchait comme je le voulais. Je me souviens de mon premier match international à Stockholm. Nous jouions contre l'Azerbaïdjan au Råsunda Stadium et je me sentais toujours aussi peu à l'aise qu'un poisson hors de l'eau. Stockholm était un tout autre monde pour moi. C'était comme New York. J'étais perdu et maladroit et il y avait un tas de nanas en ville. Et je matais tout ça.

J'étais remplaçant et le stade était presque plein. Il devait y avoir trente-trois mille personnes et les cadres de l'équipe avaient l'air confiants et habitués à tout ça. Je me calais sur le banc comme un petit garçon.

Après quinze minutes de jeu, il se passa quelque chose. La foule se mit à crier. Ils braillaient mon nom et, c'est indescriptible, cela me regonfla. J'en avais la chair de poule. Tous les grands joueurs étaient sur la pelouse. Il y avait Henke Larsson, il y avait Olof Mellberg, Stefan

1. *Sorgenfri* : littéralement « sans peine ».

Schwarz et Patrik Andersson. Mais la foule ne scandait pas leur nom. Je ne jouais même pas. C'était vraiment trop et je ne comprenais pas bien. Qu'avais-je fait exactement ?

Quelques matchs dans l'Allsvenskan et c'est tout ! J'étais déjà plus populaire que ces types qui avaient joué dans les plus grands championnats et terminé troisième de la Coupe du Monde. C'était complètement fou. Toute l'équipe me regardait. Étaient-ils contents ou dégoûtés ? Je n'en sais vraiment rien. Je n'y comprenais rien. C'était complètement nouveau. Cela n'était jamais arrivé auparavant et au bout d'un moment, la foule reprit ses chants traditionnels, « Allez la Suède ! Allez ! », et je me penchais pour faire mes lacets, juste pour m'occuper, ou par nervosité. Ce fut un électrochoc.

Les spectateurs pensèrent alors que j'irais m'échauffer et il y eut une explosion : « Zlatan, Zlatan, Zlatan » encore et, là, l'ambiance était complètement dingue alors, bien sûr, j'éloignai mes mains de mes chaussures. J'étais assis sur le banc et, pour éviter qu'ils recommencent à gueuler, pour ne pas dépasser les limites, j'essayai de ne plus me faire remarquer.

Mais, en secret, j'aimais ça. Je ressentais une énorme poussée d'adrénaline. Elle monta quand Lars Lagerbäck me demanda véritablement de m'échauffer. Je fonçai sur la pelouse, comblé. Ça, c'est sûr.

Je me vautrai là-dedans, au milieu de ses « Zlatan, Zlatan » qui montaient des tribunes. Nous menions 2 à 0. J'exécutai un lob du talon, un très beau petit geste hérité des quartiers HLM, avant de récupérer la balle et de tirer au but. Tout le Råsunda Stadium s'enflamma dans la nuit et, mieux, enfin, je me sentis à Stockholm comme à la maison.

Le seul hic était qu'on aurait dit que j'avais rameuté tout Rosengård. Je ne jouais qu'une fois par an à Stockholm avec l'équipe nationale.

Après le match, nous sommes sortis au Undici, la boîte de nuit de Tomas Brolin[1], avec nos copains. Nous étions assis tranquillement, quand un de mes potes du quartier a commencé à baratiner :

« Zlatan, Zlatan, je peux avoir ta clé d'hôtel ?

— Qu'est-ce que t'as derrière la tête ?

— File-la-moi, c'est tout.

— O.K., O.K. »

Je la lui passai et n'y pensais plus. Mais en rentrant, cette nuit-là, je trouvai mon pote qui venait juste de fermer l'armoire et faisait le cachotier tout en étant très agité.

« Qu'est-ce qu'il y a là-dedans ?

— Rien de spécial. Ne touche à rien.

— Quoi ?

— On peut se faire du fric avec ça, Zlatan ! »

Savez-vous ce qu'il y avait ? C'était totalement dingue. Au Undici, ils avaient piqué tout un tas de manteaux d'hiver. Je ne suis pas toujours en compagnie très respectable. Pour être honnête, les choses au Malmö FF étaient en dents de scie. C'était perturbant de jouer pour un club tout en appartenant à un autre et je n'étais pas le mec le plus équilibré qui soit. Parfois, j'aimais bien péter un plomb.

Et j'ai explosé. Bien sûr, j'ai toujours été comme ça, mais là, la situation autour de moi, toutes ces histoires de mauvais garçons commençaient à m'énerver. Lors d'un match à l'extérieur, contre Häcken, j'avais écopé d'un avertissement au match aller pour avoir hurlé sur l'arbitre

1. Ancien international suédois.

et l'on sentait bien que les choses n'allaient pas être simples. Est-ce que ce dingue de Zlatan allait encore faire des siennes ?

Häcken, entraîné par Torbjörn Nilsson, l'ancienne vedette, comptait parmi ses joueurs Kim Källström, que je connaissais pour avoir joué avec lui en sélection nationale des moins de vingt et un ans. Il y avait déjà eu quelques mauvais gestes dans le match, quand, un peu plus tard, je taclai Kim Källström par-derrière. Je filai un coup de coude à un autre type et je fus expulsé. C'est alors que je me déchaînai. En rentrant au vestiaire, je mis un coup de pied dans un haut-parleur et un microphone et le preneur de son qui avait installé le système n'a pas vraiment apprécié. Il me traita d'imbécile et je fis demi-tour pour aller directement sur lui. « Qui diable es-tu pour me traiter d'imbécile ? »

L'intendant du club nous sépara même s'il eut fort à faire. Suivirent les gros titres des journaux et à peu près sept millions de conseils venant de tous les côtés pour me dire qu'il fallait que je change d'attitude. Sinon, les choses pourraient mal se passer avec l'Ajax...

Que de bêtises, que de bêtises ! L'*Expressen* alla jusqu'à interviewer un psychologue qui disait qu'il me fallait être aidé et, évidemment, ma première réaction a été : qui est cet abruti ? Qu'est-ce qu'il en sait ?

Je n'avais pas besoin d'un psychologue, j'avais besoin d'avoir la paix, qu'on me laisse tranquille. Mais, j'avoue, ce n'était pas très drôle de rester immobile sur le banc et de voir l'IFK Göteborg nous humilier 6 à 0. Notre style de jeu du début de saison avait disparu et Micke Andersson, notre entraîneur, essuyait aussi un bon nombre de critiques. Je n'avais rien de spécial contre lui mais nous n'avions pas plus de rapports que ça non plus. Si j'avais un souci, j'allais voir Hasse Borg. Mais il y avait quelque chose qui commençait à m'ennuyer. Je pensais que Micke respectait trop les joueurs les plus expérimentés de l'équipe. Il en avait peur, purement et simplement, et il ne pouvait pas être très satisfait de moi après que j'eus été une nouvelle fois expulsé contre Örebro. Alors que nous disputions un match d'entraînement, il y avait de la tension dans l'air. C'était l'été. Micke Andersson faisait l'arbitre et il y eut une embrouille avec Jonnie Fedel, le gardien, qui était l'un des plus âgés de l'équipe. Bien sûr, Micke plaida en faveur de Jonnie. Je voyais rouge et j'allai direct vers Micke.

« T'as peur des anciens, j'ai braillé. T'as même peur de ta foutue ombre. »

Il y avait tout en tas de ballons qui traînaient sur la pelouse et je me suis mis à les frapper. Ils partaient comme des missiles et atterrissaient sur les voitures garées à l'extérieur, déclenchant les alarmes, sifflets, Klaxons, et tout le monde se figea. Je restai bien droit, dans la fière posture du mec du quartier tandis que mes coéquipiers me fusillaient du regard. Micke Andersson essaya de me calmer et je lui hurlai dessus : « Qui es-tu ? Ma mère ? »

Furieux, je me suis dirigé vers le vestiaire où je vidai mon casier et arrachai l'étiquette de mon nom en déclarant que je ne reviendrais pas. « J'en ai assez ! » Adieu Malmö FF, salut bande de nazes, et je me suis barré avec ma Toyota Celica pour ne pas remettre les pieds à l'entraînement. Au lieu de ça, je me contentais de jouer à la PlayStation et de traîner avec les potes. C'était comme si je séchais les cours et, bien sûr, Hasse Borg me téléphona, totalement hystérique.

« Où es-tu ? Où est-tu ? Il faut que tu reviennes ! »

Je me montrai raisonnable. Quatre jours après, j'y retournai, de nouveau poli et charmant et, pour être honnête, je ne considérais pas que mon coup de sang avait été si grave que ça. Au football, ça arrive, ça en fait partie, il y a beaucoup d'adrénaline dans le sport. Par ailleurs, il ne me restait plus beaucoup de temps à passer avec l'équipe, j'allais bientôt partir en Hollande et je ne pensais vraiment pas courir le risque d'être sanctionné ou que l'on donne des suites ridicules à cette affaire. Je pensais plus à la façon dont ils allaient me dire au revoir. Quelques mois auparavant, le Malmö FF accusait un trou de dix millions de couronnes (environ un million deux cent mille euros) dans sa caisse et ne pouvait pas se permettre d'acheter de bons joueurs.

Aujourd'hui, le club était le plus riche de Suède. Je leur avais apporté un gros capital et même Bengt Madsen, le directeur du Malmö FF, avait déclaré dans les journaux : « Des joueurs comme Zlatan, il y en a un tous les cinquante ans ! » Donc, non, il n'était pas si saugrenu d'imaginer qu'ils prévoient une cérémonie de départ. Ou du moins allaient-ils me remercier pour les quatre-vingt-cinq millions, surtout après avoir mis en scène les adieux de Niclas Kindvall devant trente mille spectateurs lors du match contre Helsingborg la semaine précédente. Bien évidemment, je savais que je les effrayais un peu. J'étais le seul qui pouvait saboter le marché avec l'Ajax en faisant quelque chose d'insensé avant mon dernier match dans la Allsvenskan qui approchait.

C'était le 26 juin à Halmstad et j'étais déterminé à faire une dernière grande prestation. Comprenez-moi bien, ça ne voulait pas dire grand-chose pour moi. J'en avais fini avec Malmö. Dans ma tête, j'étais déjà à Amsterdam. Quoi qu'il en soit, je tournais une page de ma vie et je me revois en train de regarder la liste des noms affichés sur le mur qui donnait le nom des joueurs retenus pour le match à Halmstad. Je regardais une deuxième fois.

Mon nom n'y apparaissait pas. Je n'étais même pas sur la liste des remplaçants. Je restais à la maison. La voilà, ta punition. C'était la façon qu'avait Micke de rappeler qui commandait et je m'inclinai. Que pouvais-je faire d'autre ? Je n'étais même pas en colère quand il expliqua à la presse que je n'étais « pas en forme et sous pression » et que j'avais « besoin de repos », comme si, au fond, il m'écartait parce qu'il avait bon cœur. Et moi, j'étais assez naïf pour croire que la direction du club était en train d'organiser, allez savoir, quelque événement avec les supporters.

Juste après, je fus convoqué par Hasse Borg dans son bureau et, comme vous le savez, je n'aime pas ce genre de truc. Je pensais avoir un entretien ou quelque chose comme ça. Mais il se passait tellement de choses à ce moment-là que je suis entré sans m'attendre à quoi que ce soit. Dans le bureau se trouvaient Hasse et Bengt Madsen, crispés et coincés, et je me demandais de quoi il retournait, un enterrement ?

« Zlatan, notre collaboration ensemble arrive à son terme.

— Vous ne voulez pas dire…

— Nous voudrions dire…

— Vous allez donc me dire adieu ici ? »

Je regardai tout autour de moi. Nous étions dans l'insipide bureau de Hasse, juste tous les trois.

« Donc, vous n'allez rien faire avec les supporters ?

— Eh bien, on dit que ça porte malheur avant un match. »

J'ai regardé Bengt Madsen.

« Ça porte malheur ? Vous avez fait les adieux de Niclas Kindvall devant trente mille personnes et tout s'est bien passé.

— Oui, mais…

— Quoi, “mais” ?

— Nous voudrions t'offrir ce cadeau.

— Qu'est-ce que c'est que ce bidule ? »

C'était un ballon, un objet de décoration en cristal.

« C'est un souvenir.

— Donc, c'est ainsi que vous me remerciez pour les quatre-vingt-cinq millions de couronnes ? »

Mais que croyaient-ils ? Que j'allais embarquer ça avec moi à Amsterdam et que j'allais verser une larme chaque fois que je tomberais dessus ?

« Nous voudrions exprimer notre gratitude.

— J'en veux pas. Gardez-la.

— Tu ne peux pas... »

Si, je pouvais. J'ai posé le machin en cristal sur la table et je suis sorti de là. Voilà pour mes adieux au club, ni plus ni moins. Évidemment, cela ne m'a pas fait plaisir. Néanmoins, j'ai vite filé. De toute façon, je partais et, sincèrement, que représentait le Malmö FF ? Ma vraie vie démarrait à ce moment précis et plus j'y pensais, plus cela prenait de l'ampleur.

Je n'allais pas simplement à l'Ajax. J'étais le joueur qui avait coûté le plus d'argent au club et, même si l'Ajax n'était pas le Real Madrid ou Manchester United, c'était assurément une grande équipe. Cinq ans seulement auparavant, l'Ajax avait disputé la finale de la Ligue des Champions. Six ans plus tôt, ils l'avaient remportée, et l'Ajax avait eu des mecs comme Cruyff, Rijkaard, Kluivert, Bergkamp et Van Basten – surtout Van Basten. Celui-là était vraiment excellent et j'allais porter son numéro. C'était dingue, vraiment. J'allais marquer des buts et faire la différence et, certes, c'était génial, mais cela me mettait une pression incroyable, je la sentais peser sur mes épaules.

Personne n'avait jamais dépensé quatre-vingt-cinq millions de couronnes sans attendre quelque chose en échange et l'Ajax n'avait pas gagné leur championnat depuis trois ans. Pour un tel club, c'était un petit scandale. L'Ajax est le meilleur club des Pays-Bas et ses supporters réclament de grandes victoires. Il fallait que je leur donne ce qu'ils voulaient, que j'arrête de frimer et que je n'en fasse pas qu'à ma tête dès le début. Il ne fallait surtout pas commencer par dire : « Je suis Zlatan, et toi, qui diable es-tu ? » Il fallait que je me fonde dans le moule et que j'apprenne leur culture. Sauf que, autour de moi, il continuait à se passer des choses.

De retour de Göteborg, dans une bourgade du nom de Bottnaryd, près de Jönköping, la police m'arrêta. Je roulais à cent dix kilomètres heure sur une portion limitée à soixante-dix, ce qui n'est pas vraiment rouler pied au plancher vu ce que je serais capable de faire par la suite. Mais je n'avais plus de permis pour un temps et la presse ne se contenta pas d'imprimer des gros, des énormes titres. Ils s'appliquaient aussi à faire remonter l'affaire d'Industrigatan.

Ils publiaient la liste entière de mes forfaits et compilaient toutes les fois où j'avais été expulsé et, bien sûr, ces informations arrivèrent jusqu'en Hollande. Même si les dirigeants du club étaient, en gros, au courant, voilà que les journalistes d'Amsterdam s'y mettaient aussi. Peu leur importait que je veuille m'assagir, j'étais étiqueté « mauvais garçon » avant même de commencer. Avec un autre nouvel arrivant, Mido, un Égyptien qui eut quelques résultats avec le KAA Gand, en Belgique, nous avions la réputation d'être incontrôlables et, pour couronner le tout, j'en apprenais de belles sur l'entraîneur que j'avais rencontré en Espagne, Co Adriaanse.

Je pensais qu'il était un genre de foutu officier de la Gestapo qui savait tout de ses joueurs et il circulait quelques folles histoires à propos de punitions qu'il infligeait, dont une concernant un gardien de but qui avait eu le tort de répondre au téléphone durant un entraînement. Il dut passer toute la journée au standard du club en dépit du fait qu'il ne parlait pas un traître mot de néerlandais. Ça ressemblait à : « Allô, allô, je ne comprends pas », toute la journée. Il y en avait une autre concernant trois gars d'une équipe de jeunes qui étaient sortis faire la fête. Ils avaient dû s'allonger sur le terrain pendant que les autres leur marchaient dessus avec leurs crampons.

On dit généralement beaucoup de choses sur les entraîneurs et j'ai toujours aimé les gens à cheval sur la discipline. Je me suis toujours bien entendu avec les mecs qui gardaient leurs distances avec les joueurs. C'est ainsi que j'ai grandi. Personne n'est venu vers moi en me susurrant : « Mon pauvre Zlatan, bien sûr, je vais te laisser jouer. » Je n'ai pas eu de père qui venait assister aux entraînements et qui prenait la tête des gens pour qu'ils soient gentils avec moi. En aucune façon. J'ai dû me débrouiller tout seul et je préférais qu'on me casse bien les pieds, voire être en mauvais termes avec un entraîneur et entrer sur le terrain parce que j'étais bon que de bien m'entendre avec lui et n'être autorisé à jouer que parce qu'il m'aimait bien.

Je ne veux pas être materné. Ça me trouble. Je veux jouer au football, rien d'autre. Mais, c'est sûr, je me sentais encore nerveux au moment de boucler mes valises et de partir. L'Ajax et Amsterdam étaient un environnement totalement neuf. Je ne connaissais rien de la ville. Je me souviens du vol, de l'atterrissage et de la femme qui vint m'accueillir à l'arrivée.

Son nom était Priscilla Janssen. Elle jouait les utilités au club et j'ai vraiment fait un effort pour lui être agréable tout en saluant le type qui était avec elle. Il avait à peu près mon âge et paraissait timide mais il parlait un très bon anglais.

Il était du Brésil. Il avait joué pour Cruzeiro, une équipe célèbre, que je connaissais parce que Ronaldo y avait été. Comme moi, il débarquait à l'Ajax et il avait un nom tellement à rallonge que je n'ai pas vraiment tout saisi. Apparemment, on pouvait l'appeler tout simplement Maxwell, nous avons échangé nos numéros de téléphone et Priscilla me conduisit dans sa Saab décapotable jusqu'à une petite maison mitoyenne que le club avait trouvée pour moi à Diemen, une petite ville non loin de la capitale. Là, je m'installais, j'avais un lit de marque et une télé cent cinquante-deux centimètres et rien d'autre. Je jouais à la PlayStation en me demandant ce qu'il allait se passer.

8

Ça ne me gênait pas spécialement d'être seul. Si j'avais appris quelque chose dans ma jeunesse, c'était bien de me débrouiller. Et puis je me prenais toujours pour le mec le plus cool d'Europe.

Transféré pour une somme record, j'étais donc devenu un professionnel. N'empêche que ma petite maison était vide. Je me sentais loin de tout. Il n'y avait aucun meuble, rien qui puisse faire que je me sente chez moi, et le frigo allait lui aussi très rapidement se vider. Je ne paniquais pas, je ne revivais pas mon enfance, ce n'est pas ça. Ce n'est pas le problème. À Lorensborg, le frigo était aussi vide. Je pouvais m'en sortir avec rien. Et, même à Malmö, je n'ai jamais souffert de la faim. Entre autre parce que je me ravitaillais au Kulan, le restaurant du Malmö FF, où je chapardais souvent du rab que je planquais dans mon survêtement, un yaourt ou autre qui me permettait de tenir le soir, mais aussi grâce à ma mère à Cronmans Väg et à mes potes.

À Malmö, en général, je n'avais pas besoin de cuisiner ou de m'inquiéter pour un frigo vide. Mais là, à Diemen, j'étais revenu à la case départ. Pour un professionnel, c'est ridicule. Il n'y avait même pas un paquet de cornflakes et je n'avais que très peu de fric sur moi alors, je m'asseyais, là, dans ma maison mitoyenne sur mon drôle de lit, et j'appelais à peu près tous ceux que je connaissais : mes potes, mon père, ma mère, ma sœur et mon petit frère. J'ai même appelé Mia alors que nous étions séparés. « Vous ne voudriez pas venir ? » Je me sentais seul, agité et j'avais faim. Finalement, j'appelai Hasse Borg.

Je pensais qu'il pourrait s'entendre avec l'Ajax, pour qu'il me prête un peu d'argent que l'Ajax lui rembourserait plus tard. Je savais que Mido avait fait un truc similaire avec son ancien club. Mais ça ne marchait pas. « Je ne peux pas faire ça, refusa Hasse Borg. Tu dois te débrouiller seul. » Ça m'a rendu fou.

Il m'a vendu, ne pouvait-il pas m'aider dans une situation pareille ?

« Pourquoi non ?

— Je ne peux pas.

— Et où sont passés mes dix pour cent ? »

Je n'obtins aucune réponse et je me mis en colère – d'accord, je ne pouvais m'en prendre qu'à moi-même. Je n'avais pas compris qu'il me fallait attendre un mois avant de toucher mon premier salaire. Puis j'ai eu un souci avec ma voiture. Ma Mercos décapotable. Elle avait des plaques suédoises et je ne pouvais pas l'utiliser en Hollande. Je venais juste de la recevoir et le but était de me balader dans Amsterdam ; or, maintenant, il me fallait la vendre et en commander une autre (une SL 55), ce qui n'arrangeait pas mes finances.

Je me retrouvais là, à Diemen, dépouillé et affamé. Et mon père m'avait passé un savon, soulignant qu'il fallait être crétin pour acheter une voiture quand on n'avait pas d'argent et, bien sûr, il avait entièrement raison. N'empêche, ça ne m'aidait pas. Je n'avais toujours pas de cornflakes à la maison et j'ai toujours détesté les frigos vides.

C'est alors que je me rappelais le Brésilien de l'aéroport. Il y avait pas mal de nouveaux joueurs cette saison-là. Il y avait moi, Mido, et lui, Maxwell. Je traînais un peu avec eux deux, pas seulement parce que nous étions des nouveaux joueurs, mais parce que je me sentais mieux avec les Noirs et les Sud-Américains. Ils étaient plus drôles, je les trouvais plus peinards et moins envieux que les autres. Les Hollandais ne voulaient rien tant que se barrer pour aller jouer en Italie ou en Angleterre et donc, ils s'épiaient tout le temps – genre, « qui a la meilleure chance ? » – tandis que les Africains et les Brésiliens étaient globalement contents d'être là. Genre, « waouh ! nous allons jouer à l'Ajax ? ». Je me sentais plus à ma place avec eux, j'aimais leur sens de l'humour et leur attitude. Maxwell ne ressemblait en rien aux autres Brésiliens que je croiserais par la suite.

Ce n'était pas une bête de scène, pas le mec qui a besoin de partir en vrille régulièrement, pas du tout, c'était une personne sensible, proche de sa famille, qu'il appelait sans arrêt. C'était un gars gentil jusqu'au bout des ongles et si je n'avais qu'un reproche à lui adresser, je dirais qu'il est trop gentil.

Je lui téléphonai :

« Maxwell, je suis dans une situation critique, je n'ai même pas un paquet de cornflakes chez moi. Est-ce que je peux venir chez toi ?

— Bien sûr, amène-toi. »

Maxwell habitait à Ouderkerk, une petite ville de seulement sept ou huit mille habitants et je déménageai chez lui. Je dormis par terre, sur un matelas, pendant trois semaines, avant de recevoir ma première enveloppe, c'était le bon temps. Nous cuisinions ensemble et discutions de nos séances d'entraînement, des autres joueurs, de nos vieux restés au Brésil et en Suède. Maxwell parlait un bon anglais. Nous discutions de sa famille, de ses proches. Je me souviens de ça en particulier parce qu'un de ses frères trouverait la mort dans un accident de voiture peu après. C'était affreusement triste. J'aimais beaucoup Maxwell. J'arrivais à peu près à m'en sortir tant que j'étais chez lui et les choses se détendirent progressivement. Je retrouvais mes sensations, ce que je faisais était excellent, et je fis de bons débuts à l'occasion d'un match avant la reprise. J'avais planté des buts à l'équipe d'amateur que nous rencontrions et j'avais réussi de nombreux petits gestes, exactement comme je le voulais. L'Ajax était connu pour pratiquer un football agréable, technique, et les journalistes écrivirent d'emblée des commentaires comme : « Bien, bien, bien, on dirait qu'il les vaut ces quatre-vingt-cinq millions de couronnes. » Je remarquai également que l'entraîneur, ce Co Adriaanse, était dur avec moi. Je pensais que c'était son style. J'avais entendu tellement de choses sur lui.

Après chaque match, il nous donnait des notes sur dix et, une fois que j'avais marqué des tas de buts, il dit : « Tu as marqué cinq buts mais tu as aussi raté deux passes. Ça fait cinq sur dix. » O.K., le niveau est élevé ici, me dis-je. Mais j'en suis resté là car, en fait, rien ne m'arrêterait. D'autre part, c'était la première fois que je rencontrais un type qui n'avait aucune idée de qui j'étais.

« Est-ce que tu te sens à la hauteur ?

— Ce n'est pas à moi de répondre à ça.

— Est-ce que les supporters adverses te sifflent et se fichent de toi ?

— Ah ça oui !

— O.K., tu es assez costaud alors. »

Je n'ai jamais oublié cette réplique.

Un joueur qui croit en lui est capable de subir les huées et les insultes. C'est comme ça que ça marche.

Fin juillet, le Tournoi d'Amsterdam démarrait. En Hollande, c'est un classique du calendrier, juste avant la reprise du championnat. Cette année-là, Milan, Valence et Liverpool y prenaient part, ce qui était évidemment fantastique.

J'avais l'occasion de me montrer au niveau européen et je me rendais compte immédiatement – grands dieux ! – que cela n'avait rien à voir avec l'Allsvenskan. À Malmö, balle au pied, j'avais tout le temps que je voulais. Là, ils étaient tout de suite sur moi. Tout allait plus vite.

Pour le premier match, nous affrontions Milan. Milan traversait une mauvaise passe à ce moment-là. Mais le club avait dominé le football européen dans les années 1990 et n'avait pas trop à s'en faire avec des défenseurs comme Maldini. Je me suis vraiment défoncé et j'ai obtenu quelques coups francs, des applaudissements en faisant quelques jolis mouvements. Mais c'était dur et nous avons perdu 1 à 0.

Le deuxième match nous opposait à Liverpool. Le club avait remporté cette année-là sa troisième coupe d'affilée et ils avaient probablement la défense la plus forte de la Premier League avec Sami Hyypiä, un Finlandais, et Stéphane Henchoz, un international suisse.

Henchoz était à son meilleur niveau. Un incident faisait parler de lui dans le milieu du foot. Lors de la finale de la Coupe d'Angleterre, il avait arrêté d'une main un tir qui allait au but et ce vilain geste avait complètement échappé à l'arbitre, ce qui contribua à la victoire de Liverpool.

Lui et Hyypiä me collaient comme des sangsues. Un peu plus tard dans le match, du côté du drapeau de corner, je trouvai le chemin des filets, je rentrai dans la surface où se tenait Henchoz. Il me bloqua en me ramenant vers le but. Bien sûr, j'avais plusieurs solutions. J'étais dans un angle fermé mais je pouvais centrer ou passer en arrière, voire essayer de marquer.

Je tentai une feinte avec un pied, un de ces trucs géniaux que Ronaldo et Romario font souvent, un de ceux que j'étudiais sur l'ordinateur quand j'étais junior et que j'avais pratiqué pendant des heures et des heures jusqu'à ce que je sois capable de les reproduire les yeux fermés et je n'avais même plus besoin d'y penser quand je les sortais de ma boîte à outil. Cela venait naturellement. Ce coup-là s'appelait « le serpent » parce que si vous le faites très vite, c'est comme un serpent qui vous glisserait le long du pied. Mais ce n'est pas si facile à faire. Vous devez placer l'extérieur du pied derrière la balle et rapidement le faire passer à droite et d'un coup sec l'orienter avec le bout de la chaussure vers la gauche, passer au-dessus, rapide comme l'éclair, en contrôlant parfaitement le ballon collé à votre pied, comme un joueur de hockey love le palet dans sa crosse.

J'utilisais cette astuce très souvent à Malmö en deuxième division mais je ne l'avais jamais exécutée contre un défenseur de classe mondiale comme Henchoz. J'avais déjà ressenti ça contre Milan, l'ambiance m'incitait à le tenter. Il était bien plus amusant de dribbler face un type comme lui et les choses se précisaient. Zig, zag, et je marquai. Stéphane Henchoz était parti vers la droite et n'a pas pu suivre la balle que je glissai derrière lui. Toute l'équipe de Milan assise le long de la ligne de touche se leva et hurla. L'ensemble de l'Amsterdam Arena hurla.

Ça, c'était du spectacle. Après le match, je fus encerclé par les journalistes et je balançai cette phrase que, je vous jure, je n'avais pas préparée. J'en dirai bien d'autres avant de devenir plus prudent avec les médias mais c'est sorti comme ça : « D'abord je suis allé à gauche, et il m'a suivi. Puis je suis allé à droite et lui aussi. Puis j'ai repris à gauche et il est parti s'acheter un hot dog. » Cela était repris partout et la citation devint célèbre. Quelqu'un s'en est même servi pour une pub et on disait que Milan s'intéressait à moi. On m'appelait le nouveau Van Basten, et j'en passe, je me sentais super bien. J'étais le Brésilien de Rosengård et, vraiment, cela aurait dû être le départ d'une merveilleuse saison.

Pourtant, des jours sombres se profilaient et, avec le recul, les signaux étaient au rouge dès le début – en partie à cause de moi, je n'avais pas pris ma bêtise en considération.

Je rentrais à la maison trop souvent et je me suis mis à perdre du poids et à devenir filiforme. Mais il y avait aussi l'entraîneur, Co Adriaanse. Il me critiquait publiquement. Pas sérieusement, au début. Cela empira par la suite, après qu'il eut été viré. Il déclara que ça n'allait pas bien dans ma tête. À ce moment-là, et avant, il déblatérait juste les trucs ordinaires, que j'étais trop personnel, et je commençais à me rendre compte que même mes feintes contre Henchoz n'étaient pas forcément appréciées à l'Ajax tant que cela ne se traduisait pas par des résultats concrets.

Au contraire, tout ce que je faisais pouvait être perçu comme une tentative de se faire remarquer et de frimer devant les spectateurs plus que d'être au service de l'équipe. À l'Ajax, on jouait avec trois attaquants au lieu de deux. J'étais avant-centre. Il ne fallait pas papillonner sur les côtés et jouer personnel. J'étais plutôt censé être un finisseur, celui qui se met en pointe, réceptionne les passes et, surtout, marque. Pour être honnête, je commençais à me demander si tous ces clichés à propos du football hollandais, qui serait prétendument plus amusant et technique, étaient toujours vrais. On aurait dit qu'ils avaient décidé de se conformer à ce qui se faisait partout ailleurs en Europe, mais il n'était pas facile de s'en apercevoir.

Beaucoup de choses étaient nouvelles pour moi et je ne comprenais ni la langue ni la culture et l'entraîneur ne me parlait pas. Il ne parlait à personne. Il était complètement impassible. Il prenait mal le fait que je le regarde droit dans les yeux et je perdis mon style. Je ne marquais plus de but et je ne bénéficiais pas de mon excellente période de préparation. En fait, c'était tout le contraire. Les titres des journaux et les comparaisons avec Van Basten se retournaient contre moi et je commençais à être considéré comme une déception, une mauvaise acquisition. Je fus remplacé en attaque par Nikos Machlas, un Grec avec qui je sortais pas mal et, dans ce genre de situation, quand on m'écarte et que je perds la forme, je me prends la tête. Qu'est-ce que j'ai fait de mal ? Comment vais-je me sortir de là ?

Je suis comme ça.

Je ne suis pas le genre à me pavaner en clamant « C'est moi Zlatan ! », pas du tout. J'avais la sensation qu'un film passait en permanence dans mon esprit dans lequel je me demandais encore et encore : aurais-je pu faire ça autrement ? J'observais les autres ; pourquoi ne puis-je rien apprendre d'eux ? Qu'est-ce que je fais de mal ? Je reviens toujours sur mes erreurs – mais aussi sur les bonnes choses. Que puis-je améliorer ? Je retire quelque chose de tous les matchs et des séances d'entraînement et, bien sûr, c'est parfois dur. À l'Ajax, je me suis empêtré dans ces interrogations et je n'avais personne à qui me confier, pas vraiment.

Chez moi, je parlais aux murs. Je pensais que les gens étaient idiots et, bien sûr, j'appelais à la maison pour me plaindre. J'avais un nuage noir au-dessus de la tête. Pourtant, je ne pouvais accuser personne. Tout me paraissait apathique et je n'allais pas bien du tout. La vie aux Pays-Bas ne me convenait pas et je suis allé voir Beenhakker pour lui demander ce que l'entraîneur pensait de moi. « Il est content ou pas ? » Beenhakker est d'une autre trempe que Co Adriaanse, il ne veut pas que des joueurs obéissants.

« Tout va bien. Tout va bien. Nous prendrons le temps avec toi », répondit-il.

Mais j'avais le mal du pays et je ne me sentais pas apprécié, ni par l'entraîneur ni par la presse, et encore moins par les fans. Les supporters de l'Ajax ne doivent pas être traités à la légère. Ils ont l'habitude de gagner, ils sont du genre : quoi, vous n'avez gagné que 3 à 0 ?

Alors que nous avions peiné à obtenir un match nul contre Roda, ils avaient jeté des pierres, des morceaux de tuyaux, des bouteilles en verre, et j'avais dû me planquer dans le stade pour être à l'abri. On me balançait toujours des quantités de saletés et, maintenant, au lieu des « Zlatan, Zlatan » que j'avais déjà eu l'occasion d'entendre, même à l'Ajax, on me huait, on se moquait de moi et ça ne venait pas des supporters adverses, c'était dur. Je me demandais : que diable se passe-t-il ?

Et pourtant, dans ce sport, on est obligés de cohabiter et, dans un sens, je les comprenais. J'étais la recrue la plus chère du club. Je n'aurais vraiment pas dû être remplaçant. J'étais censé être le nouveau Van Basten, marquer but après but et, pour être honnête, je faisais tous les efforts possibles pour cela.

Une saison de football, c'est long. Et vous ne pouvez pas faire le show à chaque rencontre. Mais c'est ce que j'essayais de faire. Dès mon arrivée, je voulais étaler tout mon répertoire d'un coup et c'est pourquoi, je pense, j'étais coincé. Je voulais trop en faire, ce n'était jamais assez et, je présume, je n'avais pas encore appris à gérer la pression, en dépit de tout. Je commençais à traîner ces quatre-vingt-cinq millions de couronnes comme un boulet à la cheville et je passais beaucoup de temps assis dans ma maison mitoyenne de Diemen.

Je n'ai aucune idée de ce que pensaient de moi les journalistes à cette époque. Pas mal d'entre eux m'imaginaient sûrement sortir en ville avec Mido, faire la fête. En réalité, je restais à la maison et jouais aux jeux vidéo jour et nuit et lorsque nous avions un lundi libre, je prenais l'avion pour rentrer chez moi le dimanche et revenais le mardi matin pour aller directement à l'entraînement. Je ne fréquentais pas les boîtes de nuit, rien de tout ça, ça ne faisait pas de moi un professionnel pour autant. Pour être honnête, j'étais complètement irresponsable – je ne mangeais ni ne dormais vraiment et je participais à toutes sortes de bêtises à Malmö. Je me baladais avec des pétards ou autres feux d'artifices illégaux que nous allions tirer dans les jardins. Nous faisions ce genre de trucs idiots pour nous éclater. Il y avait de la fumée, des mottes d'herbes et des saloperies qui volaient partout. On faisait aussi beaucoup de courses de voiture. C'est comme ça que je fonctionne : quand rien ne va avec le football, il faut que je marque des buts d'une autre façon. J'ai besoin d'action, de vitesse, et je ne faisais pas attention à moi.

Je me laissais aller et en tant qu'avant-centre de l'Ajax j'aurais dû être fort et capable d'avancer. J'étais tombé à soixante-quinze kilos, peut-être moins. J'étais très mince et, sans doute, fatigué. Je n'avais pas pris de vacances. J'avais effectué deux stages d'avant-saison en l'espace de six mois et concernant les repas, eh bien, vous pouvez l'imaginer : je ne mangeais que des cochonneries. Je ne savais cuisiner que des toasts et des pâtes. Le flot des articles élogieux tarissait. Ça ne donnait plus « Un autre triomphe pour Zlatan » mais plutôt « Zlatan a été sifflé », « Il est hors de forme ». Il est ceci, il est cela, et autre, et on parlait beaucoup de mes coudes.

On faisait toute une affaire de mes coudes.

J'avais débuté dans un match contre Groningen dans lequel j'avais filé un coup de coude derrière la nuque à un défenseur. L'arbitre n'avait rien vu mais le défenseur tomba à terre et fut emmené sur une civière. On parla de commotion. Quand le mec revint un peu plus tard, il était sonné, mais, pire que tout, la fédération prit la décision d'examiner l'action à la vidéo, suite à quoi je fus suspendu pour cinq matchs.

Je n'avais certainement pas besoin de ça. Quelle poisse. Et les choses ne s'améliorèrent pas à mon retour de suspension. Je flanquai un coup de coude à un autre mec qui était, lui aussi, évacué. On aurait dit que j'avais pris une sale habitude et quand bien même, cette fois-ci, j'évitai une nouvelle suspension. Par la suite, je n'ai plus beaucoup joué et c'était dur, les fans n'étaient pas non plus spécialement ravis et donc, j'appelai Hasse Borg. C'était idiot mais c'est le genre de chose que l'on fait quand on est à la ramasse.

« Mince, Hasse, tu peux pas me reprendre ?

— Que je rachète ton contrat ? Tu es sérieux ?

— Sors-moi de là, je n'en peux plus.

— Allons Zlatan, je n'ai pas l'argent nécessaire, tu le sais bien. Il faut que tu sois patient. »

J'en avais marre d'être patient. Je voulais jouer davantage et j'avais le mal du pays, tout cela me paraissait irréel. Je me sentais complètement perdu et je contactai à nouveau Mia. Je ne savais pas si c'était elle ou autre chose qui me manquait. J'étais seul et je voulais retrouver mon ancienne vie. Au lieu de ça, je pris un sacré coup dans les dents.

Tout commença quand je découvris que j'étais moins payé que tous les autres joueurs de l'équipe. Je m'en doutais depuis un moment et j'en eus la confirmation. Si mon transfert avait été le plus important du club, mon salaire était le plus faible. J'avais été acheté pour devenir le nouveau Van Basten et je gagnais toujours des cacahuètes. Pourquoi cette différence ? Ce n'était pas difficile à comprendre.

Souvenez-vous quand Hasse Borg me disait : « Les agents sont des escrocs. » D'un coup d'un seul, je compris. Il m'avait baisé. Il prétendait être de mon côté mais en réalité il n'œuvrait que pour le Malmö FF. Plus j'y pensais, plus cela me mettait en rogne. Dès le début, Hasse Borg s'est assuré que personne ne s'immisce entre nous, personne qui puisse défendre mes intérêts. C'est pourquoi je m'étais rendu comme un idiot en survêtement à l'hôtel Saint Jörgen et laissé piéger par ces types en costard avec leur diplôme en finance et là, j'ai pris un sale coup dans l'estomac. Disons-le carrément : l'argent n'a jamais été essentiel pour moi, mais de m'être fait arnaquer, exploiter, rouler comme un vulgaire vendeur de fallafel me rendait furieux et je ne perdis pas une seconde. J'appelai Hasse Borg.

« Qu'est-ce que c'est que ce bordel ? J'ai le plus mauvais contrat de tout le club.

— Que veux-tu dire ? »

Il faisait l'idiot.

« Et mes dix pour cent ?

— Nous les avons placés sur une police d'assurance, en Angleterre. »

Une police d'assurance ? Qu'est-ce que c'est que ce baratin ? Ça ne voulait rien dire pour moi et je lui rétorquai que cela pouvait être n'importe quoi, qu'il les place sur une police d'assurance, dans un sac plein de billets de banque ou dans un trou au fin fond d'une forêt vierge, ça ne changeait rien.

« Je veux mon argent tout de suite. »

Ce n'était pas possible.

Ils étaient pieds et poings liés, ils avaient investi dans quelque chose dont je ne savais rien et je décidai d'aller jusqu'au bout. J'allais prendre un agent parce que – c'est au moins ce que je venais de comprendre –, les agents ne sont pas des escrocs. Sans agent, vous n'avez aucune chance. Sans aide, on se ferait toujours bananer par des mecs en costard. Par l'intermédiaire d'un ami, je pris contact avec un type qui s'appelait Anders Carlsson et travaillait pour IMG[1] à Stockholm.

Il n'était pas mal, mais pas le genre à retourner ciel et terre. C'était le genre de gars qui n'aurait jamais craché son chewing-gum dans la rue ou traversé en dehors des clous mais qui, quand même, veut faire le dur, même si ça ne lui va pas du tout. Quoi qu'il en soit, Anders m'a beaucoup aidé au début. Il s'était procuré les documents de l'assurance et c'est alors que je pris ma deuxième claque. Les papiers indiquaient qu'il ne me revenait que huit pour cent du montant du transfert et non dix. Je demandai : « C'est quoi ça ? »

Je découvris qu'ils avaient payé une certaine « taxe sur les futurs salaires ». Un prélèvement anticipé sur le salaire de quelqu'un ? Jamais entendu parler de ça et, immédiatement, je dis : « Ce n'est pas juste. » C'était une nouvelle arnaque. Et que pensez-vous qu'il arriva ? Anders Carlsson s'occupa de l'affaire et c'est tout ce qu'il fallait pour récupérer mes deux pour cent manquants. Tout d'un coup, il n'y avait plus de « prélèvement anticipé sur salaire ». C'en était terminé de Hasse Borg. C'est une

1. International Management Group, fondé par l'Américain Mark McCormack.

leçon que je n'oublierai jamais. Pour dire la vérité, ça m'a marqué, à cette époque, je ne pense pas une seconde avoir été vraiment au courant de tout ce qu'on faisait avec mon argent et mes contrats.

Quand Mino m'a appelé récemment pour me demander :

« Qu'est-ce que tu touches des éditions Bonnier pour ton bouquin ?

— Je ne sais pas trop.

— Arrête ! Tu sais exactement combien. »

Et il avait raison. Je maîtrise complètement. Il n'est plus question que l'on me gruge ou que l'on profite de moi ; dans les négociations, j'essaie toujours d'avoir un coup d'avance. Que pensent-ils ? Que veulent-ils ? Qu'est-ce qu'ils mijotent ? Et je suis rancunier. Je n'oublie rien et Helena me dit souvent que je ne devrais pas me focaliser autant. « À quoi ça t'avance de détester Hasse Borg ? »

Mais non. Je ne le lui pardonnerai jamais. C'est exclu. On ne fait pas un truc comme ça à un enfant des cités qui ne sait absolument rien de tout ça. On ne prétend pas être son deuxième père alors que l'on cherche par tous les moyens la petite faille pour l'entuber. Personne ne croyait en moi, ils étaient les derniers à imaginer que je sois sélectionné en équipe première. Mais après... Quand ils m'ont vendu pour tout cet argent, leur attitude a changé. Ils voulaient me traire jusqu'à la dernière goutte. Ils m'avaient presque laissé exister une minute et celle d'après, ils m'exploitaient. Je n'oublierai jamais et je me demande souvent : est-ce que Hasse Borg aurait fait la même chose si j'avais été un gentil garçon et si mon père avait été avocat ?

Je ne le crois pas. De retour à l'Ajax, je me suis prononcé à ce sujet, en disant, en gros, qu'il devrait faire gaffe. Mais il n'a pas vraiment pigé parce que, plus tard, dans sa biographie, il écrivit qu'il était mon mentor, qu'il avait pris soin de moi. Mais il l'a compris un petit peu plus tard. Il y a quelques années, nous sommes tombés nez à nez dans un ascenseur. C'était en Hongrie.

J'étais avec l'équipe nationale suédoise. Je monte dans l'ascenseur et, au quatrième étage, sorti de nulle part, il entre. Il était en ville pour un bref séjour. Il était en train de resserrer sa cravate avant de m'apercevoir. Hasse s'exclame toujours : « Eh ! Alors, comment ça va ? », ce genre de trucs, et il ajouta autre chose en me tendant la main.

Je n'ai pas bougé le petit doigt, rien du tout. Il n'eut droit qu'à un regard glacé, noir, et il devint nerveux, ça c'est sûr. Il resta là, tendu, et je ne dis pas un mot. Je le fixai et sortis dans le hall en le laissant derrière moi. Ce fut notre seule rencontre depuis toute cette affaire, donc, non, je n'oublierai pas. Hasse Borg est un homme à double facette et cela m'avait vraiment blessé. À l'Ajax, on s'est foutu de moi, on m'a insulté, j'étais moins bien payé que les autres et même les supporters du club me huaient. On me faisait plein d'histoires. On parlait de mes coups de coude. On racontait des vacheries, on faisait la liste de mes dérapages, on ressortait l'histoire avec la police à Industrigatan pour la quatre-vingt-dix-huitième fois et on disait que je n'étais pas en forme. On voulait que je redevienne l'ancien Zlatan. On bavait sur moi jour et nuit et, dans ma tête, je me repassais tout ça en boucle.

À toute heure, à chaque minute, je cherchais une solution parce que je n'allais pas lâcher. Pas question. Enfant, je n'avais pas eu la vie facile. Les gens l'oublient. Je ne suis pas un surdoué qui est parvenu sur la scène européenne les doigts dans le nez. Je me suis battu contre le destin. Dès le début, j'avais les parents et les entraîneurs contre moi et, beaucoup de ce que j'avais appris, je l'avais engrangé en dépit de ce que les gens disaient sur moi. « Zlatan ne sait que dribbler », se plaignaient-ils. « Il est ceci, il est cela, il a tort. » Mais j'ai tenu bon, j'ai écouté, parfois pas, et, à ce moment-là, à l'Ajax, j'essayais vraiment de comprendre leur culture et d'intégrer leur façon de penser et de jouer.

Je me demandais ce que je pouvais améliorer. Je m'entraînais dur et j'essayais d'apprendre des autres. Mais, en même temps, je ne reniais pas mon style. Personne n'allait ôter ce qui fait l'originalité de mon jeu, non parce que j'étais un tête de lard ou que je cherchais les ennuis, mais parce que je continuais à me battre et, quand je travaille, sur un terrain, je peux paraître agressif. C'est un des aspects de ma personnalité. Je demande aux autres tout autant que ce que je m'impose. Mais, à l'évidence, j'embarrassais Co Adriaanse. Il dira plus tard que j'étais difficile, que j'étais imbu de ma personne, que je n'en faisais qu'à ma tête et blablabla, et bien sûr il a le droit de dire ce qu'il veut, je ne veux pas m'embrouiller avec lui. J'accepte la situation. L'entraîneur, c'est le patron. Je peux seulement dire que j'avais fait un effort pour m'adapter.

Mais les choses n'allèrent pas en s'améliorant. Il ne se passait rien, rien d'autre à part entendre que Co Adriaanse pourrait être viré et, après tout, c'était une bonne nouvelle. Nous avions été écrasés par le Celtic d'Henrik Larsson dans les qualifications pour la Ligue des Champions puis par Copenhague en Coupe de l'UEFA mais je ne crois pas que ces résultats aient été la cause de sa disgrâce. En championnat, ça se passait bien.

Il devait partir parce qu'il n'arrivait pas à communiquer avec les joueurs. Nous n'avions aucun contact avec lui. On était dans le néant. J'aime bien les types qui ont du caractère et Co Adriaanse était très dur. Mais il est allé trop loin, son style dictatorial était excessif – il n'avait aucun sens de l'humour, rien – et, bien sûr, nous étions curieux de savoir qui allait le remplacer.

Il y avait des rumeurs concernant Rijkaard pendant un moment, et ça me plaisait bien, même si un bon joueur ne fait pas nécessairement un bon entraîneur, mais quand même, à Milan, Rijkaard était une légende, avec Van Basten et Gullit. Mais ce fut Ronald Koeman. Je le connaissais aussi. Il avait été un brillant tireur de coups francs à Barcelone. Il s'adjoignit les services de Rudi Krol, un autre grand joueur, et je notai immédiatement qu'ils me comprenaient mieux et je me remis à espérer que les choses prendraient une meilleure tournure.

Ce fut pire. Je fus remplaçant cinq fois d'affilée puis Koeman me renvoya à la maison au beau milieu d'une séance d'entraînement. « Tu n'y es pas ! gueulait-il. Tu ne donnes pas tout ce que tu as. Tu peux rentrer chez toi. » Pour sûr, en sortant de là, mon esprit était ailleurs. Ce n'était pas si grave, bien sûr, mais il y avait les gros titres. Même Lars Lagerbäck disait qu'il s'inquiétait pour moi et la rumeur circulait que j'allais peut-être perdre ma place en équipe nationale. Ce n'était pas drôle, pas du tout.

La Coupe du Monde se profilait au Japon cet été-là et je l'attendais depuis longtemps. J'étais aussi préoccupé par le fait que mon maillot numéro neuf pourrait m'être retiré à l'Ajax. Ce n'est pas si important, je me fiche de ce qu'il peut bien y avoir d'écrit dans mon dos. Mais, symboliquement, cela signifiait qu'on ne croyait plus du tout en moi. À l'Ajax, on parle tout le temps de numéros.

Le numéro dix devrait être comme ça, le numéro onze comme ci et il n'y en avait pas de plus beau que le neuf de Van Basten. C'était un honneur particulier que de porter celui-là et si vous n'étiez pas à la hauteur, on vous l'enlevait. C'était ainsi que ça marchait et on n'arrêtait pas de dire que je n'apportais pas assez à l'équipe, et, malheureusement, ce n'était pas faux.

Je n'avais marqué que deux buts en championnat. Six au total et, la plupart du temps, j'étais remplaçant et nos supporters me conspuaient toujours plus. Pendant que je m'échauffais avant de rentrer sur la pelouse, ils entonnaient « Nikos, Nikos, Machlas, Machlas ». Peu leur importait à quel point il était mauvais, simplement, ils ne voulaient pas de moi. Ils voulaient qu'il reste sur le terrain et je pensais : bon sang, je n'ai pas encore touché un ballon que déjà ils s'attaquent à moi. Si je rate une passe, ça va faire un sacré boucan là-dedans. Il fallait bien que je m'y fasse et, certes, il semblait bien que nous étions en passe de remporter le championnat.

Mais je n'arrivais pas à m'en réjouir. Je n'y avais pas vraiment contribué et je ne pouvais plus faire comme si je ne le savais pas. Il y avait beaucoup trop de joueurs qui pouvaient prendre ma place dans le club. Quelqu'un devait partir, et tout indiquait que j'étais en première ligne, je le sentais, et on disait que je n'étais que le troisième choix en tant qu'avant-centre, après Machlas et Mido. Même Leo Beenhakker, mon ami, était cité dans les médias néerlandais :

« Zlatan est souvent le joueur à l'origine de nos attaques. Mais ça ne suit pas dans la réalisation des buts. » Et il ajoutait : « Si nous le vendons, nous ferons en sorte que ce soit dans un bon club. »

De plus en plus de déclarations allaient dans ce sens. Koeman disait lui-même : « En termes purement qualitatifs, Zlatan est notre meilleur buteur, mais réussir avec le numéro neuf de l'Ajax demande aussi d'autres qualités.

Je doute qu'il puisse les acquérir. » Puis vint la guerre des gros titres : « Décision ce soir », clama l'un. « Zlatan sur la liste des transferts ! » Il était impossible de distinguer le vrai du faux mais le fait est que j'avais été acheté pour une grosse somme d'argent et que j'avais déçu et, croyez-moi, je le sentais passer. Autant dire que cela revenait à confirmer que j'étais bien une diva surévaluée.

Je ne répondais pas à leurs attentes. C'était mon premier et principal revers. Mais je refusais de baisser les bras. J'allais leur montrer de quoi j'étais capable. Cette pensée continuait à me turlupiner, jour et nuit. Je n'avais pas le choix, que je sois vendu ou pas, il fallait que je leur prouve que j'étais bon, quoi qu'il arrive. Le seul hic : comment y parvenir si je ne jouais pas ? Lors d'un match accroché, le score était de 2 à 2. Il n'y avait plus aucun espoir, je restai là, assis sur le banc, furax : ils sont stupides ou quoi ? J'avais l'impression d'être revenu en arrière dans l'équipe des jeunes du Malmö FF.

Ce printemps-là, nous nous étions qualifiés pour la finale de la Coupe des Pays-Bas. Nous devions affronter Utrecht dans le stade De Kuip de Rotterdam, là où s'était disputée la finale de la Coupe de l'UEFA deux ans auparavant, et l'ambiance était électrique. C'était le 12 mai 2002. L'ambiance était chaude dans les tribunes et il y avait des bagarres. L'Ajax est l'ennemi juré d'Utrecht. Il n'existe pas d'autre équipe à battre impérativement et les supporters transpiraient la haine et avaient soif de revanche après notre victoire dans le championnat. Pour nous, c'était l'occasion de remporter le doublé et montrer que nous étions de retour après quelques années de vaches maigres. Mais, évidemment, j'avais peu de chances de participer.

Je passai toute la première mi-temps et un bon bout de la seconde sur le banc et j'assistai au but marqué sur pénalty d'Utrecht qui leur donnait l'avantage 2 à 1 et, croyez-moi, on l'a senti passé. Ils nous ont proprement coupé l'herbe sous le pied, les supporters d'Utrecht devenaient dingues et, non loin de moi, Koeman se morfondait dans son costume à cravate rouge. On aurait dit qu'il n'y croyait plus du tout. Fais-moi rentrer, pensai-je et, effectivement, à la soixante-dix-huitième minute, j'allai jouer. Il fallait agir et, bien sûr, j'étais impatient, j'étais plus que prêt et je voulais tout faire d'un coup, comme d'habitude cette année-là. Nous maintenions la pression mais les minutes filaient et la situation paraissait désespérée. Nous n'y arrivions pas et je frappai une balle dont j'étais sûr qu'elle rentrerait alors qu'elle tapa la barre transversale.

Ça ne servait à rien, à la fin du temps réglementaire il ne restait plus qu'une poignée de minutes dans les arrêts de jeu, il n'y avait plus aucun espoir. On ne ferait pas la fête pour la Coupe et les fans d'Utrecht étaient derrière eux. Leurs drapeaux rouges flottaient tout autour du stade, nous entendions leurs hymnes et leurs chants, voyions les fumigènes, il restait trente secondes, puis vingt. C'est alors qu'une longue passe arriva dans la surface de réparation, trompa quelques défenseurs d'Utrecht et parvint à Wamberto, un de nos Brésiliens. Il était sans aucun doute en position de hors-jeu mais les juges de touche ne l'avaient pas vu, alors Wamberto mit le pied sur la balle et marqua le but. C'était délirant. Nous sauvions notre peau en finale dans les dernières secondes du temps additionnel et les fans d'Utrecht baissèrent la tête, effondrés. Et ce n'était pas fini.

Nous allions jouer les prolongations et, à cette époque, beaucoup de matchs se décidaient sur un but en or (comme la mort subite en hockey sur glace). L'équipe qui marquait le premier but remportait *de facto* le match.

Après cinq minutes de jeu, une nouvelle passe arriva de la gauche, et je sautai pour faire une tête mais la balle me revint assez vite.

Je contrôlai de la poitrine. J'étais serré de près mais je me suis retourné et ai tiré de mon pied gauche, ce n'était pas un tir splendide, pas vraiment. Le ballon rebondit dans l'herbe mais, mon Dieu, j'avais parfaitement visé et il entra dans le but. J'ai enlevé mon maillot et sprinté vers la gauche complètement submergé de bonheur, j'étais maigre comme un clou. On pouvait voir ma cage thoracique. J'avais eu une année difficile. On avait écrit beaucoup de saletés dans les journaux, ils avaient passé leur temps à tailler mon style de jeu. Mais j'étais de retour. Je leur prouvais à tous que je pouvais réussir et le stade entier était en folie. Tout était bonheur ou déception et je me souviens particulièrement de Koeman qui courait vers moi en hurlant :

« Merci beaucoup ! Merci beaucoup ! »

L'euphorie était indescriptible et je me suis mis à courir avec toute l'équipe, j'étais libéré.

9

Pour elle, je n'étais qu'un vulgaire Yougo. Avec une montre en or, une voiture tape-à-l'œil, qui écoutait la musique trop fort. Je n'étais pas du tout son type. Mais je ne pouvais pas le savoir.

Assis au volant de ma Mercos SL, devant le bureau de change de la Forex à la gare centrale de Malmö, je la trouvai très belle. Pendant ce temps, Keki, mon petit frère, changeait des devises à l'intérieur. La saison était terminée aux Pays-Bas. Cela se passa avant ou après la Coupe du Monde au Japon, je ne m'en souviens pas, mais ça n'a aucune importance. Bref, j'étais là quand cette fille a sauté d'un taxi. Quelque chose l'avait mise en colère.

Qui diable pouvait-elle bien être ?

Je ne l'avais jamais vue auparavant et, à ce moment-là, je connaissais toute la ville. Je revenais à Malmö dès que j'en avais l'occasion et je pensais être au courant de tout ce qu'il s'y passait. Mais cette fille... Où s'était-elle cachée ? Elle n'était pas que jolie. Elle avait une attitude étrange, genre, ne t'avise pas de me tourner autour, et elle était un peu plus âgée que moi, ce qui était excitant. J'ai demandé à la ronde si quelqu'un la connaissait. Par mes relations, j'appris qu'elle s'appelait Helena. D'accord,

Helena. Helena. Je n'arrivais pas à me la sortir de la tête.

Mais il ne se passa rien de plus. J'avais une vie agitée, je bougeais sans cesse, je me laissais porter mais je ne me fixais sur rien. Puis je me rendis une nouvelle fois à Stockholm avec l'équipe nationale. Dans cette ville, elles sortent d'où, toutes ces nanas ? C'est dingue, il y en a partout. Avec des potes on est allés au Café Opera et, bien sûr, on a mis un peu d'ambiance. Comme d'habitude j'ai examiné la situation avec ce regard que j'ai depuis l'enfance, qui a l'air de dire : il y a un problème ? Quelqu'un cherche des embrouilles ? Il se passait toujours quelque chose.

Mais, à l'époque, c'était moins grave. C'était avant que tout le monde ne se mette à me prendre en photo avec un portable sans me demander l'autorisation. Ils se placent face à moi, prennent juste une photo et, parfois, ça me gonfle. Ce soir-là, je vérifiai autour de moi quand soudain je la vis. C'était la fille de la Forex et je suis allé la voir pour discuter : « Salut, tu es de Malmö, non ? », j'ai commencé sur ce ton, nous avons parlé de son boulot, etc. Mais je ne me doutais de rien. Je ne comprenais rien à ces histoires de carrière à ce moment-là et j'étais probablement très arrogant. C'était ma façon de faire.

Je faisais tout pour conserver une distance avec les gens. Après, je le regrettai, j'aurais pu être plus aimable et j'étais heureux de la revoir à Malmö. Nous avons commencé à nous fréquenter. Elle avait une Mercerdes SLK noire qui était souvent garée près du square Lilla Torg où je passais régulièrement. À l'époque, je n'avais plus ma Mercos SL, je l'avais échangée pour une Ferrari 360 rouge.

Tout le monde en ville savait que c'était ma voiture. On disait : « Vise un peu, v'là Zlatan » et, c'est vrai, autant je ne voulais pas me faire remarquer, autant cette voiture n'était pas une bonne idée. Mais le type qui m'avait vendu la Mercedes m'avait dit que je serais le seul à en posséder une dans le pays ! Du baratin. J'en avais vu une autre exactement comme la mienne ce même été et je me suis immédiatement dit : qu'ils aillent au diable ! Je ne veux plus de cette voiture. Je téléphonai à des types qui vendaient des Ferrari en leur demandant s'ils en avaient en stock. Ben tiens, et j'allai donc en prendre une et vendre ma SL pour en payer une partie. C'était idiot, j'ai perdu de l'argent dans la transaction et mes finances n'étaient pas très reluisantes à ce moment-là. Mais je m'en fichais.

Je suis fier de mes voitures. C'était une question de principe, donc je me baladais en Ferrari, je trouvais que c'était cool. Il arrivait que je la croise dans sa Mercos noire, Helena, la fille. Il fallait que je fasse quelque chose, je ne pouvais pas passer mon temps à la regarder, donc, j'ai obtenu son numéro de téléphone par la bande, puis je réfléchis. Est-ce que je l'appelle ? J'ai envoyé un texto, quelque chose comme, « Alors, comment ça va ? On s'est déjà vus. », et je terminai par : « Le gars à la rouge. » Le type en Ferrari rouge quoi, et elle me répondit : « La fille à la noire. » Cela pourrait être le début de quelque chose, qui sait ?

Je l'appelai et on se donna rendez-vous. Au début, il ne se passait rien de spécial, nous avons déjeuné ensemble quelques fois et je l'avais accompagnée dans sa maison de campagne. J'examinais la décoration intérieure et tous ces trucs de design, le papier-peint et les cheminées à carreaux de céramiques et, honnêtement, j'étais épaté. C'était totalement nouveau pour moi. Je n'avais jamais rencontré une fille qui vivait comme ça et je ne comprenais toujours pas ce qu'elle faisait. Ça avait à voir avec le marketing de la Swedish Match, une marque de tabac, j'avais compris qu'elle avait plutôt un poste important dans son domaine et j'aimais ça.

Elle ne ressemblait pas du tout aux filles que j'avais rencontrées jusque-là. Elle n'était pas hystérique, pas du tout, elle était calme. Elle aimait les voitures. Elle avait quitté sa famille à l'âge de dix-sept ans et avait fait son chemin et, pour elle, je n'étais pas vraiment une superstar. Ou, comme elle le dit elle-même : « Allons, Zlatan, tu ne possédais pas exactement le déhanché d'Elvis. » Pour elle, je n'étais qu'un taré qui portait des fringues hideuses, un mec complètement immature et, parfois, elle me chambrait.

Je lui répondais : « *Evil super bitch de luxe*[1]. » Ou plutôt : « evilsuperbitchdeluxe » d'un seul trait, parce qu'elle se baladait sur des talons aiguilles, en jeans serrés, avec manteaux en fourrure et tout le tralala. Elle était comme Tony Montana dans *Scarface*, en fille, tandis que je glandais de nouveau en survêtement. Cette histoire entre nous semblait si vouée à l'échec qu'en quelque sorte c'était une réussite. Nous passions de bons moments ensemble. « Zlatan, tu es un idiot intégral mais tu es si drôle », disait-elle, et j'espérais qu'elle était sincère. J'aimais passer du temps avec elle.

Mais elle venait d'une respectable famille dans une petite ville appelée Lindsberg. Le genre de famille où l'on dit : « Chéri, pourriez-vous me passer le lait, s'il vous plaît ? », tandis que chez moi nous nous menacions régulièrement de nous entretuer au-dessus de la table à manger, comme je l'ai déjà raconté. Bien des fois, elle ne comprenait absolument pas ce que je lui disais. Je ne connaissais rien de son monde et elle ignorait tout du mien. J'avais onze ans de moins qu'elle, je vivais aux Pays-

1. Littéralement, « maléfique garce de luxe ».

Bas et j'étais un type un peu fou entouré d'amis peu fréquentables. Le profil n'était pas idéal.

Cet été-là, avec des potes, nous nous sommes invités à une de ces fêtes qu'elle organisait pour des *people* et des gros bonnets dans la ville balnéaire de Båstad à l'occasion du tournoi de tennis annuel. Les gens à l'entrée ne voulaient pas nous laisser entrer, en tout cas, ils ne laisseraient pas passer mes potes et tout ça finit pas faire toute une histoire. Il y avait toujours de l'esclandre.

Comme la fois où, après un match international à Riga, je rentrai le soir même à Stockholm. Avec Olof Mellberg et Lars Lagerbäck, nous avons pris un taxi pour aller au Scandic Park Hotel. Il n'y avait pas grand-chose à dire de notre match. Nous avions ramené un triste 0 à 0 en match de qualification pour la Coupe du Monde. Je mets toujours du temps à m'endormir après les matchs, surtout quand j'ai mal joué. Je ressasse mes erreurs. Ce soir-là, nous avons décidé de sortir dans un club, le Spy Bar, dans le centre. Il était tard et j'étais en train de monter l'escalier.

J'étais à peine arrivé qu'une fille a commencé à la ramener, elle était lourde et, bien sûr, mes potes n'étaient pas loin. Si vous me croisez, ici ou ailleurs, vous pouvez être sûr que je serai entouré de lascars. Pas à cause de l'effet que je provoque. C'est juste une question de personnalité. Je me retrouve facilement avec des mauvais garçons. Nous sommes du même milieu et ça ne me dérange pas du tout. Ils ne sont pas plus méchants que d'autres. Mais les choses peuvent déraper. Et cette fille s'est approchée un peu trop près de moi pour balancer une idiotie, elle était provocante, quand, soudain, son frère s'est pointé et m'empoigna. Il n'aurait pas dû.

On ne déconne pas avec mes potes. L'un d'eux attrapa le frère, un autre s'occupa de sa sœur et je décidai immédiatement de ne pas me mêler de ça. Je voulais sortir mais, voyez-vous, c'était la première fois que j'étais dans le Spy Bar et il était tard, le lieu était bondé et je ne trouvai pas la sortie.

Je me suis retrouvé dans les toilettes avant de revenir et en voyant la pagaille qui régnait, je me suis mis à flipper. Je venais de jouer un match international. J'imaginais déjà les gros titres, le scandale que ça ferait. C'est alors qu'un type de la sécurité est arrivé et il ne plaisantait plus du tout.

« Le propriétaire veut que vous quittiez les lieux.

— Dites à ce porc qu'il n'y a rien qui me ferait plus plaisir. »

Et donc, lui et quelques autres m'escortèrent jusqu'à la sortie.

Il était 3 h 30 du matin (je le sais parce que j'avais été filmé par une caméra de surveillance) et que croyez-vous qu'il arriva ? Croyez-vous qu'on s'embarrasse du respect de la vie privée ? Pas vraiment. Tout ça finit dans l'*Aftonbladet* et dans tous les journaux. Vous ne pouvez même pas imaginer. On aurait dit que j'avais tué sept personnes. Les journaux débitèrent toutes sortes de trucs affirmant que l'on avait porté plainte pour harcèlement sexuel. Harcèlement sexuel ? Vous vous rendez compte ? Des malades. Et, comme d'habitude, quiconque avait eu affaire à moi ce soir-là témoigna dans les journaux et en rajoutait sur le fait que je l'avais bien mérité.

Je repartis à Amsterdam. Nous avions des matchs en vue, dont une rencontre en Ligue des Champions contre Lyon. Je refusai de parler à la presse. Mido s'avança et parla à ma place. Entre fauteurs de troubles, on doit s'entraider. Mais, sincèrement, j'en avais marre et je n'étais pas surpris d'apprendre que l'*Aftonbladet* avait tout fait pour que la fille porte plainte. Je déclarai publiquement que je n'allais pas les lâcher. J'allais poursuivre le journal. Et qu'arriva-t-il ? Je n'ai rien obtenu, que dalle, à peine des excuses et donc, je me suis mis à faire attention. J'ai commencé à changer.

On écrivait trop de saletés dans les journaux même si, certes, je n'ai jamais aimé les banalités habituelles : Zlatan s'entraîne, Zlatan est bon, Zlatan est responsable. Pas du tout. Mais là, on avait dépassé les bornes et je voulais que l'on s'intéresse davantage à mon jeu. Il y avait bien longtemps que personne n'avait noté quelque chose de positif à mon sujet.

Même la Coupe du Monde avait été une déception. J'en espérais beaucoup et, pendant un moment, j'ai même failli ne pas y aller du tout. Mais, à la dernière minute, Lagerbäck et Söderberg me convoquèrent. Je les aime bien tous les deux. Particulièrement Söderberg, la mascotte de l'équipe. Lors d'une séance d'entraînement dans la bonne humeur, je l'avais soulevé pour le serrer dans mes bras, et je lui brisai deux côtes. Il pouvait à peine marcher. Il était gentil. Je partageais la chambre avec Andreas Isaksson. Andreas était le troisième gardien alors, un mec bien, je présume. Mais quel maniaque ! Le premier soir, il se mit au lit à 21 heures. Allongé, je le veillai et, lorsque mon portable sonna, j'étais content. Enfin quelqu'un à qui parler ! Mais Andreas ronchonna et je raccrochai, je ne voulais pas le déranger. Je suis un gentil garçon, vraiment. Mais la nuit suivante, à la même heure, mon téléphone se remit à sonner et il était déjà en train de dormir ou faisait semblant.

« Mince, Zlatan… », il pesta et je craquai. Dormir à 21 heures ? « Si tu ouvres encore ta gueule, je vais balancer ton lit par la fenêtre. » Ça a marché. Nous étions au vingtième étage, et j'obtins ce que je voulais.

Le jour suivant, j'eus ma propre chambre, ce qui était super, mais d'un autre côté, je n'étais pas très performant. Nous étions dans le « groupe de la mort », comme on l'appelait, avec l'Angleterre, l'Argentine et le Nigéria. L'atmosphère était vraiment formidable, les stades très beaux et les pelouses parfaites. Je voulais me défoncer et jouer comme jamais. Mais j'étais considéré comme trop inexpérimenté. J'étais remplaçant mais cela ne m'empêcha pas d'être élu homme du match par les téléspectateurs qui votèrent par téléphone. C'est totalement dingue ! Je n'avais même pas enlevé mon survêtement mais j'étais le meilleur. La « fièvre Zlatan » était de retour et, en réalité, je ne jouerais que cinq minutes contre l'Argentine et un petit peu contre le Sénégal en huitième de finale, où je me procurai quelques occasions. Je regrettais que Lars et Tommy persistent à aligner le même onze de départ sans donner leur chance aux jeunes. Les choses étaient ce qu'elles étaient et, après ça, je retournai à Amsterdam.

J'avais un plan. Je ne voulais plus me soucier du qu'en dira-t-on, je voulais juste me concentrer sur ce que j'avais à faire. C'était mon objectif mais, dans un premier temps, ça ne servirait pas à grand-chose. Les choses recommencèrent comme elles s'étaient terminées, sur le banc. La concurrence pour les places en attaque était tout aussi féroce et je reçus mon lot de critiques, dont celles de Johan Cruyff qui déblatérait des saloperies sur moi, toujours prompt à donner son opinion sur ma technique.

D'autres événements se produisirent : Mido, mon ami, déclara publiquement vouloir être transféré. En vérité, ce n'est pas une très bonne tactique. Il n'est pas très diplomate ; il est un peu comme moi, en pire. Plus tard, quand il s'est retrouvé sur le banc contre Eindhoven, il rentra au vestiaire en nous traitant tous de pauvres cons. Une grosse engueulade éclata et les insultes fusèrent. Je lui répondis que s'il y avait un con ici, c'était bien lui. Il s'empara alors d'une paire de ciseaux qui traînait là, sur un banc, et me la lança au visage. Il est complètement givré. Les ciseaux me frôlèrent la tête et firent une entaille dans le mur de béton derrière moi. Évidemment, je me jetai immédiatement sur lui et le giflai. Dix minutes après nous partions bras dessus, bras dessous. Bien plus tard, j'appris que notre manager avait conservé les ciseaux en souvenir, un truc à montrer à ses enfants en racontant : Zlatan a failli prendre ça dans la figure.

Il n'y avait jamais eu entre moi et Mido de sautes d'humeur. Mais là, il avait un peu trop fait le malin. Koeman lui colla une sanction et le ficha au placard. Un autre gars prit sa place. Il s'appelait Rafael Van der Vaart, un Hollandais, un petit prétentieux, comme tous les Blancs de l'équipe, même si lui n'était pas BCBG. Il avait grandi dans une caravane et vécu comme un Gitan, comme il disait, et avait joué au football dans la rue avec des bouteilles de bière en guise de poteaux et il affirmait qu'il avait affuté ainsi sa technique. À l'âge de dix ans, il avait été recruté par le centre de formation de l'Ajax et il travailla dur – et, pour sûr, il était bon. L'année précédente il avait été élu jeune espoir européen de l'année ou quelque chose comme ça. Mais il essayait de faire le dur, de devenir un leader, de se faire remarquer et, dès le départ, nous étions en concurrence.

Il s'était blessé au genou et Mido était dans l'impossibilité de jouer, j'étais donc titularisé à domicile contre Lyon. Je débutai ainsi en Ligue des Champions – jusqu'ici je n'avais joué que les matchs qualificatifs. La Ligue des Champions a longtemps été mon rêve et la pression dans le stade était palpable. J'avais invité un tas de potes à qui j'avais obtenu des places derrière la ligne de but. Assez tôt dans la partie, j'ai reçu une balle de Jari Litmanen, le Finlandais. Je l'aimais bien.

Litmanen avait joué à Barcelone et à Liverpool et venait juste de nous rejoindre. Il est vite devenu pour moi une sorte de catalyseur. Beaucoup de joueurs à l'Ajax jouaient perso. Ils ne voulaient rien tant qu'être cédés à un club plus chic et on aurait dit que l'on était plus en compétition entre nous que contre l'équipe d'en face. Litmanen était un vrai meneur de jeu. Je pensais que c'était une bonne affaire et, là, il venait de me servir et je descendis le long de la ligne de touche pour me retrouver face à deux défenseurs, un juste devant moi, un autre sur ma droite. Je me suis souvent retrouvé dans des situations analogues et je m'en étais bien sorti plus d'une fois.

Cela me rappela le match contre Liverpool, lorsque je m'étais retrouvé face à Henchoz, sauf que là il y avait deux types et j'ai dribblé vers la gauche, des deux pieds, et les défenseurs étaient tous les deux sur moi. Ça avait l'air d'une impasse mais je repérai un espace entre les deux, un petit couloir, et, avant d'avoir le temps d'y réfléchir, je m'engouffrai pour me trouver face au but, je visai une autre ouverture et tirai, une frappe lente qui tapa le poteau extérieur avant d'entrer. Je devins complètement fou.

Ce n'était pas un simple but, mais un but magnifique. Je courus vers mes potes pour fêter ça avec eux et toute l'équipe me suivit, totalement déchaînée. Puis je marquai un autre but. C'était complètement dingue. Pour mes débuts en Ligue des Champions, je venais de mettre deux buts et on commença à dire que la Roma s'intéressait à moi, Tottenham aussi.

J'avais pris le bon pli et, normalement, quand les choses se passent bien dans le football, je n'ai aucun problème. Mais tout n'allait pas aussi bien dans ma vie personnelle. Je ne m'adaptais toujours pas. Je sentais comme un grand vide. Je rentrais en Suède vraiment souvent et je faisais souvent des bêtises tout en étant toujours en contact avec Helena, la plupart du temps par texto, sans vraiment savoir où tout cela nous mènerait. Était-ce juste une folie ou était-ce sérieux ?

En octobre, nous jouâmes un match de qualification pour l'Euro contre la Hongrie au Råsunda Stadium. C'était bon de revenir. Je n'avais pas oublié les chœurs de l'année précédente ; les choses ne se présentèrent pas bien et quelques journaux de Stockholm écrivirent que je n'étais qu'un crâneur tout juste bon à distribuer des coups de coude. C'était un match important. Si nous perdions, nos rêves de remporter le championnat d'Europe partaient en fumée et moi-même comme l'équipe nationale devions faire nos preuves. À peine quatre minutes après le début de la rencontre, la Hongrie marqua et, malgré toutes les occasions que nous avions eues, il semblait que rien ne fonctionnait. À la soixante-quatorzième minute, Mattias Jonson m'adressa un centre que je voulais reprendre de la tête. Le gardien s'éleva dans les airs vers moi, essayant de boxer la balle et je ne saurais même pas dire s'il l'avait touchée. Il m'est rentré dedans et tout devint noir. Je m'effondrai.

Je revins à moi après cinq ou dix secondes d'étourdissement, les joueurs étaient autour de moi en cercle et je ne comprenais rien. « Quoi ? Que se passe-t-il ? » Dans les tribunes, tout le monde criait et les gars avaient l'air contents et inquiets à la fois. Kim Källström me dit :

« Il y a but.

— Vraiment ? Qui a marqué ?

— Toi. D'un coup de tête. »

J'étais groggy et nauséeux et on me fit sortir sur une civière jusqu'au médecin de l'équipe. C'est alors que j'entendis les clameurs dans le stade : « Zlatan, Zlatan ! » Le stade entier chantait et je faisais un signe de la main aux spectateurs. J'étais vraiment comblé et toute l'équipe se réveilla. Le score en resta là, 1 à 1, alors que nous aurions dû gagner. Et pour une bonne raison. Kim Källström se vit refuser un pénalty évident par l'arbitre. Mais je ne me suis jamais senti aussi bien et mal à la fois. Peu de temps après je tombai vraiment malade, j'attrapai une terrible fièvre qui ne toucha que deux cent cinquante personnes en Suède. Un autre événement inattendu allait changer beaucoup de choses.

C'était le 23 décembre. J'étais chez ma mère. Je n'avais sans doute pas fait un brillant début de saison mais j'étais assez satisfait, malgré tout, j'avais marqué cinq buts en Ligue des Champions, plus que dans le championnat hollandais en vérité. Koeman m'avait dit : « Nous jouons aussi un championnat. » Mais c'est en quelque sorte la façon dont je fonctionne. Je suis toujours d'autant plus motivé que l'opposition est forte et, là, j'étais à la maison à Rosengård.

C'était la trêve jusqu'au début janvier où nous devions partir en stage au Caire et j'avais vraiment besoin de repos. Il y avait un monde fou chez ma mère et les gens gueulaient, faisaient du boucan et se disputaient. Je ne trouvais la tranquillité nulle part. Maman, Keki, Sanela et moi allions fêter Noël comme chez n'importe qui, un simple repas vers 16 heures avant d'ouvrir les cadeaux. Mais je n'avais pas envie d'être dérangé. J'avais la migraine et mal partout. Il fallait que je m'en aille et que je trouve un endroit au calme ou, au moins, quelqu'un à qui parler en dehors de ma famille. Restait à trouver la bonne personne.

Tout le monde était en famille, car Noël, c'est sacré. Peut-être Helena ? J'essayai. Je ne me faisais pas trop d'illusions. Elle travaillait tout le temps et elle était probablement en train de dîner chez ses parents à Lindesberg. Mais elle répondit. Elle était chez elle, dans sa maison de campagne. Elle me dit qu'elle n'aimait pas Noël.

« Je suis cassé.

— Pauvre petite chose !

— Je ne supporte plus ce cirque à la maison !

— Eh bien, viens me rejoindre. Je m'occuperai de toi. »

Pour être honnête, c'était quand même assez surprenant.

Jusque-là, la plupart du temps, nous prenions juste un café ou nous nous envoyions des SMS. Je n'avais jamais dormi chez elle mais, bien entendu, cela m'allait très bien. Je m'apprêtai donc à partir.

« Désolé, maman, il faut que j'y aille.

— Tu ne passes pas Noël avec nous ?

— Désolé. »

Quand je suis arrivé chez Helena, elle me mit au lit. Dans la campagne alentour tout était silencieux et paisible : exactement ce dont j'avais besoin. C'était vraiment bien et cela ne m'apparaissait pas du tout étrange d'être avec elle plutôt qu'avec ma famille. C'était naturel et excitant en même temps. Mais physiquement, je ne me sentais pas mieux.

J'étais lessivé et le lendemain il y avait le réveillon. J'avais promis à papa de passer le voir. Mon père ne fêtait pas Noël. Il s'asseyait comme d'habitude tout seul et faisait ses trucs dans son coin. Nous étions devenus très proches depuis sa visite au terrain numéro 1 à Malmö. Toutes ces histoires qui circulaient sur mon enfance auxquelles il ne prêtait pas attention avaient cessé et, de temps à autre, j'allais chez lui pour regarder mes matchs et, en partie pour lui faire honneur, j'avais fait changer le nom floqué sur mon maillot de l'Ajax : « Zlatan » était devenu « Ibrahimović ». Mais, à mon arrivée, il était saoul comme un cochon et il n'y avait rien à en tirer. Je rentrai directement chez Helena.

« Déjà de retour ?

— Je suis là. »

C'est à peu près tout ce que j'étais capable de dire. J'avais presque quarante et un degrés de fièvre. Je ne rigole pas. Je ne me suis jamais senti aussi mal en point de ma vie. J'étais paralysé par la fièvre. J'étais totalement à plat pendant trois jours et Helena devait me laver, m'essuyer le front, changer mes draps parce qu'ils étaient trempés de sueur et je délirais, je gémissais. Et cela déclencha quelque chose. Je ne sais pas. Jusque-là, j'étais en gros un frimeur de Yougo qui la draguait. Le type qui jouait au mafieux dans des voitures extravagantes et qui était si drôle, du moins je l'espérais, mais sans doute n'étais-je pas vraiment le gars qu'il lui fallait.

Là, j'étais à l'agonie, une épave, et elle aimait ça, dans un sens. Je devenais humain. Ma carapace se craquelait et quand je me sentis un peu mieux, elle alla louer des vidéos. C'est ainsi que pour la première fois je vis des flics suédois comme dans les enquêtes de l'inspecteur Beck, de Maj Sjöwall et Per Wahlöö, et ce fut comme une révélation. Waouh ! je ne savais pas que les Suédois pouvaient faire ce genre de trucs. Je devins immédiatement fan. Nous étions assis tous les deux, nous regardions un film après l'autre et je trouvais que c'était un très beau moment sans que pour autant nous soyons ensemble, pas du tout.

Durant cette période, elle allait et venait. Elle partait travailler et revenait s'occuper de moi et, certes, nous ne nous comprenions pas toujours tous les deux. Nous ne savions toujours pas ce que nous voulions et étions encore très différents, pas vraiment compatibles, tout ça... Or c'est là que tout a commencé, je pense. Je me sentais bien auprès d'elle et une fois que je fus revenu en Hollande, elle me manqua.

« Ne pourrais-tu pas venir ici ? » Elle le fit. Elle vint à Diemen. C'était gentil. Mais je ne peux pas dire qu'elle ait été impressionnée par ma maison mitoyenne. À partir de là, j'ai vraiment commencé à apprécier la vie là-bas et je faisais le nécessaire pour que le frigo soit plein.

Elle décréta qu'il fallait frotter les sols, que l'endroit était dans un état lamentable, que je n'avais guère plus de trois assiettes dépareillées, que les murs étaient un affreux mélange de violet, de jaune et d'abricot, que les tapis verts n'allaient avec rien et que tout était une catastrophe. Par ailleurs, ma garde-robe était pitoyable et comme je m'endormais avec mes jeux vidéo, il y avait des câbles et des saletés partout sur mon lit et rien n'était rangé. Je lui dis : « *Evil super bitch de luxe* » – « Evilsuperbitchdeluxe », sans respirer.

Après son départ, elle me manqua et je me mis à l'appeler et à lui envoyer des SMS plus fréquemment. Ça me calmait un peu. Mon vieux, cette fille avait la classe. Elle m'apprenait des trucs. Par exemple à quoi ressemblait un couteau à poisson et comment boire du vin ! À cette époque, je pensais qu'un verre de vin millésimé se descendait comme un verre de lait. Mais non ! Il fallait s'asseoir et le boire à petites gorgées. Je commençais à comprendre. Mais cela ne venait pas si facilement. Je continuais à aller à Malmö tout le temps et pas seulement pour lui faire des câlins.

Un jour, avec des potes, nous sommes allés chez Helena et avons fait des dérapages au frein à main sur son allée en graviers, ce qui l'a rendue folle. Elle hurlait qu'elle avait été joliment ratissée et que nous avions tout saccagé. Bien sûr, je me sentis coupable. Je devais rattraper le coup. Alors j'ai envoyé mon petit frère pour ratisser mais nous ne savions rien des râteaux et autres outils de ce genre, dans ma famille. Mon frangin ne fit pas vraiment un superbe boulot et elle me répétait que j'étais un parfait crétin mais, heureusement, nous finîmes par éclater de rire.

Je lui avais offert un ordinateur portable Sony Vaio. En ce temps-là, nous nous disputions quelques fois et, un jour, je décidai de le lui reprendre. Je donnai donc une nouvelle mission à Keki : aller chez elle et me le rapporter. Keki écoute ce qu'on lui dit, en tout cas la plupart du temps. Donc, il partit là-bas, et devinez quoi ? Helena rétorqua que nous pouvions aller nous faire cuire un œuf. Elle ne rendrait rien du tout. Puis, juste après, nous nous sommes rabibochés. Pourtant, c'était toujours la pagaille. D'abord, il y eut cette histoire de pétards. Je m'en étais procuré par un ami qui les fabriquait illégalement dans sa maison – c'étaient de tout petits paquets d'explosifs. Nous avions un pote qui tenait un stand de hot dogs à Malmö. Rien de grave, bien au contraire. Mais nous avons décidé de provoquer une petite pétarade chez lui, juste pour rire, et pour cela nous avions besoin d'un véhicule qui ne serait pas identifiable. Comme Helena avait plein de relations, je lui demandai :

« Tu peux me trouver une Jeep ? »

Bien sûr. Elle rapporta une Lexus. Elle avait dû imaginer que nous allions faire une balade ensemble. Or nous sommes allés au stand de hot dogs et nous avons balancé un paquet de pétards dans la boîte aux lettres qui sauta en l'air. La boîte gargouilla avant d'exploser en sept millions de morceaux et, cette même nuit, plus tard, nous avons appelé Keki. « Tu veux te marrer un bon coup ? »

Il n'en avait probablement pas envie mais nous sommes allés jusque chez sa copine, où ils étaient au lit, et nous avons jeté deux paquets de pétards dans son jardin. La détonation était énorme et une tonne de fumée s'éleva, des pans d'herbe volaient et, bien sûr, la fille se redressa, droite comme un piquet : « Qu'est-ce que c'est que ça ? » Et Keki fit l'innocent : « Qu'est-ce que ça peut bien être ? Comme c'est étrange et agaçant. » Bien sûr, il savait et, bon, vous comprenez que ce ne sont que des blagues de petits machos, le genre de truc dont j'avais toujours eu besoin. Mais, c'est vrai, c'est lors de mon passage à l'Ajax que je me suis le moins contrôlé. C'était avant que Mino Raiola et Fabio Capello ne m'obligent à me secouer.

Je me souviens du jour où j'achetai à mon grand frère ses meubles à IKEA. Je le laissai choisir ce qu'il voulait. J'avais commencé à aider ma famille depuis quelque temps déjà. J'avais acheté une maison mitoyenne pour ma mère à Svågertorp et aussi une voiture à mon père mais il était si dur et orgueilleux qu'il ne voulait rien accepter. Mais cette fois, à IKEA, j'avais emmené un pote avec moi et nous avions mis tous nos achats dans des Caddies. L'un des charriots avança un peu trop et passa au-delà de la caisse. Mon pote me le fit remarquer immédiatement – c'était un type intelligent –, et je continuai en avant. « Allons-y, allons-y, passons ! »

Nous nous sommes donc retrouvés avec un tas de trucs gratis. C'était l'adrénaline qui nous plaisait. Ça nous rappelait quand nous étions gamins dans le grand magasin. Mais les choses ne se finissent pas toujours aussi bien. Comme la fois avec la Lexus. Elle avait été repérée dans un endroit malfamé et avait été portée disparue, cela était très ennuyeux pour Helena. « Tu sais, cette voiture que tu as louée, elle a été mêlée à une explosion ! » À cause de moi, elle s'est retrouvée dans de beaux draps. Pardon, Helena. Puis il y eut la Porsche Cayenne.

Elle nous l'avait dégotée de la même façon. Mais après un petit accident sur la route de Båstad, nous l'avions garée sur le bas-côté, ce qui la rendit folle, je peux comprendre. La voiture avait été volée. Helena travaillait dur (en plus de son travail dans le marketing, elle avait un boulot dans un resto) pour payer sa maison de campagne et plein de jolies choses, des meubles, une moto, une chaîne stéréo. Elle avait trimé pour tout ça et cela a donc dû d'autant plus la blesser que quelqu'un entre par effraction chez elle pour lui voler son équipement Bang & Olufsen et un tas d'autres choses. Je comprends.

Helena était persuadée que je connaissais les coupables. Elle le croit toujours. Mais je n'en sais rien du tout. C'est la vérité. Bien sûr, les informations allaient bon train dans mon ancien cercle. Nous avions vent de tous les trucs louches qui se passaient. Une nuit, j'étais garé devant chez ma mère et des types ont piqué les pneus de ma Mercos CL. Je ne m'en aperçus que vers 5 heures du matin et, pour éviter la police et les journalistes, je décidai de rester où j'étais. Je menai ma petite enquête et ne tardai pas à découvrir qui avait fait le coup. Et, une semaine plus tard, mes pneus étaient de retour. Mais je n'ai jamais pu savoir qui avait cambriolé la maison d'Helena et, pour être honnête, quelquefois, je me demande comment elle arrivait à être si patiente avec moi. Elle se coltinait un fou à lier. Mais elle y arrivait, elle était forte, et je pense qu'elle devait aussi noter quelques progrès.

Avant, j'étais assez seul et je n'avais personne pour me ramener à la réalité, personne pour s'intéresser aux choses du quotidien qui m'ennuyaient. Mais, maintenant, j'avais un cadre et un objectif. Helena venait plus souvent aux Pays-Bas et nous commencions presque à former une famille, surtout depuis qu'elle avait acheté ce petit carlin appelé Hoffa que nous nourrissions en Italie avec de la pizza et de la mozzarelle.

Mais, avant d'en arriver là, il s'était passé beaucoup de choses. Ma carrière allait décoller et je tenais ma revanche.

10

Marco Van Basten était très présent dans ma vie. J'avais hérité de son numéro, de son maillot, et j'étais censé lui ressembler sur le terrain. Certes, c'était flatteur. Mais je commençais à en avoir marre. Je ne voulais pas être le nouveau Van Basten. J'étais Zlatan et personne d'autre. Ça me faisait hurler : « Oh non, vous n'allez pas recommencer, j'en ai assez entendu sur lui ! » Pourtant, quand il vint me voir, c'était vraiment très cool. Waouh ! C'est à moi que tu parles ?

Van Basten est une légende, un des plus grands buteurs de l'histoire, je ne le place peut-être pas dans la même catégorie que Ronaldo mais il avait quand même marqué quelque deux cents buts et avait totalement dominé à Milan. Voilà juste dix ans qu'il avait été élu meilleur joueur du monde par la FIFA et il venait à peine de terminer une formation d'entraîneur fédéral et allait être nommé entraîneur adjoint de l'équipe espoir de l'Ajax. Il faisait ses premiers pas dans ce registre. C'est la raison pour laquelle il se trouvait parmi nous lors de nos séances d'entraînement.

À côté de lui, j'étais comme un gosse. Du moins au début. Mais j'avais l'habitude. Nous nous parlions presque tous les jours et nous avons passé de bons moments ensemble. Avant chaque match, il me motivait. On discutait, on faisait des paris et on plaisantait.

« Combien de buts tu vas mettre cette fois ? Je dirais, un.

— Un ? Tu rigoles ? J'en mettrai au moins deux.

— Tu paries combien ? »

Nous continuions sur ce ton et il me donnait beaucoup de conseils, c'était vraiment un type sympa. Il faisait les choses à sa façon et se fichait complètement de ce que le patron disait. Il était tout à fait indépendant. J'avais été critiqué parce que je ne me repliais pas assez en défense ou simplement parce que je ne bougeais pas de ma place quand l'équipe adverse attaquait. Évidemment, je réfléchissais à tout ça et je me demandais ce que je devais faire. J'interrogeai Van Basten.

« N'écoute pas les entraîneurs !

— Mais alors quoi ?

— Ne gâche pas ton énergie à défendre. Tu dois utiliser ton énergie en attaque. Tu es plus utile à l'équipe en marquant des buts qu'en te fatiguant à l'arrière. »

Je m'appropriai sa formule : pour marquer des buts, il faut économiser son énergie.

Alors que nous allions partir en stage au Portugal, Beenhakker démissionna de son poste de directeur sportif et fut remplacé par Louis Van Gaal. Van Gaal était un casse-pied. Il était un peu comme Co Andriaanse. Il voulait jouer les dictateurs sans posséder cette étincelle dans les yeux. En tant que joueur, il n'a jamais percé mais, en tant que manager, il était vénéré aux Pays-Bas parce qu'il avait remporté la Ligue des Champions avec l'Ajax et il avait été pour cette raison décoré par le gouvernement.

Van Gaal adorait parler de systèmes de jeu. Il était l'un de ceux dans le club pour qui les joueurs n'étaient que des numéros. Il nous saoulait avec ses « le cinq se positionne là et le six ici ». J'étais content de pouvoir l'éviter. Mais, au Portugal, je ne pus y échapper. J'ai dû aller à une réunion avec Van Gaal et Koeman pour discuter de ce que je devais faire pendant la première partie de la saison. On aurait dit qu'ils passaient en revue mes performances, qu'ils les notaient, le genre de truc qu'ils adorent à l'Ajax. J'entrai dans le bureau et je m'assis en face d'eux. Koeman souriait. Van Gaal avait l'air renfrogné.

« Zlatan, commença Koeman, tu as été très bon mais nous ne te donnons qu'un huit sur dix parce que tu ne travailles pas assez avec les arrières.

— O.K., d'accord, très bien. »

Je voulais me barrer. J'aimais bien Koeman mais je ne supportais pas Van Gaal et je me disais, super, huit, ça me va. Est-ce que vous pouvez me lâcher maintenant ?

« Est-ce que tu sais comment jouer en défense ? » Van Gaal allait mettre son grain de sel et je pouvais voir que Koeman était lui aussi ennuyé. Je répondis : « J'espère bien. »

Alors Van Gaal crut bon de m'expliquer et, croyez-moi, j'avais déjà tout entendu auparavant. C'était toujours le même refrain sur le numéro neuf (moi, en l'occurrence) qui défend à droite tandis que le numéro dix s'en va sur la gauche et vice versa et il gribouilla un paquet de flèches et conclut sèchement : « Tu comprends ça ? Est-ce que tu saisis ? » Et je le pris comme une attaque personnelle.

« Tu peux réveiller tous les joueurs que tu veux à 3 heures du matin et leur demander comment défendre, ils vont te le réciter sans se réveiller, le neuf va là, le dix ici. Nous connaissons ce truc et nous savons tous que tu as fait carrière avec ça. Mais je me suis entraîné avec Van Basten et il ne voit pas les choses de la même façon.

— Pardon ?

— Van Basten dit que le numéro neuf devrait économiser ses forces pour attaquer et marquer et, pour dire la vérité, je ne sais plus qui je devrais écouter : Van Basten, qui est une légende, ou Van Gaal ? »

En prononçant son nom j'avais articulé avec une certaine emphase pour bien lui faire comprendre qu'il était quelqu'un de totalement insignifiant. Et devinez quoi ? Vous imaginez sa tête ?

« Dois-je écouter une légende ou un Van Gaal ? fulmina-t-il.

— Je dois y aller maintenant », conclus-je avant de sortir.

La rumeur que la Roma était sur ma piste s'amplifiait et le manager de l'équipe, Fabio Capello, était apparemment un vrai dur. Il n'avait aucun scrupule quand il s'agissait de casser les pieds des stars, de les envoyer sur le banc. Capello avait été l'entraîneur de Van Basten au Milan dans ses grandes années et c'est lui qui le fit progresser jusqu'à un niveau qu'il n'avait jamais atteint. Bien sûr, j'en parlai à Van Basten :

« Qu'en penses-tu ? Est-ce que la Roma va marcher ? Crois-tu que je serais à la hauteur ?

— Reste à l'Ajax, tu dois progresser encore en tant que buteur avant d'aller en Italie.

— Pourquoi donc ?

— C'est beaucoup plus dur là-bas. Ici tu as peut-être cinq, six occasions de but par match tandis qu'en Italie tu en auras seulement une ou deux, ce qui t'obligera à les exploiter au maximum. »

Dans un sens, j'étais d'accord avec lui.

Mais les choses n'allaient pas mieux. Je ne marquais pas assez de buts et j'avais énormément à apprendre. Je devais être plus efficace dans la surface de réparation. Néanmoins, depuis le tout début, j'avais toujours rêvé de jouer en Italie et j'étais persuadé que mon style de jeu pourrait convenir. Ce qui fit que j'en parlais à mon agent, Anders Carlsson. « Quoi de neuf ? Qu'cst-ce que tu as pour moi ? »

Sans aucun doute, Anders faisait bien son boulot. Il allait prendre la température dans les clubs, y retournait plusieurs fois, mais que me rapporta-t-il ?

« Southampton est intéressé.

— Qu'est-ce que c'est que ces conneries ? Southampton ! C'est mon niveau, ça ? »

Southampton, tu parles !

À peu près à cette même époque, je me suis acheté une Porsche Turbo. Elle était géniale, mortelle même. J'avais l'impression d'être dans un kart. Je conduisais comme un dément. Nous l'avions prise avec un ami pour aller à Småland, dans le sud-est de la Suède, près de Växjö, et j'enfonçai l'accélérateur. Je la poussai à deux cent cinquante kilomètres heure. Ce qui n'avait rien d'extraordinaire. Mais, en ralentissant, j'entendis les sirènes de police.

Les flics nous filaient le train et j'ai réfléchi. O.K., concentre-toi, qu'est-ce que tu fais ? Je ne peux pas m'arrêter et leur dire : « Désolé, voilà mon permis. » Et puis, allez ! Vous voyez les gros titres ? Est-ce que j'avais vraiment envie de revoir mon nom cité dans les journaux ? Ma carrière n'avait pas besoin d'une polémique à propos de « Zlatan, le fou du volant ». Pas vraiment. Je regardais derrière moi. Nous roulions sur une route encombrée et il y avait à peu près quatre véhicules entre la police et nous. Ils n'y arriveraient pas, ils étaient bloqués, et j'avais une plaque néerlandaise. Ils n'avaient aucune chance de me retrouver. Après avoir tourné sur une route plus large, j'ai passé la seconde et j'ai accéléré. Pied au plancher, je suis monté jusqu'à trois cents kilomètres heure et si j'entendais encore les sirènes siffler, elles se faisaient plus distantes. La voiture de police disparut au loin. Et quand nous ne l'avons plus eue dans les rétroviseurs, nous nous sommes planqués dans un souterrain et nous avons attendu. On aurait dit un film et nous sommes parvenus à prendre la fuite.

En voiture, il y eut de nombreux épisodes comme celui-ci et je me souviens qu'une fois mon agent, Anders Carlsson, était avec moi. Il voulait que je le dépose à son hôtel puis à l'aéroport. À la sortie d'un virage, nous étions surpris par un feu rouge. Mais je n'en avais cure, pas avec cette voiture. Je l'ai grillé et il me fit une remarque.

« Je crois que c'était un feu rouge.

— Ah bon ? J'ai dû le louper. »

Puis, une fois dans le centre-ville, j'en ai rajouté, à droite, à gauche.

J'appuyais franchement sur l'accélérateur et, à l'évidence, il avait des sueurs froides. Quand nous sommes arrivés à l'hôtel, il ouvrit la portière et sortit sans dire un mot. Le lendemain il m'appela, hors de lui : « Bon sang, j'ai passé le pire moment de ma vie. » Je fis semblant de ne pas comprendre.

— Quoi ?

— Ce trajet. »

Anders Carlsson n'était pas le type qu'il me fallait. Cela m'apparaissait de plus en plus évident. Je ne correspondais pas à un agent qui respectait les règles et les feux rouges. Par chance, Anders venait juste de quitter IMG et s'était installé à son compte et, donc, il aurait dû me faire signer un nouveau contrat. Mais comme je ne l'avais pas encore fait, j'étais un homme libre. Cela dit, qu'est-ce que j'allais faire de cette liberté ? Je n'en avais aucune idée et durant cette période, il n'y avait pas grand monde autour de moi à qui parler de football.

J'avais Maxwell, bien sûr, et quelques autres équipiers, mais pas vraiment en fait. Nous étions tellement en concurrence à tous les niveaux que je ne savais pas à qui me fier, surtout quand nous parlions d'argent et de transferts. Il n'y avait pas un seul joueur de l'équipe qui ne désirait partir dans un plus grand club et je sentais qu'il me fallait quelqu'un de l'extérieur. Je pensais à Thijs.

Thijs Slegers était journaliste. Il m'avait interviewé pour *Voetbal International* et je l'avais bien aimé tout de suite. Après cette interview, nous avions discuté au téléphone. Il devint un peu mon informateur et, déjà à cette époque, il se faisait une idée assez juste de mon personnage. Il savait le genre de personnes que j'appréciais. Je composai son numéro et lui expliquai la situation.

« J'ai besoin d'un nouvel agent. Tu verrais qui pour moi ?

— Laisse-moi le temps d'y penser. »

Thijs est sympa. Bien sûr, je lui laisserais le temps d'y réfléchir, je ne voulais pas me précipiter.

« Écoute, me dit-il un peu plus tard, je vois deux agents. L'un est la société qui travaille pour Beckham. Elle a la réputation d'être redoutable et, sinon, un autre type. Mais, bon…

— Bon quoi ?

— C'est un mafieux.

— Mafieux, ça me plaît.

— Je m'en doutais.

— Super. Arrange-moi un rendez-vous ! »

Le type n'était pas vraiment un mafieux. Il en avait juste l'air et se comportait tout comme. Son nom était Mino Raiola et, en fait, j'avais déjà entendu parler de lui. Il était l'agent de Maxwell et avait essayé de rentrer en contact avec moi par son intermédiaire quelques mois auparavant. C'est sa manière de procéder. Mino passe toujours par des intermédiaires. Il dit toujours : « Si tu approches toi-même les joueurs, tu n'as pas l'avantage. On a l'air de mendier. » Sa tactique n'avait pas trop marché avec moi. J'avais fait l'arrogant et répondu à Maxwell :

« S'il a quelque chose de précis à me proposer, il peut se manifester, sinon, je ne suis pas intéressé. » Mais Mino fit juste passer ce message en retour : « Dis à ce Zlatan d'aller se faire voir. » Bien qu'il m'ait envoyé paître à l'époque, ça me rendait curieux, maintenant que j'en savais un peu plus sur lui. J'avais grandi en m'exprimant de la sorte, « va te faire voir », etc. Je me sens à l'aise avec ce langage des cités HLM et je soupçonnais Mino d'être du même milieu que moi. Pour nous, ça n'a jamais été du tout cuit. Mino est né dans le sud de l'Italie, dans la province de Salerne. Il avait à peine un an quand sa famille déménagea en Hollande pour ouvrir une pizzeria dans la ville de Haarlem. Mino devait laver la vaisselle et filer un coup de main en salle quand il était gamin. Mais il a fait son chemin. Il s'est mis à gérer les comptes du restaurant.

Dès l'adolescence, il s'est pris en main. Il s'intéressait à des milliers de choses ; il a étudié le droit, fait des affaires, et appris différentes langues. Il aimait aussi le football et il avait toujours voulu devenir agent. Aux Pays-Bas il existait un système vraiment débile où les joueurs devaient être vendus à un prix en fonction de leur âge et de tout un tas de statistiques. Il se battit contre ça. Il défia la Fédération hollandaise de football et ne débuta pas sa carrière avec du menu fretin. Dès 1993, il vendit Bergkamp à l'Inter et, en 2001, il négocia le transfert de Nedvěd à la Juventus pour quarante et un millions d'euros.

Pourtant, Mino n'était pas si balèze que ça, pas encore, mais en pleine ascension, n'avait peur de rien, il fourbissait ses armes et cela me plaisait. Je ne voulais plus d'un gentil garçon. Je voulais être transféré, signer un bon contrat et je décidai donc d'impressionner ce Mino. Le jour de notre premier rendez-vous organisé par Thijs à l'hôtel Okura d'Amsterdam, je portais mon blouson en cuir Gucci. Je n'avais pas l'intention de passer pour un crétin en survêtement qui allait encore se faire niquer. Je passai ma montre en or, montai dans ma Porsche que je garai juste devant la porte pour ne pas qu'il me rate. C'était genre, attention, me voilà, et j'entrai dans l'hôtel – et quel hôtel ! Situé sur le bord du canal de l'Amstel, il est incroyablement élégant et luxueux. On y est, il faut que je la joue tranquille, je me disais. Et je me dirigeai vers le restaurant de sushis. Une table était réservée et j'ignorais à quel genre de personnage j'allais avoir affaire, sans doute une espèce de mec tiré à quatre épingles avec une montre en or plus grosse que la mienne. Mais qui était ce mec qui s'avançait ? Un type en jean avec un tee-shirt Nike et un de ces ventres ! Comme un des personnages des *Soprano*.

Cet énergumène était un agent ? Et quand nous avons passé la commande, que pensez-vous qu'on nous servit ? Quelques sushis avec de l'avocat et des crevettes ? Nous avons eu droit à un énorme assortiment, assez pour nourrir cinq personnes, et il commença à bâfrer. Puis il se mit à parler, il était très précis et direct. Il ne déblatérait pas d'âneries mielleuses et je sus immédiatement que ça allait coller. Je veux travailler avec ce type, pensai-je. Nous fonctionnions de la même façon. J'étais prêt à lui taper dans la main pour faire affaire.

Mais vous savez ce que fit ce crétin de prétentieux ? Il imprima vingt-quatre pages de feuilles A4 sur lesquelles il y avait tout un paquet de noms avec des chiffres : Christian Vieiri, 27 matchs, 24 buts. Filippo Inzaghi, 25 matchs, 20 buts. David Trézéguet, 24 matchs, 20 buts. Et, enfin, Zlatan Ibrahimović, 25 matchs, 5 buts.

« Crois-tu que je vais pouvoir te vendre avec des statistiques comme ça ? » Que voulait-il dire, m'agressait-il ?

Je le remis à sa place : « Si j'avais marqué vingt buts, même ma mère aurait pu me vendre. » Il se tut. Il avait envie de rire, je le sais aujourd'hui. Mais il continua son petit jeu. Il ne voulait pas perdre la main.

« Tu as raison mais tu… » Quoi maintenant ? Je pressentais qu'il allait encore me rentrer dedans.

« Tu te crois vraiment cool ? Hein ?

— De quoi parles-tu ?

— Tu penses que tu vas m'impressionner avec ta montre en or, ton blouson, ta Porsche. Pas du tout. Mais alors pas du tout. Je pense juste que tu es ridicule.

— Bien, bien !

— Tu veux devenir le meilleur du monde ? Ou gagner un maximum de fric pour te balader dans cet accoutrement ?

— Le meilleur du monde.

— Bien ! Parce que si tu deviens le meilleur du monde, tu pourras aussi avoir le reste. Mais si tu cours juste après l'argent, tu n'arriveras à rien. Tu piges ?

— Je vois.

— Pense à tout ça et donne-moi ta réponse. »

Nous en restâmes là. Je quittai les lieux en songeant, O.K., je vais y réfléchir. Je peux la jouer peinard et le laisser poireauter un peu. À peine monté dans la voiture, je me sentis nerveux. Je l'appelai.

« Écoute, je ne veux pas attendre, je veux travailler avec toi dès maintenant. » Il observa un silence. Puis il répondit :

« D'accord. Mais si tu bosses avec moi tu feras tout ce que je te dis.

— Ça marche, absolument.

— Tu vas vendre tes voitures. Tu vas vendre tes montres et commencer par t'entraîner trois fois plus qu'auparavant. Parce que tes stats sont nullissimes. »

« Tes stats sont nullissimes » ! J'ai dû lui répondre qu'il aille au diable. Vendre mes voitures ? Quel rapport ? Il allait trop loin, sans aucun doute. Pourtant, il avait raison. N'est-ce pas ? Je lui donnai ma Porsche Turbo. Pas pour faire le gentil garçon mais c'était pour mon bien. Pour être honnête, il n'était pas plus mal que je me sépare de cette voiture, je ne réussirais qu'à me tuer. Mais les choses n'en restèrent pas là.

Je me suis mis à rouler avec une petite Fiat Stilo déglinguée du club et je me suis débarrassé de mes montres. À la place, je portais un affreux bracelet Nike et je me baladais de nouveau en survêtement.

À partir de là, les choses allaient se corser car je m'entraînais en insistant sur mes points faibles. Je me défonçais et il était frappant de constater que mes efforts portaient leurs fruits. J'étais content de voir que je pouvais faire tout cela. Mais ce n'était pas la bonne méthode.

Il est vrai que je n'avais pas marqué assez de buts et été trop paresseux. Je n'étais pas assez motivé. Je comprenais cela d'autant mieux que je donnais tout ce que j'avais à l'entraînement et en match. Mais il n'en restait pas moins qu'il n'est pas facile de changer du jour au lendemain. Si on fait le maximum, personne ne vous casse plus les pieds. Heureusement, je n'avais plus aucune possibilité de lever le pied. Mino me menait à la baguette.

« Tu aimes quand les gens te disent que tu es le meilleur, non ?

— Ouais, peut-être bien.

— Sauf que ce n'est pas vrai. Tu n'es pas le meilleur. Tu ne vaux rien. Tu n'es rien. Il faut que tu travailles encore plus dur.

— C'est toi qui es nul. Tout ce que tu fais, c'est de me gueuler dessus. C'est toi qui devrais t'entraîner.

— Va te faire voir.

— Vas-y toi-même. »

Nos rapports étaient souvent agressifs, du moins en apparence. Mais c'est ainsi que nous avions été élevés et, bien sûr, je comprenais très bien cette façon de faire. « Tu ne vaux rien », tout ça, c'était juste sa manière d'obtenir des changements d'habitudes chez moi et je pense qu'il y est vraiment arrivé. Je commençai à me répéter moi-même ce genre de choses.

« Tu n'es rien, Zlatan. Tu es nul. Tu n'es même pas arrivé à la moitié de ce que tu crois être ton niveau ! Il faut que tu bosses plus. »

Je me suis secoué et j'ai acquis un peu plus de cette mentalité du champion. Il n'était plus question pour l'entraîneur de me renvoyer à la maison. Je mettais tout ce que j'avais dans n'importe quelle situation et je voulais gagner le moindre petit match ou compétition, et cela, même pendant les entraînements, bien que je ressente alors des douleurs à l'aine gauche. Mais je m'en fichais. Je tenais le coup. Je n'avais pas l'intention d'abandonner.

Le mal empirait mais je me fichais aussi de cela. Je serrais les dents. Plusieurs autres joueurs étaient également blessés dans l'équipe. Comme je ne voulais plus causer de problèmes à l'entraîneur, je jouais souvent sous antidouleurs. J'essayais de ne pas y prêter attention. Mais Mino s'en aperçut. Il voulait que je travaille dur, pas que je me détruise.

« Ça ne va pas mon pote. Tu ne peux pas jouer en étant blessé.

Je me mis alors à m'en occuper sérieusement en allant voir un spécialiste avec qui il était décidé que je devrais subir une opération.

À l'hôpital universitaire de Rotterdam ils me posèrent une prothèse sur l'aine gauche, puis il fallut que je reprenne des forces à la piscine du club. Ça ne me faisait pas rire. Mino avait dit au kiné que je me la coulais douce.

« Ce type s'est baladé jusque-là, il s'est bien amusé. Maintenant, il doit être capable de se battre et il doit en baver ! Vas-y, tu peux y aller à fond. »

Je devais porter un satané cardiomètre et une sorte de gilet de sauvetage, comme un corset, qui me maintenait droit pour courir dans l'eau jusqu'à ce que j'atteigne le maximum de mes possibilités, jusqu'à vomir mes tripes. Je m'effondrais sur le bord de la piscine. Il fallait juste que je me repose. Je ne pouvais plus bouger. J'étais totalement épuisé. Une fois, dans cet état, j'eus très envie de pisser mais jamais je n'aurais pu arriver jusqu'aux toilettes. Alors, comme il y avait un trou près de la piscine, j'ai pissé dedans. Qu'aurais-je pu faire d'autre ? J'étais lessivé.

À l'Ajax, il y a une règle disciplinaire : nous n'étions pas autorisés à sortir pour manger tant qu'ils n'avaient pas dit : « Rompez ! » et généralement, je me cassais dès la première syllabe. J'ai toujours eu un appétit d'ogre. Mais, là, je pouvais à peine relever la tête. Peu importait le nombre de fois qu'ils hurlaient, je restai affalé comme une épave sur le bord du bassin.

Je poursuivis ce régime pendant deux semaines et, étrangement, il se révéla que ce n'était pas qu'un simple travail de brute.

Il y avait quelque chose d'agréable dans la douleur. J'éprouvais du plaisir à puiser dans mes dernières ressources et je commençais à comprendre ce que « travailler dur » signifiait. Il y avait bien longtemps que je ne m'étais pas senti aussi fort, j'entrai dans une nouvelle phase. De retour sur le terrain après ce stage de kiné, je donnai tout ce que j'avais et commençai à contrôler la situation.

J'avais gagné en confiance et des posters commençaient à fleurir : « Zlatan, le fils de Dieu », ce genre de trucs. On scandait mon nom. Je n'avais jamais été aussi bon et, certes, c'était génial. Mais comme d'habitude, dès que quelqu'un brille, les autres sont jaloux. Il y avait déjà quelques tensions dans l'équipe, particulièrement parmi les jeunes joueurs qui voulaient tous se faire remarquer pour être vendus à de grands clubs. J'imagine aisément que Rafael Van der Vaart était un de ceux qui ne se réjouissaient pas de cette évolution.

À cette époque, Rafael était sans doute l'un des joueurs les plus populaires du pays. Il était certainement le chouchou de cette frange de supporters qui n'apprécient guère les étrangers dans leur équipe. Et Ronald Koeman en avait fait son capitaine même s'il n'avait même pas vingt et un ans. Je suis sûr que sa fierté en avait pris un coup, d'autant qu'il était également la principale proie de la presse à sensation. Il s'était entiché d'une nana célèbre et sans doute ne lui était-il pas facile d'affronter ma nouvelle réussite sur le terrain dans un tel contexte. Je savais que Rafael se prenait pour une grande star et il ne voulait pas de rival. Je ne sais pas. Il était aussi très impatient d'être transféré, comme nous tous. Il aurait fait n'importe quoi pour être le premier, je crois. Mais, c'est vrai, je ne le connaissais pas et, bon, je m'en fichais.

Nous étions au début de l'été 2004 et la guerre entre nous ne s'est véritablement déclarée qu'en août. En mai et juin, ça allait encore. Nous avions de nouveau assuré le titre national et Maxwell, mon pote, avait été élu meilleur joueur du championnat, j'étais heureux pour lui. S'il y a bien quelqu'un à qui je n'ai rien à reprocher, c'est lui. Je me souviens que nous étions allés à Haarlem pour manger dans la pizzeria où Mino avait grandi et où je me mis à discuter avec sa sœur. Une chose semblait la tracasser plus que tout. Il s'agissait de son père. « Papa roule dans le quartier avec une Porsche Turbo. C'est un peu bizarre. Ce n'est pas vraiment le genre de voiture qu'il conduisait dans le temps. Est-ce que ça a un rapport avec toi ?

— Ton père… »

Ma Porsche me manquait mais je vis alors qu'elle était entre de bonnes mains et, cet été-là, je voulais vraiment éviter les folies et me concentrer juste sur le football. Le championnat d'Europe au Portugal approchait. C'était ma première grande compétition internationale et pour la première fois j'étais membre à part entière de l'équipe suédoise. Je me souviens du coup de fil d'Henrik Larsson, *alias* Henke. Henke était pour moi un modèle. Il était en fin de contrat avec le Celtic. Il allait être vendu à Barcelone à la rentrée et juste après notre défaite contre le Sénégal lors de la Coupe du Monde, il avait déclaré qu'il ne jouerait plus en équipe nationale. « Je veux m'occuper de ma famille. » De la part d'un type comme ça, il n'y avait rien à redire.

Mais il faisait grandement défaut. Nous allions jouer dans le même groupe que l'Italie et nous avions besoin de compter sur nos meilleurs joueurs. Je suppose que pas mal de gens avaient fait une croix sur son éventuel retour. Mais, lorsqu'il me confia qu'il regrettait sa décision et qu'il voulait revenir, cela me ragaillardit.

Désormais, en attaque, ce serait lui et moi. Nous serions plus forts et je sentais chaque jour un peu plus la pression monter. La rumeur courait que, pour moi, le moment arrivait de percer au niveau international. Tout le monde allait m'observer, les superviseurs et les entraîneurs étrangers. Quelques jours avant notre départ pour l'Euro, les supporters et les journalistes grouillaient autour de moi et, dans ces situations, c'était agréable d'avoir Henke. Il a lui-même été mêlé à quelques histoires qui ont fait du bruit mais l'agitation autour de moi avait quelque chose de malsain et je n'oublierai jamais comment il répondit au conseil que je lui demandai.

« Bon sang, tout de même, Henke, que puis-je y faire ? Si quelqu'un doit le savoir, c'est toi. Comment dois-je faire avec tout ça ?

— Désolé, Zlatan, tu es un grand garçon maintenant. Aucun joueur suédois jusqu'ici n'a déclenché un tel cirque autour de lui ! »

Un jour, un journaliste norvégien s'est pointé avec une orange. On causait de ces satanées oranges depuis que John Carew (qui jouait à Valence, dont la couleur dominante est l'orange) avait critiqué mon style de jeu et je lui avais répondu : « Ce que fait John Carew avec un ballon de foot, je le fais avec une orange. » Ce journaliste voulait que je prouve ce que je pouvais faire avec le fruit.

Pourquoi ferais-je de la pub à ce mec ? Pourquoi devrais-je exécuter ce petit tour ?

« Tu peux garder ton orange, la peler et la manger. Ça te filera des vitamines. » Et, bien sûr, les médias exploitèrent la phrase, soulignant tout ce qu'elle a de vaniteux et de présomptueux et ça jacassait à propos de mes rapports tendus avec les médias.

Mais était-ce si étrange ?

11

Personne n'était au courant pour Helena et moi, même pas sa mère. Il nous fallut faire quelques efforts pour garder notre secret. Le moindre de mes gestes faisait les gros titres et nous ne tenions pas à ce que les journalistes se mettent à fouiller dans notre vie privée avant même de savoir nous-mêmes où nous allions.

Nous faisions tout ce que nous pouvions pour les empêcher de nous pister et, au début, nous avions l'avantage d'être dissemblables. Personne n'aurait cru que je pouvais être avec quelqu'un comme elle, une femme active de onze ans de plus que moi. Si l'on nous reconnaissait à tel endroit, comme dans un hôtel, ou ailleurs, personne n'aurait fait le rapprochement et c'était heureux. Cela nous a bien aidés. Mais toutes ces manœuvres ont un prix.

Helena perdit peu à peu tous ses amis, elle se sentait isolée et seule, ce qui faisait que j'en voulais encore plus aux médias. L'année précédente, la Suède jouait à Göteborg contre Saint-Marin. À ce moment-là, l'ambiance se détendait à l'Ajax et j'étais plutôt de bonne humeur, je m'exprimais assez librement, comme dans le temps, avec les journalistes et même avec l'un d'entre eux qui travaillait pour le tabloïd *Aftonbladet*. Je n'avais rien oublié de ce qu'avait fait ce journal lors de l'épisode du Spy Bar mais je ne voulais pas nourrir de rancune et, donc, je discutais de tout et de rien jusqu'à dire que je pensais fonder une famille un de ces jours, ce qui n'a rien d'extraordinaire, vraiment pas. On bavardait de façon informelle, genre, « ce serait sympa d'avoir des enfants un peu plus tard ». Mais devinez ce que ce journaliste écrivit ?

Son article était tourné comme une petite annonce : « Qui veut gagner la Ligue des Champions avec moi ? Sportif, 21 ans, 1 m 95, 84 kg, brun, yeux marron, recherche femme d'âge équivalent pour relation sérieuse. » Pensez-vous que cela m'ait fait plaisir ? J'étais outré. Un peu de respect, non ? Une petite annonce ! J'avais envie d'allumer ce canard, mais quand nous nous sommes croisés le lendemain dans le tunnel sombre du stade qui mène à la pelouse, ce n'était pas le moment le plus approprié.

Si j'avais bien compris, le journal avait déjà eu vent que cela m'avait mis en rage. Je pense qu'un membre de l'équipe nationale les avait prévenus et le voilà maintenant qui voulait s'excuser et retourner au boulot comme si de rien n'était. Il y avait déjà pas mal de fric à se faire sur mon dos à cette époque. Mais, croyez-moi, je n'en voyais pas la couleur et je suppose que j'aurais dû m'estimer heureux de parvenir à me maîtriser. Je me suis contenté de lui glisser : « Quel genre de clown es-tu ? Qu'est-ce que t'essaies de dire, crétin ? Que j'ai des problèmes avec les femmes ou quelque chose comme ça ?

— Je suis désolé, je voulais juste... »

Il bafouillait. Il n'arrivait pas à finir une phrase de façon cohérente.

Avant de partir, je lui hurlai : « Plus jamais je ne t'adresse la parole. » Franchement, je pensais lui avoir fait peur ou du moins avoir obtenu qu'il me traite avec un peu plus de respect à l'avenir dans son journal. Mais ce fut pire. Nous avions remporté le match 5 à 0 et j'avais marqué deux buts. Devinez le titre de l'*Aftonbladet* le lendemain matin ? « Allez la Suède » ? Vous n'y êtes pas. Sur le championnat d'Europe ? Toujours pas ! Ils écrivirent : « Honte à toi, Zlatan ! » et ce n'était pas parce que j'avais baissé mon froc ou pourri l'arbitre.

J'avais tiré et marqué un pénalty. Le score était de 4 à 0 et j'étais victime d'une faute dans la surface. Certes, Lars Lagerbäck avait sa liste des tireurs de pénaltys en haut de laquelle trônait Kim Källström qui venait de marquer un but, mais j'ai pensé que le pénalty me revenait de fait. J'étais en forme, j'étais prêt, et quand Kim s'est avancé vers moi, j'ai mis le ballon dans mon dos, genre, ne me prends pas mon jouet, et il me fit signe de la main de le lui rendre. Au lieu de quoi j'ai tapé dans sa main comme si nous étions d'accord, avant de placer la balle sur le point de pénalty et de tirer. Rien de plus. Ce n'est pas la chose la plus maligne que j'aie faite dans ma carrière et je m'en suis excusé après le match mais, bon, n'exagérons pas, ce n'était pas la guerre des Balkans. Ce n'était pas une émeute de quartier. Ce n'était qu'un but dans un match de football. Quand bien même, l'*Aftonbladet* y consacra six pages et je ne comprenais pas pourquoi. Mais, bon sang, qu'est-ce qu'ils veulent ? Publier des petites annonces et des titres comme « Honte à toi, Zlatan », quand nous gagnons 5 à 0 ?

À la conférence de presse, le lendemain, je déclarai que si quelqu'un devait avoir honte, c'était bien l'*Aftonbladet*.

Après quoi je boycottai ce journal et nos relations ne s'améliorèrent pas durant le Championnat d'Europe au Portugal. Mais, en continuant la guerre, je courais un risque. Si je ne leur parlais pas, ils n'auraient rien à perdre, et la dernière chose que je voulais était qu'ils sortent l'histoire entre Helena et moi. Ce serait une catastrophe alors que nous étions à la fin de notre préparation, il fallait être prudent. Mais que pouvais-je faire ? Elle me manquait. « Tu ne pourrais pas venir ici ? » lui demandai-je. Elle ne pouvait pas. Elle avait trop à faire. Mais c'est alors qu'un de ses supérieurs qui avait acheté une place pour l'Euro ne pouvait plus y aller. Il demanda : « Quelqu'un veut y aller à ma place ? » Elle y vit un signe. Elle viendrait. Et elle resta avec moi quelques jours. Et, comme d'habitude, nous nous faufilions partout et personne, pas même au sein du groupe de l'équipe nationale, ne fit attention à elle. Le seul à avoir eu un doute fut Bert Karlsson, un homme d'affaires dans les médias, qui tomba nez à nez avec elle à l'aéroport et se demanda ce qu'elle faisait là au milieu des supporters suédois avec leurs maillots et leurs chapeaux ridicules. Mais nous sommes parvenus à garder le secret et je pus me concentrer sur le football.

Nous étions une bonne bande. Nous étions tous de bons mecs. Bon, il y avait bien une *prima donna* parmi nous. La *prima donna* déclarait des trucs comme : « À Arsenal, tu vois, c'est comme ça que ça se passe. C'est comme ça qu'il faut faire. Parce qu'ils s'y connaissent, à Arsenal, et je joue avec eux. »

Ça me mettait en rogne. « J'ai affreusement mal au dos », se plaignait-il. « Oh ! Mon Dieu, mon Dieu, je ne peux pas monter dans le bus de l'équipe. J'ai besoin de mon propre véhicule. » « J'ai besoin de ci, j'ai besoin de ça. » Je veux dire, pour qui diable se prend-il pour jouer avec nous et nous traiter de la sorte ? Lars Lagerbäck s'entretint avec moi à son sujet.

« S'il te plaît, Zlatan, essaie de prendre la chose de façon professionnelle. On ne peut pas se permettre une guerre ouverte dans le groupe.

— Écoute, s'il me respecte, je le respecterai. C'est tout. »

Et cela fit pas mal d'histoires.

Sinon, mon Dieu, l'atmosphère était incroyable. En entrant sur la pelouse pour notre premier match contre la Bulgarie à Lisbonne, le stade semblait repeint en jaune et tout le monde entonnait la chanson de l'Euro 2004 de Markoolio[1]. L'ambiance était tellement géniale que nous avons atomisé la Bulgarie.

Score final : 5 à 0. Nous suscitions de plus en plus d'espoirs. Mais il nous semblait que la compétition n'avait pas encore vraiment débuté. Le gros match que tout le monde attendait était celui que nous devions disputer contre l'Italie le 18 juillet à Porto et les Italiens attendaient leur revanche. Ils n'étaient parvenus qu'à arracher un nul contre le Danemark et, bien sûr, tout le monde se souvenait de leur défaite contre la France en finale du dernier Euro à Rotterdam. Les Italiens étaient fin prêts pour gagner et ils disposaient d'une équipe monstrueuse avec Nesta, Cannavaro et Zambrotta derrière, Buffon dans la cage, et Christian Vieri en pointe. Totti, leur grande star, était suspendu pour avoir craché sur un adversaire durant le match contre le Danemark mais, quand même, j'étais nerveux de me trouver face à tous ces mecs.

Je n'avais jamais disputé de match aussi important et mon père était dans les tribunes pour cet événement majeur. Dès le début, je sentais que les Italiens me respectaient. Qu'est-ce que ce type va encore inventer ? Je ferraillais avec leur défense. Nous ne jouions pas à la baballe. Les Italiens se sont ensuite mis à attaquer méchamment et, juste avant la mi-temps, Cassano, le jeune type qui

1. Chanteur suédois.

avait pris la place de Totti, marqua le premier but à la suite d'un centre de Panucci. Personne ne pouvait prétendre qu'ils ne le méritaient pas. Les Italiens nous pressaient fort. Mais nous sommes parvenus à trouver quelques solutions et avons eu quelques occasions en deuxième période. Cependant, les Italiens dominaient et égaliser contre eux n'était pas gagné. Les Italiens ont la réputation de posséder une défense de folie. Mais alors qu'il ne restait que cinq minutes à jouer, nous obtînmes un corner sur la gauche du terrain.

Kim Källström le frappa et c'était la pagaille dans la surface de réparation. Marcus Allbäck était au point de chute de la balle, Olof Mellberg également, et le chaos était général. La balle était encore dans les airs et je me lançai vers elle, c'est à ce moment-là que je vis Buffon monter et Christian Vieri placé sur la ligne de but. Je m'élevai et donnai un coup de pied. C'était un peu comme du kung-fu. Sur les photos, mon talon est à la hauteur de mon épaule et la balle décrit un arc parfait au-dessus de Christian Vieri qui tentait de la contrer de la tête. Il n'y avait pas beaucoup de place pour passer entre sa tête et la barre transversale. Mais elle rentra, juste dans la lucarne, et tout cela contre l'Italie.

C'était le championnat d'Europe. Je venais de marquer d'une talonnade à cinq minutes de la fin et je courus, totalement déjanté, suivi par toute l'équipe, tout aussi folle, toute sauf un joueur qui marchait dans la direction opposée. Mais quelle importance ? Je me jetai sur la pelouse et tous les autres s'affalèrent sur moi et Henrik Larsson criait : « Profite ! » Juste comme ça ! Comme s'il avait saisi immédiatement l'effet que cela produisait. Le match se solda par un match nul. Mais ça valait une victoire et nous sommes ensuite parvenus en quart de finale où nous allions jouer contre les Pays-Bas et, bien sûr, ce serait tout aussi tendu.

Les supporters hollandais dans leur tenue et leur chapeau orange me huaient.

Les deux équipes étaient sur les nerfs et, comme d'habitude, les Hollandais se foutaient de moi, comme si je ne faisais pas partie de la bonne équipe. Le match fut extrêmement serré, avec des tas d'occasions. À la fin de la partie nous en restions à 0 à 0, nous devions donc jouer les prolongations. Nous avons frappé les poteaux et la barre transversale. Nous aurions dû marquer plusieurs fois. Mais cela se termina par une séance de tirs au but et, dans le stade, on aurait dit que tout le monde s'était mis à prier.

Les deux équipes étaient à cran et beaucoup de spectateurs préféraient ne pas regarder. D'autres huaient et essayaient de nous rendre marteau. La pression était à son comble. Les choses démarrèrent plutôt bien. Kim Källström marqua son pénalty ainsi que Henke Larsson. Nous étions à 2 à 2 et ce fut mon tour. Je ne portais pas de serre-tête noir. J'avais les cheveux lâchés et j'ai souri, je ne sais pas pourquoi. Malgré tout, je me sentais assez bien, j'étais nerveux mais, en même temps, je n'avais pas la sensation de paniquer, rien de tout ça, pas du tout, et Edwin Van der Sar était en face de moi. J'aurais dû le mettre.

Aujourd'hui, quand je tire un pénalty, je sais exactement où je vais placer la balle et elle y va. Mais, ce jour-là, j'avais eu une étrange sensation qui m'envahit dès que je m'approchai de la balle. J'avais l'impression qu'il suffisait que je frappe et c'est ce que je fis. Je frappai, sans plus, étonné moi-même par la direction qu'elle prit. J'avais complètement foiré. J'étais totalement à côté de la cible. C'était une catastrophe, nous étions éliminés de la compétition, Olof Mellberg ayant également raté son pénalty et, croyez-moi, ce ne sont pas de bons souvenirs. C'était nul. Nous avions une bonne équipe. Nous aurions dû aller bien plus loin. Cependant, ces matchs allaient provoquer une succession d'événements.

Août est le mois de toutes les incertitudes. La date limite pour les transferts est fixée au 31 et les rumeurs bruissent de partout. On en parle comme de la *silly season*, la « période creuse ». La véritable saison n'a pas encore commencé et les journaux n'ont rien d'autre à se mettre sous la dent. Est-ce qu'il va dans cette équipe ? Ou dans telle autre ? Combien les clubs souhaitent-ils dépenser ? Tout est exagéré, la plupart des joueurs sont stressés et cela transparaissait particulièrement chez nous, à l'Ajax. Tous les jeunes voulaient être vendus et nous échangions d'étranges œillades entre nous. Est-ce qu'il a quelque chose sous le coude ? Et lui ? Et pourquoi mon agent ne m'appelle-t-il pas ? Il y avait beaucoup de tensions et de jalousie et, moi-même, j'attendais, j'espérais. Mais j'essayais de rester concentré sur le foot. Je me souviens d'avoir joué un match contre Utrecht et la dernière chose à laquelle je m'attendais était d'être remplacé. Mais c'est ce qui arriva. Koeman me fit signe de sortir et j'étais si en colère que j'ai mis un coup de pied dans un panneau publicitaire le long du terrain, pour dire, bon sang, qu'est-ce que tu es en train de faire, de me mettre sur le banc ?

J'avais pris l'habitude d'appeler Mino après chaque match. C'était agréable de pouvoir parler de tout avec lui, de me plaindre un peu de tout, mais, cette fois-là, je me suis vraiment lâché.

« Qui est ce crétin qui me sort du terrain ? Comment peut-il être aussi bête ? » Et, bien qu'entre nous nous soyons sans pitié, j'attendais de Mino, dans une telle situation, qu'il me soutienne, qu'il me dise : « Ouais, je suis d'accord, Koeman a dû avoir une hémorragie cérébrale, je te plains. »

« Évidemment qu'il t'a fait sortir, me répondit-il. Tu étais minable sur la pelouse. Tu étais nul.

— Qu'est-ce que tu me racontes, bon sang ?

— Tu ne fichais strictement rien. Il aurait dû te sortir plus tôt.

— Écoute.

— Quoi ?

— Allez au diable, toi et le coach. »

Je raccrochai, je pris une douche et je rentrai à Diemen, sans décolérer.

Mais, à mon arrivée, je trouvai quelqu'un sur le pas de ma porte. C'était Mino. Il devait être en pétard, cet idiot, me dis-je, et je n'étais même pas sorti de ma voiture que nous avons commencé à nous engueuler. Il était en furie.

« Combien de fois dois-je te le répéter ? Tu as fait n'importe quoi et tu n'as pas le droit de filer de satanés coups de pied dans les panneaux publicitaires. Il faut que tu grandisses.

— Va te faire voir !

— Va te faire voir toi-même !

— Je t'emmerde, dégage de là !

— Dans ce cas, tu peux aller à Turin.

— Qu'est-ce que tu me chantes ?

— J'ai peut-être la Juventus qui va s'aligner.

— Quoi ?

— Tu m'as entendu. »

Oui, j'avais bien entendu mais, simplement, au milieu de cette prise de bec, je n'avais pas compris.

« Tu m'as dégoté la Juventus ?

— Peut-être.

— Ne serais-tu pas le plus formidable idiot que je connaisse ?

— Rien n'est sûr encore, mais j'y travaille. »

Et je pensai : la Juventus ! C'est quand même autre chose que Southampton.

La Juventus était probablement le meilleur club d'Europe à cette époque. Elle avait dans ses rangs des stars comme Thuram, Trézéguet, Del Piero, Buffon et Nedvěd et, alors que le club avait perdu en finale de la Ligue des Champions contre le Milan AC l'année précédente, aucune autre équipe, du moins sur le papier, ne leur arrivait à la cheville. Les joueurs étaient des superstars, tous, et le club venait de recruter Fabio Capello, le manager de la Roma qui me suivait depuis quelques années. J'ai vraiment commencé à y croire. Allez, Mino, tu vas y arriver !

La Juventus était alors dirigée par Luciano Moggi. Moggi était un coriace, un homme de l'ombre qui s'était élevé en partant de rien jusqu'à devenir le pape du football italien. Il était le roi sur le marché des transferts. Sous sa direction, le club remportait les championnats les uns après les autres. Mais Luciano Moggi n'était pas exactement connu pour être blanc comme neige. Il avait été impliqué dans plusieurs scandales de corruption, de dopage et dans des procès, que des trucs nazes, et on racontait qu'il appartenait à la Camorra, la mafia napolitaine. Bien sûr, ce n'était que des racontars. Mais le type ressemblait vraiment à un mafioso. Il aimait les cigares et les costumes voyants et, comme négociateur, il était redoutable. Il était un maître dans l'art des affaires, un adversaire dont il fallait tenir compte. Mais Mino le connaissait.

Ils étaient de vieux ennemis qui, disons, étaient devenus amis. Mino avait rencontré Moggi à l'époque où il essayait de faire décoller ses affaires. Mais ça démarrait mal. Le bureau de Moggi ressemblait à une banale salle d'attente. Il y avait vingt personnes dehors et tout le monde s'impatientait. Mais il ne se passait rien. Le temps filait et, pour terminer, Mino péta un câble. Il tempêta, furibond : « Bon sang de bonsoir ! Faire sauter un rendez-vous comme ça ? » La plupart des gens auraient accepté la situation. Moggi était un gros bonnet. Mais Mino n'a que mépris pour ce genre de truc. Si les gens le méprisent, il se fiche de savoir qui ils sont. Le lendemain il se rendit donc au Urbani, le restaurant de Turin fréquenté par les membres du club et les joueurs, pour le trouver.

« J'ai été mal reçu, déclara-t-il.

— Qui diable es-tu ?

— Tu le sauras quand tu m'achèteras un de mes joueurs. »

Mino gueulait et, après cette entrevue, il détesta le bonhomme pendant un bon bout de temps.

Il se présentait même à d'autres décideurs du football en fanfaronnant : « Je m'appelle Mino. Je suis contre Moggi. » Et comme Moggi était un homme qui se faisait facilement des ennemis, la phrase était bien sentie. Le seul problème était qu'un jour ou l'autre Mino aurait à traiter avec Moggi et, en 2001, la Juventus voulut acheter Nedvěd, un des grands joueurs sous contrat avec Mino. Rien n'était fixé, rien du tout. Mino était également en contact avec le Real Madrid et, avec Nedvěd, ils devaient rencontrer Moggi à Turin pour discuter. Mais Moggi fit monter la sauce, ameuta les journalistes, les photographes, et les supporters. Avant même que les négociations ne débutent, il avait mis sur pied un comité d'accueil que ni Nedvěd ni Mino ne pouvaient éviter.

Cela ne dérangeait pas plus que ça Mino. Il voulait que Nedvěd signe à la Juventus et ce piège lui donna l'opportunité de marchander un meilleur contrat. Mais pour la première fois Moggi l'impressionna. Le mec avait sans doute fait son salaud cette fois-là mais il connaissait son jeu et les deux s'entendirent pour faire la paix et devinrent des amis. Cela changea en : « Je suis Mino, je travaille avec Moggi. » De là à croire qu'ils allaient bras dessus, bras dessous, il y avait une marge. Mais il y avait un certain respect et, clairement, pas mal de clubs me dénigraient. Moggi était le seul à être sérieusement intéressé. Mais ça n'allait pas être facile.

Moggi n'avait pas beaucoup de temps pour nous. Nous devions le rencontrer en secret pendant une demi-heure à Monte-Carlo. C'était le jour où se déroulait le Grand Prix de Monaco et il était là pour affaires. Le groupe Fiat possède à la fois Ferrari et la Juventus et nous avions rendez-vous dans un salon VIP de l'aéroport. Mais la circulation était infernale et nous avons dû courir. Mino n'est pas vraiment un athlète. Il souffre de surpoids. Il soufflait, râlait. Tout en sueur, il n'était pas vraiment habillé pour un rendez-vous d'affaires.

Il portait un short hawaiien, un tee-shirt Nike et des baskets sans chaussettes. Nous fîmes irruption dans le salon VIP de l'aéroport empli d'une épaisse fumée. Luciano Moggi tirait sur un gros cigare. C'est un homme d'un certain âge, chauve, et l'on voit tout de suite que ce type a du pouvoir. Il avait l'habitude que les gens lui obéissent. Mais là, il fixait les vêtements de Mino.

« Mais enfin, comment t'es habillé ?

— Est-ce que t'es là pour vérifier de quoi j'ai l'air ? »

Et c'est ainsi que les choses ont commencé.

À peu près à cette époque, nous affrontâmes les Pays-Bas à Stockholm. C'était un match amical mais personne n'avait oublié notre défaite de l'Euro 2004 et naturellement nous voulions démontrer que nous pouvions les battre. Toute l'équipe voulait se venger (offensive, elle pratiquait un football agressif) et assez tôt dans le match je récupérai une balle en dehors de la surface. J'eus immédiatement quatre Hollandais sur moi. L'un d'eux était Rafael Van der Vaart. C'était une action difficile. Je m'élançai au milieu d'eux et je réussis à servir Mattias Jonsson qui avait de l'espace.

Il marqua le premier but et juste après Van der Vaart resta étendu sur la pelouse. Il fut emmené sur une civière : un ligament de la cheville déchiré, rien de grave. Mais il ne pourrait pas jouer pendant un match ou deux. Il la ramena en affirmant aux journaux que j'avais fait exprès de le blesser. Je m'emportai. Qu'est-ce que c'est que cette histoire ? Aucun coup franc n'avait été sifflé alors comment pouvait-il prétendre que je l'avais fait exprès ? Et ce type était mon capitaine !

Je l'appelai. « Écoute-moi bien, je suis désolé, ce n'est pas de bol pour ta blessure, je m'excuse, mais ce n'était pas intentionnel, tu piges ça ? » Et je répétai la même chose aux journalistes. Je le répétai cent fois. Mais Van der Vaart persistait et je ne comprenais pas. Mais pourquoi diable roule-t-il son propre équipier dans la boue ? Ça n'avait aucun sens. À moins que si.

Je me demandai (ne l'oubliez pas, nous sommes en août et les transferts sont en cours) s'il ne voulait pas forcer la main du club pour qu'il le laisse partir. Voire que je quitte moi-même le club à cause de cette affaire. Ce ne serait pas la première fois que quelqu'un utilise ce genre de méthode et le type avait le soutien des médias néerlandais.

Je veux dire, il était le Néerlandais. Le chéri des magazines *people* et j'étais le mauvais garçon, l'étranger. « Tu plaisantes ? » lui demandai-je quand je le croisai au centre d'entraînement. Il ne plaisantait pas du tout.

« O.K., O.K., je vais te le dire une dernière fois : ce n'était PAS intentionnel. Tu m'entends ?

— Je t'entends. »

Mais il ne changea pas d'attitude et l'atmosphère dans le club se fit plus lourde. L'équipe se scinda en deux. Les Hollandais soutenaient Rafael, les étrangers étaient avec moi. Enfin, Koeman nous convoqua et, alors, j'étais complètement obnubilé par cette histoire. Pourquoi diable m'accuser d'un truc comme ça ? J'étais complètement à cran et nous nous sommes tous assis en cercle dans la salle de restaurant au troisième étage et j'ai tout de suite flairé l'ambiance. C'était grave. Les dirigeants insistaient pour que nous trouvions un terrain d'entente. Nous étions les joueurs-clés de l'équipe et il fallait dépasser ça. Mais, à cet instant précis, il n'y avait pas beaucoup de marge. Rafael tonna plus fort que jamais.

« Zlatan l'a fait exprès », affirma-t-il, et je vis rouge. Mais bon sang, pourquoi n'arrêtait-il pas ?

« Je ne t'insulte pas exprès, et tu le sais, répliquai-je. Si tu m'accuses encore, je vais te casser les deux jambes et cette fois, je le ferai exprès. » Et, bien sûr, tous ceux qui avaient pris le parti de Van der Vaart le relevèrent immédiatement : « Vous voyez, vous voyez bien, il est agressif. Il est dingue. » Et Koeman essaya de rétablir le calme.

« N'exagérons pas, nous pouvons arranger ça. »

Mais, honnêtement, je n'étais pas vraiment bien disposé et nous avons été invités à passer dans le bureau de Louis Van Gaal, le directeur sportif. Je ne me sentais pas entouré d'alliés et il fit son numéro d'autoritarisme.

« C'est moi le directeur ici », clama-t-il.

Tu parles d'une information !

« Et, je vous préviens, continua-t-il, je vous demande d'enterrer la hache de guerre. Quand Rafael sera remis, vous allez jouer ensemble !

— Hors de question, tant qu'il sera sur la pelouse, je ne jouerai pas, décrétai-je.

— Qu'est-ce que tu dis ? répliqua Van Gaal. Il est mon capitaine et tu joueras avec lui ! Tu le feras pour le club.

— Ton capitaine ? Qu'est-ce que c'est que cette bêtise ? Rafael a balancé dans les journaux que je l'avais blessé en le faisant exprès. Quelle sorte de capitaine est-ce là ? Le même qui attaque ses propres coéquipiers ? Je ne jouerai pas avec lui, il n'en est pas question. Jamais, plus jamais. Tu peux ajouter tout ce que tu voudras.

Et je suis sorti. L'enjeu était de taille. Évidemment, j'avais été revigoré par le fait que j'avais la Juventus dans la poche. Rien n'était encore signé mais j'y croyais fermement et j'en discutai avec Mino. Que se passe-t-il ? Que disent-ils ? Mais nos chances d'aboutir n'arrêtaient pas de changer et, à la fin août, nous devions jouer contre le NAC Breda en championnat. Les journaux écrivaient sans arrêt sur le conflit avec Van der Vaart que les journalistes défendaient plus que jamais. Il était leur préféré. J'étais le voyou qui l'avait blessé.

« Prépare-toi à être insulté, me prévint Mino. Les spectateurs vont te détester.

— Parfait.

— Comment ça, "parfait" ?

— Ce genre de truc me motive, tu le sais. Je vais leur montrer. »

J'étais prêt. Je l'étais vraiment. Mais la situation était complexe et je révélai à Koeman l'histoire avec la Juventus. Je voulais le préparer mais les discussions de ce type sont toujours délicates. J'appréciais Koeman. Lui et Beenhakker ont été les premiers à voir que j'avais du potentiel à l'Ajax et je n'avais aucun doute sur le fait qu'il me comprenne. Qui refuserait d'aller à la Juventus ? Mais Koeman n'allait pas me laisser partir comme ça. Il avait récemment déclaré à la presse que certaines personnes avaient l'air de penser qu'elles étaient plus importantes que le club et il était évident qu'il parlait de moi. Il fallait que je choisisse mes mots prudemment et, dès le début, je décidai d'employer quelques expressions que Van Gaal avait utilisées pour moi.

« Je ne veux pas que cela se transforme en dispute. Mais la Juventus s'intéresse à moi et j'espère que vous trouverez une solution. C'est une chance qui ne se présente qu'une fois dans une vie. »

Comme je le pensais, Koeman comprit. Lui-même a été professionnel.

« Mais je ne veux pas que tu nous quittes. Je veux que tu restes ici. Je me battrai pour ça.

— Tu sais ce qu'a dit Van Gaal ?

— Quoi ?

— Qu'il n'avait pas besoin de moi pour jouer le championnat, que vous vous en tireriez très bien quoi qu'il en soit. Il a besoin de moi pour la Ligue des Champions.

— Quoi ? Il a dit ça ? »

Koeman devint fou. Il en voulait à Van Gaal. Il sentait que cette phrase signifiait qu'il avait les mains liées et qu'elle limitait ses chances d'avoir gain de cause pour me garder. C'était exactement ce que je voulais et je suis entré sur la pelouse en pensant que, maintenant, c'était quitte ou double. Ce match était crucial pour moi. Les émissaires de la Juventus m'observeraient attentivement. Mais c'était dingue. J'avais l'impression que les Hollandais me crachaient à la figure. Ils se fichaient de moi et gueulaient et, quelque part, un peu plus haut dans les tribunes, se trouvait le *golden boy* Rafael Van der Vaart que tout le monde applaudissait. C'était tout simplement ridicule. J'étais le salaud. Il était la victime innocente. Mais tout ça allait changer.

Nous menions 3 à 0 face à Breda et il restait vingt minutes à jouer. À la place de Rafael Van der Vaart, nous avions lancé un jeune garçon du centre de formation de l'Ajax, Wesley Sneijder – ce môme était bon. C'était un joueur intelligent. Il marqua le but du 4 à 1. Il fit une percée et à peine cinq minutes après son but, je reçus une balle à quelque vingt mètres de la surface. J'avais un défenseur derrière moi, je lui filai un coup de coude et je forçai le passage, puis je dribblai un autre type. Ce n'était que le début, l'intro.

Je poursuivis avec une feinte de frappe et j'arrivai près de la zone de pénalty et je feintai encore. J'essayai de me mettre en position de tir mais de nouveaux défenseurs arrivaient sur moi. Ils me tournaient autour et peut-être aurais-je dû faire une passe mais je ne voyais pas comment. Au lieu de ça, j'accélérai tout droit et exécutai une série de dribbles en slalomant. Enfin, je contournai le gardien et je frappai du gauche pour envoyer la balle dans la cage vide. C'est immédiatement devenu un classique.

On le baptisa mon « but à la Maradona » parce qu'il évoquait celui qu'il marqua contre l'Angleterre lors du quart de finale de la Coupe du Monde en 1986. Il avait dribblé toute l'équipe et tout le stade avait exulté. Tout le monde est devenu dingue. Même Koeman bondissait comme un possédé, sans plus se préoccuper de savoir si j'avais envie de rester ou pas. C'était comme si toute la haine qui s'abattait sur moi s'était transformée en amour et en triomphe.

Tout le monde chantait et criait, tout le monde était debout, en train de sauter, tous, sauf un. Les caméras balayèrent les tribunes qui grondaient pour s'arrêter sur Rafael Van der Vaart. Il était impassible. Il ne laissait apparaître aucune expression, il ne bougeait pas d'un cil et alors que son équipe venait de marquer un but, il restait assis là, comme si mon exploit était à peu près la pire chose qu'il lui soit jamais arrivée et peut-être était-ce le cas. Parce que, ne l'oubliez pas, au début du match, on me huait.

Maintenant, ils ne scandaient qu'un nom et c'était le mien. Personne n'en avait plus rien à faire de Van der Vaart et le but passerait en boucle à la télévision durant toute la soirée et les jours suivants. Il serait élu « but de l'année » par les téléspectateurs d'Eurosport. Mais j'étais accaparé par autre chose. Le temps passait. Il ne restait plus que quelques jours avant la date limite des transferts et Moggi faisait tout un tas d'histoires, ou feignait d'en faire, c'est toujours difficile à dire. Tout d'un coup, il annonça que je ne pouvais pas jouer avec David Trézéguet, qui était alors le meilleur buteur de la Juventus.

« Qu'est-ce que c'est que cette connerie ? s'écria Mino.

— Ils ont deux styles qui ne vont pas ensemble. Ça ne marchera pas. »

Ça ne sentait pas bon. Pas du tout.

Quand Moggi avait un truc dans le crâne, il n'était pas facile de le faire changer d'avis. Mais Mino vit une ouverture. Il se rendit compte que Capello, le manager, ne partageait pas ce point de vue. Capello me voulait depuis un moment mais bien sûr, Moggi restait le patron. Reste que Fabio Capello n'était pas non plus du genre à être pris à la légère. Ce type peut remettre à sa place n'importe quelle star d'un clignement de paupière, c'est un vrai dur. Mino les invita donc tous les deux à dîner et il enfonça le clou sans attendre.

« Est-ce vrai que Trézéguet et Zlatan ne pourraient pas travailler ensemble ?

— Qu'est-ce que c'est que cette absurdité ? Qu'est-ce que cela a à voir avec notre dîner ?

— Moggi prétend que leur style de jeu ne pouvait pas s'accorder, c'est bien ça, Luciano ? »

Moggi opina.

« Donc, ma question à Fabio est celle-ci : est-ce que c'est vrai ?

— Mais je me fous de savoir qui a raison ou pas et d'ailleurs tu devrais t'en fiche aussi. Ce qui se passe sur le terrain est mon problème. Donc, contente-toi de ramener Zlatan ici et je m'occuperai du reste. »

Que pouvait faire Moggi après la réponse de Capello ? Il ne pouvait pas dire à l'entraîneur ce qu'il devait faire sur le terrain. Il était forcé de laisser tomber et, bien sûr, Mino se délectait. Il avait obtenu ce qu'il voulait. Mais rien n'était signé et le gala annuel de la Fédération néerlandaise allait s'ouvrir à Amsterdam.

Nous y sommes allés avec Mino pour faire la fête à Maxwell qui recevait le prix du meilleur joueur du championnat et nous étions tous les deux heureux pour lui. Mais il n'y avait pas de quoi se réjouir. Mino était vraiment agité. Il faisait des allers et retours pour parlementer avec la direction de la Juventus et de l'Ajax, mais des questions de contrats de marques surgissaient tout le temps, à se demander si ces problèmes étaient réels ou si on les inventait pour tester les capacités de chacun à marchander. La situation paraissait bloquée et le lendemain soir le marché des transferts fermait ses portes. J'étais complètement hors de moi.

J'étais chez moi, à Diemen, en train de jouer sur ma Xbox (à *Evolution*, je crois, ou *Call of Duty*, deux jeux extraordinaires). Cela m'aidait un peu à oublier le reste.

Mais Mino m'appelait toutes les minutes. Il était embêté. Mon sac était bouclé et la Juventus avait envoyé un jet privé qui m'attendait à l'aéroport. Ce qui signifiait que le club me voulait vraiment. Mais ils n'arrivaient pas à se mettre d'accord sur les droits. Il y avait une chose, puis une autre, et les dirigeants de l'Ajax n'avaient pas l'air de considérer l'offre comme sérieuse. Les Italiens n'avaient même pas envoyé d'avocat à Amsterdam et j'essayais moi-même de mettre la pression sur l'Ajax. Je dis à Van Gaal et ses sbires : « Ce que je vois, c'est que je ne joue plus du tout avec vous. C'est terminé ! »

Mais rien n'y faisait. Ça n'avançait pas, le temps passait et j'étais totalement absorbé par ma Xbox (vous devriez voir ça quand je suis dans cet état). Mes doigts s'excitent sur la manette. C'est comme une fièvre. Toutes mes frustrations passent dans le jeu. J'étais justement en train de m'agiter comme un malade pendant que Mino faisait le *forcing* pour clore le *deal*. Il s'arrachait les cheveux. Pourquoi Moggi n'avait pas daigné envoyer un avocat à Amsterdam ? Qu'est-ce que c'est que cette désinvolture ?

À l'évidence, cela pouvait faire partie du jeu. Difficile à dire. Rien ne paraissait garanti. C'est alors que Mino décida de tenter un coup. Il appela son propre avocat. « Prends un avion pour Amsterdam, lui dit-il, et prétends que c'est la Juventus qui t'envoie. » Et l'avocat arriva et endossa son petit rôle. Il y eut un petit mieux, les négociations reprirent. Mais ils n'arrivaient toujours pas à se mettre d'accord et Mino devenait dingue. Il me téléphona de nouveau.

« Merde ! Prends ton avocat et arrive à fond de train. Nous allons en finir maintenant. »

J'ai lâché la manette du jeu et je suis parti, je ne me souviens même pas d'avoir fermé la porte.

Je fonçai vers le stade où les dirigeants du club s'entretenaient avec l'avocat de Mino et je ne crois pas me tromper en disant que tout le monde s'est mis à stresser quand je suis entré dans la pièce. L'avocat, qui faisait les cent pas, ne dit qu'une seule chose :

« Il ne manque qu'un document, juste un. Et après tout sera en ordre.

— Nous n'avons plus le temps. Il faut que nous partions. Mino dit qu'on ne vous cherchera pas d'ennuis. »

À peine eus-je prononcé ces mots que nous partions vers l'aéroport pour monter dans le jet privé de la Juventus.

À ce stade, j'avais déjà appelé mon père : « Eh ! C'est urgent, je suis au beau milieu d'une négociation avec la Juventus. Est-ce que tu veux y assister ? »

Tu penses qu'il voulait, il était heureux ! Si tout cela aboutissait, mon rêve de gosse se réaliserait et il serait merveilleux que papa soit là. Lui et moi, après tout ce que nous avions traversé. Il était directement allé à l'aéroport de Copenhague prendre un vol pour Milan où un homme de Mino alla le chercher pour le conduire dans les bureaux du club. Ce bureau où toutes les transactions des transferts sont opérées.

Je le retrouvai quand je déboulai avec l'avocat. J'étais totalement stupéfait : c'est bien toi ? Il n'était plus le père que j'avais connu, rien à voir avec l'homme qui traînait à la maison dans sa salopette d'ouvrier, écoutant de la musique yougo dans ses écouteurs. J'avais devant moi un type qui portait élégamment le costume, un homme qui aurait pu passer pour n'importe quel gros bonnet italien, et j'étais fier tout autant que complètement abasourdi. Je ne l'avais jamais vu en costume auparavant.

« Papa.

— Zlatan. »

C'était vraiment bien. Il y avait des journalistes et des photographes qui se tenaient autour de nous. Le bruit avait circulé. En Italie, l'information était de taille. Mais rien n'était encore fait. Les aiguilles tournaient. On n'avait plus le temps de rigoler et Moggi continua à faire des histoires et à bluffer, ce qui malheureusement eut des conséquences. Le montant de mon transfert fut revu à la baisse. Des trente-cinq millions d'euros demandés par Mino, nous sommes passés à vingt-cinq puis à vingt et, pour finir, à seize. C'était toujours une belle somme. C'était le double de ce qu'avait payé l'Ajax à l'époque. Mais ça ne devait pas représenter énormément pour la Juventus qui avait vendu Zidane au Real Madrid pour quatre-vingt-six millions d'euros. Ils auraient pu payer sans problème. Les mecs de l'Ajax n'avaient pas à s'en faire, mais ils étaient nerveux ou du moins, ils affirmaient l'être. La Juventus n'avait même pas présenté de garantie bancaire. Certainement, il devait y avoir une explication à tout ça.

Malgré tous ses succès, la Juventus accusait une perte de vingt millions d'euros sur l'année précédente, ce qui n'a rien d'inhabituel dans les clubs, bien au contraire. Quelles que soient les rentrées, les coûts semblent toujours en augmentation. Non, cette histoire de ne pas avoir présenté de garantie bancaire, je me demande si ce n'était pas un autre coup, du bluff pour négocier encore. La Juventus était l'un des plus grands clubs au monde et se devait d'arriver avec de l'argent. Mais sans garantie bancaire, l'Ajax refusait de signer quoi que ce soit et le temps passait. Il n'y avait plus d'espoir et, malgré ça, Moggi était assis là, tirant sur son gros cigare tandis que les gens présents pensaient qu'il maîtrisait la situation, que cela allait s'arranger, genre, « je sais ce que je fais ». Mais Mino s'était éloigné avec ses écouteurs et gueula au téléphone aux dirigeants de l'Ajax :

« Si vous ne signez pas, vous n'aurez pas les seize millions. Vous n'aurez pas Zlatan. Vous n'aurez rien du tout. Vous comprenez ? Vraiment rien du tout ! Et vous pensez que la Juventus va essayer de ne pas vous payer ? La Juventus ! Mais vous êtes barjots. Mais bien sûr, faites comme vous voulez, allez, signez-moi ça. Allez-y ! »

Il parlait d'une façon très crue. Mino connaissait son affaire. Mais cela ne produisit rien, rien du tout, l'atmosphère commençait à être tendue et je suppose que Mino devait se défouler. Ou peut-être simplement en avait-il ras le bol. Il y avait dans le bureau tout un tas d'objets liés au football et Mino s'empara d'un ballon et commença à jongler. Il était complètement cinglé. À quoi jouait-il ? Je ne pigeais pas. La balle vola, rebondit, et tomba sur la tête de Moggi, sur ses épaules et tout le monde se demanda ce que cela signifiait. Comment jongler avec un ballon dans une telle situation ? Au beau milieu d'une négociation bloquée. Ce n'était vraiment pas le moment de s'amuser.

« Arrête ça ! Tu nous tapes sur le système, râla Moggi.

— Non, non, allez. C'est parti, essaie d'attraper la balle, viens Luciano, montre-nous tes talents. C'est un corner, Zlatan. Amène-toi. Frappe de la tête, espèce de mollusque. »

Et il continua ainsi et je me demande toujours ce que le greffier et les autres personnes dans la salle pensèrent. Mais une chose était sûre, Mino avait gagné un supporter en la personne de mon père. Mon père se marrait. Qu'est-ce que c'est que ce mariole ? Il est relax à ce point pour être capable de faire ce genre de plan face à un gros bonnet comme Moggi ? Mon père avait un peu le même style. Il chantait et dansait surtout là où ça ne se faisait pas. Il n'en faisait qu'à sa tête, peu importait et, depuis ce jour-là, mon père ne s'est plus contenté de collectionner les coupures de presse me concernant. Il colla également tout ce qu'il trouvait sur Mino. Mino est le meilleur psychologue qui soit pour mon père parce que ce dernier avait remarqué quelque chose : Mino n'était pas qu'un gentil dingue. Il était arrivé à ses fins. L'Ajax ne pouvait pas perdre sur deux tableaux, moi et l'argent, et la direction de l'Ajax signa au tout dernier moment. Il était 22 heures, alors que les portes du club auraient dû fermer à 19 heures. Mais nous avions gagné, et il me fallut un moment avant de l'intégrer. Moi ? Pro en Italie ? C'est fou.

Nous sommes ensuite partis à Turin et sur l'autoroute Mino appela l'Urbani, le restaurant attitré de la Juventus, pour leur demander de rester ouverts un peu plus tard. Il ne lui fut pas difficile de convaincre les employés. Nous avons été accueillis comme des rois peu avant minuit. Nous nous sommes installés pour manger et sommes revenus sur toute l'affaire et, franchement, j'étais particulièrement heureux que mon père soit là pour vivre tout ça.

« Zlatan, je suis fier de toi », me confia-t-il.

Je suis arrivé en même temps que Fabio Cannavaro à la Juventus et nous avons tenu une conférence de presse commune au Stadio delle Alpi à Turin. Cannavaro est un type qui blague et se marre tout le temps. Je me suis bien entendu avec lui dès le début. Il serait élu meilleur joueur du monde un peu plus tard et, dès le départ, il m'a vraiment filé un coup de main. Après la conférence de presse, avec mon père, nous sommes repartis à Amsterdam où nous avons dit au revoir à Mino avant de poursuivre vers Göteborg où je devais jouer un match international.

On était en pleine frénésie à ce moment-là et je ne suis jamais repassé à ma maison de Diemen. Je l'ai laissée en l'état et, pendant un bon moment, j'ai vécu à l'hôtel Meridien de la Via Nizza à Turin. J'ai habité là jusqu'à ce que j'emménage dans l'appartement de Filippo Inzaghi sur la Piazza Castello.

Il revint à Mino d'aller à Diemen pour ramasser mes vieilles affaires. Quand il pénétra à l'intérieur, il entendit des bruits à l'étage et il s'arrêta net. Un voleur ? Des voix provenaient clairement de là-haut et Mino monta discrètement, prêt à se battre.

Mais il n'y avait pas de voleur. Ma Xbox était toujours allumée et crachotait sans interruption depuis trois semaines, depuis que j'avais détalé pour prendre le jet privé de la Juventus en direction de Milan.

12

« Ibra, viens ici. »

Fabio Capello était probablement le meilleur entraîneur européen des dix dernières années. Il m'appela et je me suis demandé ce que j'avais bien pu faire. J'étais submergé par cette peur enfantine des convocations, des réunions, sans compter que Capello faisait peur à tout le monde. Wayne Rooney confia une fois que, quand Capello vous frôle dans un couloir, on a le sentiment que l'on va mourir, et c'est la vérité. Tous les jours, il prend un café et vous passe à côté sans même vous adresser un regard. C'en est presque terrifiant. Parfois, il marmonne un bref « *ciao* », sinon il disparaît dans son coin comme si nous n'existions pas.

J'ai déjà dit qu'en Italie les stars n'obéissent pas au doigt et à l'œil à l'entraîneur. Cela ne s'applique pas à Capello. Tous les joueurs, sans exception, sont aux ordres dès qu'il se présente. On se tient bien devant Capello. Je connais un journaliste qui lui avait posé la question suivante :

« Comment parvenez-vous à obtenir le respect de la part des joueurs ?

— Le respect ne s'obtient pas. Il s'impose. »

Sa réponse m'avait marqué.

Quand Capello se met en colère, presque personne n'ose le regarder dans les yeux et s'il vous donne une occasion de le faire vous ne vous y risqueriez pas. En gros, vous pourriez aussitôt vous retrouver à l'extérieur du stade à vendre des hot dogs. On ne parle pas de ses problèmes à Capello, ce n'est pas un pote. Il ne parle pas aux joueurs, pas de cette façon. Il est le *Sergente di ferro*, le sergent de fer, et, quand il vous appelle, ce n'est pas bon signe. Mais on ne sait jamais. Il peut aussi bien casser les gens que les faire progresser. Je me souviens d'une séance où nous venions juste de commencer un travail de positionnement tactique. Capello balança un coup de sifflet et gueula :

« Rentrez au vestiaire. Dégagez du terrain. » Et personne ne savait de quoi il retournait.

« Qu'est-ce qu'on a fait ? Que veux-tu dire ?

— Vous ne fichez rien. Vous êtes nuls ! »

L'entraînement était terminé. Cela était déconcertant mais, bien sûr, il avait une idée derrière la tête. Il voulait que nous revenions le lendemain matin remontés comme des pendules. J'aimais cette approche, parce que, comme je l'ai déjà dit, je n'ai pas grandi en me faisant câliner. J'aime les gens qui ont du cran, de la prestance, et Capello avait confiance en moi.

« Tu n'as rien à prouver, je sais qui tu es et ce que tu es capable de faire », m'affirma-t-il les premiers jours et cela m'avait rassuré.

Je pouvais souffler un peu. La pression avait été insoutenable. Beaucoup de journalistes s'étaient interrogés sur mon transfert et trouvaient que je ne marquais pas assez de buts. La plupart pensaient que je ne serais que remplaçant : Comment Zlatan peut-il s'en tirer dans une équipe comme celle-ci ? Est-ce que Zlatan est prêt pour jouer en Italie ?

Est-ce que l'Italie est prête pour Zlatan ? rétorquait Mino et il avait absolument raison.

Avec la presse, il faut être capable de ripostes aussi cinglantes que celle-ci. Il faut savoir lui retourner sa brutalité et, parfois, je me demande si j'y serais arrivé sans l'aide de Mino. Je ne le crois pas. Vu la façon dont j'ai débarqué de l'Ajax à la Juventus, la presse m'aurait bouffé tout cru. En Italie, ce sont des malades du football et, alors que les Suédois écrivent sur un match le jour d'avant et le jour d'après, ici, c'est toute la semaine. Ça n'arrête pas. Vous êtes constamment jugé. Ils vous examinent en long, en large, et avant de s'y faire, c'est dur.

Mais, maintenant, j'avais Mino. Il me servait de bouclier et j'étais sans cesse en contact avec lui. L'Ajax, en comparaison, qu'est-ce que c'était ? Un jardin d'enfants ! Ici, si je voulais marquer un but à l'entraînement, il ne me fallait pas simplement passer Cannavaro et Thuram ; il y avait aussi Buffon dans la cage et aucun d'entre eux ne prenait des gants avec moi parce que j'étais le dernier arrivé – c'était même le contraire.

Capello avait un adjoint qui s'appelait Italo Galbiati. Galbiati était plus âgé, je l'appelais « le vieux ». C'était un bon gars. Avec Capello, ils jouaient un peu au bon flic et au mauvais flic. Capello balançait les trucs durs, raides, tandis que Galbiati s'occupait du reste et, après le tout premier entraînement, Capello me l'envoya : « Italo, tu t'en occupes. »

Les autres joueurs étaient tous partis à la douche et j'étais complètement épuisé. J'aurais bien aimé en rester là. Mais un gardien des espoirs franchit la ligne de touche et je pigeai ce qui allait se passer. Italo allait m'envoyer des balles, bam ! bam ! Il les frappait sous tous les angles : centres, passes, lobs, balles contrées par le mur défensif et je devais tirer au but, une frappe succédant à une autre, sans avoir le droit de sortir de la « boîte », la zone des neuf mètres. C'était ma place, disait-il. C'est là que j'étais censé me trouver et taper, taper, et il n'y avait aucun moyen de souffler ou d'y aller tranquillement. Le rythme était effréné.

« Anticipe, plus fort, plus de détermination, sans hésitation », criait Italo et cela devint la routine.

Del Piero et Trézéguet me rejoignaient parfois mais la plupart du temps j'étais seul. Seul avec Italo et l'on pouvait taper cinquante, soixante, cent ballons. De temps à autre, Capello faisait une apparition.

« Je vais extirper l'Ajax qui est en toi.

— O.K., très bien.

— Je me fiche du style hollandais. Un deux, un deux, faire le mur, produire du jeu et de la technique. Dribbler toute une équipe ? Je peux me passer de ça. Je veux des buts. Tu comprends ? Il faut que je t'inculque la mentalité italienne. Tu dois acquérir l'instinct du tueur. »

Voilà le processus que je commençais à intégrer. J'en avais discuté avec Van Basten, avec Mino, mais je ne me voyais toujours pas dans la peau d'un chasseur de but, même si ma place était bien à la pointe de l'attaque. Je me voyais plus comme un type qui savait un peu tout faire et j'avais encore en tête pas mal de feintes et de coups appris sur le terrain sous les fenêtres de ma mère. Mais, sous la direction de Capello, je fus transformé. Sa rudesse était contagieuse et je devins moins un artiste qu'un cogneur qui voulait gagner à n'importe quel prix.

Non que je ne voulais pas gagner auparavant. Je suis né avec une mentalité de vainqueur. Parce que, tout de même, ne l'oubliez pas, le football a été le moyen de me faire remarquer ! Ce sont grâce à toutes mes actions sur le terrain que je ne suis pas resté un enfant comme les autres à Rosengård. C'étaient les « Waouh ! » et les « Regarde-moi ça ! » qui m'ont poussé. J'ai grandi sous les applaudissements que je suscitais par ma gestuelle et, pendant longtemps, je vous aurais certainement traité d'idiot si vous aviez soutenu qu'un but affreux avait la même valeur qu'un exploit.

Sauf que là, je commençais à comprendre que personne ne viendrait me féliciter pour la note artistique ou mes talonnades si l'équipe perdait. Personne n'en aurait rien eu à faire si vous aviez marqué un but de rêve sans victoire au bout et, progressivement, j'ai dû m'endurcir et devenir plus guerrier. Bien sûr, je n'avais pas non plus arrêté d'en prendre et d'en laisser, j'écoute, j'écoute pas. Quelle que soit la dureté de Capello, je m'accrochais à mes propres manies. Je me souviens de mes leçons d'italien. J'étais assez à l'aise avec les langues. Sur le terrain, pas de problème. Le football a ses propres codes. Mais, en dehors, j'étais parfois totalement perdu et le club m'envoya une prof. Il était prévu que je la voie deux fois dans la semaine pour apprendre la grammaire. La grammaire ? Je retournais à l'école ou quoi ? Je n'avais pas besoin de ça. Je le lui dis : « Gardez l'argent et ne dites rien à personne, ni à votre patron ni à personne. Restez chez vous. Faites comme si vous étiez venue ici et, surtout, ne le prenez pas pour vous », et, effectivement, elle fit ce que je lui dis.

Elle s'en alla et joua le jeu. Genre, « merci, à la prochaine », mais n'allez pas croire pour autant que je ne connaissais pas l'italien.

Je ne voulais vraiment pas prendre de leçons mais j'appris par d'autres moyens, dans le vestiaire, à l'hôtel, et je trouvais cela facile à comprendre. Je progressai vite et j'étais suffisamment crétin et arrogant pour baragouiner même si ma grammaire n'était pas bonne. Je me suis même lancé en italien face à des journalistes, avant de zapper sur l'anglais et je pense qu'ils avaient apprécié. Voilà un type qui ne maîtrise pas mais il essaie, ce qui est ma façon de faire à peu près tout. Une fois j'écoute, une autre je n'écoute pas.

Par ailleurs, je me suis métamorphosé physiquement et mentalement. Je me rappelle le premier match avec la Juventus. C'était le 12 septembre, nous jouions contre Brescia, et je débutais sur le banc. La famille Agnelli, propriétaire du club, était dans les loges VIP et à l'évidence elle était venue voir ce que je valais. Est-ce qu'il vaut le prix auquel nous l'avons acheté ? Après la mi-temps, je suis entré à la place de Nedvěd, un autre des joueurs de Mino, qui, l'an passé, avait été élu meilleur joueur du monde. Il est sans doute l'un des joueurs les plus accrocheurs à l'entraînement que je connaisse. Nedvěd allait faire du vélo pendant une heure avant notre séance d'entraînement. Après quoi il allait courir une heure supplémentaire. Ce n'était pas le type facile à remplacer même si ce n'est pas une catastrophe de ne pas bien démarrer dès le premier match. Cela dit, ce n'est pas très bon non plus. Je me revois en train de courir sur le côté gauche, le long de la ligne de touche, avec deux défenseurs sur moi. La situation semblait totalement inextricable. Mais j'ai poussé une accélération, j'ai percé, et j'entendais les supporters dans les tribunes : « Ibrahimović, Ibrahimović ! » C'était génial et ce n'était que le début.

Les gens ont alors commencé à m'appeler « Ibra » (c'est Moggi qui avait trouvé ça) et même « le Flamand », pendant un temps. J'étais encore mince. Je mesurais un mètre quatre-vingt-dix-huit mais je ne pesais que quatre-vingt-quatre kilos. Capello pensait que ce n'était pas suffisant.

« Tu n'as jamais fait de musculation ?

— Jamais. »

Je n'avais jamais soulevé de fonte et il trouva cela passablement scandaleux. Il m'envoya voir le préparateur physique pour me faire cravacher en salle et, pour la première fois de ma vie, je commençai à faire attention à ce que je bouffais. O.K., il y avait toujours trop de pâtes aux repas, mais on verra ça plus tard. Tout était de plus en plus minutieux à la Juventus et je soulevai de la fonte pour prendre du poids, devenir un joueur plus puissant. À l'Ajax, les types étaient livrés à eux-mêmes. Étrange, vraiment, avec tous ces jeunes talents ! En Italie, nous détestions ces moments d'avant et d'après les entraînements. Avant les matchs, nous restions à l'hôtel et prenions trois repas par jours. Il n'y avait rien d'étonnant à ce que je grossisse.

Je suis monté jusqu'à quatre-vingt-dix-huit kilos, mon poids maximum, et je sentais que c'était trop. Je devins un peu malhabile et il fallut que j'allège les séances de gym pour faire plus de jogging à la place. Mais, surtout, je devins plus fort, plus rapide, et j'appris à être impitoyable avec les stars du club. Je n'aurais eu aucun mérite à leur laisser la place. Capello me le fit comprendre. « Tu dois tenir ton rang. Tu ne peux pas laisser les stars te coincer, en fait, c'est tout le contraire. Ils doivent s'écarter. » J'ai avancé mes pions. J'avais grandi. J'ai gagné le respect, ou, mieux, je m'imposai.

Pas à pas je suis devenu ce que je suis aujourd'hui, celui qui sort d'une défaite tellement furibard, en rogne, que personne n'ose l'approcher. Certes, cela peut paraître négatif. J'ai effrayé un tas de jeunes joueurs. Je gueule et je fais du bruit. J'ai des accès de rage.

J'ai conservé ce type de comportement depuis mon passage à la Juventus et, exactement comme Capello, j'ai cessé de me préoccuper de qui était qui. Qu'ils s'appellent Zambrotta ou Nedvěd, s'ils ne donnaient pas le maximum à l'entraînement, ils allaient m'entendre. Capello n'a pas seulement purgé l'Ajax. Il a fait de moi un type qui arrive dans un club pour gagner le championnat, quoi qu'il en soit ; cela m'a beaucoup aidé, aucun doute là-dessus. Cela m'a métamorphosé en tant que joueur de football.

Sans pour autant me calmer. Il y avait dans l'équipe Jonathan Zebina, un défenseur français. Il avait joué avec Capello à la Roma et avait remporté le titre en 2001. Il était maintenant parmi nous. À mon avis, il n'allait pas très bien. Il avait des problèmes personnels et jouait de façon très agressive à chaque entraînement. Un jour, il me tacla vraiment méchamment. J'allai vers lui et collai mon visage au sien.

« Si tu veux jouer au dur, préviens-moi, je peux le faire aussi. »

Et il me mit un coup de tête, bang !, juste comme ça. Je n'avais pas eu le temps de réfléchir. C'était un geste réflexe : je le frappai instantanément. Il n'avait même pas eu le temps de me ficher son coup de boule. J'avais dû le frapper lourdement. Il s'écroula dans l'herbe et je n'avais aucune idée de ce qui allait suivre. Peut-être Capello se mettrait à courir en hurlant. Mais Capello ne bougea pas, il se tenait un peu à l'écart, totalement froid, comme si ce qui était arrivé ne le regardait pas. Évidemment, personne ne disait quoi que se soit, genre : « Que se passe-t-il ? Comment ? » Ça chuchotait de tous les côtés et je me souviens de Cannavaro, avec lequel nous nous entraidions toujours.

« Ibra, dit-il, qu'est-ce que t'as fait ? »

Pendant un moment, je crus qu'il était fâché.

Puis il me fit un clin d'œil, pour signifier : « Cet abruti de Zebina le méritait. » Il ne l'aimait pas non plus, à cause de la façon dont il se comportait depuis quelques jours. Mais Lilian Thuram, un Français, était d'un tout autre avis.

« Ibra, tu es jeune et stupide. On ne fait pas des choses comme ça. Tu es fou. »

Mais il n'eut pas le temps d'aller plus loin. Un rugissement s'éleva du terrain, dont une seule personne était capable.

« Thuuuram ! cria Capello. Ferme ta gueule et dégage de là. »

Bien sûr, Thuram se fit discret, il était comme un petit garçon et je m'en allai aussi. Il fallait que je me calme.

Deux heures plus tard, je vis un type dans la salle de massage qui se mettait de la glace sur le visage. Zebina. Je devais l'avoir salement amoché. Il avait encore mal. Il aurait un œil au beurre noir pour un bout de temps et Moggi nous flanqua un avertissement à tous les deux. Mais Capello ne cilla pas. Pas de sermon, pas même une réunion. Il ne dit qu'une chose : « C'était bon pour l'équipe. »

Et c'était terminé. Il était comme ça. Il était dur. Il voulait de l'adrénaline. On pouvait se battre et se mordre comme des chiens mais il y avait une chose qu'en aucun cas nous ne pouvions faire : remettre en question son autorité ou agir de façon irréfléchie. Ça le rendait fou.

Je me rappelle un quart de finale de Ligue des Champions contre Liverpool. Nous avions perdu 2 à 0 et, avant le match, Capello avait exposé notre tactique et déterminé qui allait marquer tel ou tel joueur sur les corners de Liverpool. Mais Lilian Thuram décida qu'il marquerait un autre type. Il alla sur un autre joueur de Liverpool et c'est ainsi que nous encaissâmes un but. Dans le vestiaire, un peu plus tard, Capello fit son discours habituel en faisant les cent pas pendant que nous étions assis sur les bancs en rond autour de lui, en nous demandant ce qu'il allait se passer.

« Qui t'a demandé de marquer un autre joueur ? demanda-t-il à Thuram.

— Personne, je pensais que c'était mieux comme ça. »

Capello soupira, une fois, deux fois, et il répéta :

« Qui t'a demandé de marquer un autre joueur ?

— Je pensais que c'était mieux comme ça. »

La réponse de Thuram était identique et Capello posa la question une troisième fois et il obtint encore la même explication. C'est alors qu'il explosa, comme une bombe à retardement.

« Est-ce que je t'ai demandé de marquer un autre joueur ? Hein ? C'est moi qui prends les décisions ou quelqu'un d'autre ? C'est moi, tu m'entends ? C'est moi qui te dis ce que tu dois faire. Tu saisis ? »

Il donna alors un coup de pied dans la table de massage et se tourna vers nous extrêmement vite. Dans ce genre de situation, personne n'ose lever les yeux. Tout le monde était assis, fixant le sol, Trézéguet, Cannavaro, Buffon, tous sans exception. Personne ne bougeait d'un iota et personne ne ferait ce que Thuram n'a d'ailleurs plus jamais réédité. Tous évitaient ses yeux pleins de fureur. Il faisait beaucoup de scènes comme celle-ci. C'était dur. Je n'espérais rien en particulier mais, en attendant, je continuais à bien jouer.

Capello avait fait sortir Alessandro Del Piero pour me donner plus d'espace. En dix ans de carrière, personne n'avait encore mis Del Piero sur le banc. Mettre Del Piero sur le banc, c'était écarter l'icône du club, ce qui scandalisa les supporters. Il huèrent Capello et crièrent à Del Piero : *« Il Pinturicchio, il fenomeno vero.*[1]*»*

Del Piero avait remporté sept fois le championnat italien avec la Juventus en étant un joueur décisif chaque saison. Il avait remporté la Ligue des Champions et était aimé de la famille propriétaire du club. Il était la grande star du club. Mais Capello n'est pas un entraîneur ordinaire. Il n'en a jamais rien eu à cirer des statuts. Il ne parlait qu'en termes d'équipe et je lui en étais reconnaissant. Mais cela me mettait aussi la pression. Quand Del Piero était sur le banc, je devais être particulièrement bon. J'entendais de moins en moins son nom dans les tribunes. J'entendais, « Ibra, Ibra » et, en décembre, les supporters m'élirent joueur du mois, c'était énorme.

J'étais sérieusement en train de faire mon trou en Italie, même si, bien sûr, au football, tout ne tient qu'à un fil. Un jour vous êtes un héros et le lendemain un moins que rien. L'entraînement particulier avec Galbiati avait produit des résultats, sans aucun doute. À force de jouer des ballons devant le but j'étais devenu plus efficace et plus fort dans la zone des neuf mètres. J'avais digéré toute une série de situations nouvelles, elles coulaient dans mes veines, et je n'avais pas trop à réfléchir, ça partait, bam ! bam !

Mais, ne l'oublions pas : être dangereux devant le but relève d'une sensation, de l'instinct. On l'a ou on ne l'a pas. On peut l'acquérir, certes, mais on peut la perdre tout aussi vite quand la confiance disparaît et je ne me suis jamais considéré comme un simple buteur. J'étais le

1. Référence au peintre italien du XVe siècle Pinturicchio, littéralement « le vrai phénomène », pour dire : « Le grand artiste, le vrai, c'est toi. »

joueur qui voulait faire la différence à tous les niveaux. Je voulais être capable de savoir tout faire et, en janvier, je perdis mon style.

En cinq sorties, je n'avais pas réussi à marquer une seule fois. En trois mois, je n'avais marqué qu'un but, je ne sais pas pourquoi. C'était comme ça et Capello a commencé à me bousculer. Comme il m'avait motivé, maintenant il me rabaissait. « Tu n'as vraiment rien foutu. Tu ne vaux rien. » Néanmoins il me laissait jouer.

Del Piero était toujours sur le banc et je supposais qu'il me criait dessus pour me secouer, enfin, c'est ce que j'espérais. Pour sûr, Capello voulait des joueurs qui avaient confiance en eux mais ils ne pouvaient pas non plus être « trop » sûrs d'eux, trop prétentieux. Il déteste l'excès de confiance et c'est pour cette raison qu'il agissait de la sorte. Il forme des joueurs puis les limoge et je ne savais absolument plus où j'en étais.

« Ibra, viens ici ! »

Ma peur d'être convoqué ne me quittera jamais et je me demandai d'abord si j'avais piqué un vélo ou si j'avais filé un coup de boule à la mauvaise personne. Sur le chemin du vestiaire, où il m'attendait, je tentais d'échafauder des excuses intelligentes. Mais c'est difficile quand vous ne savez pas de quoi il retourne. On ne peut qu'espérer que ça se passe du mieux possible. Quand je suis entré, Capello ne portait sur lui qu'une serviette.

Il venait de prendre sa douche. Ses lunettes étaient pleines de buée et le vestiaire était à peu près dans son état normal. Luciano Moggi aimait les belles choses mais le vestiaire se devait d'être minable. Ça faisait partie de sa philosophie. « Il est plus important de gagner que d'avoir un joli vestiaire », soutenait-il, et je m'en accommodais. Mais, si quatre d'entre nous se douchaient en même temps, l'eau nous montait jusqu'aux chevilles et nous savions tous qu'il n'était pas question de s'en plaindre. Moggi n'y aurait vu qu'une confirmation de sa théorie.

« Tu vois, tu vois, pour gagner on n'a pas besoin de faire joli », c'est pourquoi le vestiaire gardait cet aspect-là. Capello s'avança vers moi, à moitié nu, dans cette pièce cradingue, et je me demandai encore : qu'est-ce qu'il y a ? Qu'est-ce que je t'ai fait ? Il y a un truc avec Capello, c'est que, particulièrement quand vous êtes seul avec lui, vous vous sentez tout petit. Il devenait de plus en plus imposant à mesure que l'on rétrécissait.

Il me somma de m'asseoir et, bien sûr, je m'exécutai. En face de moi il y avait une vieille télé avec un magnétoscope encore plus vieux dans lequel Capello introduisit une cassette.

« Tu me rappelles un joueur que j'ai eu à Milan.

— Je pense que je sais de qui vous parlez.

— Ah oui ?

— On me l'a dit tellement de fois.

— Parfait. Je ne veux pas que tu aies peur de la comparaison. Tu n'es pas le nouveau Van Basten. Tu as ton propre style et je pense que tu es meilleur que lui. Mais Marco Van Basten se déplaçait plus subtilement dans la zone de tir. Voilà un film où nous avons compilé ses buts. Étudie ses mouvements. Imprègne-t'en. Prends-en de la graine. »

Puis Capello me laissa seul dans le vestiaire et j'ai commencé à regarder et, bon, c'était véritablement tous les buts de Van Basten, sous tous les angles, dans tous les sens. La balle s'abattait sur les neuf mètres et Marco Van

Basten arrivait, encore et encore. Je suis resté assis là pendant dix à quinze minutes en me demandant quand je pourrais y aller.

Est-ce que Capello avait laissé quelqu'un derrière la porte pour me surveiller ? Ce n'était pas complètement exclu. Je décidai de me taper toute la cassette. Il se passa vingt-cinq voire trente minutes, et là je pensai, bon, ça devrait suffire. Je me suis barré. Je me suis faufilé à l'extérieur et, pour être honnête, je n'aurais pas su dire si j'avais appris quelque chose. Mais j'avais compris le message. Toujours le même : Capello voulait que je marque des buts. Il fallait que je me mette ça dans le crâne, dans tous mes mouvements, dans tout mon système, et je savais que l'heure était grave.

Nous étions en tête du championnat, au coude à coude avec le Milan AC et pour que nous puissions gagner, il fallait que je marque des buts. C'était un constat, rien de plus, et je me souviens d'avoir vraiment beaucoup travaillé dans les neuf mètres. Mais on m'avait à l'œil. Les défenseurs adverses fondaient sur moi comme des loups parce que le bruit courait que j'avais du caractère. Les joueurs et les spectateurs tentaient de me provoquer tout le temps en m'insultant, ils me malmenaient, que des horreurs. Gitan, vagabond, ils disaient des trucs sur ma mère et ma famille, ils gueulaient des tas de conneries et, de temps en temps, j'explosais. Il y avait des coups de boule ou des signes qui ne trompaient pas. Mais je joue mieux quand je suis en colère et les choses allaient se détendre. Le 17 avril, je marquai trois buts contre Lecce. Les supporters devinrent fous, les journalistes écrivirent : « On a dit qu'il ne marquait pas assez de buts. Maintenant, il en a quinze au compteur. »

J'étais le troisième meilleur buteur du championnat italien. On disait que j'étais le joueur le plus important de la Juventus. J'étais félicité partout, tout était « Ibra, Ibra ».

Mais il y avait quelque chose d'autre dans l'air. Un cataclysme se préparait.

13

Je ne savais absolument pas que la police et la justice avaient placé Moggi sur écoutes téléphoniques et, sans doute, ce n'était pas plus mal. Nous étions en tête du classement du championnat, au coude à coude avec le Milan AC et, pour la première fois de ma vie, je vivais en couple. Helena n'en pouvait plus. Elle travaillait pour FlyMe[1] à Göteborg en journée, dans un restaurant le soir et, comme en plus elle étudiait, elle devait faire des allers-retours à Malmö.

Elle travaillait beaucoup trop et se ruinait la santé. Je décrétai : « Ça suffit maintenant. Tu déménages, tu viens t'installer ici avec moi. » Et même si le changement était radical, je pense qu'elle trouvait que c'était une bonne chose. Elle aurait enfin le temps de souffler.

J'avais emménagé dans un autre appartement, dans le même immeuble que celui de Filippo Inzaghi, gigantesque, avec de hauts plafonds, sur la Piazza Castello. Il ressemblait à une petite église avec, au rez-de-chaussée, un café appelé Mood où certains des types qui y travaillaient allaient devenir des amis. Ils nous faisaient parfois le petit déjeuner et si nous n'avions pas encore

1. Compagnie aérienne *low-cost* suédoise.

d'enfants, nous avions le chien Hoffa, qui était notre gros bébé. Nous achetions trois pizzas pour le dîner, une pour moi, une pour Helena, une pour Hoffa qui l'avalait tout entière à l'exception de la croûte qu'il se mettait à dribbler et à envoyer voler dans tout l'appartement. Merci ! Ce chien était un poupon et nous nous amusions bien avec lui. Mais nous n'étions décidément pas du même monde.

Lors de vacances en famille, nous avions pris l'avion, en classe affaires, pour Dubaï. Helena et moi savions tout du comportement à adopter dans l'avion. Mais, pour ma famille, c'était différent. À 6 heures du matin, mon petit frère voulait du whisky et maman était assise sur le siège juste devant lui. Maman est super, bien entendu, mais elle n'a pas sa pareille pour mettre le souk. Elle n'aime pas que nous buvions de l'alcool, ce qui peut se comprendre vu ce qu'elle a vécu. Elle enleva donc une de ses chaussures. C'était sa façon à elle de résoudre les problèmes. Elle prit la chaussure et fila un coup sec sur la tête de Keki. Juste « paf ! », ce qui rendit dingue mon frère. Il répliqua. À 6 heures du matin, la classe affaires était toute chamboulée et je me tournai vers Helena. Elle aurait voulu disparaître sous son siège.

À Turin, j'allais généralement à l'entraînement vers 10 heures moins le quart mais, un matin, j'étais en retard. Je me dépêchais dans l'appartement quand je m'aperçus qu'il y avait une odeur de brûlé. C'est ce que me dit Helena en tout cas. Je ne sais plus. Quand j'ai ouvert la porte pour partir, quelque chose brûlait à l'extérieur. Quelqu'un avait rassemblé des roses et y avait mis le feu. Nous avions tous dans l'immeuble des extincteurs et, dans la cage d'escalier, pas loin, il y avait un tuyau de gaz le long du mur. Les choses auraient pu mal tourner. Tout aurait pu exploser. Nous sommes allés chercher des seaux d'eau pour éteindre le feu. J'aurais bien aimé ouvrir la porte trente secondes plus tôt. J'aurais alpagué l'idiot la main dans le sac et je l'aurais massacré. Mettre le feu juste devant notre porte ? Un malade ! Et avec des roses… des roses !

La police ne trouva jamais le coupable. À cette époque, les clubs prenaient moins de précautions qu'aujourd'hui concernant notre sécurité et, donc, nous avons oublié l'incident. Il se passait toujours quelque chose. Quelque temps auparavant, à Turin, j'avais reçu la visite de deux clowns de l'*Aftonbladet.*

Je logeais encore à l'hôtel Le Méridien. L'*Aftonbladet* voulait faire table rase de nos relations passées, disaient-ils. Pour eux, je représentais de l'argent et Mino pensait qu'il était temps d'enterrer la hache de guerre. Mais, vous le savez, je ne pardonne rien. J'ai une mémoire d'éléphant et, il pourrait s'écouler dix ans, ma rancune serait intacte.

Quand les types du journal sont arrivés, j'étais dans ma chambre d'hôtel. Ils discutèrent d'abord un moment avec Mino avant que je ne descende et je sentai immédiatement que tout ça ne servait à rien. Ils avaient écrit et publié dans tout le pays une petite annonce ! Un rapport de police monté de toutes pièces ! « Honte à toi, Zlatan ! » Je ne les saluai même pas. J'étais encore plus en colère. À quoi jouaient-ils ? Je les ai donc enguirlandés et, pour être honnête, je pense leur avoir flanqué une peur bleue. Je leur ai même balancé une bouteille d'eau à la figure.

« Si vous étiez de mon quartier, vous seriez morts », leur ai-je dit et, sans doute, j'y allai un peu fort.

Mais ça me rendait malade et furieux. Il m'est impossible de vous expliquer toute la pression que je subissais alors. Ce n'était pas que la faute des médias mais aussi des supporters, du public, des entraîneurs, des dirigeants, de mes équipiers, de l'argent. Il fallait que je réussisse et je ne marquais pas de buts. J'encaissais des remarques de toutes sortes et j'avais besoin d'évacuer. Pour cela, j'avais Mino, Helena, les gars de l'équipe, mais il y avait autre chose : mes voitures. Elles me procuraient une sensation de liberté. Je roulais en Ferrari Enzo à cette époque. La voiture avait été négociée en même temps que mon contrat. Mino, Moggi et moi, puis Antonio Giraudo, le directeur général, et Roberto Bettega, l'émissaire international de l'équipe, étions assis dans une pièce discutant de mon contrat quand Mino a déclaré : « Zlatan veut une Ferrari Enzo ! »

Tout le monde s'était regardé. Nous ne nous attendions pas à autre chose. L'Enzo était la dernière née de Ferrari : la plus belle voiture que la firme ait jamais produite et il n'y en avait que trois cent quatre-vingt-dix-neuf exemplaires sur le marché. Nous avons pensé, à ce moment-là, que nous avions exagéré. Mais Moggi et Giraudo considérèrent que la requête était raisonnable. Après tout, Ferrari et la Juventus font partie du même groupe financier.

« Pas de problème, on va t'en trouver une », acceptèrent-ils et je me suis dit : Waouh ! Quel club !

Mais, bien entendu, ils ne l'ont pas obtenue. Une fois le contrat signé, Antonio Giraudo a déclaré, l'air de rien : « Et cette Ferrari, il s'agit bien de l'ancien modèle ? »

J'étais stupéfait. Je me tournai vers Mino.

« Non, rectifia-t-il, la nouvelle, celle qui n'a été produite qu'à trois cent quatre-vingt-dix-neuf exemplaires. »

Giraudo avala sa salive.

« Je pense qu'il y a un souci », dit-il, et il y en avait un.

Il ne restait plus que trois modèles et une longue liste d'attente sur laquelle on trouvait les noms d'importantes personnalités. Qu'allions-nous faire ? On appela le patron de Ferrari, Luca di Montezemolo, à qui on expliqua la situation. Ça allait être difficile, c'était pratiquement impossible. Mais, finalement, il céda. On m'en offrit une mais je devais m'engager à ne jamais la vendre.

« Je la garderai jusqu'à ma mort », promis-je. Franchement, j'aime cette voiture.

Helena n'aime pas monter dedans. Elle la trouve trop vive et trop instable. Personnellement je deviens fou quand je suis au volant, et pas seulement parce que cette voiture est cool, belle, rapide ou pour passer pour le mec qui a réussi. En fait, elle m'interdit d'être suffisant. En la regardant, je me dis : Si je ne progresse pas, on va me la reprendre. Cette voiture allait être mon élément moteur, mon allumage.

D'autres fois, quand j'avais besoin d'un coup de fouet, je me faisais tatouer. Cela devint rapidement une drogue pour moi. Je cherchais toujours un nouveau motif. Ça n'avait rien d'impulsif. Cela me faisait réfléchir. Pourtant, au début, j'étais contre. Je considérais que c'était de mauvais goût. Mais bon, j'ai été tenté. Alexander Östlund[1] m'aida à trouver mon style et mon premier tatouage consista à inscrire mon nom autour de ma taille à l'encre blanche. Il n'apparaissait que si j'étais bronzé. En gros, c'était un test.

Puis je me suis fait faire des choses plus osées. J'avais entendu l'expression : « Seul Dieu peut me juger. » Vu que l'on pouvait écrire ce qu'on voulait sur moi dans les journaux, que l'on pouvait me gueuler n'importe quoi des tribunes et que cela ne m'atteignait pas, seul Dieu pouvait me juger ! Ça me plaisait. Il faut tracer sa propre route, donc je me suis fait tatouer cette phrase. J'ai aussi

1. Un ancien footballeur suédois.

un dragon parce que, dans la culture japonaise, le dragon symbolise le guerrier et j'étais un guerrier.

J'ai une carpe, poisson qui remonte le courant, et un bouddha, symbole qui protège de la souffrance, et les cinq éléments : l'eau, la terre, le feu et le reste. Le nom des membres de ma famille est tatoué sur mes bras. Sur le droit, les hommes représentent la force : Papa, mes frères et, plus tard, mes garçons. Et, ensuite, les femmes sur le bras gauche, plus près du cœur : Maman, Sanela, mais pas mes demi-sœurs qui ont quitté la famille. Cela me paraissait normal à l'époque mais plus tard j'y ai repensé : qui fait partie de la famille, qui n'en fait pas partie ? Mais c'était bien plus tard.

Je me focalisai sur le football. C'est souvent au printemps que se décide le championnat. Certaines équipes se détachent. Mais, cette saison, nous avions dû ferrailler jusqu'à la fin. La Juventus et le Milan AC comptabilisaient soixante-dix points chacune et, évidemment, les journaux en faisaient des tonnes. Tout était en place pour une fin dramatique. Le 18 mai, nous devions nous rencontrer au stade San Siro. Cela ressemblait à une finale et la plupart des gens pensaient que Milan allait gagner. Pas seulement parce qu'ils avaient l'avantage du terrain. Lors du match aller au Stadio delle Alpi, nous avions fait match nul 0-0. Mais, sur le plan du jeu, le Milan AC avait dominé et cette équipe était généralement considérée alors comme la meilleure d'Europe et cela en dépit de notre impressionnant effectif. D'ailleurs, personne n'avait été surpris de voir le Milan AC atteindre encore une fois la finale de la Ligue des Champions. Tous les faits étaient contre nous, et la tendance n'avait pas l'air de s'inverser, vu notre match contre l'Inter de Milan.

C'était le 20 avril, quelques jours après mon triplé contre Lecce qui me valut des louanges de toutes parts.

Mino m'avait prévenu que, justement à cause de ça, l'Inter de Milan me surveillerait de très près. J'étais une star. L'Inter de Milan devait me bloquer ou me faire dérailler.

« Si tu veux y survivre, il faudra que tu sois à deux cents pour cent. Sinon, tu n'auras pas une chance », me prévint Mino et je répondis comme chaque fois : « Il n'y a pas de problème. Plus c'est dur, mieux je me porte. »

Mais j'étais vraiment nerveux. Il existe une vieille haine entre l'Inter et la Juventus et, cette saison, l'Inter de Milan avait une ligne de défenseurs extrêmement brutaux. Marco Materazzi était l'un d'entre eux. Personne jusqu'ici n'avait reçu autant de cartons rouges en Serie A que lui. Materazzi était connu pour son jeu dur et son agressivité. Un an plus tard, à l'été 2006, il se rendit plus largement célèbre en balançant à Zidane une obscénité durant la Coupe du Monde et ce dernier lui mit un coup de tête dans la poitrine. On l'appelait parfois « Le Boucher ».

L'Inter de Milan disposait également d'Iván Córdoba, un Colombien petit mais athlétique, mais aussi de Siniša Mihajlović, un Serbe. On écrivit donc beaucoup là-dessus, expliquant comment le match pouvait être une sorte de petite guerre des Balkans. Quelles conneries. Ce qui se déroula sur le terrain n'eut rien à voir avec une guerre. Plus tard, je deviendrai l'ami de Mihajlović à l'Inter car je n'en ai jamais rien eu à faire des origines des gens. Je n'en ai rien eu à fiche de ces crasses sur les ethnies. Franchement, comment pourrait-il en être autrement ? Dans ma famille, nous étions mélangés. Mon père était bosnien, ma mère croate et le père de mon petit frère, serbe. Ça n'avait donc vraiment rien à voir.

N'empêche que Mihajlović était très dur. Il était parmi les meilleurs tireurs de coup franc et il parlait trop et mal. Il avait appelé Patrick Vieira *nero di merda,* « noir de merde », dans un match de la Ligue des Champions, ce qui avait abouti à une enquête de police pour établir s'il y avait là acte de racisme. Une autre fois, il fila un coup de pied et cracha sur Adrian Mutu qui venait juste d'intégrer notre équipe et il écopa de huit matchs de suspension. Il pouvait dégoupiller violemment. Je ne voudrais pas en faire toute une histoire, pas du tout. Pour moi, ce qui se passe sur une pelouse doit rester sur la pelouse. Vous seriez choqués d'entendre tout ce qu'il s'y dit. On s'insulte, on se donne des coups, c'est un combat permanent mais, pour nous, joueurs, c'est banal et je mentionne tout cela à propos des défenseurs de l'Inter uniquement pour vous faire comprendre que ces types ne pouvaient pas être pris à la légère. Parce qu'ils pouvaient jouer comme des salopards et très durement, je compris immédiatement que ce match-là n'avait rien d'ordinaire. Les insultes fusaient, il y avait de la haine.

Ils balançaient des tas de saloperies sur ma famille, mon honneur, et je répondais en jouant encore plus sèchement et méchamment. Il n'y a rien d'autre à faire dans ces cas-là. Si vous vacillez, on vous écrase. Il faut canaliser sa rage pour se concentrer encore davantage sur le terrain et jouer de façon extrêmement physique, c'est un jeu viril. Il n'allait pas être facile d'affronter Zlatan, pas une seconde, d'autant moins que j'étais plus costaud. Je n'étais plus le dribbleur filiforme de l'Ajax. J'étais plus fort et plus rapide. Je n'étais pas une proie facile, en aucun cas. Après la partie, l'entraîneur de l'Inter de Milan, Roberto Mancini, déclara : « Ce phénomène Ibrahimović, quand il joue à ce niveau, il est impossible à marquer. »

Mais Dieu sait qu'ils avaient essayé ! Je pris énormément de tacles et je répondis tout aussi fort. J'étais bestial.

J'étais *Il gladiatore*, « le gladiateur », comme l'écrivirent ensuite les journaux italiens. D'ailleurs, après juste quatre minutes de jeu, Córdoba et moi entrions en collision et nous nous sommes tous les deux retrouvés étendus sur la pelouse. Je me relevai, groggy. Córdoba saignait abondamment, il titubait et devait se faire recoudre. Il revint avec un bandage autour de la tête. Mais il n'y avait aucune trêve. Rien du tout ! Au contraire, quelque chose couvait et nous nous jaugions d'un œil noir. C'était la guerre. Nous avions les nerfs à vif, nous étions agressifs et, à la treizième minute, Mihajlović et moi nous retrouvions par terre à la suite d'un choc.

Pendant un moment, nous restâmes étourdis. Mais quand nous nous sommes rendu compte que nous étions assis tous les deux côte à côte dans l'herbe, l'adrénaline est montée en flèche. Il fit un mouvement de tête et je lui répondis en mimant un coup de boule. Nous devions vraiment avoir l'air ridicule. Je penchai ma tête vers lui, ça se voulait n'être qu'une menace.

Croyez-moi, si je lui avais vraiment mis un coup de boule, il ne se serait pas relevé. Je l'ai à peine touché, juste pour lui signifier : je céderai pas face à toi, connard ! Mais Mihajlović mit ses mains devant son visage et s'écroula au sol ; bien sûr, il jouait la comédie. Il voulait que l'on m'expulse. Mais, sur ce coup-là, je ne récoltai même pas un avertissement.

Cela arriva une minute après un tacle sur Favalli. C'était un match globalement ignoble mais je jouai bien et participai à la plupart des occasions de but. Le gardien de l'Inter, Francesco Toldo, était excellent. Il réussissait un arrêt après l'autre et nous avons concédé un but. Julio Cruz avait marqué de la tête et nous tentions l'impossible pour égaliser. C'était serré et nous n'y arrivions pas, ça puait la guerre et la rancune.

Pour se venger, Córdoba me planta un coup de pied dans la hanche et reçut en retour un carton jaune. Materazzi essayait de me faire péter les plombs et Mihajlović continuait de m'insulter, de me tacler, quel enfer, mais je m'accrochais. Je trouvai enfin mon chemin en poussant à fond. Je me battis et je parvins à assurer un bon tir cadré juste avant la mi-temps.

En deuxième mi-temps, j'ai frappé de loin et tapé l'extérieur du poteau, à droite, près du corner, puis j'obtins un coup franc que Toldo stoppa grâce à un réflexe incroyable.

On n'avait toujours pas marqué et il ne restait qu'une minute à jouer quand Córdoba et moi nous sommes encore une fois entrechoqués. Nous nous sommes rentrés dedans et, juste après, par réflexe, je lui donnai une dernière beigne, un coup de poing sur le menton ou à la gorge. Je pensais que cela n'était pas grave, que cela faisait partie de notre combat sur le terrain et que l'arbitre n'avait rien vu. Or cela aurait des conséquences. Nous avions perdu et c'était raide. Tel que les choses se déroulaient en championnat, cela aurait pu nous coûter le titre.

La commission de discipline examina la vidéo de mon coup de poing sur Córdoba et décida de me suspendre pour trois journées, ce qui en soi n'était pas si catastrophique. Mais j'allais louper les derniers matchs dans le championnat, y compris la rencontre contre le Milan AC du 18 mai et il me sembla avoir été traité injustement. « Je n'ai pas été jugé honnêtement, déclarai-je aux journalistes. Avec tout ce que j'ai pris dans la gueule, je suis le seul à avoir été puni. »

C'était dur. En considérant l'influence que cela aurait sur l'équipe, cette décision était un choc pour tout le club. La direction fit appel et convoqua Luigi Chiappero, le célèbre avocat. Il avait plaidé par le passé pour la Juventus contre les accusations de dopage et il affirmait maintenant non seulement que mon coup de poing faisait partie d'une action pour récupérer la balle, mais aussi que, durant toute la rencontre, j'avais été victime d'attaques et d'insultes. Il avait même loué les services d'un spécialiste de lecture labiale pour analyser ce que Mihajlović m'avait dit. Mais la tâche était ardue. La plupart des insultes étaient en serbo-croate et donc Mino y alla de sa remarque, balançant que Mihajlović avait dit des trucs trop dégueulasses pour qu'on puisse les répéter, des choses sur ma famille et ma mère.

« Raiola n'est rien d'autre qu'un pizzaiolo », avait rétorqué Mihajlović.

Mino n'avait jamais fait de pizzas. Il avait aidé ses parents d'une tout autre manière dans le restaurant familial et il contre-attaqua.

« Avec cette déclaration, Mihajlović confirme ce que tout le monde pensait déjà : qu'il est stupide. Il ne nie même pas avoir provoqué Zlatan. Il est raciste et il nous l'a déjà prouvé par le passé. »

C'était le chaos. Les accusations fusaient d'un côté, de l'autre, et Luciano Moggi, qui n'a jamais eu peur de rien, laissa entendre qu'il s'agissait d'un complot, d'un coup monté. Les caméras qui avaient filmé l'action appartenaient à Mediaset, le groupe audiovisuel de Berlusconi qui était aussi, bien sûr, le propriétaire du Milan AC. Les images ne s'étaient-elles pas retrouvées entre les mains de la commission de discipline un peu trop vite ? Même le ministre de l'Intérieur, Giuseppe Pisanu, fit un commentaire sur l'affaire et, tous les jours dans les journaux, on polémiquait.

Mais ça n'arrangeait pas nos affaires. La suspension était confirmée et je serais donc absent pour le match crucial contre le Milan AC. C'était ma saison et je désirais plus que tout y participer et remporter le championnat.

Et maintenant, voilà que je devais regarder les matchs des tribunes, ce qui était raide. La pression était terrible et les paquets d'injures continuaient à voler dans toutes les directions. Cela dépassa mon simple cas. C'était un beau bazar.

Voilà à quoi ressemble l'Italie. La Juventus imposa un *silenzio stampa* : l'interdiction de parler aux médias. Rien, aucun nouveau commentaire à propos de ma suspension ne serait toléré, afin de ne pas perturber notre préparation pour la fin de la compétition. Tout le monde devait la fermer et se concentrer sur le match, perçu comme le plus important de l'année en Europe. Les deux équipes, le Milan AC et nous, étions à soixante-seize points chacun. Le suspense était à son comble. Le match constituait le sujet brûlant de l'actualité et la plupart des gens tombaient d'accord, les sociétés de paris sportifs y compris : le Milan AC était favori. Quatre-vingt mille billets furent vendus, le Milan AC jouait à domicile et j'étais suspendu, moi que l'on voyait maintenant comme la pièce maîtresse de l'équipe. Adrian Mutu était lui aussi suspendu. Zebina et Tacchinardi étaient blessés. Nous n'avions pas le meilleur groupe possible tandis que Milan disposait d'une excellente formation avec Cafu, Nesta, Stam et Maldini en défense, Kaká en milieu de terrain et Filippo Inzaghi et Chevtchenko devant.

Je ne le sentais pas bien. Les journaux écrivirent que mon coup de sang pourrait nous coûter le titre. « Il doit apprendre à se maîtriser. Il doit se calmer. » Ils publiaient ce genre de bêtises en permanence, ils citaient même Capello, et il m'était insupportable de ne pas pouvoir participer.

Mais l'équipe était incroyablement motivée. La colère générée par ce qui s'était passé avait remonté tout le monde et, après vingt-sept minutes de jeu dans la première mi-temps, Del Piero partit en dribblant sur le côté gauche mais fut contré par Gattuso, le type de Milan le plus omniprésent. La balle vola derrière lui très haut en décrivant un arc de cercle mais Del Piero se rua dessus. Il fit un retourné et la balle tomba dans les six mètres où se trouvait David Trézéguet qui la dévia de la tête dans le but. Mais il restait beaucoup de temps à jouer.

Le Milan AC nous infligea une pression incroyable et, après onze minutes de jeu en deuxième période, Inzaghi, parti seul, se retrouva devant le but. Il frappa et Buffon réussit la parade, la balle revint sur Inzaghi. Il avait une deuxième chance mais Zambrotta s'était placé sur la ligne de but et la balle s'écrasa sur le poteau.

Les deux équipes enchaînèrent les occasions. Del Piero frappa dans la transversale et Cafu réclama un pénalty. Ça n'arrêtait pas. Mais le score ne bougea plus. Nous l'emportâmes 1 à 0 et d'un seul coup nous nous retrouvions en position de force. Quelque temps après, je pus rejouer. Ça m'enlevait un poids sur les épaules et, le 15 mai, nous jouâmes chez nous, au Stadio delle Alpi, contre Parme. J'avais une énorme pression. Pas seulement à cause de ma suspension. Les votes de dix magazines spécialisés européens me situaient à la troisième place des buteurs en Europe derrière Chevtchenko et Ronaldo et le bruit courait que je pouvais remporter le Soulier d'Or.

Tous les regards seraient sur moi, dans tous les cas, et particulièrement depuis que Capello avait mis Trézéguet sur le banc, le héros du match contre Milan. Je sentais que je n'avais pas droit à l'erreur. Il fallait que je me motive, enfin, jusqu'à un certain point. Je ne pouvais pas m'énerver ou risquer une nouvelle suspension, tout le monde m'avait prévenu très clairement. Chaque caméra le long de la pelouse serait braquée sur moi et, en entrant dans le stade, j'entendis les supporters entonner : « Ibrahimović, Ibrahimović ! »

Tout vibrait autour de moi et je n'en pouvais plus, il fallait que je joue. Nous menions 1 à 0 quand, à la trente-troisième minute, après un coup franc de Camoranesi, la balle s'éleva avant de retomber dans les six mètres. J'avais souvent été critiqué pour ne pas très bien jouer de la tête en dépit de ma taille.

J'y mis tout ce qu'il fallait pour l'envoyer une fois pour toutes dans les filets. C'était fantastique. J'étais de retour et, juste avant le coup de sifflet final, un message lumineux s'afficha sur le tableau électronique : Lecce avait fait match nul 2 à 2 contre le Milan AC et il semblait bien que le *Scudetto*[1] ne nous échapperait plus.

Il nous suffisait de battre Livourne au match suivant pour assurer la victoire ! Mais nous n'aurions même pas besoin de ça. Le 20 mai, le Milan AC s'inclina contre Parme après avoir mené 3 à 1 et nous étions champions. Dans les rues de Turin, les gens pleuraient et nous avons tourné dans la ville, juchés sur le toit d'un bus. Il était difficile d'avancer. Il y avait des gens partout qui chantaient, nous acclamaient, criaient. J'étais comme un môme. Le soir, nous sommes sortis, nous avons mangé et fait la fête ensemble avec toute l'équipe. Je ne bois pas si souvent. J'en ai de trop mauvais souvenirs. Mais, là, je lâchai tout.

Nous avions remporté le championnat italien et c'était dingue. Aucun Suédois n'y était parvenu depuis Kurre Hamrin qui l'avait remporté avec le Milan en 1968, et, sans contestation possible, je n'y étais pas pour rien. Je fus élu meilleur joueur étranger du championnat et

1. Le titre de champion d'Italie est symbolisé par un écusson tricolore dit « *Scudetto* ».

meilleur joueur de la Juventus. Mon trophée personnel. Je bus, je bus, et David Trézéguet m'y incita lourdement. Encore de la vodka, encore des shots. Il a beau être un Français assez réservé, il voudrait être argentin (il est né en Argentine) et là, il se laissa vraiment aller. La vodka coulait à flots. On ne pouvait pas résister et j'étais complètement bourré. Quand je suis rentré à la maison Piazza Castello, j'y voyais flou et je me suis dit, je vais prendre une douche, j'irai un peu mieux. Mais tout continuait à tournoyer autour de moi.

Dès que je bougeais la tête, le monde entier basculait avec elle et, pour finir, je me suis endormi dans la baignoire. Helena me réveilla et se moqua de moi. Je lui demandai de ne jamais en parler à personne.

14

Moggi était ce qu'il était, mais il était respecté et c'était agréable de discuter avec lui. Il rendait toute chose possible. Il était direct. Il avait du pouvoir et il captait tout très vite. Pour la première fois, j'allais renégocier mon contrat et c'était très important. J'espérais un meilleur salaire et je ne voulais surtout pas rentrer en conflit avec lui. Je décidai d'y aller gentiment, avec toute la considération qui lui était due en tant que gros bonnet.

Il n'y avait qu'un souci : Mino m'accompagnait. Et il n'est pas du genre à cirer les pompes. Il est dingue. Il est entré à grandes enjambées dans le bureau de Moggi et s'est assis sur son fauteuil, a mis les pieds sur la table, sans réfléchir une seconde.

« Mais enfin, bon Dieu, il sera là d'un moment à l'autre, lui rappelai-je. Ne bousille pas mon contrat. Viens t'asseoir de ce côté avec moi.

— Va te faire voir et ferme-la. »

Je ne m'attendais à rien de mieux de sa part.

Mino est comme ça, mais je savais aussi qu'il était capable de négocier. C'est un as. N'empêche, je craignais qu'il fiche tout en l'air et je ne me sentais vraiment pas à l'aise quand Moggi passa la porte avec son cigare et tout le tintouin.

« Qu'est-ce que tu fiches sur mon fauteuil ? grogna-t-il.

— Assieds-toi et parlons ! »

Bien sûr, Mino savait ce qu'il faisait. Ils se connaissaient très bien. Par le passé, ils avaient déjà eu l'occasion de se prendre le bec et j'eus droit à une amélioration importante des termes de mon contrat. Mais, surtout, j'obtins la promesse d'une future renégociation. Si je continuais à jouer aussi bien et que je demeurais tout aussi efficace, j'aurais le meilleur salaire du club. Moggi en fit la promesse et j'étais content. C'est alors que tout devint confus. À l'évidence, quelque chose n'allait pas.

Cette deuxième saison, dans les hôtels ou en stage, je partageais souvent ma chambre avec Adrian Mutu et je ne risquais pas vraiment de m'ennuyer. Adrian Mutu est roumain mais il était en Italie depuis 2000, il avait joué à l'Inter de Milan et il parlait donc bien la langue, tout ça, et il m'était d'un grand secours. Mais ce type était un fêtard, il avait eu de ces histoires ! Je n'avais qu'à m'allonger dans la chambre d'hôtel et me marrer. C'était fou. Quand il avait été recruté par Chelsea, il sortait tout le temps. Mais, évidemment, ça ne pouvait pas durer. Il avait été contrôlé positif à la cocaïne et viré de Chelsea avant d'être suspendu et traîné devant les tribunaux. Il avait suivi une cure et au moment où nous nous fréquentions, il était calme et *clean*, ce qui fait que nous pouvions rire de toutes nos folies. Vous comprenez, je ne connais rien dans ce domaine. Ce n'est pas grand-chose de s'écrouler une fois dans sa baignoire.

Patrick Vieira débarqua lui aussi dans le club et nous l'avons senti tout de suite. Ce type était un dur et ce n'est pas par hasard si nous en sommes venus aux mains. Je ne m'attaque jamais aux gringalets. Mais, avec ce genre de mec, j'en donne autant que j'en prends et, à la

Juventus, j'en ai plus que jamais ramassé. J'étais un guerrier et, cette fois-là, alors que j'entrai sur le terrain, Vieira avait la balle.

« *Give me the fucking ball* », ai-je crié, sachant évidemment pertinemment qui il était. Patrick Vieira avait été le capitaine d'Arsenal. Là-bas, il avait remporté trois titres de champion d'Angleterre et avait gagné la Coupe du Monde et le championnat d'Europe avec la France. Ce n'était pas n'importe qui, loin de là, n'empêche que je lui ai vraiment gueulé dessus. J'avais mes raisons. Je veux dire, nous sommes dans l'élite du football, nous n'étions pas censés nous faire de la lèche les uns les autres.

« *Shut up and run*, lâcha-t-il.

— *Just pass me the ball and I'll be quiet* », ai-je rétorqué avant que nous ne nous jetions l'un sur l'autre et que les autres doivent nous séparer.

Franchement, ce n'était rien de grave, c'était juste la preuve que nous avions tous les deux l'esprit de compétition. On ne peut pas être tendre dans ce sport. Et si quelqu'un le savait, c'était bien Patrick Vieira. Il est du style à se donner à cent pour cent dans n'importe quelle situation et j'ai pu constater tout ce qu'il apportait à l'équipe. Il n'y a pas beaucoup de joueurs pour lesquels j'éprouve un tel respect. Il excellait dans le jeu et c'était formidable d'avoir deux milieux de terrain comme Nedvěd et lui dans mon dos. Je débutais remarquablement bien ma deuxième saison avec la Juventus.

Contre la Roma, je récupérai une balle d'Emerson juste sur la ligne médiane et je ne l'ai plus lâchée. Je filai un coup de coude en arrière à Samuel Kuffour, le défenseur romain. Je le harponnai longuement en remontant vers le haut du corps parce que j'avais vu qu'en profondeur le camp de la Roma était dégarni. J'ai couru pour en profiter. J'ai foncé comme une flèche tandis que Kuffour tentait de rester au contact. Il n'avait aucune chance, il s'accrocha à mon maillot avant de tomber et d'une demi-volée j'ai envoyé la balle un peu plus loin. Elle rebondit sur mon pied. Doni, le gardien, sortit rapidement et je tirai, bang !, une frappe lourde en plein dans la lucarne. « *Mamma mia !* Quel but ! » m'exclamai-je devant les journalistes après le match et il me semblait que la saison s'annonçait bien.

En Suède, je reçus le Guldbollen, le prix récompensant le meilleur joueur de l'année et, bien sûr, ça me faisait plaisir, mais ça ne se déroula pas sans complications. La cérémonie était organisée par ce satané tabloïd, l'*Aftonbladet*. Je décidai de rester chez moi. L'année suivante, les Jeux olympiques d'hiver se déroulèrent à Turin. Il y avait du monde partout, avec des fêtes et des concerts sur la Piazza Castello et, en soirée, avec Helena, nous restions sur le balcon pour regarder. Nous étions heureux ensemble et nous avions décidé de fonder une famille. Ou, plutôt, nous laissions les choses se faire d'elles-mêmes. Je ne crois pas que l'on puisse véritablement programmer un truc comme ça. Ce sont des choses qui arrivent. Est-on jamais prêt ? Parfois, nous revenions à Malmö pour rendre visite à ma famille. Helena avait vendu sa maison de campagne et nous allions chez ma mère, dans la maison que je lui avais achetée à Svågertorp. Il m'arrivait de m'amuser un peu avec un ballon sur son gazon. Un jour, j'ai même tiré.

J'avais tapé si fort que la balle passa au travers de la palissade. J'avais fait un gros trou. Maman voulait me tuer, cette femme a du caractère. « Bon maintenant, dégage de là et va m'acheter une nouvelle palissade. File ! » s'emporta-t-elle. Dans ces cas-là, il n'y a plus qu'une chose à faire, obéir. Avec Helena, nous avons donc pris la voiture pour aller chez DIY[1] mais, malheureusement, il n'y avait pas moyen d'acheter juste quelques planches de bois. Nous étions obligés de prendre tout un pan de palissade, de la taille d'une cabane, qui ne rentrait pas dans la voiture, impossible. J'ai donc mis tout ça sur mon dos et ma tête pour le porter à pied sur deux kilomètres. Ça me rappela le jour où mon père transporta mon lit et j'arrivai totalement épuisé. Mais maman était heureuse et c'était l'essentiel. Nous avons passé un bon moment.

Sur le terrain, je perdais un peu de mes facultés. Je me sentais trop lourd. J'avais pris du poids, je pesais quatre-vingt-dix-huit kilos et ce n'était pas que du muscle. Je mangeais souvent des pâtes, deux fois par jour, ce qui était trop. Par conséquent, je passais moins de temps en salle de musculation, tout comme je freinais sur la nourriture pour essayer de retrouver la forme. Mais il y avait un gros souci : que se passe-t-il avec Moggi ? À quoi jouait-il ? Je n'arrivais pas à comprendre.

Nous étions censés renégocier mon contrat. Mais Moggi faisait le mort. Il s'excusa. Moggi a toujours été un manipulateur et un homme avisé mais, là, il avait l'air tout à fait désespéré. « La semaine prochaine », disait-il. « Le mois prochain. » Il y avait toujours quelque chose. Il faisait un pas en avant, un pas en arrière et, à la fin, j'en eus marre. « J'en ai rien à faire, on va signer tout de suite ! Je ne veux plus discuter. »

Lorsque nous sommes arrivés à un accord qui avait l'air correct, je me disais, trop, c'est trop, finissons-en, on fera avec. Mais il ne se passait plus rien et, pire, Moggi nous déclara : « Très bien, parfait, on signe dans quelques jours. » Avant cela, nous devions jouer contre le Bayern

1. Magasin de bricolage ; DIY pour *Do It Yourself.*

de Munich en Ligue des Champions. Le match avait lieu à Turin et j'allais affronter un arrière central du nom de Valérien Ismaël. Il ne me quitta pas d'une semelle. Après qu'il m'eut étalé vraiment méchamment, je lui donnai un coup de pied et j'écopai d'un carton jaune. On n'en resterait pas là.

À la quatre-vingt-dixième minute, j'étais dans les six mètres et, certes, j'aurais dû garder mon calme. Nous menions 2 à 1 et le match était presque terminé. Mais Ismaël m'agaçait et je le cisaillai, ce qui me valut un autre carton jaune. J'étais expulsé et, naturellement, Capello n'était pas content. Il me passa un savon. C'était justifié. Mon geste était inutile et même stupide, et le rôle de Capello était de me donner une leçon.

Mais Moggi ? Qu'est-ce qu'il avait à voir là-dedans ? Le voilà qui déclara que mon contrat n'était plus valable. Que j'avais tout fichu en l'air et ça me rendit dingue. Toute la négociation était remise en question à cause de cette seule erreur ? J'en parlai à Mino.

« Dis à Moggi que je ne signerai jamais, quelles qu'en soient les conséquences. Je veux être transféré.

— Réfléchis bien à ce que tu dis. »

J'y avais pensé. Je ne céderais pas même si cela nous menait droit au conflit, ni plus ni moins. Un point c'est tout. C'est ce qu'il fallait faire. Mino alla donc voir Moggi et lui exposa les faits sans mâcher ses mots : « Fais gaffe à Zlatan, il est buté, il est dingue, et tu risques de le perdre. » Deux semaines plus tard, Moggi revint avec le contrat. Nous n'attendions rien d'autre. Il ne voulait pas me perdre. Ce n'était pas pour autant terminé. Mino prenait des rendez-vous que Moggi reportait sans cesse en nous servant des excuses bidon. Il devait voyager, il avait à faire ceci, cela, et je m'en souviens très bien. Mino m'appela.

« Il y a quelque chose qui cloche.

— Hein ? Quoi donc ?

— Je n'arrive pas à mettre le doigt dessus mais Moggi se comporte bizarrement. »

Très vite, Mino ne serait pas le seul à flairer l'embrouille. Quelque chose se tramait dans le club et cela n'avait rien à voir avec Lapo Elkann, même si l'affaire semblait assez sérieuse. Lapo Elkann était le petit-fils de Giovanni Agnelli. Je l'avais croisé quelques fois. Nous n'avons jamais vraiment sympathisé. Un type comme ça vit sur une autre planète. C'était un play-boy, une gravure de mode, et il n'avait pas grand-chose à voir avec la gestion de la Juventus. Moggi et Giraudo tenaient la baraque, pas la famille des propriétaires. Mais il faut reconnaître que le type représentait le club et Fiat. Il comptait même parmi les personnalités le mieux habillées du monde. Il fut à l'origine d'un énorme scandale.

On a retrouvé Lapo Elkann dans le coma après une overdose de cocaïne et pas en n'importe quelle compagnie. Il sniffait avec des prostituées transsexuelles dans un appartement de Turin et avait été emmené en ambulance à l'hôpital sous respiration artificielle. Cela fit les titres de tous les journaux en Italie et Del Piero et d'autres joueurs exprimèrent leur soutien dans la presse. Bien sûr, tout ça n'avait rien à voir avec le football. Mais, après coup, cela serait interprété comme le signe avant-coureur des déboires du club.

Je ne sais pas depuis quand Moggi se doutait lui-même d'être suspecté. Mais la police avait dû commencer à l'interroger bien avant que l'affaire n'explose dans les médias. Telle que je comprends l'histoire, tout a démarré avec cette vieille affaire de dopage, dont la Juventus avait finalement été blanchie. C'est pour cette raison que la police avait mis Moggi sur écoutes et c'est ainsi qu'elle intercepta des informations qui n'avaient rien à voir avec le dopage mais qui paraissaient louches. Il s'avéra que Moggi tentait d'obtenir de « bons » arbitres pour les matchs de la Juventus et la surveillance fut maintenue. Naturellement, un tas de saletés allaient remonter à la surface, du moins, c'est ce que les policiers espérèrent quand ils eurent rassemblé toutes les preuves, même si je n'accorde pas beaucoup d'importance à ce qu'ils avaient trouvé. Pour moi, leur principal motif était que la Juventus était l'équipe numéro un. J'en reste persuadé.

Comme toujours, quand quelqu'un est au sommet, d'autres veulent le faire tomber, le rouler dans la boue, et je n'étais pas surpris du tout que ces accusations sortent alors que nous prétendions une nouvelle fois au titre. Ça ne sentait pas bon et nous nous en sommes rendu compte immédiatement. Les médias couvraient l'affaire comme la Troisième Guerre mondiale. Comme je l'ai déjà dit, dans l'ensemble, il ne s'agissait que de conneries. Des arbitres nous auraient favorisés ? Allons donc ! Comme si on ne s'était pas battus sur le terrain.

On risquait notre peau et, personnellement, je n'ai jamais vu aucun arbitre pencher en notre faveur. Je ne les ai jamais eus de mon côté. Je suis au-dessus de ça. Si quelqu'un me rentre dedans, je résiste, mais si c'est moi qui le percute, je peux vous assurer qu'il va voler sur plusieurs mètres. Ma constitution et mon style de jeu ne plaident pas pour moi.

Je n'ai jamais été pote avec un arbitre, personne dans l'équipe ne l'était. Non, nous étions les meilleurs et il fallait nous descendre. Voilà la vérité et, de plus, il y avait tout un tas de trucs pas très clairs dans cette enquête. Par exemple, elle était menée par Guido Rossi, un mec qui avait des liens étroits avec l'Inter de Milan et, étrangement, l'Inter sortit blanc comme neige de cette pagaille.

Beaucoup de choses ont été ignorées ou exagérées de façon à faire passer la Juventus pour la vilaine. Le Milan AC, la Lazio et la Fiorentina ainsi que l'association des arbitres fédéraux s'en sortirent également assez mal. Mais on nous accablait parce que c'était le téléphone de Moggi qui était sur écoutes et ses conversations incriminées sur toute la longueur. Quand bien même, les preuves n'étaient pas si évidentes. Mais tout ça n'était pas vraiment joli, je l'admets.

Il semblerait toutefois que Moggi mettait la pression sur le corps arbitral pour obtenir des gars dociles pour nos matchs et il nous était déjà arrivé de l'entendre casser les oreilles à ceux qui avaient fait un mauvais match, dont Fandel, qui avait arbitré une bataille rangée contre Djurgården. Il était bien connu que d'autres avaient été coincés dans le vestiaire et qu'on les avait enguirlandés après notre défaite contre la Reggina en novembre 2004. Sans compter l'histoire du pape. Le pape était en train de mourir. Aucun match ne pouvait se dérouler à ce moment-là. La nation devait porter le deuil du saint-père. Mais Moggi aurait appelé le ministre de l'Intérieur, rien de moins, pour lui demander de nous laisser jouer à l'extérieur, si l'on en croit les déclarations, parce que notre adversaire, la Fiorentina, comptait alors deux blessés et deux suspendus dans ses rangs. Je ne saurais pas dire ce qui est vrai là-dedans. Il doit probablement toujours se passer ce genre de trucs dans le milieu du football et, franchement, qui ne gueule pas contre les arbitres ? Qui refuserait de travailler pour le bien de son club ?

C'était le souk. Le scandale était surnommé *Moggiopoli* dans la presse italienne, un genre de « Moggio-Gate ». Bien sûr, mon nom fut aussi mis en avant. Je ne voyais pas comment il pouvait en être autrement. À l'évidence, ils allaient essayer d'y mêler les meilleurs joueurs du club. On disait que Moggi avait évoqué mon altercation avec Van der Vaart et qu'il aurait dit que j'allais dans la bonne direction si je voulais quitter le club. « Ce type a des couilles », aurait-il déclaré, ou quelque chose d'approchant. On lui prêtait même d'avoir encouragé notre dispute et les gens avalèrent ça, ben tiens. Cela ressemblait fort aux méthodes de Moggi, pensait-on et, sans doute, c'était aussi typiquement le genre d'Ibra. Mais c'était n'importe quoi, évidemment. Cet antagonisme entre moi et Van der Vaart ne regardait que nous.

Mais, à ce moment-là, on ne pouvait jurer de rien. Et au matin du 18 mai, je reçus un appel téléphonique. J'étais à Monte-Carlo avec Helena, Alexander Östlund et sa famille, et l'on m'informa que la police était sur mon palier. Les policiers voulaient entrer. Ils avaient même un mandat pour perquisitionner l'appartement. Franchement, que pouvais-je faire ?

Je quittai immédiatement Monte-Carlo. En une heure par la route j'étais à Turin pour rejoindre les policiers. Je dois dire que c'étaient des gentlemen. Ils faisaient juste leur boulot. N'empêche que ce n'est pas agréable. Ils ont examiné toutes les fiches de paie que j'avais reçues de la Juventus, comme si j'étais un criminel, et ils m'ont demandé si j'acceptais des pots-de-vin. En fin de compte, je leur dis : « C'est ce que vous cherchez ? »

Je leur remis mes relevés de comptes et ceux d'Helena et ils étaient satisfaits comme ça. Ils me remercièrent, me complimentant sur mon jeu, des amabilités comme ça. La direction du club, Giraudo, Bettega et Moggi, démissionna à ce moment-là et je trouvai ça bizarre. Ils s'écrasaient comme des merdes. Moggi déclara dans les journaux : « J'ai perdu mon âme. On m'a assassiné. »

Le lendemain, les actions de la Juventus dégringolèrent à la Bourse de Milan et nous avons eu une réunion de crise dans notre salle de musculation, dans le gymnase. Je n'oublierai jamais cet épisode.

Moggi arriva. En apparence, il était comme d'habitude, bien habillé et dominateur. Mais ce n'était plus le même homme. Un autre scandale impliquant son fils venait d'éclater. Cette fois, c'était une affaire d'adultère et il en parla pour dire combien cela était dégradant et j'étais d'accord avec lui. C'était une affaire privée et cela n'avait rien à voir avec le football. Mais ce n'est pas ce qui m'affecta le plus.

Il pleurait, je n'aurais jamais cru que cela puisse lui arriver, à lui. Ça me tordait les tripes. Je ne l'avais jamais vu aussi faible. Cet homme gardait toujours le contrôle des opérations. Il irradiait la puissance et la force. Mais là… comment dire ? Il n'y avait pas longtemps encore il avait pesé de tout son poids pour faire capoter mon contrat. Mais, maintenant, tout d'un coup, je me retrouvais à le plaindre. Le monde était sens dessus dessous et, sans doute, je n'avais pas à me sentir si inquiet pour lui. Tu n'as qu'à t'en prendre qu'à toi-même, j'aurais dû me dire. Mais je compatissais. Cela me faisait mal de voir un homme comme lui abattu et j'y ai beaucoup repensé par la suite. Rien n'est jamais acquis. Je me suis mis à voir les choses sous un nouveau jour. Pourquoi s'évertuait-il à reporter nos rendez-vous ? Pourquoi a-t-il fait tant d'histoires ?

Me protégeait-il ?

Je commençais à le croire. Je n'en suis toujours pas certain. Mais c'est ainsi que j'ai interprété les événements. À ce moment-là, il devait être conscient que tout allait éclater. Il devait avoir compris qu'après ça la Juventus ne serait plus la même équipe et que mon destin aurait été scellé si un nouveau contrat m'avait lié au club. Je me serais trouvé dans l'obligation de rester quoi qu'il arrive. Je crois qu'il pensait à un scénario comme ça. Moggi ne s'arrête pas toujours aux feux rouges et n'obéit pas à toutes les règles. Mais c'était un homme d'affaires talentueux et il veillait sur ses joueurs, je le sais, et sans lui ma carrière se serait terminée dans une impasse. Je lui en suis reconnaissant pour ça. Même si tout le monde lui tombait dessus, je serais de son côté. J'aimais bien Luciano Moggi.

La Juventus était un navire qui coulait et l'on disait que le club allait être relégué en Serie B voire en Serie C. C'était autrement scandaleux. Il était impossible de se faire à cette idée, impossible. Nous avions bâti une telle équipe, gagné deux titres d'affilée et nous étions sur le point de tout perdre à cause d'une affaire qui n'avait rien à voir avec notre jeu. C'était vraiment trop et les nouveaux dirigeants mirent un petit moment avant de saisir la gravité de la situation. Je me rappelle un coup de fil, quelque temps auparavant, d'Alessio Secco.

Alessio Secco était mon ancien directeur technique. C'est lui qui avait pris l'habitude de me téléphoner pour fixer les horaires des entraînements : « Nous démarrons demain à 10 h 30 ! Arrive à l'heure. » D'un seul coup, il était promu directeur, c'était complètement fou, et j'eus du mal à le prendre au sérieux. Mais lors de cette conversation, il m'en donna l'occasion : « Si tu as une chance, Zlatan, saisis-la. C'est un conseil que je te donne. »

Une fois de plus, c'était la dernière amabilité que l'on me faisait. Après, les choses devinrent plus délicates. Les uns après les autres, les joueurs partaient : Thuram et Zambrotta à Barcelone, Cannavaro et Emerson au Real Madrid, Patrick Vieira à l'Inter de Milan et tous les autres qui étions encore là suppliions notre agent : « Vends-moi, Vends-moi. Qu'est-ce que tu vois pour nous ? »

L'ambiance était à l'incertitude et à l'impatience. Ça partait dans tous les sens et on n'entendait plus de conseil comme celui qu'Alessio Secco m'avait donné. Le club luttait pour sa survie.

La direction faisait tout pour conserver ceux d'cntre nous qui étaient encore là, tirant profit de la moindre faille dans nos contrats. C'était un cauchemar. Ma carrière était en pleine ascension, je commençais à peine à percer. Est-ce que tout allait s'effondrer maintenant ? On était dans le flou et, chaque jour qui passait, je le sentais de plus en plus : il allait falloir que je me batte. Il était hors de question que je sacrifie une saison en deuxième division. Un an ! Au minimum, parce que je me doutais bien que ce serait plus long. Une année pour remonter si nous étions relégués, une supplémentaire pour retrouver le haut du tableau et accrocher une qualification pour la Ligue des Champions et même dans ce cas nous n'aurions pas forcément une équipe pour être à la hauteur. Mes meilleures années de footballeur pouvaient être gâchées et je répétai à Mino encore et encore :

« Débrouille-toi. Sors-moi de là.

— J'y travaille.

— T'as intérêt. »

Nous étions en juin 2006. Helena était enceinte et j'en étais heureux. Le bébé arriverait fin septembre mais, à part ça, j'étais dans un no man's land. Qu'allait-il arriver ? Je n'étais au courant de rien. Pendant ce temps, j'étais en stage de préparation avec l'équipe de Suède pour le Mondial qui se disputerait en Allemagne en été. Toute ma famille m'accompagnait, maman, papa, Sapko, Sanela, son mari et Keki et, comme d'habitude, c'est moi qui m'occupais de tout – hôtels, voyage, argent, location de voitures, etc.

Ça me tapait sur le système et à la dernière minute papa décida de ne pas venir, c'était la pagaille habituelle, et il fallut me démener pour ses billets. Qu'allions-nous en faire ? Qui les récupérerait ? On ne peut pas dire que cela m'aidait à me rassurer et je recommençais à avoir mal à l'aine, le même souci qui m'avait valu une opération quand j'étais à l'Ajax. J'en parlai aux entraîneurs.

Nous décidâmes que je jouerais. J'avais un principe intangible : si les choses tournaient mal, je ne tenais pas mes blessures pour responsables. Ce qui est ridicule. Je veux dire, si une blessure vous empêche de bien jouer, à quoi bon s'entêter ? Quelle que soit la décision, elle serait mauvaise. Il faut serrer les dents et y aller mais, c'est vrai, je passai un moment particulièrement difficile et, le 14 juillet, en Italie, le verdict tomba.

Nous étions dépouillés de nos deux titres et la Ligue des Champions s'éloignait. Par-dessus tout, nous étions relégués en Serie B et nous débuterions la saison avec un handicap de points, peut-être une trentaine, et j'étais toujours à bord de ce bateau qui coulait.

15

Un peu plus tôt, en septembre 2005, nous avions joué contre la Hongrie un match qualificatif pour la Coupe du Monde dans le stade Ferenc Puskás de Budapest. En gros, il nous fallait gagner pour assurer notre qualification et, les jours précédant la rencontre, la pression montait. Mais les vents étaient contraires. Rien ne fonctionnait et je ne suis jamais rentré dans la partie. J'étais hors de forme. À la fin de la rencontre, à 0 à 0, les spectateurs n'attendaient plus que le coup de sifflet final.

Certains articles avaient déjà largement souligné mes limites. J'étais décevant et je suis certain que beaucoup d'observateurs se confortaient dans leur opinion : je n'étais qu'une diva surévaluée. Je reçus une passe dans la surface, je pense de Mattias Jonsson, et j'eus l'air de ne pas savoir qu'en faire. Il y avait un défenseur sur moi et je dribblai en direction de notre camp sans que cela donne quoi que ce soit. Puis je fis demi-tour et, d'un coup, je tirai. N'oubliez pas que c'est le genre de situation que j'affectionne et c'est aussi la raison pour laquelle je donne si souvent l'impression d'errer sur une pelouse. J'économise mon énergie, ce qui me permet de réagir très vite, avec des actions tranchantes et, en l'occurrence, là, en quelques pas, je m'approchai rapidement de la ligne, le défenseur ne pouvait pas suivre, mais alors pas du tout, ce qui me procura une occasion de tir mais dans un angle difficile. Il était trop étroit, le gardien était bien placé et tout le monde s'attendait que je centre ou que je passe la balle.

Même en frappant extrêmement fort de cette position, d'habitude, la balle ne rentre pas. Dans la plupart des cas, elle atterrit dans le petit filet et le gardien n'a même pas besoin de bouger. Il ne prend même pas la peine de lever les bras et, en une fraction de seconde, j'ai bien cru qu'elle était passée à côté. Je n'étais pas le seul. Le stade était silencieux et Olof Mellberg se tenait la tête, genre : dommage, passer si près du but dans les arrêts de jeu. Il repartit même dans l'autre sens. Il attendait que les Hongrois se dégagent et, au fond de sa cage, notre gardien, Andreas Isaksson, n'y croyait pas, tout était trop silencieux, Olof secouait la tête. La balle avait dû se nicher dans la partie extérieure du filet. C'est alors que je levai les bras en courant, contournant le but et le stade se réveilla.

La balle n'était pas passée à côté, pas du tout. Elle a volé directement dans la lucarne dans un angle impossible et le gardien n'avait pas eu le temps de bouger le petit doigt. Juste après, l'arbitre siffla la fin du match et jamais plus personne ne dit que j'étais limité.

Ce but devint une référence et nous étions qualifiés pour la Coupe du Monde. J'espérais vraiment que nous y ferions quelque chose. J'en avais besoin et, en Allemagne, je me sentais bien dans le village où nous séjournions, en dépit de mes soucis à la Juventus. Nous avions un nouvel entraîneur adjoint depuis le départ de Tommy Söderberg et ce n'était pas n'importe lequel. Il s'agissait de Roland Andersson, le type qui m'avait dit : « Il est temps pour toi d'arrêter de jouer avec des petits garçons », le gars qui m'avait fait monter en équipe première. J'étais sincèrement ému, je ne l'avais pas revu depuis qu'il avait été viré du Malmö FF et j'étais content de pouvoir lui montrer qu'il ne s'était pas trompé. Roland, tu as eu raison de miser sur moi. Ça lui avait valu quelques critiques. Mais voilà, nous nous retrouvions, Roland et moi. Les choses s'étaient plutôt bien passées pour nous et, dans l'ensemble, l'ambiance était bonne. Il y avait des tonnes de supporters suédois qui reprenaient sans arrêt cet air que ce petit type chantait, vous savez, celui qui dit : « Personne ne tape dans le ballon comme lui, Zlatan, je parle de Zlatan. »

C'était entraînant. Mais je ressentais une gêne à l'aine et ma famille faisait n'importe quoi. C'était dingue, vraiment. Ça ne m'a jamais dérangé d'être le petit frère (seul Keki est plus jeune que moi), j'étais devenu comme leur père à tous, mais, en Allemagne, ils furent ingérables. Il y avait mon père dont les billets me restaient sur les bras, ensuite il s'avéra que leur hôtel était trop loin, puis Sapko, mon grand frère, qui avait besoin d'argent, n'arrivait pas à faire le change en euros quand il parvint à en avoir. Et Helena était enceinte de sept mois. Elle pouvait se débrouiller toute seule mais, autour d'elle, tout n'était que chaos et pagaille. En descendant du bus avant notre match contre le Paraguay, les supporters grouillaient autour d'elle comme des aliénés et elle prit peur. Elle rentra à la maison dès le lendemain. Un incident succédait à un autre, plus ou moins sérieux.

« S'il te plaît, Zlatan, trouve une solution pour ceci, pour cela. »

J'étais devenu l'agent de voyage de mes parents et je n'arrivais pas à me concentrer sur le jeu. Mon téléphone sonnait sans arrêt. Ils se plaignaient de tout ce qu'il est possible d'imaginer. C'était complètement délirant. Je jouais une satanée Coupe du Monde et, en même temps, il fallait que je m'occupe des voitures de location et d'autres bêtises. Il aurait mieux valu que je ne joue pas du tout. Ma douleur à l'aine m'inquiétait. Mais Lagerbäck n'en démordait pas. Je serai fin prêt pour notre premier match contre Trinité et Tobago que, cela va de soi, nous devions gagner, non pas d'un but d'écart mais de trois, quatre, cinq. Mais tout alla de travers. Leur gardien était en état de grâce. Nous ne parvenions pas à marquer même après l'expulsion d'un de leurs gars. La seule chose positive à retirer de ce match eut lieu après la rencontre. Je voulais saluer l'entraîneur de l'équipe de Trinité et Tobago.

Il s'appelait Leo Beenhakker. C'était génial de le voir. Dieu sait que beaucoup de gens veulent tirer profit de ma carrière. Pour la plupart, ils racontent des craques, ce ne sont que des tentatives ridicules pour s'accrocher à mes basques, mais peu de gens ont vraiment compté pour moi. Roland Andersson en fait partie, Leo Beenhakker aussi. Ils avaient cru en moi quand d'autres doutaient. J'espère pouvoir faire des choses similaires quand je serai plus vieux. Je ne voudrais pas me contenter de critiquer ceux qui sont différents, – « regarde-moi ça, il dribble encore, et il fait ci, il fait ça » –, mais voir un peu plus loin.

J'ai une photo de cette rencontre avec Beenhakker. J'avais enlevé mon maillot et j'étais radieux malgré la déception du match.

Pendant toute la durée de la compétition, je n'ai pas eu de répit. Nous sommes parvenus à faire match nul contre l'Angleterre, ce qui n'était pas mal. Mais l'Allemagne nous a massacrés en huitième de finale ; mon jeu était pitoyable et je n'essaierai même pas de me défendre. J'en assume l'entière responsabilité. La famille, c'est la famille. Il faut s'en occuper. Mais je n'aurais pas dû jouer leur agent de voyage et cette Coupe du Monde me servit de leçon.

Après quoi j'ai mis les choses au clair avec eux : « Vous êtes toujours les bienvenus si vous voulez me suivre et j'essaierai d'organiser les choses pour vous, mais, une fois sur place, il vous faudra résoudre vos problèmes et vous débrouiller sans moi. »

De retour à Turin, je ne m'y sentais plus chez moi. J'avais besoin de quitter la ville et, au club, l'ambiance ne s'améliorait guère. Une nouvelle catastrophe s'était produite.

Gianlucca Pessotto était un défenseur du club dans les années 1990. Il avait tout gagné avec la Juventus et elle lui collait à la peau. Je le connaissais assez bien. Nous avions joué ensemble pendant deux ans et le type n'était pas du genre prétentieux. Incroyablement sensible et gentil, il se tenait toujours en retrait. Ce qui se passa ensuite, je ne le sais pas.

Pessotto venait juste d'arrêter sa carrière pour devenir le nouveau directeur sportif à la place d'Alessio Secco qui était promu directeur général. Sans doute n'est-il pas aisé de passer du terrain à un bureau. Plus que tout, Pessotto avait été terriblement secoué par le scandale et la relégation du club ; sans compter que, au même moment, il avait des problèmes familiaux.

Son bureau était situé au quatrième étage. Un jour, il monta sur le rebord de la fenêtre avec un chapelet enroulé autour de la main et se jeta dans le vide. Il s'écrasa sur le macadam entre deux voitures. Une chute de quinze mètres. Il était incroyable qu'il y survive ! Il finit à l'hôpital avec de multiples fractures et une hémorragie interne mais il s'en sortit. Les gens s'en réjouissaient malgré tout. Évidemment, sa tentative de suicide fut interprétée comme un mauvais signe de plus. On se demandait : qui est le prochain sur la liste ?

Les choses semblaient vraiment sans issue et voilà que maintenant, le nouveau président du club, Giovanni Cobolli Gigli, y alla de sa déclaration : « Le club ne laissera plus partir aucun joueur. La direction se battra pour tous les garder. » Bien sûr, je demandai à Mino de quoi il retournait. Nous en parlions sans cesse et étions tous les deux d'accord, il fallait répliquer, c'était la seule chose à faire. Mino s'exprima donc dans la presse : « Nous sommes disposés à utiliser tous les moyens légaux pour nous libérer du club. »

Nous serions intraitables. Si la Juventus s'en tenait à cette ligne dure, nous répondrions tout aussi fermement. Mais la bataille n'était pas si simple. L'enjeu des tractations n'était pas négligeable et j'en reparlai à Alessio Secco, le type qui essayait de devenir le nouveau Moggi, tout en comprenant immédiatement que son attitude avait changé.

« Tu dois rester au club. Nous te le demandons. Nous te demandons d'être loyal envers l'équipe.

— Avant la fin de la saison dernière tu m'as dit l'inverse. Que je devais accepter les offres qui se présenteraient.

— Mais aujourd'hui la situation est différente. Nous sommes en crise. Nous allons te proposer un nouveau contrat.

— Je ne reste pas. Quelles que soient les nouvelles conditions. »

Tous les jours, toutes les heures, la pression montait, c'était vraiment désagréable. Je me battais avec tout ce que j'avais à disposition. Avec Mino, avec la loi, avec tout ce que je pouvais. Mais, c'est vrai, je ne pouvais pas faire ma tête de lard. J'étais toujours payé par le club et la grande question était celle-ci : jusqu'à quand ?

Mino et moi décidâmes que je m'entraînerais avec l'équipe mais que je ne participerais à aucun match. Mino affirmait qu'il y avait moyen d'interpréter le contrat en ce sens et, donc, malgré tout, je suivis le stage d'entraînement en altitude d'avant-saison avec tous les autres. Les joueurs sélectionnés en équipe nationale n'arriveraient que plus tard. Ils étaient restés en Allemagne. L'Italie avait remporté la Coupe du Monde. C'était une sacrée performance si l'on considère tous les scandales qui étaient en cours chez eux et je les félicitai. Mais cela ne m'était d'aucune utilité. Notre nouvel entraîneur était Didier Deschamps. C'était un ancien joueur, un Français. Il avait été le capitaine de l'équipe nationale qui avait gagné la Coupe du Monde 1998 et voilà qu'on lui confiait la tâche de faire revenir la Juventus en première division. La pression sur lui était énorme et dès le premier jour il vint me voir.

« Ibra.

— Ouais ?

— Je veux construire le jeu autour de toi. Tu es mon joueur-clé. Tu es l'avenir. Il faut que tu nous aides à revenir.

— Merci, mais…

— Il n'y a pas de “mais”. Tu dois rester dans le club. Je ne tolérerai rien d'autre. »

Après avoir ajouté cela, et même si j'étais flatté qu'il tienne à moi, je restai ferme : « Non, non et non. Je m'en vais. »

Lors de ce stage, je partageais une chambre avec Nedvěd. Nous étions amis. Mino était notre agent mais nos situations étaient différentes. Comme Del Piero, Buffon et Trézéguet, Nedvěd avait décidé de rester à la Juventus. Deschamps était venu nous parler, sans doute pour nous dresser l'un contre l'autre, je ne sais pas. Clairement, il affirma qu'il ne lâcherait rien.

« Écoute, j'attends de grandes choses de ta part, Ibra. J'ai en partie accepté le poste parce que tu étais là.

— Arrête ton char, tu as accepté pour le club, pas pour moi.

— Je t'assure que c'est vrai. Si tu t'en vas, je partirai aussi. »

En dépit de tout, je ne pus pas m'empêcher de sourire.

« O.K., fais tes valises, je t'appelle un taxi », plaisantai-je et il se marra.

Mais je n'avais jamais été aussi sérieux de ma vie. Si la Juventus se battait pour sa survie en tant que grand club, je me battais pour mon avenir en tant que joueur. Une saison en Serie B marquerait un coup d'arrêt. Un autre jour, Alessio Secco et Jean-Claude Blanc vinrent me voir. Jean-Claude avait fait Harvard, c'était une tête que la famille Agnelli avait appelée pour sauver la Juventus et il était très consciencieux. Tous ses documents étaient en ordre, bien rangés, et il avait imprimé une ébauche de contrat auquel correspondaient diverses sommes et je me suis immédiatement dit : ne le lis même pas ! Il faut parler ! Plus je discuterais, plus ils en auraient marre de moi.

« Je ne veux même pas le voir. Je ne signerai pas.

— Tu pourrais au moins regarder combien nous te proposons, non ? Nous avons été très généreux.

— À quoi bon ? Ça ne sert à rien.

— Il n'y a aucun autre moyen de le savoir si tu ne regardes pas.

— Mais si, je sais. Vous m'offririez vingt millions d'euros que je ne serais toujours pas intéressé.

— C'est tout à fait irrespectueux, lâcha-t-il.

— Prenez-le comme vous voudrez. »

Et je sortis. Certes, j'avais bien conscience de l'avoir insulté, ce qui est toujours risqué et, dans le pire des cas, j'aurais pu me retrouver sans club en septembre.

Cette partie-là était à haut risque. Il fallait que je persiste et, certes, je me rendais bien compte que je n'avais pas les meilleures cartes en main pour négocier. J'avais mal joué lors de la Coupe du Monde et je n'avais pas été particulièrement brillant la saison dernière avec la Juventus. J'avais forci et je n'avais pas marqué assez de buts. Mais j'espérais que les gens admettraient que j'avais du potentiel. Une année auparavant, j'avais été très bon et j'avais été élu meilleur joueur étranger de l'équipe ! Cela devait bien susciter l'intérêt d'autres clubs, supposais-je, et Mino s'activait en coulisses.

« J'ai l'Inter et le Milan AC sur les rangs », m'avait-il annoncé un peu plus tôt et cela me convenait. La lumière était au bout du tunnel.

Mais, jusqu'ici, les discussions étaient stériles et nous ne savions toujours pas quelles conditions figuraient dans le contrat de la Juventus. Quelles étaient mes chances de partir si le club refusait ? Je ne savais pas trop et les choses se présentaient tous les jours différemment. Mino était optimiste. Cela faisait partie de son métier de l'être mais, moi, je ne pouvais rien faire d'autre que d'attendre. La presse était déjà au courant de mon désir de partir à tout prix. Maintenant, il se murmurait aussi que l'Inter de Milan était intéressé et les supporters de la Juventus détestent l'Inter. En tant que footballeurs, on est toujours entourés de supporters. Ils traînent avec leurs carnets d'autographes et nous font des signes derrière la porte du centre d'entraînement. Ils sont autorisés, s'ils payent, à assister aux séances. Le business est omniprésent dans ce sport et, là, dans les montagnes de Turin, durant ce stage de préparation, ils se tenaient près de la pelouse et me criaient dessus.

« Traître, espèce de porc », beuglaient-ils et d'autres trucs comme ça. Ce n'était pas très agréable.

Mais on est généralement habitués à ces insultes et elles me passaient au-dessus de la tête. Nous allions jouer un match amical contre La Spezia et qu'avais-je dit à propos des matchs, déjà ? Je ne les jouerai pas. Je restai donc dans ma chambre, collé à la PlayStation. Dehors, le bus attendait moteur en route pour nous emmener au stade et quand tout le monde fut monté, dont Nedvěd, ils commencèrent à s'impatienter sérieusement : « Où diable est Ibra ? » Ils attendaient, encore et encore, jusqu'à ce que Didier Deschamps monte dans ma chambre, furieux.

« Qu'est-ce que tu fais assis là ? On y va. »

Je n'ai même pas levé les yeux. Je continuai à jouer.

« Tu n'entends pas ce que je dis ?

— Tu n'as pas entendu ce que moi je t'ai dit. Je m'entraîne mais je ne jouerai pas de match. Je te l'ai répété dix fois.

— Ça suffit, tu vas jouer ce match. Tu appartiens à cette équipe. Maintenant, tu viens. Lève-toi ! »

Il s'avança et se plaça debout devant moi mais je ne bougeai pas.

« On ne t'a jamais appris le respect ? Tu vas prendre une sanction pour ça, tu m'entends ?

— O.K.

— Comment ça, "O.K." ?

— Vas-y, colle-moi une sanction. Je reste ici. »

Enfin, il partit, en rage. Je restai assis là avec ma PlayStation, pendant que les autres prenaient le bus. Et la situation qui n'avait pas été si tendue jusqu'ici le devint. L'affaire remonta évidemment la hiérarchie et j'écopai d'une amende de trente mille euros, je crois. La guerre était ouverte et comme dans n'importe quelle guerre, il faut élaborer une stratégie. Comment allais-je répliquer ? Quel serait le prochain mouvement ? Je phosphorais.

On venait me voir en secret. Ariedo Braida, un ponte du Milan AC, vint me rencontrer durant le stage. Je me faufilais hors de l'hôtel pour le rejoindre dans un autre non loin de là et discuter de mes options au Milan AC. Pour être honnête, je n'aimais pas ses façons. Il répétait trop : « Kaká est une star. Toi non. Mais au Milan, tu peux le devenir. » Je ne me sentais pas spécialement respecté ou pas vraiment désiré et il aurait été assez plaisant de pouvoir lui dire « non merci » sans attendre. Mais je n'étais pas dans une position idéale pour négocier. Je voulais trop quitter la Juventus. Je n'avais pas d'atout dans mon jeu et je revins à Turin sans offre concrète.

Il faisait chaud. Nous étions en août, Helena était enceinte jusqu'aux yeux et montrait des signes de stress. Les paparazzi nous poursuivaient sans arrêt et je la soutenais du mieux que je pouvais. Mais j'étais dans mon no man's land. Je ne savais rien de l'avenir. Le club disposait de nouvelles installations sportives. Tout ce qui restait de l'ère Moggi allait être rasé, y compris ses vestiaires pourris. Je continuais à aller aux entraînements. Il fallait que je m'en tienne à ma ligne de conduite. Mais c'était étrange. Personne ne me considérait plus comme un membre de l'équipe à part entière et c'était au moins une bonne nouvelle. Je sentais que la Juventus ne s'accrochait plus à moi aussi fermement qu'avant.

Qui voudrait d'un type qui n'en fiche pas une et se contente de jouer à la PlayStation ?

Mais je n'étais pas sorti de l'auberge et la question demeurait : Milan AC ou Inter de Milan ? Cela aurait dû être un choix facile. L'Inter n'avait pas gagné un championnat depuis dix-sept ans. L'Inter n'était plus vraiment une équipe au top. Le Milan AC était l'un des clubs les plus performants d'Europe, sur tous les tableaux. « Évidemment, disait Mino, tu devrais aller au Milan AC. » Je n'en étais pas aussi sûr. L'Inter était l'ancienne équipe de Ronaldo et le club paraissait véritablement intéressé. Je repensais à ce que Braida m'avait dit là-haut dans les montagnes : « Tu n'es pas encore une véritable star ! » Le Milan AC avait l'équipe la plus forte. Mais je penchais toujours pour l'Inter.

« O.K., fit Mino, mais il faut que tu gardes à l'esprit que le défi sera totalement différent. Les titres ne vont pas tomber tout cuits là-bas. »

Je ne voulais rien qui soit tout cuit. Je cherchais un défi et des responsabilités. Ce sentiment se raffermissait même si je prenais conscience de ce que signifiait aller dans un club qui n'avait pas gagné de titre depuis dix-sept ans et qu'il faudrait faire en sorte qu'il y parvienne avec moi. Cela peut pimenter la chose d'une certaine façon. Mais rien n'était fait, aucunement et, avant tout, il nous faudrait déjà obtenir quelque chose, établir le contact. Nous devions sauter du navire en perdition et nous allions devoir saisir tout ce qui se présenterait.

Le Milan AC devait se qualifier pour la Ligue des Champions. C'était une des conséquences de tout ce scandale. Le club était plus que favori dans cette compétition mais comme la justice avait pénalisé l'équipe en lui enlevant des points, le Milan AC était obligé d'en passer par un barrage contre L'Étoile Rouge de Belgrade. Le premier match eut lieu au stade San Siro de Milan. Il me concernait également. Si le Milan AC passait, le club aurait plus d'argent pour acheter des joueurs et Adriano Galliani, le vice-président, m'avait dit : « En fonction du résultat, nous aviserons, et nous reprendrons contact. »

Jusqu'ici, l'Inter avait été plus enthousiaste, ce qui ne signifie pas qu'il était plus facile de faire affaire avec eux. L'Inter était la propriété de Massimo Moratti. Moratti est un homme important. C'est un magnat du pétrole. Le club lui appartient et, bien sûr, il aurait pu aussi se douter de mon impatience. À quatre reprises, il avait revu ses propositions à la baisse. Il y avait toujours quelque chose qui clochait. Le 18 août, j'étais chez nous dans notre appartement de la Piazza Castello à Turin.

Le coup d'envoi du match du Milan AC contre l'Étoile Rouge de Belgrade était prévu à 8 h 45. Je ne le regardai pas. J'avais d'autres choses à faire. Mais, visiblement, Kaká réussit une passe vers l'avant à Filippo Inzaghi qui marqua le but de la victoire et, au club, la tension baissa d'un cran. Juste après, mon téléphone sonna. Il avait sonné toute la journée et, généralement, Mino était au bout du fil. Il m'informait à chaque étape de l'avancée des discussions et, cette fois, il m'annonça que Silvio Berlusconi voulait me rencontrer. Bien sûr, je réagis tout de suite. Pas seulement parce que c'était Berlusconi, mais parce que cela montrait que Milan était intéressé. Toutefois, je n'étais pas sûr. L'Inter était ma priorité. Mais cette conversation ne nous ferait pas forcément de mal.

« On peut exploiter ça ?

— On va se gêner ! »

Mino appela Moratti dans la seconde parce que s'il y a bien quelque chose qui faisait avancer cet homme, c'était la chance qui s'offrait à nous de claquer la porte au nez du Milan AC.

« Nous voudrions juste que vous sachiez qu'Ibrahimović est invité à souper avec Berlusconi à Milan, les informa-t-il.

— Hein ?

— Une table chez Giannino a été réservée.

— On va voir ça ! J'envoie quelqu'un tout de suite. »

Moratti bafouillait mais il dépêcha Branca. Marco Branca était le directeur sportif de l'Inter de Milan. Il était très jeune, mince, et quand il frappa à la porte, deux heures après, j'appris autre chose sur lui. Le type allumait clope sur clope, je n'avais jamais vu ça. Il allait et venait dans notre appartement et remplit tout un cendrier de mégots en un rien de temps. Il était stressé. Il avait la mission de ficeler un accord avant que Berlusconi n'ait une chance d'enfiler une cravate et d'aller souper chez Giannino. Donc, bien sûr, il était agité. Il était sur le point de baiser l'homme le plus puissant d'Italie en le privant d'une affaire, rien de moins. Mino sut sauter sur l'occasion. Il adore quand l'adversaire est sous pression. Il l'amadoue. Il eut quelques échanges au téléphone avec des chiffres qui valsaient. Il s'agissait de mon contrat. Ils débattaient des conditions et pendant ce temps l'horloge tournait et Branca fumait, fumait en continu.

« Vous êtes d'accord ? » demanda-t-il.

Je vérifiai avec Mino.

« O.K. Assurément. »

Branca se mit à fumer encore davantage et appela Moratti. Sa voix trahissait son excitation.

« Zlatan a accepté », annonça-t-il.

C'était une sacrée bonne nouvelle. C'était du sérieux. Je le sentais rien qu'au ton de sa voix. Mais ce n'était pas fini. Maintenant, les clubs devaient se mettre d'accord entre eux. Quel serait mon prix de vente ? Une nouvelle marche s'amorçait. Si la Juventus me perdait, au moins récupérerait-elle la monnaie de sa pièce. Mais avant que tout soit carré, Moratti m'appela.

« Tu es satisfait ?

— Je suis satisfait.

— Alors j'aimerais te souhaiter la bienvenue. »

Vous imaginez mon soupir de soulagement.

Toutes les incertitudes de ce printemps et de cet été-là s'évanouirent en un instant et la seule chose qui restait à faire pour Mino était d'appeler le Milan AC. Berlusconi aurait moins envie de dîner avec moi, maintenant. Nous n'allions pas vraiment parler de la pluie et du beau temps et, si j'ai bien compris, on avait tiré le tapis de sous les pieds des membres du Milan AC. Que diable s'est-il passé ? Ibra part à l'Inter ?

« Les choses peuvent aller très vite parfois », déclara Mino.

Pour finir, j'étais acheté vingt-sept millions d'euros, ce qui était le plus gros transfert de l'année en Serie A. Et je n'avais même plus à payer l'amende que j'avais reçue pour avoir joué à la PlayStation lors du stage. Mino avait fait un tour de passe-passe et Moratti déclara à la presse que mon transfert était aussi significatif que celui de Ronaldo en son temps et cela m'alla droit au cœur. J'étais prêt à rejoindre l'Inter. Mais d'abord, je devais me rendre au rassemblement de l'équipe suédoise à Göteborg où je m'attendais à vivre un déplacement facile et agréable avant que les choses sérieuses ne commencent.

16

Nous avons joué contre la Lettonie et gagné 1 à 0. Kim Källström avait marqué le but de la victoire et, le lendemain, nous avions une journée libre. Nous étions le 3 septembre, le jour de l'anniversaire d'Olof Mellberg qui avait vingt-neuf ans. Il était le capitaine d'Aston Villa. Je l'avais rencontré au sein de l'équipe nationale et, au début, je pensais qu'il était un peu coincé, comme Trézéguet, mais il s'est détendu et nous sommes devenus amis. Il voulait que nous allions avec Christian Wilhelmsson, *alias* Chippen, fêter son anniversaire. D'accord, pourquoi pas ?

Nous sommes allés sur Avenyn, l'artère principale de Göteborg, dans un endroit placardé de photos sur les murs. Les journaux en parlaient comme d'une adresse branchée. Je ne voyais pas l'intérêt, il n'y avait presque personne. Nous étions pratiquement les seuls dans la salle et nous nous sommes assis pour prendre un verre, tout à fait décontractés. Je n'étais pas plus emballé que ça mais il fut vite 23 heures. C'est l'heure à laquelle les règles de vie en équipe nationale nous dictent de rentrer. On se disait, quelle importance ? Ils ne vont pas être aussi tatillons. Nous avons donc pris notre temps et sommes rentrés assez tard, sans qu'il y ait le moindre souci. De plus, c'était l'anniversaire d'Olof et nous avions été sobres et sages. À minuit et quart, nous étions allés nous coucher à l'hôtel comme de bons garçons. Voilà à peu près toute l'histoire. Mes amis de Rosengård n'auraient même pas pris la peine de l'écouter si je la leur avais racontée. Franchement, ce n'était rien du tout.

Le seul problème est que je ne peux pas sortir acheter une bouteille de lait sans que les journaux soient au courant. J'ai des espions sur le dos, où que j'aille. Ils envoient des SMS et des photos. « J'ai vu Zlatan dans tel ou tel endroit, ouh là là ! », et pour faire en sorte que ça ne paraisse pas trop plat, ils en rajoutent et en parlent à leurs potes qui exagèrent encore à leur tour. Ça doit avoir l'air cool, au moins un minimum. Ça fait partie du jeu mais, la plupart du temps, on prend ma défense. Qu'est-ce que c'est que ces âneries ? Zlatan n'a absolument rien fait de mal. Mais, pour une fois, les journaux ont été plus malins.

Ils ont inversé les rôles et appelé le sélectionneur. Ils ne lui ont rien demandé à notre sujet, pas même l'heure à laquelle nous étions rentrés à l'hôtel, mais l'ont interrogé sur les règles qui régissent l'équipe nationale. Il n'énonça que la vérité : tout le monde devait rentrer à 23 heures.

« Mais Zlatan, Chippen et Mellberg sont rentrés plus tard que ça. Nous avons des témoins », répliquèrent les journalistes. Si l'entraîneur avait eu un peu de jugeote, il nous aurait défendus. Mais là, il n'a pas eu l'esprit très vif et on ne peut pas lui en vouloir. Qui n'a jamais fait de gaffe ?

S'il avait été plus malin et imité les Italiens, il aurait demandé s'il pouvait les rappeler pour leur donner ensuite une version plausible expliquant pourquoi nous étions sortis un peu plus tard que d'habitude. Par exemple, en prétendant qu'il nous avait donné l'autorisation, ou quelque chose dans ce sens. Tout ça pour dire que nous n'aurions pas été sanctionnés pour cette sortie, pas du tout. Le principe de base devrait toujours être de faire front commun. Nous sommes une équipe et ça ne les aurait pas empêchés de nous punir en interne autant qu'ils voulaient.

Mais le sélectionneur leur avait précisé que personne n'avait le droit de sortir après 23 heures et que nous étions en faute. Ce fut infernal.

On m'appela dès le lendemain matin. « Tu es convoqué à une réunion avec Lagerbäck. » Pour sûr, je n'aime pas les réunions. J'en connaissais toutes les ficelles. J'ai été convoqué depuis la garderie. Rien de plus banal pour moi. C'est l'histoire de ma vie et cette fois je savais de quoi il s'agissait. Ce n'était pas si grave et je ne me faisais pas trop de mouron. J'appelai un type de la sécurité que je connaissais et qui en général était au courant de tout.

« Comment ça se présente ?

— Je pense que tu peux faire tes valises. »

Je ne comprenais pas ce qu'il voulait dire par là. Faire mes valises ? Parce que je suis rentré légèrement en retard ? Je n'arrivais pas à le croire. Puis je me suis fait une raison. Que faire d'autre ? Je rangeai mes affaires et ne cherchai même pas d'excuse. Toute cette histoire était trop ridicule. Pour une fois, la vérité devait suffire. Je n'avais même pas besoin d'y mêler mon frère. Je me suis contenté d'entrer tranquillement et Lagerbäck ainsi que tout l'encadrement de l'équipe nous attendaient, puis Mellberg et Chippen sont arrivés. Ils n'étaient pas aussi relax que moi qui avais l'habitude. J'étais comme à la maison. C'était presque comme si cela me manquait, comme si j'avais été trop sage et que j'aurais pu être un petit peu plus énervé !

« Nous avons décidé de vous renvoyer à la maison immédiatement, débuta Lagerbäck, et tous les autres eurent un mouvement de recul. Qu'est-ce que vous avez à dire ?

— Je m'excuse, déclara Chippen, c'était une connerie, on n'aurait pas dû.

— Je m'excuse aussi, enchaîna Mellberg. Hum... Qu'allez-vous dire aux médias ? » ajouta-t-il et ils se mirent à en discuter entre eux.

Pendant ce temps, je restai silencieux. Je n'avais rien à dire et peut-être Lagerbäck a-t-il pensé que c'était bizarre. Généralement, j'ai la langue bien pendue.

« Et en ce qui te concerne, Zlatan, qu'as-tu à dire ?

— Rien.

— C'est-à-dire, "rien" ?

— Juste rien !

Je remarquai immédiatement que cela les inquiétait. Je suis sûr qu'ils auraient été plus à leur aise si je l'avais ramenée. Ça aurait été plus dans mon style. Pour eux, c'était inédit. Le « rien » les stressait, genre, « Qu'est-ce que Zlatan mijote ? ». Plus ils étaient troublés, plus je me sentais calme. C'était étrange, en un sens. Mon silence rééquilibrait la balance. J'avais la main. Tout me paraissait familier. Je me retrouvais comme dans le grand magasin Wessels. C'était comme à l'école. Comme dans l'équipe junior du Malmö FF. J'écoutai le petit laïus de Lagerbäck expliquant qu'il avait été très clair quand il avait exposé les règles de vie de l'équipe avec le même intérêt que j'écoutais les professeurs à l'école. Tu peux continuer à jacasser, je m'en tape complètement. Cependant, une chose m'irrita profondément.

« Nous avons décidé que vous ne disputerez pas le match contre le Liechtenstein. »

Ne vous imaginez pas que cela m'ennuyait, j'avais déjà plié bagage. Lagerbäck aurait pu m'envoyer en Laponie, je n'aurais pas fait d'embrouilles et, vraiment, qu'est-ce qu'on a à faire du Liechtenstein ? C'est l'utilisation du « nous » qui m'a gonflé. Qui était ce « nous » ?

Il était le patron. Pourquoi se cachait-il derrière les autres ? N'était-il pas un homme pour affirmer « j'ai décidé » ? Alors, j'aurais respecté sa décision, mais ça, c'était de la lâcheté. Je le fixai d'un regard très sombre mais toujours en silence, avant de remonter dans ma chambre pour appeler Keki. C'est dans ce genre de situation qu'on a besoin de sa famille.

« Viens me chercher !

— Qu'est-ce que t'as fait ?

— Je ne suis pas rentré à l'heure. »

Avant de me barrer, je parlai au directeur sportif. Lui et moi avions toujours eu de bonnes relations. Il est celui qui me connaît le mieux dans la sélection, il connaît mes antécédents et ma personnalité. Il sait que je n'oublie pas les choses facilement.

« Écoute, Zlatan. Je ne m'inquiète pas pour Chippen et Mellberg, ce sont des Suédois tout ce qu'il y a de plus normal, ils vont encaisser leur punition et reviendront. Mais toi, Zlatan… J'ai peur que Lagerbäck creuse sa propre tombe.

— On verra. »

C'est tout ce que je répondis. Une heure plus tard, je quittais l'hôtel avec mon petit frangin et Chippen. Il y avait un de mes potes avec nous dans la voiture et, lors d'un arrêt à une station-service, nous avons découvert les titres des tabloïds.

Il n'y avait jamais eu pire battage autour du non-respect d'un couvre-feu ! En gros, c'était comme si on avait vu une soucoupe volante. Les choses allaient se dégrader et, pendant toute cette période, je gardai contact avec Chippen et Mellberg. Je devins un peu paternel avec eux.

« Détendez-vous, les garçons. Dans quelque temps, cela se retournera en notre faveur. Personne n'aime les gentils garçons. »

Mais, sincèrement, toute cette histoire m'agaçait. Lagerbäck et les autres nous mettaient en porte-à-faux avec le reste de l'équipe. C'était ridicule. Il n'y a pas si longtemps, je me suis battu avec un type à Milan. Oguchi Onyewu, c'est son nom. Je vous raconterai plus tard, c'était violent. Bien sûr, personne n'a jamais considéré cette bagarre comme intelligente. Mais la direction prit ma défense en public, en déclarant que j'étais enragé et surexcité, quelque chose dans ce sens. Ils avaient fait front commun. En Italie, c'est comme ça. Ils te défendent en public et te critiquent en privé. Mais ici, en Suède, il faut qu'il y ait les bons et les méchants. Tout cela a été mal géré et je le soulignai à Lars Lagerbäck.

« De l'eau va couler sous les ponts, à mon avis, me répondit-il. Tu seras toujours le bienvenu à ton retour.

— Ah bon ? Eh bien, je ne reviendrai pas. Tu aurais pu me filer une punition. Tu aurais pu faire ce que tu veux. Mais tu as préféré parler aux médias et tu nous as sacrifiés. Je ne marche pas. »

C'était comme ça et pas autrement.

Je refusai la sélection en équipe nationale et je m'ôtai tout ça du crâne. Enfin, presque. On me le rappelait à chaque occasion. Je ne regrettais qu'une chose. J'aurais dû me servir de ce scandale pour tout balancer, puisque de toute façon je n'étais plus dans l'équipe. Pourquoi diable ? Tout ça pour être allé dans un bar avec un verre presque vide et rentré en retard ? Il ne s'agissait que de ça ? J'aurais mieux fait de détruire le bar, d'emboutir une fontaine avec une voiture au beau milieu d'Avenyn et de tituber torse nu dans la ville. Ça, ça aurait été un scandale à mon niveau. Mais là, c'était une farce.

« On ne réclame pas le respect, on l'impose. » Il est facile de se sentir tout petit quand on arrive dans un nouveau club. Tout est neuf et chacun joue déjà son rôle, préserve sa position et parle à sa façon. Ce serait trop facile de se faire discret pour prendre la température. Dans ce cas, on perd l'initiative. On perd du temps. Je suis allé à l'Inter pour m'imposer et faire en sorte que le club gagne le championnat après dix-sept ans de disette. Si tel est le cas, on ne peut pas se cacher ou même être prudent, simplement parce que les médias vous critiquent ou que les gens ont des préjugés. « Zlatan est un mauvais garçon. Zlatan a des problèmes, avec son caractère », et tout ça. Ce serait trop facile d'être ébranlé et d'essayer de montrer que l'on est tout le contraire, un gentil garçon. Mais alors, on se laisse manipuler.

Les événements de Göteborg avaient été colportés par toute la presse italienne et ce n'était pas l'idéal. « Voyez, au prix qu'il coûte, ce type ne respecte rien. » « Ne serait-il pas surévalué ? » Ou carrément : « C'est une erreur de casting. » On racontait tout ça. Le pire étant qu'un soi-disant « expert » suédois déclara : « Tel que je vois les choses, à l'Inter de Milan, ils ont toujours fait d'étranges investissements, ils ne parient que sur des individualistes… Là, ils se sont payé un nouveau problème. »

Mais je pensais à la phrase de Capello. Il faut imposer le respect. C'était comme à Rosengård quand on entrait sur un autre territoire. Il n'est pas question de baisser la tête ou de s'inquiéter des bruits qui courent sur soi à tel ou tel sujet. Bien au contraire, il faut en faire encore plus et assumer pleinement son comportement, celui que j'avais adopté à la Juventus : « O.K., les gars, j'arrive, à partir de maintenant, on va se mettre à gagner ! »

Je fis d'emblée mauvaise impression lors des entraînements. Avec ma mentalité de vainqueur, mon attitude bestiale et cette volonté farouche, j'étais pire que jamais. Sur le terrain, je devenais fou furieux si les autres ne se donnaient pas à cent pour cent. Si nous perdions ou jouions mal, je hurlais, je faisais du boucan, et j'endossais le rôle de leader comme jamais au cours de ma carrière. Ça se voyait dans le regard des autres : c'était à moi de jouer maintenant. J'allais les tirer vers le haut et Patrick Vieira était avec moi. Quand vous l'avez près de vous, tout devient possible. Nous avions le virus de la victoire, nous donnions tout ce que nous avions pour accroître la motivation de l'équipe.

Mais le club rencontrait des problèmes. Moratti, le président-propriétaire, en faisait des tonnes pour l'Inter de Milan. Il avait dépensé plus de trois cents millions d'euros pour acheter des joueurs. Il avait investi sur Ronaldo, Maicon, Crespo, Christian Vieri, Figo et Baggio. Il avait une politique étonnamment agressive. Mais il avait aussi une autre caractéristique. Il était trop généreux, trop gentil. Il nous avait accordé de grosses primes après avoir remporté un simple match et cela me fit réagir, je n'étais pas d'accord. Je n'avais rien contre le fait de gagner de l'argent et les primes. Qui serait contre ? Mais ces bonus tombaient non pas après avoir remporté un titre ou une coupe, il nous les versait après un banal match sans importance.

Il envoyait de mauvais signaux. Je me disais, certes, un joueur ne peut pas s'opposer à Moratti. Il vient d'une vieille famille huppée. Il est puissant. Il représente l'argent même. Mais j'avais acquis une certaine position au club, ce qui fit que je me lançai quand même. Moratti n'est pas un tordu. On peut lui parler facilement.

« Eh !

— Oui, Ibra ?

— Il faut y aller doucement.

— Qu'est-ce que tu veux dire ?

— À propos des primes. Les gars pourraient s'en contenter. Un seul match gagné, mince, ce n'est rien. Nous sommes payés pour gagner et, certes, si nous remportons le Scudetto, allez-y, offrez-nous quelque chose de sympa si vous voulez, mais pas après une seule et simple victoire. »

Il avait compris. Mon intention dans tout ça, comprenez-moi bien, n'était pas de faire comme si je pouvais diriger le club mieux que Moratti, pas du tout. Mais si je notais que quelque chose pourrait avoir une influence négative sur la motivation de l'équipe, je le faisais remarquer, et cette histoire de primes n'était pas très grave.

Le vrai défi concernait les clans. Cela m'a perturbé dès le premier jour et pas seulement parce que je suis de Rosengård. Là-bas, tout le monde marche ensemble, Turcs, Somalis, Yougos, Arabes, même si c'est le foutoir. J'avais clairement remarqué que dans le football, à la Juventus comme à l'Ajax, les équipes dont le collectif est soudé réussissent mieux. À l'Inter de Milan, c'était l'inverse. Les Brésiliens restaient dans leur coin, les Argentins dans le leur et nous, les autres, nous étions au milieu. Nos relations étaient superficielles et minimales.

Certes, il arrive que l'on trouve des groupes dans les équipes de football. Mais, au moins, les joueurs se choisissent des amis et les gardent parce qu'ils s'entendent bien. Là, ça se faisait par nationalités. C'est tellement simpliste. À part lorsqu'ils jouaient au football, ils vivaient en vase clos et cela me rendait dingue. Je voulais changer ça sans quoi nous ne pourrions pas remporter le titre. On aurait pu dire : qu'est-ce que ça peut bien te faire de manger avec l'un ou l'autre ? Croyez-moi, ça compte. Si l'on n'est pas unis en dehors du terrain, le jeu s'en ressent.

Cela affecte la motivation et l'esprit d'équipe. En football, les différences entre les équipes sont si minces que ce genre de détail peut devenir un facteur décisif. Il fallait que je fasse cesser tout ça. Personnellement, ce serait un premier grand test. Je savais toutefois qu'il ne suffit pas de belles paroles.

« Mais qu'est-ce que ça veut dire ? Pourquoi restez-vous assis entre vous comme des écoliers ? » leur demandai-je.

La majeure partie était d'accord avec moi. D'autres étaient un peu gênés mais cela n'eut aucun effet. Il est difficile de changer de vieilles habitudes. Entre eux, ces barrières invisibles étaient trop grandes. Je suis donc monté voir Moratti une nouvelle fois et, cette fois, j'ai essayé d'être aussi clair que possible. L'Inter n'avait pas gagné de titre depuis des lustres. Est-ce que cela allait continuer ? Allions-nous perdre encore juste parce qu'on ne peut pas demander aux gens de communiquer ?

« Bien sûr que non.

— Alors il nous faut casser ces clans. Nous ne gagnerons pas si nous ne travaillons pas en équipe. »

Je ne sais pas si Moratti a vraiment saisi à quel point les choses allaient mal, mais il comprit mon raisonnement. Il était tout à fait d'accord avec cette philosophie.

« À l'Inter, nous sommes une grande famille. Je vais leur parler. » Il ne tarda pas à le faire, ce qui permit de vérifier immédiatement de quel genre de respect il jouissait auprès des joueurs.

Moratti était le club. Il ne prenait pas que les décisions. Il était aussi le propriétaire. Il fit un petit discours. Il était très convaincant, il parlait d'unité et, bien sûr, tout le monde m'observait attentivement. Cela ressemblait à ce que je leur avais déjà dit. Ibra aurait-il balancé ? Je pense que la plupart des joueurs en étaient persuadés. Je m'en fichais. Je voulais juste une équipe soudée et, pendant un temps, l'ambiance s'améliora vraiment. Les clans étaient brisés et on commença à passer du temps ensemble, les uns avec les autres.

Nous étions plus enthousiastes et plus unis. Je faisais le tour, essayant de rassembler encore davantage les troupes. En soi, bien sûr, ce n'est pas ça qui vous fait remporter un championnat. Je me souviens de mon premier match, c'était contre la Fiorentina à Florence. Nous étions le 19 septembre 2006 et, bien sûr, la Fiorentina voulait nous battre à tout prix. Leur équipe avait été mêlée au scandale du foot italien et démarrait la saison avec un handicap de quinze points. Le public du stade Artemio Franchi avait la haine.

L'Inter était sorti du scandale totalement blanchi, ce que pas mal de gens contestaient. Les équipes étaient toutes les deux plus qu'armées pour gagner : la Fiorentina pour retrouver son honneur et nous pour gagner le respect qui nous permettrait de viser le *Scudetto*.

J'étais aligné d'entrée avec Hernán Crespo en attaque. Crespo était un Argentin qui arrivait de Chelsea et nous faisions tous les deux des bons débuts, du moins sur le terrain. Dès les premières minutes de la deuxième mi-temps, je reçus une longue passe dans la surface et d'une demi-volée j'envoyai la balle dans le but. Vous imaginez ! C'était un tel soulagement ! Pour commencer, grâce à ce but, je m'intégrais de mieux en mieux à l'équipe. Puis il me parut tout à fait naturel de refuser la sélection en équipe nationale suédoise qui jouait un match qualificatif pour l'Euro contre l'Espagne puis l'Islande en octobre. Je désirais me consacrer entièrement à l'Inter et ma famille. Avec Helena, nous comptions les jours. Nous allions avoir notre premier bébé et nous décidâmes qu'elle accoucherait en Suède à l'hôpital universitaire de Lund. Malgré tout, nous avions plus confiance dans le système de santé suédois que dans n'importe quel autre. Mais ce ne fut pas si facile. Ça a fait des histoires.

Les médias et les paparazzis nous attendaient. C'était l'hystérie complète et nous avons dû engager des agents de sécurité, avertir la direction de l'hôpital pour qu'ils bouclent la salle 44 de la maternité. On fouillait à l'entrée. À l'extérieur, il y avait des patrouilles de police et nous étions tous les deux nerveux. Il y avait cette odeur particulière d'hôpital. Des gens couraient dans les couloirs et nous entendions leurs cris. Ai-je déjà évoqué mon aversion pour les hôpitaux ? Je les déteste. Je me sens bien quand les gens qui m'entourent vont bien. S'il y a des gens malades autour de moi, je le deviens ou, du moins, j'ai l'impression de l'être. Je ne sais pas pourquoi mais les hôpitaux me donnent mal au ventre. Il y a une ambiance qui fait que généralement je sors de là dès que je peux.

Sauf que là, j'avais décidé d'y rester, d'être présent, et cela me stressait. Je recevais des tas de lettres du monde entier que, d'habitude, je n'ouvre pas. C'est une question d'honnêteté. Depuis qu'il m'est impossible de toutes les lire et d'y répondre, je préfère ne pas les ouvrir. Je ne veux pas de traitement de faveur. Mais, parfois, Helena ne peut pas s'en empêcher et nous découvrons des histoires plus tristes les unes que les autres. Par exemple, il y avait cet enfant malade à qui il ne restait qu'un mois à vivre et qui m'idolâtrait. Helena me demanda : « Que pouvons-nous faire ? On pourrait lui offrir un billet pour un match ? Envoyer un tee-shirt avec un autographe ? » Nous avons essayé de faire quelque chose. Mais ça ne me plaisait pas. C'est une de mes faiblesses, je l'admets, dans cet hôpital, au moment d'éteindre la lumière, cette histoire me préoccupait. Mais je m'inquiétais davantage pour Helena, bien sûr. Elle était très agitée. Ce n'est pas facile de donner naissance à son premier enfant quand vous êtes traqué. Si quelque chose tournait mal, j'en voudrais au monde entier.

Est-ce que quelque chose ne va pas ? Je me figurais un tas de choses. Mais tout se déroula normalement. J'étais heureux, je nageais dans le bonheur. C'était un amour de petit garçon, nous y étions arrivés. Nous étions parents. J'étais père et je n'imaginais pas une seconde qu'un problème puisse surgir, en tout cas pas à l'instant précis où nous étions parvenus à passer cette épreuve, où tous les médecins, toutes ces infirmières, avaient l'air tout aussi heureux. Mais nous étions loin du compte, le scénario réservait quelques surprises.

Nous appelâmes le garçon Maximilian. Je ne sais plus exactement d'où venait cette idée. Mais ça sonnait superbement. Ibrahimović était un nom merveilleux en soi. Maximilian Ibrahimović, c'était encore mieux. C'était la bonté et la puissance réunies mais, bien sûr, nous allions finir par l'appeler « Maxi », ce qui était tout aussi bien. L'avenir était radieux et je quittai l'hôpital presque aussitôt. Ce qui ne veut pas dire que ce fut facile, loin de là. Au-dehors, les journalistes étaient partout. Mais le mec de la sécurité me couvrit d'une blouse blanche, genre, « Docteur Ibrahimović ». Il me fit monter dans un panier à linge, un immense panier, où je me mis en boule, puis on m'a poussé dans les passages et les couloirs jusqu'au parking du sous-sol. Une fois en bas, je me suis extirpé de là, je me suis changé et j'ai pris la direction de l'Italie. On n'y a vu que du feu.

Les choses ne se passèrent pas aussi bien pour Helena. Ce n'était pas facile pour elle. La naissance avait été compliquée et elle n'avait pas l'habitude comme moi de tout ce remue-ménage. Personnellement, je n'y pensais presque plus. Cela faisait partie de ma vie. Mais Helena stressait de plus en plus et, avec Maxi, ils furent emmenés en cachette à bord de deux voitures différentes chez ma mère à Svågertop. Nous pensions qu'elle pourrait souffler un peu là-bas. Comme nous étions naïfs. Les journalistes ne mirent qu'une heure pour se rassembler à l'extérieur de la maison et Helena se sentit comme traquée. Dès qu'elle le put, elle prit l'avion pour Milan.

J'étais déjà là, prêt à jouer un match contre le Chievo Vérone à San Siro. J'étais remplaçant. Je n'avais pas beaucoup dormi. Roberto Mancini, notre entraîneur, pensait non sans raison que je n'étais pas en possession de tous mes moyens. J'avais l'esprit ailleurs. Je regardais vers la pelouse puis en hauteur vers les spectateurs. Les Ultras, les supporters les plus fanatiques de l'Inter, avaient suspendu une immense banderole qui tombait des tribunes. Cela ressemblait à une grande voile battant au vent et il y avait une inscription à la bombe sur la toile, en lettres noires et bleues. *Benvenuto Maximilian*, ce qui signifie « Bienvenue Maximilian », et je me demandai : mais qui diable est ce Maximilian ? Possédions-nous un joueur qui portait ce nom-là ?

Puis je compris. Il s'agissait de mon fils. Les Ultras souhaitaient la bienvenue à mon petit garçon chéri ! C'était si beau que j'avais envie de pleurer. Ces supporters ne sont pas des plaisantins. Ce sont des mecs durs, il m'arrivera d'avoir affaire à eux un peu plus tard. Mais là, que dire ? C'était l'Italie dans ce qu'elle a de meilleur, avec leur amour du football et des enfants. Je pris une photo avec mon portable pour l'envoyer à Helena et, sincèrement, peu de choses l'ont si profondément touchée. Elle en a encore les larmes aux yeux quand elle en parle. C'était comme si San Siro lui envoyait tout son amour.

Nous avions également un nouveau petit chiot. Nous l'avons appelé Trustor, à cause de l'affaire du même nom en Suède où des gens avaient détourné tout l'argent d'une société financière. J'avais donc dorénavant une vraie famille. J'avais Helena, Maxi et Trustor.

À cette époque, je jouais tout le temps à la Xbox. Beaucoup trop. Une vraie drogue. Je ne pouvais pas m'arrêter et, souvent, je m'asseyais avec le petit Maxi sur mes genoux et je jouais.

À Milan nous vivions à l'hôtel en attendant que notre appartement soit aménagé et, quand nous sonnions pour commander à manger, on se rendait bien compte qu'ils ne nous supportaient plus, et nous non plus d'ailleurs. Cet hôtel nous tapait sur les nerfs et nous avons donc déménagé à l'hôtel Nhow sur la Via

Tortona, qui était bien mieux mais où tout était aussi chaotique.

Tout était nouveau avec Maxi et nous avions remarqué qu'il vomissait beaucoup, qu'il ne grossissait pas, voire le contraire. Il maigrissait. Mais aucun de nous deux ne savions comment interpréter cela. Peut-être était-ce normal. On dit que les enfants perdent parfois du poids quelque temps après leur naissance et il avait l'air costaud, non ? Pourtant il rejetait son lait et son vomi paraissait épais et étrange. Il avait des renvois tout le temps. Est-ce que c'était normal ? Nous n'en avions pas la moindre idée, ce qui me fit appeler ma famille et des amis qui me rassurèrent tous, persuadés que ce n'était rien de grave. C'est aussi ce que nous pensions, ou du moins c'est ce que je préférais me dire, mais je tentai de trouver une explication.

Tout va bien. C'est mon garçon. Que pouvait-il lui arriver ? Cependant, je ne cessais de m'inquiéter. Il devint de plus en plus évident qu'il ne pouvait rien ingurgiter, il perdit encore plus de poids. Il pesait un peu plus de trois kilos à la naissance. Il ne faisait plus que deux kilos trois cents et je sentais au plus profond de moi que ce n'était pas bon, pas bon du tout, et je ne pouvais pas tenir comme ça plus longtemps.

« Helena, quelque chose ne va pas !

— Je le pense aussi, mais quoi ? »

J'avais d'abord eu un doute, un pressentiment. J'en étais désormais persuadé et la pièce commença à vaciller. J'étais dans tous mes états. Je n'avais jamais rien vécu de tel, loin de là. Avant, quand j'étais gosse, j'étais monsieur Intouchable. Je pouvais être en colère, furieux, ressentir toutes les émotions possibles. Mais il suffisait que je les combatte pour qu'elles disparaissent. Mais là, rien de comparable. J'étais impuissant. Même avec l'habitude, je n'arrivais pas à me sentir mieux. Je ne pouvais pas lutter.

Maxi devint de plus en plus faible. Il était si malingre qu'il n'avait que la peau sur les os. C'était comme s'il n'avait plus la force de vivre et, pris de panique, nous avons passé des coups de fil un peu partout avant qu'un médecin, une femme, n'entre dans notre chambre d'hôtel. Je n'étais pas là. J'avais un match à jouer. Je pense que nous avons eu de la chance.

La femme examina son vomi. Elle l'ausculta et, reconnaissant les symptômes, décréta immédiatement : « Vous devez l'emmener à l'hôpital tout de suite. » Je m'en souviens très clairement. J'étais avec l'équipe. Nous jouions contre Messine à domicile et mon téléphone sonna. Helena était toute retournée : « Ils vont opérer Maxi, c'est urgent. » Et j'ai pensé : va-t-il mourir ? Est-ce possible ? Toutes sortes de questions angoissantes me passaient par la tête et j'expliquai tout à Mancini. Comme beaucoup d'autres entraîneurs, c'était un ancien joueur et il avait débuté sa deuxième carrière sous les ordres de Sven-Göran Ericksson à la Lazio. Il comprit. Il avait du cœur.

« Mon fils est malade. » Il vit immédiatement dans mes yeux que j'étais bouleversé.

Je n'avais plus du tout l'esprit d'un vainqueur. J'avais Maxi en tête et rien d'autre, mon petit garçon, mon fils adoré, il fallait que je décide seul : allais-je jouer ou non ? J'avais marqué six buts depuis le début de la saison et durant ces matchs j'avais été plutôt bon. Mais là... Que faire ? Il était encore plus évident que Maxi ne se porterait pas mieux que je sois remplaçant ou pas. Et puis, serais-je capable de jouer correctement ? Je ne savais pas. Mon cerveau bouillonnait.

J'avais des nouvelles d'Helena régulièrement. Elle avait foncé à l'hôpital et apparemment tout le monde criait autour d'elle mais personne ne parlait anglais et Helena ne connaissait que quelques bribes d'italien. Totalement paumée, elle ne comprenait rien d'autre à part qu'il y avait urgence. Un médecin lui demanda de signer des papiers. Quelles sortes de documents ? Elle ne savait pas. Mais on n'avait pas le temps de réfléchir. Elle signa. Dans ce genre de situation, je pense qu'on signerait n'importe quoi. Puis on lui présenta d'autres papiers. Elle les signa aussi et Maxi, lui, fut emmené et ce fut douloureux, je le comprends.

Que se passait-il ? Elle était dans un état de confusion totale et Maxi devenait de plus en plus faible. Mais Helena serrait les dents. Il n'y avait que ça à faire. Il fallait faire avec et il n'y avait plus qu'à espérer, tandis que Maxi était transporté dans une autre pièce avec des médecins et des infirmières et tout un tas d'instruments. Elle saisit progressivement ce qui n'allait pas. Son estomac ne fonctionnait pas normalement et il fallait une intervention chirurgicale.

De mon côté, j'étais au stade San Siro avec ces dingues de supporters et il n'était pas facile de me concentrer sur quoi que ce soit. Mais j'avais décidé de jouer. J'étais titulaire. Du moins, il me semble. Tout est un peu flou et je me doute que je ne devais pas très bien jouer. Comment aurais-je pu ? Je revois Mancini, debout, en train de me faire des signes du bord la touche pour me dire : « Je te sors dans cinq minutes », et j'opinai. Oui, il fallait que je sorte. Ça ne servait à rien.

Mais, la minute suivante, je marquai un but. Va te faire voir, Mancini ! Essaie donc de me sortir maintenant ! Je poursuivis donc et nous avons largement gagné. En rage et plein d'inquiétude, je me suis barré dès la fin du match. Dans le vestiaire, je n'ai pas prononcé un mot et j'arrive à peine à me souvenir du trajet en voiture.

Mon cœur battait. Je me souviens des couloirs de l'hôpital, de l'odeur qui y régnait et comment j'ai déboulé là-dedans en demandant : Où ? Où ? Je me souviens comment, enfin, j'ai trouvé mon chemin pour atteindre une immense salle où Maxi était allongé dans une couveuse au milieu d'autres enfants. Il était plus maigre que jamais, comme un petit oiseau. Des tubes lui entraient dans le corps et le nez. Mon cœur cognait dans ma poitrine, je le regardais, puis Helena, et que pensez-vous que j'ai fait ? Auriez-vous reconnu la petite frappe de Rosengård ?

« Je vous aime tous les deux », dis-je. Mais je ne gérais pas. J'allais disjoncter. « Appelle-moi s'il se passe la moindre petite chose », et je sortis de là.

Ce n'était pas très élégant de faire ça à Helena. Elle était seule avec lui. Mais je ne supportais pas. Je commençais à paniquer. Je détestais les hôpitaux plus que jamais et je retournai à l'hôtel où, sans doute, j'ai dû jouer à la Xbox. D'habitude, dans ce genre de situation, cela me calme. Toute la nuit, je suis resté allongé avec le téléphone près de moi et, parfois, je me réveillais d'un coup comme si quelque chose de terrible allait arriver.

Mais tout allait bien. L'opération avait réussi et Maxi, depuis, va très bien. Il a une cicatrice sur le ventre. Sinon, il est en aussi bonne santé que la plupart des enfants et il m'arrive de repenser à cet épisode. Pour être honnête, cela me fait prendre du recul.

Lors de cette première année à l'Inter, nous avons remporté le *Scudetto*. Un peu plus tard, en Suède, j'étais nominé pour le prix Jerring. Il n'y a pas de jury pour en déterminer le vainqueur, c'est le public qui vote. On élit l'athlète suédois ou l'équipe qui a réalisé l'exploit de l'année et, logiquement, ce type de récompense revient presque chaque fois à des athlètes de sports individuels comme Ingemar Stenmark en ski alpin, Stefan Holm en athlétisme, ou Annika Sörenstam en golf. Cependant, je dois dire qu'une équipe l'avait remporté. L'équipe nationale suédoise de football l'avait reçu en 1994. Mais, en 2007, j'étais nominé en mon seul nom.

Nous étions à la cérémonie de gala, Helena était avec moi, je portais un smoking et un nœud papillon et, avant que le prix ne soit décerné, je me baladai un peu dans la salle et je tombai nez à nez avec Martin Dahlin.

Martin Dahlin est un ancien joueur, un des plus grands. Il était dans l'équipe qui avait terminé troisième de la Coupe du Monde et avait reçu le prix Jerring en 1994. Il avait été pro à la Roma et au Borussia Mönchengladbach et avait marqué des tas de buts. Mais comme toujours, ça ne changera jamais, une génération s'oppose à une autre. Les anciens veulent toujours être les meilleurs de tous les temps. Et les jeunes aussi. Nous ne voulons pas que les vieilles stars nous fassent de l'ombre et je ne veux surtout pas entendre des choses comme « tu aurais dû voir ça à notre époque », des bêtises pareilles. Pour nous, il s'agit de jouer du mieux possible au football pour ce qu'il est aujourd'hui. Et j'ai perçu quelque chose de sarcastique dans la voix de Martin quand il m'a lancé : « Oh ! Tu es ici ? »

Pourquoi, je ne devrais pas ?

« Et toi ? répliquai-je avec la même ironie, feignant d'être surpris qu'on les ait laissés entrer, lui et les autres.

— Nous avons gagné le prix en 1994.

— En tant qu'équipe, ouais. Moi, je suis nominé tout seul. »

J'avais répondu en souriant et ce n'était rien, juste un peu de provocation.

Au même moment, une sensation me traversa le corps : je veux ce prix. Je le glissai à Helena en revenant à notre table : « S'il te plaît, croise les doigts pour moi. » Je n'avais jamais dit une chose pareille auparavant, même pas pour un titre ou une coupe. Mais c'était sorti comme ça. Cette récompense devenait tout d'un coup importante, comme si quelque chose en dépendait. Je ne pourrais pas l'expliquer. J'ai reçu tout un tas de prix mais cela ne m'avait jamais autant affecté et, peut-être, je ne sais pas, peut-être compris-je que ça pouvait être la consécration, le signe que j'étais véritablement accepté, non seulement en tant que footballeur mais comme individu, en dépit de tous mes excès et de mon passé. J'étais donc complètement sur les nerfs quand ils sont montés sur la scène pour donner les résultats.

Nous étions trois, Susanna Kallur, cette fille qui saute des haies, et la skieuse Anja Pärson. Je ne savais pas du tout à quoi m'attendre. Pour les Guldbollen, j'étais prévenu à l'avance, car dans ces occasions je ne voulais pas monter sur scène pour rien. Là, je ne savais rien et les secondes filaient. Alors, tu accouches ! Et le vainqueur est...

On prononça mon nom et j'en aurais chialé, croyez-moi, je ne pleure pas facilement. Je ne me suis pas trop entraîné à ce genre de truc pendant mon enfance mais là, vraiment ému, je me levai. Tout le monde criait et applaudissait. Ça grondait autour de moi et je croisais encore Martin Dahlin à qui, cette fois, je n'ai pas pu m'empêcher de dire : « Excuse-moi, Martin, je vais juste chercher mon prix. »

Sur la scène, le prince Carl Philip me remit le prix et je m'emparai du micro. Je ne suis pas du genre à préparer des discours de réception longtemps à l'avance, pas du tout. Alors que je commençais à parler, voilà soudain que je me mis à penser à Maxi et à toutes les choses que nous avons vécues avec lui et je me suis dit, c'est vraiment étrange en fait. Je venais de remporter ce prix pour avoir contribué à décrocher le *Scudetto* avec l'Inter, le premier depuis dix-sept ans, et j'étais en train de me demander si Maxi était plutôt né durant la saison en cours, donc pas forcément la même année, ou durant la saison où nous avions remporté le titre. Tout d'un coup, je ne savais plus et je le demandai à Helena. Je la fixai et elle n'arriva même pas à me faire un signe de tête.

Elle avait des larmes plein les yeux et, croyez-moi, je ne l'oublierai jamais.

17

J'étais peut-être en train de grandir, de devenir adulte. Ou peut-être pas. J'ai déjà parlé de mon besoin de sensations fortes. Un réel besoin. J'en ai eu besoin dès l'enfance et parfois, je déraille. Ça m'arrive encore. J'ai un vieil ami qui tenait une pizzeria à Malmö. Il pèse quelque cent vingt kilos. Nous roulions ensemble dans ma Porsche sur la route de Båstad, sur la côte Ouest suédoise, en direction de Malmö, au sud. Je connais peu de gens qui aiment monter avec moi en voiture. Non pas parce que je suis un mauvais conducteur, pas du tout. Je conduis magnifiquement. Mais j'ai besoin de faire le plein d'adrénaline et, cette fois-là, j'avais poussé jusqu'à trois cents kilomètres à l'heure. Je trouvais que ça n'allait pas assez vite et j'appuyai sur l'accélérateur : trois cent un, trois cent deux et, un peu plus loin, la route se faisait plus étroite. Mais j'ai continué à fond et quand le compteur afficha trois cent vingt-cinq, mon pote a explosé.

« Zlatan, ralentis nom de Dieu, j'ai une famille !

— Et moi alors, espèce de gros con, je n'en ai pas ? »

Alors je ralentis, sans doute à contrecœur, nous avons poussé un soupir de soulagement avant d'éclater de rire. Nous devions faire attention à nous, ce n'est pas faux. Mais il m'était difficile de céder. Ces trucs-là m'excitent et, même si je n'ai jamais pris de drogue, il est possible que j'aie des penchants addictifs. Je me laisse embarquer. En ce moment, c'est la chasse. À l'époque, c'était ma Xbox et, en ce mois de novembre, un nouveau jeu était sorti.

Il s'appelait *Gears Of War* et j'étais complètement obsédé. Plus rien n'existait. J'avais aménagé chez nous une salle de jeux et je pouvais y rester pendant des heures, sans fin, jusqu'à parfois 3 ou 4 heures du matin. J'aurais vraiment mieux fait d'aller dormir et de prendre soin de moi, histoire de ne pas arriver lessivé à l'entraînement. Mais je n'arrêtais pas. *Gears Of War* était comme une drogue (avec *Call Of Duty*). J'y jouais sans cesse.

Je n'avais jamais ma dose. Je ne pouvais pas m'arrêter et je jouais souvent en ligne avec d'autres personnes, des Anglais, des Italiens, des Suédois, n'importe qui, pendant six ou sept heures par jour, sous un pseudonyme. Je ne pouvais pas m'afficher en tant que « Zlatan » sur le réseau. Donc, bien sûr, personne ne savait qui se dissimulait sous mon nom d'emprunt.

Mais je vous jure, même sous un faux nom, j'impressionnais les gens. J'ai joué aux jeux vidéo durant toute ma vie et j'ai l'esprit de compétition. Je suis concentré. J'écrase tout le monde. Certes, il y avait un autre type qui était aussi bon que moi, branché en permanence, comme moi, toute la nuit. Son pseudo était D-quelque chose et parfois je l'entendais parler. Nous avions tous des casques audio et les gens discutaient entre et pendant les parties.

J'essayais de tenir ma langue. Je voulais rester anonyme. Ce n'était pas toujours facile. L'adrénaline coulait dans mes veines et, un jour, les autres ont évoqué leur voiture. D avait une Porsche 911 Turbo, disait-il, et je n'ai pas pu me retenir. J'en avais donné une à Mino après ce déjeuner à l'Okura, à Amsterdam. J'ai donc commencé à parler et je me fis immédiatement remarquer. Ils étaient méfiants. « Tu parles comme Zlatan », remarqua l'un. « Non, non, non, ce n'est pas moi. » Tu parles ! Ils se mirent à me poser des questions. Mais j'ai esquivé puis nous avons changé de conversation et causé de Ferrari mais, pour être honnête, ça n'était pas mieux.

« J'en ai une. Une vraiment spéciale.

— Quel modèle ?

— Tu ne me croirais pas. »

D était encore plus curieux.

« Allez ! Vas-y ! Qu'est-ce que c'est ?

— Une Enzo. »

Il y eut un silence.

« Tu te fais mousser.

— Non, pas du tout.

— Une Enzo ?

— Une Enzo !

— Alors, ça ne peut être que toi.

— Et qui donc ?

— Celui dont on parlait tout à l'heure.

— Peut-être, peut-être pas. »

Nous avons repris la partie et quand nous ne jouions pas nous continuions à discuter et je questionnais un peu ce type. J'appris qu'il était courtier.

Je lui parlais facilement, nous aimions les mêmes choses. Il ne me posa plus de questions sur mon identité. Nous bavardions d'autres choses et, évidemment, je remarquai qu'il aimait le football et les voitures. Mais ce n'était pas un caïd, pas du tout, il était plutôt sensible, un gars réfléchi et, un jour, alors que nous causions en réseau de montres, un de mes autres centres d'intérêt, D disait vouloir en posséder une très particulière, très chère. Quelqu'un intervint pour dire : « La liste d'attente est longue pour celle-là », ce qui ne faisait aucun doute mais pas pour moi. Quand on est footballeur en Italie, tout va bien. On a toutes sortes de passe-droits et l'on peut obtenir des prix d'amis sur n'importe quoi, donc j'interrompis la conversation encore une fois :

« Je peux t'en avoir une, à tel prix.

— Tu plaisantes ?

— En aucun cas.

— Et comment comptes-tu t'y prendre ?

— J'ai juste à appeler un mec. »

Je me disais : qu'est-ce que j'ai à perdre ? Si D ne voulait plus de la montre ou s'il me racontait des craques, je pourrais la garder pour moi. Ce n'était pas un problème. Le type semblait digne de confiance et, en plus, il parlait de Ferrari et de trucs de luxe.

« Écoute, je serai bientôt à Stockholm, au Scandic Hotel, déclarai-je.

— O.K.

— Il te suffit de t'installer dans le lobby à 16 heures et tu auras ta montre !

— Tu es sérieux ?

— Je suis un type sérieux ! »

J'appelai mon contact et pris possession de la montre, une pièce unique, une jolie petite chose, et j'ai ensuite envoyé mes coordonnées bancaires à D *via* mon compte Xbox. Peu de temps après, je pris l'avion pour Stockholm. Nous y jouions un match de qualification pour l'Euro et, comme d'habitude, nous logions au Scandic Park Hotel. Je m'étais réconcilié avec Lagerbäck et je saluais tous les gars de l'équipe en arrivant à l'hôtel. La montre était dans une boîte dans mon sac et, cet après-midi-là, je l'avais sur moi en descendant au lobby comme cela était convenu. Je me sentais totalement relax. Mais

Janne Hammarbäck, l'agent de sécurité, était avec moi, juste au cas où.

Je ne savais pas du tout à quoi pouvait ressembler D ni qui il était. Peu importe la bonne impression que j'avais eue de lui, il aurait pu être n'importe qui, un cinglé avec dix acolytes énervés, même si c'était peu probable. Mais on ne sait jamais et donc je regardai autour de moi, à droite, à gauche, et je ne remarquai qu'un homme menu, brun, assis sur une chaise, à l'air timide.

« Êtes-vous ici pour récupérer une montre ? demandai-je.

— Euh, ouais, je... »

Il se leva et je vis tout de suite qu'il était troublé. Je pense qu'il se doutait déjà de qui j'étais, pourtant, il ne venait d'en avoir la confirmation qu'à l'instant. « C'est toi ! » Bien sûr, cela m'était déjà arrivé. Les gens sont mal à l'aise avec moi et dans ce type de situation, je deviens plus ouvert et amical, ce qui me fit lui poser un tas de questions sur son boulot, sur les endroits qu'il fréquentait, ce genre de choses. Finalement, il se détendit aussi et nous avons commencé à parler de Xbox. Que dire ? C'était sympa. C'était nouveau pour moi.

Mes potes de Rosengård sont des enfants des rues : ils en font des caisses, sont pleins d'adrénaline et il n'y a rien de mal à ça, rien du tout, c'est ainsi que j'ai grandi. Mais ce type était intelligent et prévenant, il pensait différemment. Il n'était pas macho pour un rond, il n'avait pas besoin de se la raconter et, normalement, je ne me rends pas aussi disponible avec les gens. J'ai appris à mes dépens que certains me manipulaient à leurs propres fins, pour pouvoir dire : je connais Zlatan, je suis un mec cool.

Or je sentis immédiatement que ça collait entre ce type et moi et je lui dis : « Je laisserai la montre à la réception et dès que l'argent sera sur mon compte en banque, tu pourras la récupérer. »

Une demi-heure plus tard, il avait fait le virement et nous sommes restés en contact. Nous nous envoyions des SMS, nous appelions, et il est même venu nous rendre visite à Milan. C'était un Suédois bien élevé qui disait des choses gentilles, des « Je suis content de vous voir ». Il détonnait avec les gars de Rosengård. Mais il s'entendait bien avec Helena. C'était plus son genre, enfin un mec qui ne jetait pas des pétards sur les stands à kebabs ! Il est entré dans ma vie, Helena aime le surnommer « mon flirt sur Internet ».

Vous vous souvenez du Milen quand j'étais au Malmö FF, le parcours de jogging que j'avais l'habitude d'écourter en prenant le bus ou en piquant un vélo ? Ce n'était pas si lointain que ça et je pense à tout ça des fois, pas seulement parce que alors j'avais été pris en équipe première mais parce que ma situation avait bien changé. Prenez ces jolies maisons de Limhamnsvägen. Elles me semblaient inaccessibles, particulièrement celle en rose qui était aussi grande qu'un château. À l'époque, je n'arrivais même pas à imaginer qui pouvait se permettre d'habiter là. Ils devaient être incroyablement riches.

Il m'arrive encore d'avoir ce type de pensées. Je ne suis plus mal à l'aise vis-à-vis de cette classe de gens, c'est même l'inverse, mais je me souviens de la douleur, de la douleur de me sentir exclu de ce monde, de savoir que l'on ne vivait pas sur un pied d'égalité. On n'oublie pas ce genre de sentiments et j'ai toujours rêvé de prendre ma revanche, ou de leur prouver à tous que je n'étais plus ce gosse, ce Fido Dido de Rosengård. J'étais désormais quelqu'un qui pouvait posséder la plus terrible des maisons et il se trouvait qu'Helena et moi avions besoin d'un logement à Malmö.

On ne pouvait plus séjourner chez ma mère plus longtemps à Svågertorp. Un autre bébé allait naître. Je voulais ma propre palissade à dézinguer. Et, donc, avec Helena, nous avons roulé dans ces quartiers, ici et là, pour regarder les maisons. C'était amusant. Nous avions fait la liste des dix plus belles demeures. Et laquelle croyez-vous se retrouva en tête de ce top 10 ? La maison rose de Limhamnsvägen, bien évidemment. Ce n'était pas seulement un de mes fantasmes. Cette maison était vraiment superbe. C'était la plus belle de Malmö. Évidemment, il y avait un problème.

Elle était habitée et ces gens ne voulaient pas vendre. Que voulez-vous y faire ? C'était la question. Nous décidâmes de ne pas lâcher. Et si nous leur faisions une offre qu'ils ne pourraient pas refuser ? Je ne pouvais pas non plus leur mettre dans les pattes des gars de Rosengård. Cela devait être fait avec classe mais, quand bien même, nous décidâmes de passer à l'attaque. C'était un jour où Helena était à IKEA.

Elle y croisa une amie et elles se mirent à parler de la maison rose.

« Oh ! Ce sont de bons amis qui y vivent, s'exclama son amie.

— Tu peux les contacter de notre part ? Nous voudrions leur parler.

— Tu plaisantes ?

— Pas du tout. »

Elle s'y rendit. Son amie sonna chez eux, et expliqua la situation. Le couple ne voulait absolument pas vendre. Ils aimaient vivre là, et le quartier était si beau, et c'était si charmant, et l'herbe était si verte, et la vue sur la plage de Ribersborg et le détroit de Øresund étaient formidables, blablabla. Mais l'amie d'Helena suivait nos instructions et les informa que nous ne prendrions pas sa version pour une réponse définitive. S'ils voulaient demeurer ici, quel que soit le prix que nous souhaitions y mettre, ils devraient nous le dire en face et ne serait-il pas rigolo de rencontrer Zlatan et Helena autour d'une tasse de thé ou de café ? Ça n'arrive pas à tout le monde.

Ils pensèrent en effet que ce serait assez drôle et nous y sommes donc allés et je captai immédiatement que j'avais la main. Vu qui je suis, nous allions trouver une solution mais, tout de même, j'étais partagé. Au moment de passer la porte, je me sentis grand et petit à la fois, il y avait d'un côté l'enfant qui restait bouche bée devant ces demeures durant le Milen et de l'autre la célébrité que j'étais devenue. Tout d'abord, nous avons fait un tour avec Helena pour visiter. « Très joli, très joli, quelle charmante maison vous avez là. » Je me tenais bien, poli et tout. Mais, en prenant le café, je ne pus me retenir plus longtemps.

« Nous sommes ici parce que vous vivez dans notre maison », lâchai-je et l'homme se mit à rire, genre, « comme c'est drôle » et, certes, j'avais l'œil brillant. C'était une sorte de boutade, une réplique dans un film.

« Vous pouvez prendre ça comme une blague si vous voulez, poursuivis-je. Mais je suis sérieux. J'ai l'intention d'acheter cette maison. Je ferai en sorte que vous soyez satisfaits, mais nous allons l'avoir. » Et alors il se mit à dire qu'elle n'était pas à vendre, quelles que soient les conditions.

Il était inflexible, ou plutôt, il faisait tout comme mais, là, je flairai le truc. C'était comme sur le marché des transferts. C'était un jeu. La maison avait un prix pour lui. Je le voyais dans ses yeux, c'était dans l'air, et je dis ce que je pensais : « Je ne voudrais pas me lancer dans des choses que je ne sais pas faire. Je suis footballeur. Je ne suis pas négociateur. J'enverrai quelqu'un pour régler l'affaire. »

Pas Mino, si c'est ce que vous croyez. Il y a des limites à tout. J'envoyai un avocat et ne me prenez pas pour un idiot qui jette son argent par les fenêtres. Je suis un tacticien. Je suis prudent. Il ne s'agissait pas de lui dire, on achète à n'importe quel prix, rien de tout ça. Plutôt : assurez-vous de l'obtenir au prix le plus bas possible. Puis nous avons attendu. Quel suspense. Le coup de fil arriva enfin : « Ils vendent pour trente millions », et il n'y avait rien à discuter. Nous avons acheté pour trente millions de couronnes (environ trois millions cinq cent mille euros) et, franchement, avec cette somme d'argent, je parie que le couple a quitté les lieux en sautant de joie.

J'avais réussi. Certes, ce n'était pas donné. Nous avons payé pour qu'ils se cassent. Mais ce n'était que le début. Nous avons fait des travaux énormes en restaurant la maison. Nous n'avons pas lésiné. Nous ne pouvions pas surélever les murs. La mairie refusait. Que faire ? Nous voulions un mur plus haut pour qu'aucun fan ou des importuns ne puissent monter dessus et nous épier. Au lieu de ça, nous nous sommes un peu plus enterrés. Nous avons fait niveler le terrain par le bas. Nous avons fait des tas d'aménagements comme ça. Nous nous faisions remarquer et ce n'était pas toujours bien vu.

Dans ce quartier, les maisons sont généralement transmises par héritage. C'est papa qui paie et personne comme moi n'avait jamais emménagé ici auparavant. Ce sont des gens chics, qui ne disent pas « la maison la plus terrible » et tout ça. Ils utilisent des mots comme « distinguée » et « extraordinaire ».

Mais je voulais montrer qu'un mec comme moi pouvait s'installer ici avec son pognon. Cela a toujours été important pour moi et je ne m'attendais pas qu'ils applaudissent des deux mains. Mais j'étais toujours étonné. « Quoi ? Ils font ceci, cela. » Ils n'arrêtaient pas de se plaindre. Mais je m'en fichais et nous avons rénové la maison comme nous le désirions.

Helena s'y consacra. Elle est incroyablement minutieuse et elle se fit aider par divers musées ou je ne sais quoi. Je n'étais pas aussi impliqué qu'elle. Je n'ai pas son bon goût pour ça mais j'ai tout de même mis ma patte. Sur le mur rouge de l'entrée, j'ai accroché une grande photo représentant deux pieds sales. Quand mes potes se sont pointés, ils ont fait la réflexion suivante :

« Super, terrible, elle est cool ta maison. Mais qu'est-ce que c'est que ces pieds dégueulasses ? Comment as-tu pu mettre une saleté pareille sur ton mur ?

— Vous êtes des imbéciles. Ce sont ces pieds qui ont payé la maison. »

18

Je me rappelle quand je l'ai vu sur le terrain d'entraînement. C'était assez sympa je dois dire, j'avais l'impression que rien ne changeait même après être passé d'un club à un autre.

« Eh ! Tu me suis ou quoi ? gueulai-je en arrivant.

— Évidemment. Il faut bien que quelqu'un vérifie si tu as des cornflakes dans le frigo.

— Oui mais cette fois je refuse de dormir par terre sur un matelas.

— Si tu es sage. »

J'étais content de retrouver Maxwell à l'Inter. Il était arrivé quelques mois avant moi mais avait été blessé à un genou et avait dû faire des séances de rééducation, ce qui fait que je ne l'avais pas vu depuis un bout de temps. Je ne crois pas connaître joueur plus élégant. C'est un défenseur brésilien agressif qui ne craint pas de relancer le jeu du fond du terrain. J'ai souvent tout simplement du plaisir à le voir jouer. Parfois, pourtant, je me demande comment il a pu devenir si bon. En football, quand on est si gentil, généralement, on n'y arrive pas. Il faut être costaud et dur et il me semblait que c'est ce que j'étais devenu après mon passage à la Juventus. J'étais aujourd'hui plus que jamais au cœur de l'action et j'avais contribué à l'obtention du titre lors de ma première année à l'Inter. Pas seulement en match mais aussi grâce à mon comportement général.

Cette histoire d'Argentins et de Brésiliens chacun dans son coin était terminée et chaque mois ma position dans le club se consolidait. Moratti s'en aperçut. Il était bon avec moi, il s'assurait que tout allait bien pour ma famille et, sur le terrain, je brillais. Nous étions encore en tête du championnat. Les misérables années 1990, quand l'Inter n'y arrivait pas, étaient derrière nous. Les choses se passaient comme je l'avais espéré. Depuis mon arrivée, toute l'équipe s'était secouée et, évidemment, avec Mino, nous savions que nous étions en bonne position pour marchander.

Il était temps de renégocier mon contrat et Mino n'a pas son pareil pour cela. Avec Moratti, il utilisait toutes ses ficelles. Je n'ai aucune idée de la teneur de leurs discussions. Je n'ai jamais assisté aux négociations, mais il se disait alors que le Real Madrid voulait me recruter. Il insista lourdement sur cette éventualité pour mettre la pression sur Moratti. Mais tout cela n'était pas vraiment nécessaire. Ma situation avait évolué. Quand j'avais signé à l'Inter, j'étais tellement impatient de quitter la Juventus que Moratti aurait pu facilement jouer là-dessus. Ça fait partie du jeu. On te met le couteau sous la gorge. Pendant les négociations, il diminua mon salaire à quatre reprises. Mais nous allions rééquilibrer les comptes, même si c'était lui. Nous étions d'accord là-dessus avec Mino, et Moratti n'était plus en position de force. Étant donné l'importance que j'avais prise dans l'équipe, il ne pouvait plus se permettre de me perdre et il ne fallut pas longtemps pour qu'il lui dise : « Donne-lui ce qu'il veut. »

Nous avons fait une très bonne affaire. Quand les détails ont fuité, il se disait même que j'étais le joueur le mieux payé du monde. Mais, à l'époque, personne n'en savait rien. Une des clauses imposées par Moratti était que les termes du contrat restent secrets durant six ou sept mois. Mais nous savions que tôt ou tard les choses éclateraient au grand jour et l'enjeu ne fut pas tant le salaire en lui-même que le battage médiatique qu'il suscita.

Quand on est le joueur le mieux payé du monde, on ne vous regarde plus de la même façon. Tous les projecteurs se braquent sur vous. Le public, les autres joueurs, les supporters et les sponsors commencent à vous voir sous un autre jour. Qu'est-ce que cela signifie ? Tous ceux qui paient déjà sont prêts à offrir encore davantage. Plus on se rapproche du sommet, plus ça grimpe. C'est de la psychologie pure. Tout le monde s'intéresse au numéro un. C'est ainsi que le marché fonctionne. Et, pourtant, je pense que personne ne mérite autant d'argent. Je connaissais ma valeur sur le marché et je l'avais intégrée : je ne voulais plus me faire avoir comme lors de la transaction avec l'Ajax. Mais, c'est vrai, avec un gros salaire, beaucoup de choses changent, comme la pression qui augmente. En échange, il faut se donner et continuer de briller.

Mais ça ne me déplaisait pas non plus. J'avais besoin de cette pression. Elle me faisait avancer et, en milieu de saison, j'avais déjà marqué dix buts, ce qui rendait tout le monde hystérique. Tout n'était que « Ibra, Ibra » et, en février, on aurait dit que le titre était déjà presque assuré. On avait l'impression que rien ne pourrait nous arrêter. C'est alors que j'eus des soucis avec mon genou. J'essayai de l'ignorer, je me disais, oh, ce n'est rien, n'y pense pas. Mais la douleur revenait et cela empirait à chaque sortie. Nous finîmes en tête de notre groupe en

Ligue des Champions où les choses promettaient également.

Mais lors du premier match à élimination directe nous sommes tombés contre Liverpool et durant ce premier match à Anfield, je sentais que la blessure me handicapait. Notre jeu était catastrophique et nous avons perdu 2 à 0. À la suite de quoi j'avais tellement mal que je ne pouvais plus ne pas en tenir compte. Je passai des examens et on diagnostiqua assez vite une inflammation du tendon.

Le tendon est un prolongement des quadriceps, les muscles de la cuisse. Je me disais que ce n'était pas très grave, ni pour moi ni pour l'équipe. La Sampdoria de Gênes n'était pas Liverpool. Les gars devraient pouvoir se passer de moi. Nous avions aligné une incroyable série de victoires en championnat. Nous avions même battu le record du nombre de matchs consécutifs remportés en Serie A. Mais ça ne servit à rien.

Contre la Sampdoria, le jeu était totalement fermé. C'était le signe avant-coureur que quelque chose ne marchait plus et il semblait bien que nous allions perdre. Hernán Crespo nous sauva d'une tête dans les dernières minutes. Score final, 1 à 1 *in extremis* et les choses continuèrent ainsi. Après ma blessure, que cela en soit la cause ou pas, nous avons perdu notre style. Nous avons fait un autre match nul contre la Roma, 1 à 1, et nous avons ensuite perdu contre le Napoli. J'entendis Mancini et les autres. Ils avaient l'air inquiets. Il fallait que je rejoue. Nous ne pouvions pas perdre notre avance en championnat et je fus donc envoyé me soigner. Je devais retrouver la forme rapidement. Juste après, le 18 mars 2008, j'étais titularisé contre la Reggina[1].

1. Équipe de Reggio de Calabre.

La Reggina est une équipe de deuxième moitié de tableau et ma présence sur le terrain était discutable. Je souffrais. Je jouais sous antidouleurs et la Reggina n'aurait pas dû nous poser de problème. Mais le stress avait gagné l'équipe. Quand je ne jouais pas, la confiance disparaissait. La Roma et le Milan AC nous rattrapaient semaine après semaine au classement général et je pense que Mancini ne voulait prendre aucun risque. Nous étions une machine à gagner puis un sentiment d'insécurité s'était insinué au moment d'affronter les équipes du fond de tableau. Je ne pouvais pas refuser de jouer, surtout quand le médecin donna son accord, quoique sous la pression. En un sens, ce genou ne m'appartenait plus.

D'une certaine façon, la direction du club était propriétaire de mon corps. Un footballeur de mon niveau est un peu comme une orange. Le club le presse jusqu'à ce qu'il n'y ait plus de jus et alors vient le temps de s'en séparer. Ça peut paraître violent mais c'est ainsi. Ça fait partie du jeu. Nous appartenons au club, nous ne sommes pas là pour nous refaire une santé ; nous sommes là pour gagner et parfois, même les médecins ne savent plus de quel côté ils sont. Devraient-ils considérer les joueurs comme des patients ou des produits ? Après tout, ils ne travaillent pas dans un hôpital public, ils font eux aussi partie de l'équipe. Et puis il y a soi-même. On peut s'exprimer. On peut même hurler, ça ne marche pas. Je souffre trop. Personne ne connaît mieux son corps que soi-même.

Mais la pression est si forte que généralement on veut jouer et on se fiche des conséquences. C'est un risque à courir. Il se peut que l'on soit utile à quelque chose sur un match mais, sur le long terme, cela pourrait tout aussi bien me ruiner la santé qu'aller contre les intérêts du club. Ces questions affluent en permanence. Que doit-on faire ? Qui doit-on écouter ? Les médecins qui sont toujours plus prudents ou les entraîneurs qui veulent vous utiliser, souvent en ne pensant qu'au match qui vient. On verra demain, mais peux-tu te débrouiller pour que l'on gagne aujourd'hui ?

Je jouai contre la Reggina et, du moins sur le moment, je justifiai l'option de Mancini. J'inscrivis un quinzième but dans ce match qui nous permit de gagner et, bien sûr, c'était un soulagement. Mais cela voulait aussi dire que le club tenait à ce que je joue le suivant et puis celui d'après, et je fis avec. Avais-je le choix ? On m'administra plus de piqûres, plus de calmants et, je pouvais l'entendre, voire le flairer : « Il nous faut Ibra. Nous ne pouvons pas nous permettre de le laisser au repos. » Je ne peux pas vraiment leur en vouloir. Comme je le disais, je ne suis pas un patient. J'étais le meneur de jeu depuis le jour où j'avais mis les pieds au club et il était décidé que je disputerais également le match retour contre Liverpool en Ligue des Champions, qui était très important pour moi comme pour l'équipe.

La Ligue des Champions était en quelque sorte devenue une obsession. Je voulais remporter cette fichue compétition. Mais comme nous avions perdu à l'aller, nous étions très remontés, nous voulions remporter une large victoire qui nous permettrait de poursuivre notre chemin et, bien sûr, nous avons tout essayé. On a travaillé dur. Mais notre jeu n'a jamais vraiment pris et je n'étais pas au mieux de ma forme. J'ai loupé un tas d'occasions et, à la cinquantième minute, Burdisso fut expulsé.

C'était foutu. Nous devions nous battre encore davantage. Je le sentais de plus en plus : ça ne fonctionnait pas. Je souffrais trop. J'étais en train de me détruire et, finalement, je ne l'oublierai jamais, je suis sorti avec cette douleur qui cognait dans mon genou.

Les supporters adverses me conspuaient et me raillaient. Vous savez, quand on est blessé, on se demande constamment si l'on doit rester ou sortir et si le jeu en vaut la chandelle. Pas parce que l'on en est conscient, ce n'est jamais le cas. Mais c'est comme à la roulette. Il faut miser en espérant que l'on ne va pas tout perdre : une saison entière, et même, tout. Je suis resté sur la pelouse aussi longtemps parce que l'entraîneur le voulait et parce que je pensais que je pourrais apporter un plus à l'équipe. Mais cela n'aboutit qu'à une chose : ma blessure s'aggrava et nous perdîmes 1 à 0. J'avais mis ma santé en danger et, en retour, je n'ai rien obtenu du tout. Si, les supporters anglais me criaient dessus. Je n'ai jamais vraiment été en phase ni avec le public anglais ni avec leur presse et, maintenant, ils m'appelaient la « Prima Donna des lamentations » ou « le joueur le plus surestimé d'Europe ». Généralement, ce genre de choses me motive pour avancer. Cela me faisait le même effet quand les parents signaient des pétitions pour m'écarter ; je me battrais toujours davantage pour leur montrer à ces connards. Mais là, je n'avais plus le physique pour répliquer. Je souffrais et dans l'équipe l'ambiance était horrible. Tout avait changé. Toute l'harmonie et l'optimisme s'étaient évaporés. Les journalistes écrivaient qu'il y avait quelque chose qui n'allait pas à l'Inter. C'est alors que Roberto Mancini annonça qu'il quittait le club. Il prenait la porte, disait-il. Puis il se ravisa. Soudain il ne partait plus et on commença à se méfier de lui. Qu'est-ce qu'il veut ? En tant qu'entraîneur, on ne peut pas danser sur un pied puis sur l'autre comme ça : je pars, je ne pars plus. Ce n'est pas professionnel et nous continuions à lâcher des points.

Nous avions une belle avance au classement général mais elle fondait régulièrement. Nous étions à peine parvenus à un obtenir un match nul contre le Genoa et nous avons ensuite perdu à domicile contre la Juventus. Je jouai ce match-là aussi. J'ai vraiment été stupide, je n'ai pas su dire non. Mais j'avais tellement souffert que je ne pouvais presque plus marcher. Je me rappelle être rentré au vestiaire en voulant arracher toutes les saloperies accrochées au mur et j'ai hurlé sur Mancini, je devenais complètement fou. Assez, c'est assez. J'avais besoin de repos et de séances de rééducation. Peu importe ce qu'il adviendrait dans le championnat, je ne pouvais pas les aider. Je n'avais pas le choix. J'étais obligé de jeter l'éponge. Mais, croyez-moi, ce n'était pas facile. C'était nul.

On est assis là. Et les autres sortent et s'entraînent. On se dirige vers la salle de gym et par la fenêtre on voit ses coéquipiers sur le terrain. C'est comme regarder un film dans lequel on aurait dû avoir un rôle que l'on ne nous a pas confié. Ça fait mal. Ce sentiment est pire que la blessure en elle-même et je décidai de quitter tout ce cirque. Je partis en Suède. C'était le printemps et tout était splendide. Mais je n'appréciais rien, pas la moindre petite chose.

Je n'avais qu'une idée en tête, retrouver la forme. Alors je passai des examens avec le médecin de l'équipe nationale suédoise. Il fut scandalisé. Comment avaient-ils pu me laisser jouer si longtemps sous anti-inflammatoires ? Il ne restait que deux mois avant l'Euro en Suisse et en Autriche et ma participation à la compétition était remise en cause.

Je me tracassais trop, c'était naze, et je devais faire tout ce que je pouvais pour retrouver la forme. J'appelai Rickard Dahan. C'est un des kinésithérapeutes du Malmö FF, on se connaissait depuis longtemps. Nous avons commencé à travailler sérieusement ensemble, puis quelqu'un me parla d'un médecin.

Comme il était plus au nord, à Umeå, je pris l'avion et il me fit des injections qui tuèrent quelques cellules de mon tendon et je sentis une amélioration. Mais j'étais loin d'avoir retrouvé ma condition physique et je ne pouvais toujours pas jouer. C'était sans espoir, ce qui me rendait furieux et irritable et je n'avais aucun plaisir à être là et, dans le championnat, les bons réflexes ne revenaient pas. Les gars auraient pu assurer le *Scudetto* contre Sienne, s'ils l'avaient emporté tout aurait été terminé. Patrick Vieira parvint à inscrire le but du 1 à 0 et les supporters dans les tribunes dansaient et chantaient. On pensait qu'ils tiendraient malgré tout et Balotelli, un jeune talent qui était lancé à ma place, marqua un but supplémentaire. Je ne voyais pas comment cela aurait pu mal se passer, pas contre un club comme Sienne.

Mais Sienne égalisa 2 à 2 et l'ambiance – restaient à peine dix minutes de jeu – était tendue. C'est alors que Materazzi fut fauché, il y avait pénalty et tout le monde tremblait. Il ne nous suffisait que d'un but. Le moment était crucial et, en ce temps-là, il revenait à Julio Cruz, un Argentin, de tirer les pénaltys. Mais Materazzi est un type imprévisible, doté d'un fort caractère, tout le monde sur un terrain le sait, et le voilà qui fonça : j'en ai rien à fiche, je tire le pénalty. J'imagine que tout le monde était d'accord, je le suppose en tout cas. Materazzi avait trente-quatre ans. C'était un vétéran ; pendant la finale de la Coupe du Monde, il avait été décisif. Mais son pénalty fut vraiment nul. Le gardien l'arrêta et les supporters hurlèrent d'angoisse et de colère, vous le comprenez aisément. C'était un désastre total et, certes, si quelqu'un pouvait dépasser ça, je pense que c'était bien Materazzi. Il est comme moi. La haine et le désir de vengeance sont notre moteur. Mais ça n'a pas dû être si facile.

Les Ultras étaient furieux, agressifs, la couverture médiatique faisait dans l'indignation et personne dans le club n'en sortit indemne. Tandis que nous passions à côté, la Roma avait battu l'Atalanta Bergame et se rapprochait de nous. La Roma semblait maintenant en veine et il n'y avait plus qu'une journée de championnat et, bien sûr, nous étions inquiets. On flippait.

Nous aurions dû nous emparer du *Scudetto*. La plupart des gens pensaient que c'était la fin. Avant ma blessure, nous avions un matelas de neuf points d'avance ; maintenant, il ne nous en restait plus qu'un. Il n'y avait rien d'étonnant à ce que l'on pense que le mauvais sort, et même les dieux, s'acharnaient sur nous. « Qu'est-il arrivé à l'Inter ? Pourquoi ça ne marche pas ? » Nous entendions ce genre de remarques autour de nous. Il y avait beaucoup de malentendus. Ça ne sentait pas bon.

Le fait est que si nous perdions contre Parme et que si la Roma battait Catania (ce qu'ils feraient à coup sûr parce que Catania était dans le bas du classement), on se ferait coiffer sur la ligne d'arrivée et nous perdrions tout ce que nous avions engrangé. J'étais alors revenu à Milan mais je n'étais toujours pas remis. Ça ne servait à rien. Je savais bien ce qui se disait. « Ibra doit jouer, nous devons le faire entrer. » La pression sur moi était malsaine. Je n'avais jamais vécu une chose pareille. Je m'étais absenté pour me soigner pendant six semaines et je n'étais pas en mesure de jouer. Mon dernier match remontait au 29 mars. Nous étions à la mi-mai et tout le monde savait qu'il n'y avait aucune chance que je sois en pleine possession de mes moyens.

Je ne veux blâmer personne, pas du tout, mais l'on n'en tint pas compte. On me considérait comme le joueur le plus important de l'Inter et, en Italie, le football a plus de valeur que la vie, surtout dans des moments comme celui-ci. Cela faisait des années qu'il n'y avait pas eu autant d'excitation, que le championnat ne s'était joué sur le fil, et cela se déciderait entre les deux plus grandes villes du pays, Milan et Rome se trouvaient l'une contre l'autre et les gens ne parlaient de presque rien d'autre. À la télé, toutes les chaînes diffusaient des émissions de sport où mon nom était constamment cité. « Ibra, Ibra. » Y a-t-il une chance pour qu'il joue ? Va-t-il y arriver ? Est-ce qu'il est en forme après son absence ? Personne ne le savait. Tout le monde en parlait et les supporters gueulaient : « Aide-nous, Ibra ! »

Ce n'était pas le contexte idéal pour penser à ma santé et au championnat d'Europe qui s'annonçait. Le match contre Parme tournait en boucle dans ma tête et quand je sortais dans la rue je me voyais en première page des journaux avec des gros titres comme : « Fais-le pour l'équipe et pour la ville. » Mancini vint me voir. C'était à peine quelques jours avant que l'équipe ne doive prendre la route. Roberto Mancini est légèrement snob. Il aime les costards qui brillent et les mouchoirs à pochette et ce genre de trucs et je n'ai jamais rien eu contre lui, rien du tout. Mais depuis qu'il avait fait volte-face par rapport à son boulot, sa stature au club en avait pris un coup. Je veux dire, ou tu pars ou tu ne pars pas. Tu ne déclares pas « Je veux partir » pour rester. Ça agaçait pas mal de gens. Le club avait besoin de stabilité, pas de questionnements pour savoir où diable allaient se barrer les entraîneurs. Or, là, Mancini se battait pour sauver sa place. Il avait sacrément intérêt. Le jour le plus important dans sa carrière d'entraîneur approchait et il ne pouvait pas se louper. Sa mine grave n'avait donc rien de surprenant.

« Quoi ? lui dis-je.

— Je sais que ta blessure n'est pas tout à fait guérie.

— Non.

— Mais, pour être franc, je m'en fous complètement.

— Je pense que c'est mieux comme ça.

— Bien ! J'ai l'intention de t'aligner contre Parme quoi que tu en dises. Soit tu joues dès le début, soit tu es remplaçant. Mais j'ai besoin de toi. Il faut ramener ce titre.

— Je sais. Je veux jouer aussi. »

C'est ce que je désirais plus que tout. Je ne voulais pas être mis à l'écart alors que le *Scudetto* était en jeu. C'est le genre de choses que je préfère ne pas avoir à supporter pour le reste de ma vie. Il vaut mieux souffrir pendant des semaines, des mois, que manquer une bataille comme celle-ci. Mais il est vrai que ma condition physique restait la grande inconnue. Je ne savais pas comment mon genou répondrait en situation de match ou même si je serais capable de tout donner et peut-être Mancini flaira-t-il mes doutes et il ne voulait pas que son message soit mal interprété.

Il m'envoya aussi Mihajlović. Vous vous souvenez de lui : lui et moi avions eu une explication quand j'étais à la Juventus. Je lui avais filé un coup de boule, ou plutôt j'avais fait semblant de lui en donner un, et il gueula tout un tas de saloperies sur moi. Mais c'était de l'histoire ancienne. Ce qui se passe sur la pelouse reste sur la pelouse et il m'est souvent arrivé de devenir pote avec des types avec qui je m'étais battu, sans doute parce qu'ils me ressemblaient, je ne sais pas. J'aime être au milieu de guerriers et Mihajlović, c'est du brutal. Il a toujours tout fait pour gagner. Il avait arrêté sa carrière et était maintenant l'adjoint de Mancini. Franchement, à part lui, peu de gens m'en ont autant appris sur la façon de tirer les coups francs.

C'était un maître. Il avait marqué plus de trente fois sur coup franc en Serie A. C'était un mec bien. Il était costaud, hirsute et il alla droit au but :

« Ibra.

— Je sais où tu veux en venir.

— O.K., mais il y a quelque chose que tu dois savoir. Tu n'as pas besoin de t'entraîner. Tu n'as strictement rien à faire. Tu seras sur le terrain contre Parme et tu vas nous aider à rapporter le *Scudetto* à la maison.

— Je vais essayer.

— Tu ne vas pas essayer. Tu vas le faire. »

Après quoi nous avons pris le bus.

19

Il arrive que les événements se répètent. La mémoire collective d'un club peut se révéler nocive comme ce fut le cas dans les années 1990 à l'Inter de Milan. Même avec Ronaldo, ils ne sont jamais parvenus à remporter le moindre titre. Le club trébuchait toujours sur la dernière marche. Prenons la saison 1997-98 par exemple.

J'avais seize ou dix-sept ans et je ne savais rien de Ravelli et de sa bande, pas davantage sur la Suède en général. Mais je connaissais déjà tout de l'Inter de Milan. Je savais tout de Ronaldo. J'étudiais ses feintes et ses accélérations. Je n'étais pas le seul. Mais personne n'avait poussé l'obsession aussi loin que moi. Je ne négligeais aucun détail. Sans lui, je pense que j'aurais été un tout autre joueur et je ne suis pas du genre qu'on impressionne facilement. Dans ma vie, j'ai rencontré tout un tas de gens. Je me suis trouvé une fois assis à côté du roi de Suède pour un dîner à Barcelone et, bon, sans doute me suis-je demandé si je tenais ma fourchette correctement ou si je devais dire « Votre Majesté » au lieu de lui donner du « vous ». Mais j'étais à l'aise. Ça me bottait. Mais, avec Ronaldo, c'était différent. Quand j'étais à l'Inter, il jouait au Milan AC. Il y a une vidéo sur YouTube où l'on me voit en train de mâcher du chewing-gum en le regardant comme si je n'arrivais pas à croire que je me retrouvais sur la même pelouse que lui.

Il avait de tels appuis, un tel sens du jeu. Chacun de ses mouvements était d'une telle qualité que lors de la saison 1997-98 avec l'Inter, il était tout simplement fabuleux. Ils avaient remporté la Coupe de l'UEFA et Ronaldo avait marqué vingt-cinq buts avant d'être élu meilleur joueur de l'année pour la seconde fois consécutive. L'Inter dominait la Serie A mais ils perdirent pied au début du printemps, exactement dans les mêmes circonstances que nous contre Parme, et tout allait se jouer sur un dernier match. L'Inter n'avait pas de bol, avait des soucis, il était dans la mouise. Ils devaient jouer un *classicó* contre la Juventus au Stadio delle Alpi, à Turin, au printemps 1998. Il y avait un point d'écart, peut-être deux, entre les deux équipes. C'était une véritable finale, la tension était incroyable et Ronaldo se mit à dribbler dans la surface de réparation, sur le côté gauche, avant d'être stoppé net, et tout le monde hurla. Le public était dingue. Le stade était en ébullition. Mais l'arbitre ne siffla pas. Il laissa le jeu se poursuivre, la Juventus remporta le match 1 à 0 et, un peu plus tard, le championnat. Ça avait été l'instant décisif. En pareil cas, généralement, c'est ce que l'on dit. Pour l'Inter, c'était une seconde tragique. On en parle encore. Le pénalty était évident. Mais il ne se passa rien et toute l'Italie, en colère, protestait. On disait soit que l'arbitre avait été acheté, soit que tous les arbitres étaient sous influence, voire corrompus, et stupides en général. Les anciens joueurs s'en souvenaient très clairement, surtout que ce genre d'incidents s'étaient produits à plusieurs reprises pour le club durant cette période. L'année précédente, l'Inter avait le *Scudetto* en poche avant de le perdre dans un superbe match contre la Lazio dans la toute dernière ligne droite puis, l'année suivante, Ronaldo se blessa. Tout partait à vau-l'eau essentiellement parce que l'équipe avait perdu son moteur et l'Inter termina huitième du championnat, leur pire résultat, me semble-t-il.

On ne le criait pas sur les toits, personne ne voulait invoquer le mauvais sort, mais avant le match contre Parme, tout le monde y pensait. Il y avait de mauvais présages. On se souvenait de cet épisode obsédant, sans parler de cette histoire de pénalty raté par Materazzi. Les gars avaient eu plusieurs chances de conclure le championnat mais ils les avaient toutes ratées. Ça se jouait sur des petits riens chaque fois, le manque de bol, des erreurs, ce genre de bêtises. Bien évidemment, tout le monde voulait se payer Parme, on était prêts à tout donner. Ce qui, paradoxalement, peut aussi se révéler problématique. On parlait à voix basse du risque encouru si la pression devenait trop forte. On aurait pu se crisper et la direction du club nous interdit de parler à la presse. Il fallait rester concentrés et même Mancini qui tenait toujours une conférence de presse avant les matchs resta muet. Moratti fut le dernier à s'exprimer.

Il arriva à notre hôtel dans la soirée précédant le match et ne déclara rien d'autre aux journalistes que « souhaitez-nous bonne chance ». Mais, manque de pot, Parme, de son côté, était bien décidée à nous battre pour conserver sa place en première division. Les choses étaient tout aussi capitales pour notre adversaire que pour nous. On n'allait pas nous faire de cadeaux et, juste avant d'aller au stade, on nous informa que la décision avait été prise de nous priver du soutien de nos supporters.

Il fallait que ce soit équitable. Pour des raisons de sécurité, les fans de la Roma n'avaient pas été autorisés à se rendre à Catane et, par conséquent, nous n'aurions pas le droit d'avoir de supporters à Parme. Quelques-uns avaient cependant réussi à entrer. Ils étaient dispersés dans le stade. La moindre chose était décortiquée, débattue et je me rappelle que Mancini devint fou quand il apprit que l'arbitre serait Gianlucca Rocchi. « Cet imbécile est toujours en travers de notre chemin », fulminait-il, et de gros nuages noirs se formaient à l'horizon.

Il semblait qu'il allait pleuvoir et je démarrai la partie sur le banc. Je n'avais pas joué depuis longtemps et Mancini aligna Balotelli et Cruz en attaque au coup d'envoi. « Mais tiens-toi prêt, me prévint-il. Sois prêt à entrer », et j'opinai. Nous étions assis sous une cabine voûtée et nous entendions les premières gouttes tomber. Très vite, la pluie crépita au-dessus de nos têtes et le match commença, les spectateurs sifflaient. La pression était terrible mais nous dominions. Nous les pressions constamment et Cruz et Maicon eurent quelques occasions incroyables, mais ils n'arrivaient pas à marquer. On aurait dit qu'on n'y arriverait jamais et, bien sûr, nous qui étions sur le banc suivions le match les fesses sur le bord de nos sièges. On criait et on jurait, nous espérions mais nous avions peur, en gardant un œil sur le tableau d'affichage géant du stade.

Nous ne pouvions pas nous contenter de jouer notre match. Il fallait aussi tenir compte de ce que faisait la Roma et, là-bas, il y avait toujours 0 à 0, tout allait bien. Nous étions toujours en tête du championnat. Si les choses en restaient là, le *Scudetto* serait à nous. Mais tout d'un coup le tableau s'illumina. Le stade entier se leva. Pitié, pas de but pour la Roma ! Ce serait trop cruel. On ne peut pas être en tête du championnat toute la saison et perdre à la dernière minute. Sans déconner, ça devrait être interdit. Mais si, la Roma avait marqué et menait 1 à 0 contre Catania, et d'un seul coup nous étions deuxièmes du championnat. C'était invraisemblable. Je me tournai vers les autres sur le banc, les kinés, les médecins, l'intendance, tous ceux qui avaient vécu les années 1990. Ils devinrent tout blancs. C'est reparti ? La malédiction va frapper de nouveau ?

Je n'avais jamais vu une chose pareille. Leur visage blêmissait et sur le terrain ce n'était pas mieux. Nous étions terrorisés, rien de moins. Ça ne pouvait pas arriver. C'était affreux, c'était un désastre, et la pluie continuait de plus belle. Elle tombait à verse et les supporters locaux exultaient. Le résultat les favorisait parce que si Catania perdait, Parme se maintenait en Serie A. Pour nous, rien ne pouvait être plus fatal et les joueurs étaient de plus en plus tendus. Ça se voyait. Ils portaient leur croix et je ne peux pas dire que j'étais moi-même très optimiste, bien sûr, mais quand même, j'avais déjà remporté trois *Scudettos* et je ne ressentais pas l'influence de cette vieille malédiction. J'étais trop jeune pour ça. Plus les minutes passaient, plus je me concentrais, plus j'étais motivé. Un feu brûlait en moi.

J'allais entrer en scène et remettre tout ça en ordre, peu m'importait de souffrir. Je ne lâcherais rien et, à la mi-temps, le score restait à 0 à 0 et le titre était entre les mains de la Roma. Je reçus l'ordre de m'échauffer et je m'en souviens très précisément : tout le monde me regardait (Mancini, Mihajlović, tous, les kinés, l'intendance, vraiment tous) et je compris qu'ils comptaient sur moi. Je le lisais dans leurs yeux. Ils me fixaient et m'imploraient. Il était impossible de ne pas ressentir la pression. L'un après l'autre, ils me dirent :

« Sors-nous de là.

— J'y vais, j'y vais. »

Mais je n'entrai pas immédiatement après la mi-temps. Il fallut attendre encore six minutes avant d'aller sur le terrain. L'herbe était trempée. Le terrain était lourd et je ne me sentais pas en condition optimale pour jouer un match, avec cette pression insensée. N'empêche que je n'avais jamais été aussi remonté dans ma vie et je tentai un tir du milieu du terrain, légèrement à droite de l'extérieur de la surface.

Je ne marquai pas. Quelques minutes plus tard, j'essayai encore. Je ratai celui-là aussi. Il me semblait que je me retrouvais dans la même position, encore et toujours, sans parvenir à en profiter et, à la soixante-deuxième minute, j'eus une nouvelle chance. Je pris la balle au même endroit. Dejan Stanković me l'avait passée, j'attirai un type vers moi qui se précipitait dans ma direction et je courus vers le but. Chaque fois que je poussais le ballon, il y avait un petit filet d'eau qui giclait puis je vis que je pouvais tirer, pas un boulet de canon, rien de tel.

C'était un tir rasant qui entra en frappant l'intérieur du poteau gauche. Au lieu de me mettre à délirer pour fêter ça, je suis juste resté là, en attendant qu'ils me rejoignent tous, ceux du banc et ceux sur la pelouse. Le premier arrivé était Patrick Vieira, je crois, puis Balotelli et puis toute la bande, les intendants, les magasiniers, tous, les uns après les autres, tous ceux qui m'avaient regardé en m'implorant et je vis que d'un seul coup la peur s'était envolée. Dejan Stanković s'agenouilla sur la pelouse humide et on aurait dit qu'il remerciait les dieux. L'hystérie était totale et en haut des tribunes, Massimo Moratti se déchaînait, il dansait presque dans la loge VIP et nous le sentions tous, dans le club, chacun d'entre nous : nous étions libérés d'un sacré poids.

Les gars retrouvaient des couleurs. C'était plus qu'un but. On aurait dit que je les avais sauvés de la noyade et je regardai les spectateurs. Les encouragements de nos supporters émergeaient des huées adverses et je fis un geste des mains vers mes oreilles, comme pour dire : est-ce que j'entends bien ? L'ambiance devint encore plus électrique et quand l'agitation cessa, le match pu reprendre.

Rien n'était encore fait. Un simple but de Parme et nous revenions à la case départ. Si la nervosité resurgit, ce n'était plus la même vieille peur. Cependant, personne n'aurait osé souffler. En football, il y a pire qu'un match nul. Mais à la soixante-dix-huitième minute, Maicon dribbla le long du côté droit, il passa un défenseur, puis deux, puis trois, et il m'adressa un centre vers lequel je fonçai tout droit. J'arrivai en même temps qu'un défenseur mais je réussis à placer mon pied et frappai une demi-volée qui entra le but, et vous pouvez imaginer la suite. J'avais été absent pendant deux mois et les journalistes n'avaient écrit que des crasses sur mon compte et celui de l'équipe.

Ils avaient débité un tas de conneries, que l'Inter avait perdu l'instinct du vainqueur, que tout allait nous glisser entre les doigts et que je n'étais pas vraiment un aussi grand joueur que Totti ou Del Piero, voire que je n'étais pas assez bon dans les matchs importants. Mais je leur avais montré. Je tombai à genoux sur cette pelouse détrempée pour attendre qu'ils viennent encore une fois tous s'empiler sur moi et je le sentais de tout mon être : c'était énorme et il ne restait pas beaucoup de temps avant que l'arbitre ne siffle et que le *Scudetto* ne soit à nous.

L'Inter de Milan ne l'avait pas remporté pendant dix-sept ans. Ils avaient vécu une longue et difficile période, ils avaient souffert, n'avaient eu que des tuiles. Et puis je suis arrivé, nous avons remporté deux titres d'affilée et c'était le cirque complet. Les gens couraient partout sur la pelouse, nous attrapaient et dans le vestiaire tout le monde hurlait et sautait. Puis on fit silence. Mancini entra. Il n'avait jamais eu vraiment la cote, surtout après ses revirements sur son avenir avec le club, et il n'avait pas été très bon en Ligue des Champions. Il venait de remporter le championnat et les joueurs se présentèrent à lui, un par un pour lui serrer la main de façon un peu formelle, en lui disant : « Merci beaucoup, tu l'as fait pour nous. » Mais alors Mancini vint vers moi, totalement repu par la victoire et les félicitations. Je ne le remerciai pas. Je lui dis : « De rien. » Et tout le monde s'est marré, « sacré Ibra », puis, un peu plus tard, quand je parlai aux journalistes, plusieurs d'entre eux me posèrent cette question :

« À qui tu dédies cette victoire ?

— À vous. Aux médias et à tous ceux qui ont douté et qui m'ont critiqué avec l'Inter ! »

C'est tout moi. Je prépare toujours ma vengeance. Je l'ai en moi depuis Rosengård, cela me guide. Je n'oublierai jamais non plus ce qu'avait déclaré Moratti :

« Toute l'Italie était contre nous mais Zlatan Ibrahimović a été le symbole de notre combat. »

Je fus élu meilleur joueur de l'année en Serie A et après ces histoires il était probable que je devienne le joueur le mieux payé de la planète, et tout devint dingue. Je pouvais difficilement sortir et où que j'aille, c'était l'émeute. Après le match contre Parme, bien sûr, tout le monde pensait que j'allais négocier un nouveau contrat. Or le marché avait déjà été conclu sept ou huit mois auparavant et je me disais, mon Dieu, Moratti ne doit pas regretter, pas après ce dénouement. Et il me semblait que désormais tout s'inversait. Les nuages s'étaient dissipés. J'avais été capable de revenir. Mais il y avait pourtant de quoi s'inquiéter. Je m'en aperçus tout de suite après le match contre Parme.

Mon genou avait encore enflé. Je n'étais pas vraiment remis et ce fut un choc quand les gens apprirent que je ne pourrais pas jouer la finale de la Coupe d'Italie. Nous avions une occasion d'empocher le doublé, de remporter le titre plus la Coupe. Mais, sans moi, la Roma eut sa revanche. Tandis que l'Euro 2008 approchait, je ne savais absolument pas si mon genou tiendrait. J'en avais fait un peu trop cette saison.

J'allais le payer au prix fort.

20

Je ne sortais plus autant qu'avant. Je restais souvent à la maison en famille et je devins père pour la deuxième fois. Nous avions maintenant un petit Vincent. Vincent ! Il était si mignon, en italien son nom signifiait « vainqueur » ce qui, bien sûr, me plaisait. Lui aussi est né au milieu d'une sacrée pagaille. Mais pour mon deuxième fils, les médias s'excitèrent moins.

Mais vraiment ! Deux garçons ! Ça ne rigole plus. Je commençais à comprendre ce par quoi ma mère était passée quand j'étais plus jeune, avec tous ses mômes, plus son boulot de femme de ménage, même si, évidemment, il n'y a rien de comparable. Helena et moi vivions très confortablement et même plus que ça, sans vergogne. Mais, au moins, je me rendais mieux compte des difficultés de ma mère et, après les angoisses que nous avions eues avec Maxi, je devins vraiment paranoïaque : qu'est-ce que c'est que cette rougeur ? Comment se fait-il que Vincent ait du mal à respirer ? Pourquoi son ventre est-il si gonflé ? Etc.

Nous avions une nouvelle nounou pour nous aider. L'ancienne avait rencontré un type quand elle vivait avec nous à Malmö, elle nous en avait informé dans son préavis, et nous étions un peu pris de court. Nous avions besoin d'aide et nous voulions une Suédoise pour le bien des enfants. Helena appela donc le département étranger de l'agence pour l'emploi pour discuter de l'affaire. Comment pouvions-nous faire ? Je veux dire, nous ne pouvions pas passer une annonce comme : « Zlatan et Helena recherchent une assistante maternelle. » On n'aurait pas attiré les meilleurs profils.

Helena raconta que nous étions des ambassadeurs, ou quelque chose comme ça. « Famille de diplomates recherche nounou », disait son annonce et nous avons reçu plus de trois cents réponses. Helena les lut toutes. Elle fit cela très scrupuleusement, comme toujours, et je crois qu'elle s'attendait que ce soit plus difficile. Or elle en sélectionna une très vite. Il s'agissait d'une fille d'un petit village dans le centre de la Suède, Dalarna, et, apparemment, ce seul point fut pour elle suffisant. Helena voulait quelqu'un de la campagne. Elle était elle-même originaire d'une petite commune et cette fille avait une formation de maîtresse d'école maternelle et parlait plusieurs langues, aimait faire du sport, tout comme Helena et, de façon plus générale, elle semblait gentille et travailleuse.

Je ne m'en mêlai pas. Helena appela cette fille sans lui préciser qui j'étais. Elle était toujours la femme de l'ambassadeur et la fille avait l'air intéressée, elle était d'un contact agréable. Helena lui envoya un e-mail lui disant : « Faisons un essai pendant une semaine ! »

Elles devaient se rencontrer à Lindesberg. Le père de la fille l'y conduirait. Helena avait décidé qu'ensuite elles utiliseraient sa voiture de location pour se rendre avec les enfants à l'aéroport de Stockholm prendre l'avion pour Milan. Mais, avant de partir, Helena lui avait envoyé les détails du voyage et cela intrigua la fille. Si l'on en croyait ces papiers, les enfants de cette famille de diplomates s'appelaient Maximilian et Vincent Ibrahimović, ce qui était un peu bizarre. Il se pouvait tout à fait qu'une famille de diplomate porte également ce nom, n'est-ce pas ? Elle supposa qu'il y avait plein d'autres Ibrahimović en Suède. Elle en toucha un mot à son père.

« Regarde ça, lui dit-elle.

— On dirait que tu vas t'occuper des enfants de Zlatan », répondit-il et cela lui donna envie de faire demi-tour. Au secours !

Elle avait peur. Je veux bien croire que cela pouvait paraître décourageant. Mais, à l'évidence, il était trop tard pour faire machine arrière. Les billets étaient réservés et elle partit avec son père, très nerveuse, comme elle nous le raconterait plus tard. Mais Helena... Que dire ? Quand elle se met sur son trente et un, elle est la « evilsuperbitchdeluxe ». Cela demande un certain courage d'aller lui parler. Mais elle est aussi incroyablement décontractée. Elle sait parfaitement comment mettre les gens à l'aise et, durant ce voyage, elle et la fille ont eu le temps de faire connaissance, un peu trop en fait.

Les ennuis commencèrent à l'aéroport d'Arlanda. Elles devaient prendre un vol Easyjet, seule compagnie à assurer la liaison pour Milan ce jour-là. Mais l'avion avait un souci. Le vol fut retardé d'une heure, puis de deux, de trois, de six, de douze, de dix-huit heures. C'était dingue. Un scandale absolu, tout le monde était fatigué et énervé, enfermé entre quatre murs, et cela finit par me rendre fou. Je craquai. J'appelai un pilote que je connaissais, le type aux commandes de l'avion privé auquel j'ai droit. Je lui dis : « Va les chercher. » Et ce fut fait.

Helena et la fille récupérèrent leurs bagages et furent accompagnées jusqu'au jet privé. Je m'étais assuré qu'il y avait de quoi manger à bord, des fraises nappées au chocolat, et d'autres trucs, j'espérais qu'elles apprécieraient.

Elles le méritaient après une telle épreuve et je rencontrai enfin la fille. À mon avis, elle était encore très nerveuse. Mais nous nous sommes bien entendus, elle nous aida et, depuis lors, elle vit avec nous. Elle fait partie de la famille, pour ainsi dire, et il n'y a pas un jour sans que nous puissions nous passer d'elle. Les enfants l'adorent et, avec Helena, elles sont comme des sœurs qui font de l'exercice et étudient ensemble. Tous les matins à 9 heures, elles partent s'entraîner toutes les deux. Nous avons adopté un nouveau rythme et pris de nouvelles habitudes.

Une année, nous sommes allés à Saint-Moritz. Croyez-vous que je m'y sente comme chez moi ? Pas vraiment ! Je n'ai jamais skié de ma vie. La simple idée d'aller dans les Alpes avec maman et papa était comme d'aller sur la Lune.

Saint-Moritz, c'est pour les gens chics. Ils y boivent du champagne au petit déjeuner. Champagne ? Je me suis assis là en short et je réclamai des céréales. Olof Mellberg était là lui aussi et il essaya de m'apprendre à skier. Même pas la peine. J'arpentais la station comme un idiot pendant que Mellberg et les autres de la bande zigzaguaient sur les pentes. J'avais l'air complètement ridicule et, pour rester prudent, je portais un de ces passe-montagnes et d'énormes lunettes de soleil. Personne ne pouvait me reconnaître. Mais, un jour, j'étais sur un télésiège et il y avait un petit Italien assis à côté de moi avec son père et le garçon se mit à me dévisager. Je me disais, pas de problème, il ne m'identifiera pas avec cet attirail. Impossible. Mais, après un temps, le gamin lâcha :

« Ibra ? »

Ça devait être à cause de mon nez. Je niai carrément. « Ibra, quoi ? Qui est-ce ? » Et qu'ai-je récolté ? Helena se mit à rire. À croire que c'était la chose la plus drôle à laquelle elle avait jamais assisté et le gamin insista avec ses « Ibra, Ibra » jusqu'à ce que finalement je lui dise : « *Si*, c'est moi », ce qui nous valu un moment de répit. Le garçon était très impressionné. Mais il y avait un problème. Il n'allait pas être impressionné longtemps s'il me voyait skier et je me demandais comment j'allais m'en sortir. J'étais une star du sport. Je ne pouvais pas me donner en spectacle comme un bouffon. Mais ce fut pire que ce que je pensais. On se passa le mot. Une foule entière se pointa pour me voir skier. J'ajustai mes gants. Je leur accordai une attention particulière.

J'étais tout aussi méticuleux avec ma veste, mon pantalon de ski et mes fixations – spécialement là-dessus parce que c'est quelque chose que j'avais vu faire. Les gens étaient constamment en train de tripoter leurs fixations, de les attacher, de les enlever et pour tous ceux qui s'y connaissaient, j'avais sans doute l'air d'être un pro extrêmement pointilleux qui avait besoin que tout soit au point avant de s'élancer comme Ingmar Stenmark. C'était évidemment très embarrassant : plus j'y passais du temps, plus ils s'attendaient à des choses extraordinaires. Qu'est-ce qu'il va faire ? Partir comme un boulet de canon sur ses jambes de footballeur ?

Je me sentis obligé d'ajuster mon écharpe et mon bonnet, ma coiffure, avant que, finalement, le petit attroupement ne se disperse, l'air de dire, on ne se préoccupe pas de lui. Sans aucun doute, j'étais bien Ibra, mais cela ne justifiait pas que l'on m'observe pendant des plombes, ce qui fit que je pus skier en paix comme le novice que j'étais. Olof Mellberg et les autres se demandaient tous où j'étais passé.

« Qu'est-ce que tu as fabriqué ?

— Je réglais deux ou trois trucs. »

Mais, la plupart du temps, je bossais dur. L'été qui suivit notre match à Parme et le deuxième titre de l'Inter, j'étais censé jouer l'Euro 2008 organisé en Suisse et en Autriche et mon genou m'inquiétait toujours. Il coulait beaucoup d'encre sur ma blessure et j'en parlai avec Lagerbäck, mais ni moi ni personne ne savait si je pourrais me donner à fond dans cette compétition. Dans notre groupe, il y avait la Russie, l'Espagne et la Grèce et ça ne s'annonçait pas si facile. J'avais un contrat avec Nike. Mino s'y était opposé mais j'ai tenu bon et je me suis pas mal amusé. On a fait quelques vidéos marrantes, comme celle où je devais faire un de mes tours en tapant dans un bout de chewing-gum pour qu'il retombe dans ma bouche. Papa, lui aussi, s'inquiétait en se demandant si on n'en faisait pas un peu trop. Mais, surtout, Nike me soutenait pour construire le « Zlatan *court* », le terrain de Cronmans Väg, à Rosengård, où je jouais quand j'étais enfant.

C'était super. Il s'agissait d'un terrain synthétique avec des éclairages et tout. Le terrain avait été construit à partir de vieilles semelles de baskets. Les enfants n'auraient plus à s'arrêter de jouer comme nous quand il faisait trop sombre et nous avions disposé des inscriptions : « Mon cœur est ici. Mon histoire est ici. Mon jeu est ici. Allez toujours plus loin. Zlatan. » Je trouvais ça fantastique de leur offrir quelque chose et vous pouvez imaginer l'inauguration du terrain. Les enfants criaient « Zlatan ! Zlatan ! ». C'était un drôle de cirque.

C'était un retour aux sources. J'étais sincèrement ému et j'ai joué avec les gamins dans l'obscurité. Qui aurait cru que tout cela arriverait au petit morveux de Cronmans Väg ?

Mais à l'Euro 2008, Nike m'ennuya. La marque avait établi une règle stricte qui voulait que tous les joueurs en contrat avec elle devaient porter des crampons de la même couleur. O.K., allons-y, je m'en fiche, me dis-je. Mais quand un autre type continua de jouer avec ses propres couleurs, je m'en pris à Nike : « Pourquoi vous me racontez des conneries ? » Tout le monde devait porter les mêmes chaussures. C'est ainsi que cela avait été décidé, m'ont-ils répondu, mais alors je leur signifiai ma façon de penser et ils changèrent d'avis.

Tout d'un coup, j'eus le droit de porter la couleur de mon choix. Mais ça ne me faisait plus rire. On ne devrait pas en arriver là et je décidai de garder mes vieux crampons. Cela peut paraître un peu bête. Mais les gens devraient être capables de s'exprimer franchement.

Nous jouâmes notre premier match contre la Grèce. J'avais Sotirios Kyrgiakos sur le râble. Kyrgiakos est un défenseur talentueux. Il porte les cheveux longs avec une queue-de-cheval. Chaque fois que je sautais ou que je piquais un sprint, j'avais ses cheveux dans le visage. Je les avais pratiquement dans la bouche. Il était dur au marquage. Il fit du bon boulot, aucun doute là-dessus. Il me coinçait. Mais il lâcha prise pendant deux ou trois secondes et je n'avais pas besoin de plus. Je vis une ouverture, je dribblai et, tout d'un coup, je mis Kyrgiakos dans le vent et trouvai un peu d'espace. Je frappai directement dans la lucarne.

Le championnat d'Europe démarrait parfaitement. Nous avons gagné 2 à 0. Ma famille, qui était aussi là, se débrouilla toute seule. La leçon de la Coupe du Monde en Allemagne avait été retenue. Je jouais au football. Je ne pouvais plus être leur agent de voyage et c'était très bien ainsi. Mais mon genou me faisait mal, il gonflait. Nous devions affronter l'Espagne au match suivant. C'était l'une des équipes favorites dans cette compétition. Ils avaient battu la Russie 4 à 0 lors de leur premier match, nous savions donc que ce serait dur et l'on parlait beaucoup de mon genou. Devais-je ou pas jouer ? Je n'en étais pas sûr moi-même. Il me faisait souffrir mais j'essayais sans doute de faire comme si de rien n'était.

Il s'agissait d'un championnat d'Europe et j'aurais pu me lancer là-dedans avec un couteau planté dans la jambe. Mais comme je l'ai déjà dit, au football, il faut toujours penser en fonction du court et du long terme. Un jour, il y a match et le lendemain un autre, puis celui du jour d'après. On se tue à la tâche, on fait de gros efforts, jusqu'à se retrouver complètement naze. Nous avions devant nous l'Espagne et la Russie puis, si nous passions, un quart de finale, et on avait prévu de me faire jouer sous antidouleur. En Italie, c'était monnaie courante. Mais le médecin de l'équipe suédoise s'y opposa. La douleur est l'alarme du corps. On peut temporairement la calmer mais cela peut provoquer de sérieux dégâts. Jouer en étant blessé, c'est un peu comme faire un pari. Ce match est-il vraiment important ? Qu'encourt-on à mettre un type sur pied juste pour un jour ? Existe-t-il un risque qu'après ça il ne puisse plus jouer pendant des semaines, voire les mois qui viennent ? Nous prenons en compte ce genre de considérations et, traditionnellement, les médecins en Suède sont plus prudents que sur le continent. Ils considèrent davantage les hommes comme des patients que comme des machines à jouer au football. Mais ce n'est jamais simple et, en tant que joueur, on se met souvent beaucoup de pression. Certains matchs apparaissent tellement incontournables que l'on se dit aisément : tant pis, advienne que pourra ! Je me fiche totalement des conséquences. Sauf qu'on n'échappe pas aux lendemains et, même en équipe nationale, le club reste omniprésent.

Ce sont eux qui paient les gros salaires et ce sont d'énormes sommes. Je ne pouvais pas me permettre de me briser. Je ne me sacrifierais pas pour un match de l'équipe nationale qui n'a rien à voir avec l'Inter. Entre-temps, le médecin de l'équipe suédoise reçut un coup de fil du médecin du club. Ces conversations peuvent être chaudes. Deux intérêts opposés entrent en conflit. Le club veut que le joueur joue le championnat et l'équipe nationale a besoin du même type pour le championnat d'Europe.

Il ne restait qu'un petit mois avant que les stages de l'avant-saison ne reprennent et j'étais le joueur le plus important de l'Inter. Mais les deux médecins étaient raisonnables. Je ne jouerais pas sous injection, il était préférable que je sois soigné par un ostéopathe du sport tout en décidant qu'après tout je jouerais contre l'Espagne.

En attaque, j'étais avec Henrik Larsson et ça se présentait bien. Mais l'Espagne savait y faire. Tôt dans la partie, ils obtinrent un corner. Xavi fit une courte passe vers David Villa qui la joua en diagonale derrière lui vers Silva qui se trouva libre de centrer sur Fernando Torres. Torres dut batailler avec Petter Hansson mais Torres, à deux pas devant eux, la subtilisa et n'eut presque qu'à la pousser dans le but pour marquer. 1 à 0, c'était raide. Il n'est pas facile d'égaliser contre l'Espagne. Mais les Espagnols reculèrent et essayèrent de conserver leur avantage et d'assurer leur place en quart de finale, ce qui nous procura quelques occasions. J'en oubliai complètement mon genou. Je fonçai. Je m'arrachai et, à la trente-quatrième minute, je reçus une belle et longue passe de Fredrik Stoor dans la surface de réparation et je me retrouvai seul face à Casillas, le gardien, et j'essayai de frapper la balle directement dans le but. C'était le genre de position dont Van Basten m'avait parlé et que m'avaient fait travailler Capello et Galbiati parce qu'on doit être capable de profiter de ces situations. Mais je loupai, je ne suis pas arrivé à frapper la balle correctement et, une demi-seconde après, Ramos, le jeune défenseur vedette du Real Madrid, fut face à moi.

Mais, nom d'un chien, je n'avais pas du tout l'intention d'abandonner. Je bloquai la balle, tirai dans un trou de souris entre lui et un autre défenseur, et la balle entra dans le but. Nous étions à égalité. Le match s'emballait et j'étais assurément en forme. Je faisais un très bon début de compétition mais ça ne suffit pas. Quand l'arbitre siffla la mi-temps et que l'adrénaline retomba, la douleur me reprit. Mon genou n'allait pas bien du tout. Que faire ? La décision n'était pas facile à prendre. Mon rôle avait été déterminant pour l'équipe mais il fallait que ça tienne. Il restait au moins un match à jouer et nous avions de bonnes chances. Nous avions engrangé trois points lors du match contre la Grèce et même si nous perdions celui-ci, nous pouvions passer en quart de finale après l'ultime rencontre du groupe contre la Russie. Je suis donc allé voir Lars Lagerbäck pendant la pause.

« Je souffre terriblement.

— Mince.

— Je pense qu'on doit faire un choix.

— O.K.

— Qu'est-ce qui est le plus important pour toi : la deuxième mi-temps qui arrive ou le match contre la Russie ?

— La Russie. On a plus notre chance contre eux. »

En seconde mi-temps, je restai sur le banc. Lagerbäck choisit Markus Rosenberg pour me remplacer et cela se présentait bien. L'Espagne eut beaucoup d'occasions en deuxième période. Nous les contenions, même si mon absence se faisait ressentir. La qualité du jeu avait diminué, il y eut une impalpable baisse de régime. J'étais en grande forme et je maudissais mon genou. Quel enfer ! Les gars se battaient comme des diables et, à la quatre-vingt-dixième minute, le score était encore de 1 à 1. Les choses auraient pu bien tourner en notre faveur et nous nous encouragions les uns les autres. Allions-nous finir par nous en tirer ou quoi ? Mais deux minutes plus tard, dans les arrêts de jeu, dans notre camp, quelqu'un récupéra sauvagement le ballon des pieds de Markus Rosenberg. Lagerbäck se leva, furieux. Crétin d'arbitre.

Il pensait qu'à l'évidence il y avait coup franc. Mais l'arbitre laissa jouer et il y eut des gestes d'énervement. Sur le banc des remplaçants, nous étions persuadés que l'arbitre était contre nous et on criait, on s'emportait, mais pas pour longtemps. Ce fut le coup de grâce. Joan Capdevilla, qui avait pris la balle à Rosenberg, fit un long centre et Fredrik Stoor essaya bien de le stopper. Mais il était complètement vidé. Ils avaient vraiment tout donné. David Villa arriva à fond, le passa, et trompa Petter Hansson pour inscrire le but du 2 à 1 et, presque immédiatement après, l'arbitre siffla la fin du match. Je peux dire sans exagérer que la défaite était amère.

Lors du match suivant contre la Russie, nous avons été laminés. Je souffrais et les Russes étaient meilleurs à tous les niveaux du jeu. Nous étions éliminés de la compétition et incroyablement déçus. Ce qui avait si bien commencé n'avait mené à rien. C'était horrible. Mais, comme toujours, à peine une chose se termine qu'une autre démarre et, juste avant de partir à l'Euro, j'avais entendu dire que Roberto Mancini était viré de l'Inter.

Il serait remplacé par un type appelé José Mourinho. Je ne l'avais pas encore rencontré. Mais il m'avait déjà surpris. Il avait déjà créé un lien entre nous avant même que nous ne fassions connaissance. Je serais prêt à mourir pour ce mec.

21

Je ne savais pas trop encore à quoi m'en tenir avec lui. Mourinho, c'est bien connu, était déjà à l'époque surnommé le « *Special One* »[1], et j'avais entendu un tas de trucs sur lui. On le trouvait arrogant et il se donnait en spectacle durant les conférences de presse, il disait tout ce qui lui passait par la tête. Mais je n'en savais guère plus et je l'imaginais comme Capello, un meneur, un homme à poigne, ce qui m'allait tout à fait. J'aime ce style. Mais j'avais tort. Du moins, en partie. Mourinho est portugais et il aime être au centre des événements. Il manipule ses joueurs comme personne. Je n'étais pas plus avancé.

Le mec avait beaucoup appris au côté de Bobby Robson, l'ancien capitaine de l'équipe d'Angleterre. Robson entraînait le Sporting Clube de Portugal et, à cette époque, il avait besoin d'un interprète. Il se trouve que Mourinho fut embauché pour ça. Mourinho est doué en langues étrangères. Mais, bien vite, il n'échappa pas à Robson que ce type pouvait être capable de bien d'autres choses. Il était vif et avait cette faculté de balancer des idées à la en veux-tu, en

1. Un homme à part.

voilà. Un jour, Robson lui demanda d'écrire un rapport sur une équipe adverse. Je ne sais pas du tout ce qu'il en attendait. Qu'est-ce qu'un interprète peut y piger ? Or l'analyse de Mourinho se révéla apparemment de premier ordre.

Robson était tout simplement stupéfait. Voilà un type qui n'avait jamais joué au football à haut niveau mais qui trouvait toujours de meilleures idées que celles qu'on lui avait apprises. « Mince alors, j'ai dû sous-estimer l'interprète. » Quand Bobby Robson est parti dans un autre club, il l'emmena avec lui et Mourinho poursuivit son apprentissage, pas simplement des faits de jeu ou des tactiques mais également au niveau de la psychologie et, finalement, il devint lui-même entraîneur, à Porto. C'était en 2002. C'était alors un parfait inconnu. Pour la plupart des gens, il demeurait « l'interprète », et Porto avait aussi une bonne équipe. Mais bon, pas une « grande » équipe.

Porto avait terminé le championnat en milieu de tableau l'année précédente et le championnat portugais… disons… Qu'est-ce que c'est ? Pas grand-chose. Porto n'inquiétait personne dans les grandes compétitions européennes et encore moins en Ligue des Champions. Mais, en arrivant au club, Mourinho innova : il connaissait sur le bout des doigts et dans les moindres détails toutes les équipes adverses et, certes, je n'en savais rien. Mais j'ai pu m'en rendre compte plus tard, ça c'est sûr. En ce temps-là, il avait l'habitude de parler beaucoup de « retournements » en football, c'est-à-dire quand une attaque adverse échoue et que les joueurs doivent se replier pour défendre.

Ces secondes-là sont cruciales. Dans ce genre de situations, un mouvement inattendu, la moindre erreur tactique peuvent se révéler fatals. Mourinho approfondissait cet aspect plus que tout autre dans le monde du football et réclamait de ses joueurs qu'ils réfléchissent et analysent rapidement la situation. L'équipe de Porto devint experte dans l'art de profiter de ces moments et, contre tout pronostic, elle ne se contenta pas de remporter le championnat portugais. Elle réussirait aussi à s'imposer en Ligue des Champions contre des formations telles que Manchester United ou le Real Madrid, équipes où un seul joueur gagnait plus d'argent que l'ensemble de l'équipe de Porto. Malgré ça, Mourinho remporta la Ligue des Champions.

C'était une énorme surprise et Mourinho devint l'entraîneur le plus prisé du monde. C'était en 2004. Roman Abramovitch, le milliardaire russe qui venait d'acheter Chelsea, injectait de l'argent dans le club, et sa grande idée fut de se payer les services de Mourinho. Pensez-vous que Mourinho fut bien accueilli en Angleterre ? Il était étranger. Un Portugais. Un tas de snobs et de journalistes exprimèrent leurs doutes à son sujet et, lors d'une conférence de presse, il lâcha : « Je ne suis pas quelqu'un qui débarque de nulle part. J'ai gagné la Ligue des Champions avec Porto. Je suis "*The Special One*" ! » Sa dernière tirade figea l'assistance.

Dans les médias britanniques, Mourinho devint le « *Special One* » mais je pense, au moins au début, que cela témoignait plus du dédain que du respect. Ils l'avaient dans le nez. Pas seulement parce qu'il avait le physique d'une star de cinéma. Il était prétentieux. Il savait ce qu'il valait et, parfois, il s'en prenait carrément à ses adversaires. Quand il sut qu'Arsène Wenger, d'Arsenal, était obsédé par Chelsea, il le traita de voyeur, le genre de type qui reste chez lui et observe derrière ses jumelles ce que font les gens. Mourinho fait toujours sensation.

Mais il ne parle pas pour parler. Quand il est arrivé à Chelsea, le club n'avait pas remporté de titre depuis cinquante ans. Avec Mourinho, il en a gagné deux de suite. Mourinho était le *Special One* et il se pointait maintenant chez nous. Connaissant sa réputation, je m'attendais qu'il mène tout ça à la baguette dès le début. Mais lors de l'Euro, déjà, on m'avait prévenu que Mourinho m'appellerait.

Il voulait juste discuter. Juste me dire que ça allait être agréable de travailler ensemble, « il me tarde de te rencontrer », rien de particulier, et il s'exprimait en italien. Je ne pigeais pas. Mourinho n'avait jamais entraîné un club italien. Mais il parlait cette langue mieux que moi. Il l'avait apprise en un rien de temps, en trois semaines, dit-on, et je ne pouvais pas le suivre. Nous sommes passés à l'anglais et je sentais déjà que ce type s'intéressait à moi. Les questions qu'il pose ne sont pas habituelles et, allez savoir pourquoi, il m'envoya un SMS après le match contre l'Espagne.

Je reçois des tonnes de messages tout le temps. Mais celui-ci était de Mourinho. « Bien joué », écrivit-il tout en me donnant quelques conseils et, je le jure, j'étais scotché. Avant lui, jamais je n'avais eu droit à ça : un SMS de l'entraîneur ! Je venais de jouer avec l'équipe nationale suédoise et ça n'avait rien à voir avec son boulot. Mais il était consciencieux et après lui avoir répondu, je reçus encore d'autres messages. Mourinho me teste, pensai-je. Je me sentais apprécié. Peut-être que ce type n'était pas aussi dur et sévère que ça.

Bien sûr, je me doutais bien qu'il avait ses raisons d'envoyer ces SMS. Ça ressemblait à des encouragements, il voulait gagner ma confiance. Je l'ai apprécié dès le début. Ça marchait. On s'entendait bien et je me rendis compte tout de suite que ce type était un gros bosseur. Il travaillait deux fois plus que les autres. Il vivait et respirait football vingt-quatre heures sur vingt-quatre, sept jours sur sept, en se consacrant à ses analyses. Je ne connais aucun autre entraîneur qui en sache autant que lui sur deux équipes qui vont s'affronter. D'habitude, ce n'est pas comme ça que ça marche, c'est plutôt : écoute, ils jouent comme ci ou comme ça, ils procèdent ainsi, tu dois surveiller celui-ci. Avec lui, il ne manquait rien, tous les détails y étaient, jusqu'à la pointure du troisième gardien. Il savait tout. On le sent immédiatement : ce gars connaît son affaire.

Mais avant de le rencontrer, durant le Championnat d'Europe puis pendant la trêve estivale, je ne savais pas trop à quoi m'attendre. J'avais vu plein de photos de lui. Il était élégant, sûr de lui, mais bon, je fus étonné : c'était un homme de petite taille avec des épaules étroites qui faisait minus à côté des joueurs.

Cela dit, j'ai aussi compris immédiatement qu'il impressionnait son monde. Il voulait que chacun se fonde dans le moule, et, pour s'en assurer, il alla voir les gars qui auraient pu se croire intouchables pour mettre les choses au point. Il se tenait face à eux, il leur arrivait juste aux épaules, et ce n'était pas pour les flatter, pas le moins du monde. Il alla droit au but et se montra glacial : « À partir de maintenant, tu vas faire comme ci et comme ça. » Imaginez un peu ! Tout le monde se mit à l'écouter. On était attentifs à la moindre nuance de son discours. Pas parce qu'on le craignait. Ce n'était pas Capello, comme je l'ai déjà dit. Grâce à ses messages et ses e-mails, son implication personnelle, il nouait des relations intimes avec les joueurs, il savait quelle était notre situation avec nos femmes et nos enfants, et il ne gueulait jamais. Quoi qu'il en soit, on l'écoutait parce qu'on se rendait bien compte que ce type faisait ses devoirs à la maison. Il travaillait dur pour qu'on soit prêts. Il nous remontait avant chaque match. On était comme au théâtre, dans un drame psychologique. Il lui arrivait de nous montrer des vidéos de matchs où nous avions mal joué et de nous balancer : « Regardez ça, c'est lamentable, désespérant, ce n'est pas vous là, vous devez avoir des sosies, des doubles inférieurs. » Nous baissions la tête, nous étions d'accord. Nous avions honte.

« Aujourd'hui, je ne veux pas voir ça », poursuivait-il. On se disait : c'est exclu, impossible. Il ajoutait : « Vous allez sortir d'ici comme des lions, comme des guerriers » et nous criions « Et comment ! Rien d'autre ne nous intéresse. »

« Lors du premier assaut vous serez comme ça... » Il martelait sa paume de son poing. « ... et pour le deuxième assaut... » et, d'un coup de pied, il envoya le tableau de notes voler à travers la pièce et nous sentions monter l'adrénaline. Au moment de sortir, nous étions comme des bêtes enragées. Il faisait des trucs comme ça assez souvent, des choses inattendues qui nous faisaient avancer, et il me parut de plus en plus évident que ce type donnait tout pour l'équipe, et je voulais donc lui donner tout ce que j'avais en retour. C'était sa grande qualité. On se serait sacrifiés pour lui. Ses mots ne servaient pas qu'à nous pousser. Ce type pouvait vous mettre en pièces en peu de phrases, comme le jour où il entra dans le vestiaire en me disant d'une voix glaciale : « Tu n'as rien fichu aujourd'hui, Zlatan, zéro. Tu n'as pas réussi la moindre petite chose. » Quand cela arrivait, je ne répondais pas.

Je ne me défendais pas, pas parce que je suis lâche ou que j'ai pour lui un respect excessif, mais parce qu'il avait raison. Je n'avais rien fait de bon. Mourinho ne parlait pas d'hier ou de l'avant-veille. Ce qui comptait pour lui, c'était le moment présent. « Vas-y, joue au football. »

Je me souviens d'un match contre l'Atalanta Bergame. Le lendemain, je devais recevoir un prix, celui du meilleur joueur étranger, ainsi que celui de meilleur joueur de Serie A. Or, là, nous étions menés 2 à 0 à la mi-temps et j'avais été assez insipide. Mourinho, dans le vestiaire, vint vers moi.

« Eh ! Tu vas recevoir un prix demain ?

— Hein ? Ouais.

— Tu sais ce tu vas faire quand tu vas recevoir ce prix ?

— Euh… Quoi ?

— Tu auras honte. Tu vas rougir. Tu vas te rendre compte que tu n'as absolument rien gagné. On n'a pas le droit de recevoir de récompense quand on joue si pitoyablement. Tu remettras ce prix à ta mère ou à quelqu'un d'autre qui le mérite plus que toi. »

Je me disais, je vais lui montrer, il va bien voir si je ne le mérite pas, attends un peu la deuxième mi-temps, peu importe si je crève la gueule ouverte, j'allais lui montrer. J'allais encore me surpasser.

Il y avait des scènes comme celle-ci tout le temps. Il savait m'électriser et me rabaisser. Il maîtrisait l'art de manipuler l'équipe et il n'y avait véritablement qu'une chose qui me gênait chez lui : son attitude quand il nous regardait jouer. Peu importe ce que je faisais, peu importe les buts que je marquais, il restait de marbre. Il n'esquissait jamais le moindre sourire, ne faisait aucun geste, rien du tout. Il faisait comme si de rien n'était, un peu comme si le jeu s'était figé au milieu du terrain et jamais je n'avais été aussi bon. Je faisais des trucs complètement déments mais Mourinho ne cillait pas.

Une autre fois, nous jouions à Bologne et, à la vingt-quatrième minute, Adriano, le Brésilien, était en train de dribbler sur le côté gauche vers la ligne de but adverse. Il parvint à centrer, une frappe lourde qui arriva trop basse pour faire une tête et trop haute pour pouvoir la reprendre de volée et, en plus, il y avait foule dans la surface de réparation. Alors j'ai lancé ma jambe en avant et je l'ai talonnée. Cela ressemblait à un coup de pied de karaté, juste bam !, direct dans les filets. C'était complètement barjot. C'était le but de l'année et le public devint dingue, les gens se levaient, criaient et applaudissaient, tout le monde, même Moratti dans la tribune VIP. Mais Mourinho ? Il se tenait là dans son costume les mains le long du corps, totalement impassible. Il est infernal ce mec, je me suis dit. S'il ne réagit pas avec des trucs comme ça, je me demande bien ce qui peut le remuer.

J'en parlai avec Rui Faria. Rui est également portugais. Il est préparateur physique et le bras droit de Mourinho. Les deux se suivent dans tous les clubs et se connaissent par cœur.

« Explique-moi un truc.

— O.K., je t'écoute.

— Cette saison, j'ai marqué des buts sans pouvoir m'expliquer moi-même comment j'ai fait. Je ne peux pas croire que Mourinho en ait beaucoup vu des comme ça. Or il reste là comme une statue.

— Du calme, mon ami. Il est comme ça. Il ne réagit pas comme tout le monde.

Peut-être, pensai-je. Mais quand même… Mince alors, je t'assure que je vais le faire bouger, même si je dois accomplir un miracle.

D'une manière ou d'une autre, j'allais faire jubiler le bonhomme.

22

Je fais une fixette sur la Ligue des Champions. Le championnat avait débuté et mon genou allait mieux. Je marquai des buts incroyables et, très tôt, nous eûmes l'impression que le *Scudetto* ne nous échapperait pas. Mais, soyons francs, on n'en faisait plus toute une histoire. J'avais déjà remporté quatre fois le championnat d'Italie et été désigné meilleur joueur de la saison. Gagner la Ligue des Champions m'apparaissait crucial. Je n'étais jamais allé bien loin dans cette compétition et nous devions affronter Manchester United en huitième de finale.

United était l'une des meilleures équipes d'Europe. Ils avaient remporté le trophée l'année précédente et possédaient des joueurs tels que Cristiano Ronaldo, Wayne Rooney, Paul Scholes, Ryan Giggs et Nemanja Vidić, mais il n'y avait pas de meneur de jeu, aucun d'eux n'était décisif dans le club (c'était même l'inverse en fait, United formait une équipe, ça se voyait). Aucun joueur en particulier n'avait plus de valeur que l'équipe en elle-même. Aucun autre entraîneur qu'Alex Ferguson n'incarnait mieux cette philosophie (je devrais dire sir Alex Ferguson). Tout le monde connaît sir Alex. C'est comme un dieu en Angleterre et il protège ses stars. Il les fait tourner.

Ferguson est d'origine écossaise. C'est un homme issu des classes populaires et quand il rejoignit Manchester United en 1986, il ne se passait plus grand-chose dans le club. Les années glorieuses semblaient lointaines. C'était un vrai bordel, les joueurs avaient l'habitude de sortir et de se saouler. Ils trouvaient que c'était cool ? Ferguson allait leur déclarer la guerre. Mince alors ! Boire de la bière ! Il leur inculqua la discipline. Il remporta vingt et un titres et fut anoblit en 1999 quand United remporta le championnat, la Coupe, et la Ligue des Champions la même saison. On peut donc se faire une idée de la rivalité qui existait entre un mec de cette trempe et Mourinho. On ne parlait que de ça.

En résumé, il y avait Mourinho contre sir Alex et Cristiano Ronaldo contre Zlatan. Il s'écrivait des tas d'articles sur nous. Nous étions les deux têtes d'affiche de Nike et nous avions tourné une pub ensemble, un duel de gestes techniques et de tirs au but, un spot rigolo avec Éric Cantona qui tenait le rôle d'un présentateur télé. Mais je ne le connaissais pas. Durant les prises, nous ne nous sommes pas croisés. Nous faisions tout séparément et tout ce tapage dans les médias ne m'embêtait pas plus que ça. Je me sentais d'attaque. Je pensais que nous avions de bonnes chances et, bien sûr, Mourinho nous avait minutieusement préparés. Le match aller à San Siro fut décevant. Nous ne parvînmes qu'à accrocher un match nul et je n'étais pas vraiment rentré dans le match. Après quoi, bien sûr, les journaux anglais me descendirent. Mais c'était leur problème, pas le mien. Ils pouvaient y aller, écrire toutes les idioties qu'ils voulaient, je m'en fichais totalement. Mais je voulais vraiment gagner au match retour, à Old Trafford, pour poursuivre notre chemin en Ligue des Champions. C'était ce que je désirais profondément et je me souviens encore des applaudissements et de la clameur du stade quand je suis entré en courant sur la pelouse.

L'ambiance était saturée d'électricité, Mourinho portait un costume et un pardessus noirs. Il avait l'air grave et, comme d'habitude, il ne s'asseyait pas. Il se tenait près de la ligne de touche pour suivre la partie comme un général sur un champ de bataille et, à plusieurs reprises, le public a crié : « Assieds-toi, Mourinho ! » Souvent, il agitait les mains. « Fonce là-dedans et file un coup de main, Ibra ! » rugit-il. J'étais trop isolé en pointe et j'étais méchamment surveillé. On comptait beaucoup sur moi. Ce fut le cas toute la saison, Mourinho nous faisait jouer en 4-5-1, j'étais en pointe. J'avais la responsabilité de marquer des buts et, pour sûr, j'aimais ça. Il fallait assumer.

Mais le jeu de United était plus précis, j'étais de plus en plus isolé, il y avait trop d'adversaires autour de moi, et je maudissais cette situation. Pire encore, après à peine trois minutes de jeu, Ryan Giggs frappa un corner et Vidić marqua de la tête. C'était la douche froide. Tout Old Trafford se leva et tonna :

« *You're not special anymore*, José Mourinho. »

Mourinho et moi étions les plus hués. Mais les choses se calmèrent progressivement et, objectivement, il ne nous fallait qu'un but pour passer. Il nous suffisait d'obtenir le 1 à 1 et la victoire serait à nous. C'est alors que je me mis à briller. Les choses allèrent encore mieux quand, à la demi-heure de jeu, on m'adressa un long centre dans la surface et je mis une tête très appuyée. Je rabattai le ballon vers la ligne de but, il rebondit sur la barre transversale et sortit. C'était passé près, ce qui me persuada davantage que nous allions marquer. Nous avions occasion sur occasion. Adriano tenta un tir de volée qui frappa un des poteaux. Non, ça ne voulait pas rentrer.

Au lieu de ça, Wayne Rooney partit en dribbles à l'extérieur de la surface de réparation et centra sur Cristiano qui marqua un deuxième but de la tête. Ce fut horrible. C'était raide, les minutes passaient et nous n'avons pas réussi à égaliser. Vers la fin du match, le stade entier chantait : « Bye bye, Mourinho. *It's over.* » Je trépignais de rage. Je suis entré dans les vestiaires. Je me souviens que Mourinho essayait de nous remonter le moral, genre, « maintenant on va se concentrer sur le championnat ». Avant et durant les matchs, il était dur comme un roc et, parfois, après avoir pris le temps pendant quelques jours d'analyser la défaite, il pouvait nous engueuler de nouveau pour que nous ne répétions pas nos erreurs. Mais dans un cas de figure comme celui-ci, il n'y avait pas grand-chose à dire. Ça n'aurait servi à rien. Nous étions suffisamment abattus comme ça.

Nous avions tous des envies de meurtre, surtout moi. Je voulais avancer. Je suis insatiable. J'ai toujours eu la bougeotte. Enfant, je changeais d'école, de maison, de club même. On peut dire que c'est dans mes gènes et, là, assis en train de regarder mes pompes, je me suis mis à l'envisager : je ne gagnerais jamais la Ligue des Champions avec l'Inter. Je pensais que l'équipe n'était pas assez forte et dès les premières interviews d'après le match, je donnai des indices qui trahissaient ma pensée. Ou plutôt, je me suis contenté d'être honnête, contrairement à d'habitude, quand on répète : « Ah ! Mais bien sûr, on la gagnera l'année prochaine. » Un journaliste me demanda :

« Penses-tu pouvoir remporter la Ligue des Champions si tu restes à l'Inter ?

— Je ne sais pas. On verra. »

En répondant ainsi je pouvais être certain que les supporters se douteraient de quelque chose.

C'était le début d'une période de tensions et j'en parlais à Mino. « Je veux partir. Je veux aller en Espagne. » Bien sûr, il comprit exactement ce que je voulais dire. L'Espagne, c'était soit le Real Madrid soit Barcelone, les deux plus grosses équipes, et le Real me tentait bien. C'était un club de grande tradition qui avait eu des joueurs comme Ronaldo, Zidane, Figo, Roberto Carlos et Raúl. Mais, petit à petit, je penchais de plus en plus en faveur du Barça. Ils avaient été excellents et possédaient des gars comme Lionel Messi, Xavi et Iniesta.

Mais quelle serait la meilleure approche ? Ce n'était pas simple. Je ne pouvais pas clamer : « Je veux aller au Barça. » Pas seulement parce que cela aurait été désastreux pour ma réputation à l'Inter. Mais surtout parce que cela serait revenu à déclarer : « Je suis prêt à jouer gratis. » On ne peut pas offrir ses services comme ça. Les dirigeants comprennent immédiatement qu'ils peuvent vous acheter pour presque rien. Non, un club doit venir vers vous. Les dirigeants doivent avoir envie de vous avoir à n'importe quel prix. Mais ce n'était pas le véritable problème.

Le problème était mon statut actuel et les termes de mon contrat en Italie. On considérait que le prix à payer pour me recruter était prohibitif. Si un joueur ne pouvait pas partir, c'était bien moi. C'est d'ailleurs ce qui se disait fréquemment. À part moi à l'Inter, Kaká au Milan AC, Messi au Barça et Cristiano Ronaldo à United étaient aussi dans ce cas-là. On pensait que personne ne pourrait s'aligner sur nos contrats. Notre prix de vente était trop élevé. Même Mourinho en parla. « Ibra reste, affirma-t-il. Aucun club ne peut payer les sommes que l'on demande. Personne ne peut miser cent millions d'euros. » Tout me paraissait absurde.

J'étais trop cher pour le marché ? Je n'étais qu'une damnée Mona Lisa qui ne pouvait être revendue ? Je ne savais pas. La situation était difficile et, après tout, j'avais peut-être été stupide de vendre la mèche comme ça aux médias. Sans doute aurait-il mieux valu servir toujours la même soupe, comme beaucoup d'autres vedettes : « Je resterai fidèle à mon club », blablabla.

Mais je ne sais pas faire. Je ne pouvais pas mentir. Mon avenir n'était pas tout tracé et sans même en dire plus cela en dérangea plus d'un, surtout les fans. Ils y virent une trahison, quelque chose comme ça, et pas mal de gens commencèrent à s'inquiéter. Allais-je être moins motivé pour jouer avec l'équipe ? Surtout après avoir ouvert ma gueule en balançant des trucs comme : « J'aimerais tenter quelque chose de nouveau. Je suis en Italie depuis près de cinq ans maintenant. J'aime le football technique et c'est celui qui se pratique en Espagne. » On causait beaucoup, on spéculait.

Mais je n'avais aucune stratégie, aucune ruse qui me permette de quitter le club. J'étais juste sincère et rien n'était simple, en tout cas, pas pour un joueur de mon niveau. J'étais le mec le plus important de l'Inter et personne ne voulait que je parte. Chaque fois que j'évoquais le sujet, ça faisait du boucan. Et il était fort possible que tout cela ne soit qu'une pure perte de temps. Nous n'avions aucune offre et mon prix n'allait certainement pas baisser. Bien sûr, je désirais aller ailleurs. Mais cela n'avait pas d'influence sur mon jeu, pas du tout, j'étais maintenant tout à fait guéri, meilleur que jamais, et je faisais toujours tout ce que je pouvais pour faire réagir Mourinho.

Par exemple, contre la Reggina, je fis une belle percée, une série de dribbles, en partant presque du milieu de terrain. Je réussis à passer trois défenseurs. C'était déjà une belle performance en soi et les spectateurs s'attendaient sans doute que je conclue l'action par une frappe puissante. Mais voyant que le gardien s'était bien trop avancé, j'eus une vision, une idée et, de mon pied gauche, j'ai lobé le type et rien n'aurait pu être plus parfait. La balle s'éleva en décrivant un arc de toute beauté pour entrer par la lucarne et le stade entier m'acclama, tout le monde sauf Mourinho bien sûr, qui restait impassible dans son costume gris, mâchant son chewing-gum en fronçant légèrement les sourcils. En somme, comme d'habitude. Pourtant, c'était plus qu'un simple but, cela me valut de rejoindre Marco Di Vaio, de Bologne, à la première place du classement des buteurs du championnat. Être le meilleur buteur en Italie ce n'est pas rien et je me suis mis à me focaliser de plus en plus là-dessus. En fait, j'avais besoin d'un challenge. Je devins plus agressif que jamais devant le but et personne n'aime autant les buteurs que les fans italiens. Et personne ne déteste autant un buteur qui veut quitter son club pour cette même raison et cela n'a pas arrangé mes affaires quand j'ai annoncé après le match : « Je suis à fond pour remporter le championnat cette année, mais pour ce qui est de la prochaine, nous verrons. »

Cela va sans dire, la tension montait d'un cran : qu'est-ce qui lui prend, à Ibra ? Que se passe-t-il ? Le chemin était encore long avant la « *silly season* » et nous n'avions rien de concret. Mais les journaux spéculaient déjà. Ils parlaient de moi et de Cristiano Ronaldo de Manchester United. Le Real Madrid pourrait-il nous acheter tous les deux ? Pouvait-il se le permettre ? La rumeur persistait. Par exemple, certains se demandaient si le Real Madrid conclurait un accord en échangeant leur star Gonzalo Higuaín contre moi.

De cette façon, le club n'aurait pas à payer au prix fort. Higuaín ferait partie de la transaction. Mais comme je le disais, on ne faisait que des suppositions, ou plutôt, il n'y avait rien dans les médias que des bavardages. Peu importe que tout soit faux, cela produisait son effet et beaucoup voulaient me remettre à ma place. Il se disait beaucoup qu'aucun joueur ne pouvait être plus important que le club et qu'Ibra était un ingrat, un déserteur, etc. Mais je m'en tapais.

Contre la Fiorentina, je gardai le rythme et, durant les arrêts de jeu, je frappai, de très loin, un formidable coup franc (qui fut mesuré à cent neuf kilomètres à l'heure) qui claqua dans le filet et tout indiquait que nous allions empocher le titre. Il s'était instauré une sorte de bras de fer. Il y avait un bon et un mauvais côté en tout. Mieux je jouais, plus les supporters en rajoutaient sur mon projet de quitter le club. Avant notre match contre la Lazio, le 2 mai 2009, l'ambiance était explosive. Les Ultras, les mêmes qui avaient brandi « Bienvenue Maximilian », avaient prouvé qu'ils pouvaient se montrer chaleureux. Mais ils pouvaient aussi être détestables, pas seulement envers l'équipe adverse mais aussi contre leurs propres joueurs, et je m'en aperçus à peine entré sur le terrain. San Siro était chaud bouillant.

Toute la semaine, il y avait eu d'innombrables articles dans les journaux à propos de mon désir de quitter l'Italie et de tenter quelque chose de nouveau. Personne ne pouvait l'ignorer. Tôt dans le match, j'essayai de trouver le chemin de la surface de réparation. Je me battis mais je n'arrivai pas à obtenir de ballon et, dans ce genre de cas, d'habitude, les supporters applaudissent. L'air de dire, bien essayé. Mais là, les Ultras me huaient et se moquaient de moi. Mais pour qui se prennent-ils ? On bossait comme des damnés sur le terrain, nous étions en tête du championnat et voilà ce que l'on récoltait. Pour les faire taire je mis mon doigt sur la bouche. Mais les choses ne s'arrangèrent pas et juste avant la mi-temps, le score était toujours de 0 à 0. Malgré nos efforts, ils se mirent à siffler toute l'équipe et, sur le coup, cela me rendit dingue ou, plus précisément, j'eus une poussée d'adrénaline.

J'allais leur montrer – je joue bien mieux quand je suis en colère. Ne l'oubliez pas : si vous me voyez en furie, il n'y a pas de quoi s'inquiéter. D'accord, il m'arrive peut-être de faire des choses stupides et de prendre des cartons rouges. Mais, la plupart du temps, c'est bon signe. J'ai bâti ma carrière sur le désir de revanche et, en seconde mi-temps, j'interceptai un ballon à quelque quinze mètres en dehors de la surface. Je me retournai. Je fonçai. Je feintai et je marquai un but entre deux défenseurs. C'était un pur tir de rage, un joli but. Mais ce n'est pas ce qui retint l'attention.

On remarqua surtout mon attitude, parce que, après ce but, je n'avais manifesté aucune émotion. J'étais reparti en courant vers notre camp, le visage tourné vers les Ultras en leur faisant signe de se taire en remettant mon doigt sur la bouche. Fermez-la. Voilà ma réponse à leur bassesse. Je marque des buts et vous sifflez. Cela devint la grande affaire du match. C'était du jamais-vu.

Les supporters et la grande star du club s'affrontaient ouvertement et sur la ligne de touche se tenait Mourinho qui, bien sûr, n'avait pas manifesté le moindre signe de joie. Mais qui s'y serait attendu ? Quoi qu'il en soit, à l'évidence, il était d'accord avec moi. Mince alors, s'en prendre à sa propre équipe. Il leva la tête en direction des tribunes, l'air de dire : « Vous êtes débiles. » Évidemment, les choses étaient déjà tendues avant le match et cela allait de mal en pis, le stade grondait. Pourtant, je jouais toujours aussi bien. J'étais complètement enragé et je fis la passe décisive vers l'avant pour le 2 à 0. J'assurais et j'étais content que l'arbitre siffle la fin du match. Mais ce n'était pas terminé, loin de là. Alors que je quittais la pelouse, on m'informa que les chefs des Ultras m'attendaient dans le vestiaire. Je ne savais pas comment ils avaient pu arriver jusque-là.

Mais ils étaient bien là, dans le couloir, sept ou huit mecs, et pas du genre à me demander, pardon, on peut se parler deux minutes ? C'étaient des types qui ressemblaient à ceux que j'avais côtoyés dans la rue : des mecs qui transpirent l'agressivité et tout le monde devint nerveux. Mon pouls grimpa à cent cinquante. Je balisais vraiment. Mais je me dis : tu ne peux pas reculer maintenant. D'où je viens, on ne fait pas marche arrière. Je suis donc allé à leur rencontre et je vis immédiatement que cela les mit mal à l'aise mais ils frimaient. Quoi ? Ibra vient vers nous ?

« Est-ce que quelqu'un aurait quelque chose à dire ? leur demandai-je.

— Ouais, bon, quelques-uns sont énervés…

— Bien, dites-leur de descendre sur la pelouse et nous allons régler ça *mano a mano* ! »

Puis je me cassai, mon cœur cognait. Mais ça faisait du bien. J'avais surmonté le stress. Je m'étais imposé. Mais la pagaille ne s'arrêta pas là. Le club des supporters réclama officiellement un rendez-vous. Allons donc ! Pourquoi devrais-je les revoir ? En quoi ça me concernait ? J'étais footballeur. Les fans doivent être loyaux envers leur club. Très bien. Mais une carrière de footballeur est courte. Il doit s'occuper de ses propres intérêts. Il passe de club en club. Les fans le savent. « Si vous vous excusez sur votre site officiel pour vos sifflets et vos sarcasmes, tout ira bien », leur dis-je. On oubliera tout ça. Mais il ne se passa rien de tout ça ; en fait, les Ultras décidèrent que désormais ils n'allaient plus ni me huer ni m'encourager. Ils prétendraient que je n'existais pas. Je leur souhaitais bien du plaisir.

Il n'était pas facile de m'ignorer, ni à ce moment-là ni plus tard. J'étais en forme et les ragots allaient de plus belle. Est-ce qu'il part ? Est-ce qu'il reste ? Qui peut se le payer ? C'était un bras de fer et j'avais peur que tout cela se termine dans une impasse. Je craignais de devenir un de ces joueurs qui finalement restent au club la queue entre les jambes. Ça me tapait tellement sur les nerfs que j'appelai Mino. Y avait-il des propositions ? Est-ce que quelque chose bougeait ? Rien du tout et il apparaissait de plus en plus évident qu'il allait falloir débourser une somme record pour me tirer de là et même, si cela arrivait, il aurait fallu que je fasse profil bas vis-à-vis de tout ce qui se passait dans les médias. Ce n'était pas facile. Pas dans une telle situation. J'étais en contact permanent avec Mino et je plaçais de plus en plus tous mes espoirs sur le Barça. Le Barça gagna la Ligue des Champions cette saison-là. Il battit Manchester United 2 à 0 grâce à des buts d'Eto'o et de Messi et je me dis : waouh, c'est le club qu'il me faut. J'appelais tout le temps Mino.

« Mais que diable fais-tu ? La sieste ?

— Va te faire voir. Tu ne vaux rien. Personne ne veut de toi. Tu vas devoir revenir au Malmö FF.

— Va te faire foutre ! »

À l'évidence, il faisait tout ce qu'il pouvait pour trouver une solution et pas seulement parce qu'il défendait toujours son bout de gras. C'était le marché que nous avions toujours rêvé de conclure. Bien sûr, tout pouvait tomber à l'eau et se terminer par envoyer balader les Ultras et les dirigeants sans avoir rien réussi à finaliser. À l'inverse, cela pouvait aussi être l'événement le plus fabuleux et nous étions prêts à jouer gros.

Pendant ce temps, je devais jouer. Nous avions déjà assuré le *Scudetto*. Mais je voulais vraiment être le meilleur buteur du championnat, le *Capocannoniere*. Obtenir un tel titre signifiait entrer dans les annales et aucun Suédois n'y était parvenu depuis Gunnar Nordhal en 1955. Je tenais ma chance, même si rien n'était encore fait. Au classement, nous étions trois dans un mouchoir de poche. Entre Marco Di Viaio de Bologne, Diego Milito du Genoa et moi, c'était très serré. Cela ne concernait pas Mourinho, pas vraiment. Il entraînait une équipe. Mais, alors qu'il se tenait debout dans le vestiaire, il dit : « À partir de maintenant, nous allons également nous assurer qu'Ibra remporte le titre de meilleur buteur », et ça devint le gros truc. Tout le monde m'aiderait. Tous les joueurs le déclarèrent publiquement.

Mais Balotelli, ce crétin, lors d'un de nos derniers matchs, avait la balle dans la surface et j'arrivai en courant complètement démarqué. En position parfaite. Mais Balotelli préféra continuer à dribbler et je le regardai, l'air de dire : qu'est-ce que tu fabriques ? Tu ne veux pas m'aider ? J'étais furieux mais, d'accord, il était jeune. Il avait marqué des buts. Je ne pouvais pas commencer par l'engueuler dans ces circonstances. Mais j'étais en colère, tout le banc était en colère : mince, avoir couru jusque-là et tirer au but alors que Zlatan était en bonne position, et je me disais que si les choses devaient se dérouler ainsi, le classement des buteurs se passerait de moi. Merci Balotelli. Mais je dépassai ça.

Je marquai un but lors du match suivant et il n'en restait qu'un à jouer. J'étais prêt pour le sprint final. Marco Di Viao et moi avions inscrit vingt-trois buts et Diego Milito, du Genoa, était juste derrière nous avec vingt-deux. Nous étions le 31 mai. Tous les journaux écrivaient là-dessus. Qui allait l'emporter ?

Il faisait chaud ce jour-là. Le titre était joué. Il était acquis depuis un moment. Mais il y avait de la tension dans l'air. Avec un peu de chance, ce serait mes adieux au football italien. C'est ce que j'espérais. Je n'en savais rien. Mais sans me préoccuper de savoir si ce serait mon chant du cygne ou pas, je voulais faire un grand match et remporter le trophée du meilleur buteur. Mince, je n'avais pas l'intention de finir sur un 0 à 0 !

Bien sûr, cela ne dépendait pas que de moi, mais aussi de Di Vaio et de Milito qui jouaient au même moment. Di Viaio et Bologne affrontaient Catane, tandis que Milito et le Genoa jouaient contre Lecce et, sans aucun doute, ces cons allaient marquer des buts. J'étais plus que prêt à répliquer. Il fallait que je marque et il ne suffit pas de le vouloir pour le faire. Si l'on en fait trop, la mécanique peut se gripper. Tous les buteurs le savent. On ne peut pas être obnubilé par le but. Tout est affaire d'instinct. Il faut juste s'y préparer. Je m'en rendis compte tout de suite, ce match contre l'Atalanta Bergame serait épique. Après quelques minutes le score était déjà de 1 à 1.

À la douzième minute, Esteban Cambiasso frappa juste de l'extérieur de la surface de réparation une longue balle tandis que je me tenais là sur la même ligne que les défenseurs. Je partis, j'étais à la limite du hors-jeu et ils n'arrivaient pas à me suivre. Je courus à la vitesse de l'éclair et j'arrivai face au gardien tout seul. Mais il y eut un faux rebond et je tapai dans la balle avec mon genou avant d'entrer en collision avec le gardien. Mais juste avant, je parvins à tirer un coup de canon sur la droite et je marquai le but du 2 à 1. Dès lors, je passai en tête du classement des buteurs. C'est ce que me criaient les gens tout autour et je commençais à avoir bon espoir, ça pouvait marcher. Mais les événements n'étaient pas terminés et je ne comprenais pas vraiment ce qui se passait. Bien sûr, de la ligne de touche, on me gueulait : « Milito et Di Vaio ont marqué. » Mais je n'y croyais pas. Il me semblait que les gars sur le banc me racontaient des craques. Ça arrive souvent dans le football, on se chambre entre nous, et je continuai de jouer. Je faisais la sourde oreille et je croyais qu'un seul but suffirait. Mais sur les autres terrains, le scénario était incroyable.

Diego Milito pointait à la troisième place du classement. C'est un Argentin. Il détenait un record hallucinant de buts marqués. Juste quelques semaines auparavant il avait été libéré pour rejoindre l'Inter de Milan. Donc, si je ne quittais pas le club, nous devrions jouer ensemble la saison prochaine. Mais là, contre Lecce, il fut redoutablement efficace. Il marqua deux buts en moins de dix minutes, totalisant maintenant vingt-quatre buts, tout comme moi, et l'on pouvait sentir sans problème que le troisième but pouvait arriver à tout moment. Mais il ne s'agissait pas que de Milito. Marco Di Vaio avait lui aussi marqué. Je ne savais rien de celui-ci. Mais nous étions maintenant tous les trois à égalité en tête du classement et, dans ce cas-là, il est impossible de désigner un vainqueur. On ne peut pas partager. Il faut être seul en tête pour remporter le titre. Et même si sur le moment je ne savais rien de tout cela, il m'apparut évident que je devrais marquer un but supplémentaire. Je le sentais rien qu'à l'ambiance. Je le voyais sur le visage des types sur le banc, à la pression qui montait dans les tribunes. Les minutes passaient mais rien ne bougeait. On aurait dit qu'on se dirigeait vers un nul. Le score était de 3 à 3, il restait dix minutes à jouer. Mourinho fit entrer Hernán Crespo, nous avions besoin de sang neuf.

Il voulait que nous soyons plus offensifs et il agitait ses bras, pour signifier : « montez et allez-y ! » Étais-je en train de perdre l'occasion de remporter le trophée du meilleur buteur ? J'en avais bien peur et je redoublai d'effort. Je gueulais pour qu'on me passe la balle. Beaucoup de joueurs étaient fatigués. Le match avait été très disputé. Mais Crespo, lui, était frais. Il dribbla sur le côté droit et je m'élançai vers le but. Il m'adressa un long centre et, immédiatement, j'étais à la lutte pour m'emparer du ballon. J'écartai un des joueurs et je me retrouvai dos au but et tandis que la balle rebondissait je vis une occasion. Mais je n'étais pas dans le bon sens, donc, que faire ? J'ai talonné. J'ai talonné vers l'arrière et, même si j'ai marqué un tas de buts sur talonnade dans ma carrière, dont celui contre l'Italie dans le championnat d'Europe, bien sûr, mais aussi celui avec ce coup de karaté contre Bologne, celui-là, en de telles circonstances, fallait pas rêver.

Il ne pouvait pas rentrer. Il était digne des exploits que je réalisais dans le quartier de ma mère et on ne gagne pas le trophée du meilleur buteur du championnat avec ce genre de geste dans l'ultime match. Ça n'arrive jamais. Mais la balle roula dans le but. Le score était de 4 à 3, j'ai enlevé mon maillot même si je savais que cela me coûterait un avertissement. Mais, mon Dieu, c'était énorme et je suis allé me placer près du drapeau de coin, torse nu, et, évidemment, tout le monde est venu s'empiler sur moi. Crespo et tous les autres. Ils m'écrasaient le dos. Cela ressemblait à une agression, ils me hurlaient dessus, l'un après l'autre : « Ça y est, tu as gagné le trophée du meilleur buteur ! »

Et, doucement, je me suis mis à me rendre compte, c'était historique, c'était ma revanche. Quand je suis arrivé en Italie, on disait : « Zlatan ne marque pas assez de buts. » Et voilà, j'avais remporté le trophée du meilleur buteur. Il n'y avait plus aucun doute. Cependant, je la jouais tranquille. Je suis reparti en courant vers le terrain et une chose inhabituelle me fit stopper net.

C'était Mourinho, l'homme au visage de pierre. L'homme qui jamais ne faisait un geste, qui ne bougeait pas un cil, s'était réveillé. Il était comme possédé. Il se déchaînait comme un gosse, il faisait des bonds et je souris : ben quand même, j'y suis arrivé. Mais qu'est-ce qu'il ne faut pas faire !

Il m'avait obligé à remporter le trophée du meilleur buteur d'une talonnade.

23

Le 1er juin, Kaká fut transféré au Real Madrid pour soixante-cinq millions d'euros et, un peu plus tard, Cristiano Ronaldo était cédé à ce même club pour cent millions. Cela en disait long sur le niveau des transactions qu'il était possible d'atteindre, ce qui me poussa à rendre visite à Moratti. Après tout, Moratti était assez sympa. Il était là depuis un moment. Il connaissait le business.

« Écoute, ces dernières années ont été formidables et ça me va de rester et je me fiche bien de savoir qui va pointer son nez, que ce soit United, Arsenal ou n'importe quel autre club. Mais si le Barça devait se présenter…

— Oui ?

— Eh bien, je veux au moins que tu discutes avec eux. Non que tu me vendes pour telle ou telle raison, sûrement pas. Tu décides. Mais promets-moi de discuter avec eux. »

Après avoir ajouté cela, il me regarda derrière ses lunettes, avec ses cheveux ébouriffés et, certainement, il comprit qu'il y avait un paquet d'argent à se faire, même s'il ne souhaitait pas que je m'en aille.

« O.K., dit-il, je te le promets. »

Très vite après cette conversation, nous sommes partis à Los Angeles pour un stage d'entraînement. C'était le début de l'avant-saison. Je partageais la chambre avec Maxwell et ce serait comme au bon vieux temps. Mais nous étions fatigués par le décalage horaire et les journalistes étaient intenables. Ils grouillaient tout autour de l'hôtel et le grand sujet du jour était que le Barça n'avait pas les moyens de m'acheter. Il était prévu qu'ils embauchent David Villa à la place. Même si les journaux n'en savaient strictement rien, j'avais quoi qu'il en soit moi aussi mes propres craintes. Ces derniers temps, on soufflait le chaud et le froid. Je désespérais. J'y avais cru mais aujourd'hui les carottes semblaient cuites et ce sacré Maxwell n'arrangeait pas mes affaires.

Comme je l'ai déjà dit, Maxwell est le gars le plus gentil du monde. Mais il me faisait tourner en bourrique. Depuis nos premiers pas à Amsterdam, nous avions suivi un parcours similaire et nous nous retrouvions encore une fois dans la même situation. Nous étions tous les deux en partance pour Barcelone. Mais il avait une longueur d'avance, car il partait vraiment, alors que pour moi les portes semblaient se refermer. Il n'en dormait pas. Il était pendu au téléphone : « C'est fait ? Oui ? » Ça me gonflait. Il n'arrêtait pas, Barça ceci, Barça cela. Jour et nuit, il ne parlait que de ça tout le temps, enfin, c'est ainsi que je le voyais. C'était un bourdonnement incessant tandis que, de mon côté, il n'y avait aucune nouvelle me concernant, en tout cas, pas tant que ça. Il me rendait dingue. Je m'en pris à Mino, cet idiot de Mino qui avait trouvé une solution pour Maxwell et pas pour moi. Je l'appelai.

« Donc, tu peux trouver une solution pour lui et pas pour moi ?

— Va te faire voir. »

Les affaires de Maxwell allaient être bouclées juste quelque temps après notre conversation.

Dans mon cas, les médias suivaient pas à pas chacune des étapes du processus et Mino avait réussi à maintenir secrètes les négociations concernant Maxwell. Personne n'aurait cru qu'il irait à Barcelone. Mais, un jour, alors que nous entrions dans le vestiaire et que tout le monde était assis en rond en nous attendant, il leur annonça la nouvelle.

« C'est fait avec Barcelone. » Ils sursautèrent : « Tu t'en vas ? C'est vrai ? » Et la discussion était lancée. Ce genre d'événement fait que les types se lâchent. L'Inter, ce n'est pas l'Ajax. Les mecs étaient plus détendus mais, tout de même, le Barça avait remporté la Ligue des Champions. Le Barça était la meilleure équipe au monde. Bien sûr, certains l'enviaient et Maxwell avait presque l'air gêné quand il se mit à ranger ses affaires et ses crampons.

« Prends mes godasses aussi, ai-je gueulé, suffisamment fort. Je pars avec toi. »

Tout le monde s'est mis à rire, genre, « elle est bien bonne ». Pensaient-ils que j'étais trop cher pour pouvoir être acheté ? Ou que j'étais bien à l'Inter ? Non, Ibra reste. Personne ne peut se l'offrir. Voilà ce qu'ils croyaient.

« Assis, tu ne vas nulle part », criaient-ils et j'en plaisantais avec eux, mais, sincèrement, je n'étais pas sûr de moi.

Je savais juste que Mino faisait du mieux qu'il pouvait et que ce serait tout ou rien. Un jour, durant cette période, nous avons joué un match amical contre Chelsea dans lequel j'étais taclé par John Terry. Je me fis mal à une main, mais je n'y prêtai pas attention. Ma main ? Ça ne m'inquiétait pas plus que ça. Je joue avec mes pieds et j'avais autre chose en tête. Le Barça m'obsédait et j'appelai Mino encore et encore. On aurait dit que j'avais attrapé la fièvre. Mais, au lieu de bonnes nouvelles, je prenais un autre coup dans les dents.

Joan Laporta était le président de Barcelone. Vraiment un gros bonnet. À cette époque, le club commençait à dominer l'Europe et j'avais entendu dire qu'il avait fait le voyage jusqu'à Milan dans un avion privé pour dîner avec Moratti et Marco Branca, le directeur sportif. Évidemment, j'espérais de grandes choses de cette réunion. Mais il n'en sortit rien du tout. Laporta avait à peine passé la porte que Moratti lui lança :

« Si vous êtes là pour Zlatan, vous pouvez faire demi-tour et rentrer chez vous ! Il n'est pas à vendre. »

Quand j'appris ça, je devins fou. Merde alors ! Il m'avait promis ! J'appelai donc Branca pour lui demander à quoi jouait Moratti. Branca refusa de prendre cette responsabilité. « La réunion ne te concernait pas », prétendit-il. Il mentait. Mino m'avait affranchi et je me sentais trahi. Mais, bien sûr, je savais que c'était un jeu. Du moins, il se pouvait que ça en soit un. « Pas à vendre » pouvait vouloir dire « très cher ». Mais je n'en savais guère plus sur ce qui se passait vraiment et ces foutus journalistes étaient comme des chiens enragés.

Ils demandaient sans cesse : que va-t-il se passer ? Est-ce que c'est fait avec le Barça ? Est-ce que tu restes à l'Inter ? Je n'avais pas de réponse à leur donner. J'étais dans un nouveau no man's land et même Mino, qui travaillait comme un fou, commençait à être légèrement pessimiste.

« Le Barça est chaud mais ils ne peuvent pas te sortir de là », m'informa-t-il.

Je crevais d'impatience, sous la chaleur et le bruit de Los Angeles. Il s'y produisit des choses qui laissaient penser que je resterais. La saison suivante, à l'Inter, on allait me faire porter le numéro dix, celui de Ronaldo quand il était dans l'équipe. Il y avait quelques trucs du même acabit, des opérations de presse et d'autres choses que l'on me demandait. Tout était incertain. Mon humeur changeante.

J'avais entendu dire que Joan Laporta et Txiki Begiristain, le directeur sportif du Barça, avaient repris l'avion. Ce voyage n'avait rien à voir avec moi. Ils étaient en route pour l'Ukraine pour acheter Dmytro Chygrynskiy, un des joueurs du Shakhtar Donetsk qui avait épaté tout le monde en remportant la coupe de l'UEFA cette année-là. Mais ce voyage avait tout de même un intérêt pour nous. Mino est sournois. Il connaît tous les plans. Il avait obtenu un autre rendez-vous avec Moratti et, malgré tout, il flaira une ouverture. Il téléphona donc à Txiki Begiristain qui était sur le vol retour vers Barcelone avec Laporta.

« Vous devriez vous poser à Milan au lieu de rentrer, suggéra Mino.

— Pourquoi ?

— Parce que Moratti est tranquillement installé chez lui et que, si vous alliez frapper à sa porte maintenant, je pense que vous pourriez trouver un accord sur le transfert d'Ibrahimović.

— O.K., une minute. Je dois en parler à Laporta. »

Cette minute s'éternisa et le pari était osé. Moratti n'avait rien promis et il ne se doutait absolument pas que quelqu'un allait venir chez lui. Tout allait se jouer maintenant. Txiki Begiristain rappela : « O.K., nous faisons demi-tour, nous atterrissons à Milan. » Je fus immédiatement mis au parfum.

Mino m'appela. Les va-et-vient d'appels et de messages n'arrêtaient pas. Les téléphones sonnaient sans interruption. Moratti fut prévenu : « Les dirigeants du Barça viennent vous voir. » Il a sans doute pensé que c'était un peu cavalier de leur part, je ne sais pas, ou que ces types auraient au moins pu prendre un rendez-vous préalable. Mais il les laissa entrer. Il avait la classe. Il ne voulait pas perdre la face et, vu la situation, je n'ai pas hésité. Il fallait que je fasse tout ce qui était en mon pouvoir.

J'envoyai un SMS à Marco Branca : « Je sais que les dirigeants du Barça sont en route pour rencontrer Moratti. Vous m'aviez promis que vous leur parleriez et vous savez que je veux aller dans ce club. Dans votre intérêt, ne fichez pas tout en l'air. » Puis j'ai attendu un moment, espérant recevoir une réponse. Je n'en ai pas eu. Je me persuadais qu'ils avaient leurs raisons. Tout ça est un jeu. Mais je le sentais, cette fois, c'était du sérieux. On y est ! À moins qu'on ne leur ferme la porte. C'était l'un ou l'autre et les minutes filaient. De quoi parlaient-ils là-bas ? Je n'en avais aucune idée.

Je connaissais l'heure à laquelle ils devaient se rencontrer et je surveillais l'horloge en m'attendant que cela dure des heures. Mais, vingt-cinq minutes plus tard, Mino m'appela, ce qui me fit sursauter. Quoi encore ? Est-ce que Moratti les avait renvoyés chez eux ? Mon pouls s'affolait. Ma bouche était sèche.

« Ouais ?

— C'est fait.

— Qu'est-ce que tu veux dire "fait" ?

— Tu pars à Barcelone. Fais tes valises.

— Je t'interdis de plaisanter avec un truc comme ça.

— Je ne blague pas.

— Comment se fait-il qu'ils soient allés aussi vite ?

— Je n'ai pas le temps de discuter maintenant. »

Il raccrocha et je n'arrivais pas à intégrer. J'avais la tête qui tourne. J'étais à l'hôtel. Que devais-je faire ? Je sortis dans le couloir. Il fallait que je parle à quelqu'un. Patrick Vieira passait par là et c'est un type en qui on peut avoir confiance.

« C'est fait avec le Barça », annonçai-je.

Il me regarda.

« Impossible

— Si, je te jure.

— Pour combien ? »

Je ne savais pas. Je n'en avais aucune idée et je peux vous assurer qu'il avait du mal à me croire. Il pensait que le prix à payer était trop élevé et cela ne me rassurait pas. Est-ce que tout cela était bien vrai ? Mais, bien vite, Mino me rappela et les pièces du puzzle se mirent en place. Moratti avait été étonnamment coopératif.

Il n'avait posé qu'une condition, et ce n'était pas n'importe laquelle, c'est certain. Il voulait en mettre plein la vue au Milan AC et me vendre pour une somme supérieure à celle qu'avait déboursée le Real Madrid pour avoir Kaká. Et pas pour des clopinettes : il s'agissait du plus gros transfert de l'histoire et Joan Laporta n'avait pas tiqué. Avec Moratti, ils tombèrent d'accord assez rapidement et il me fallut du temps avant de prendre conscience des sommes qui étaient en jeu. Mon ancien transfert pour quatre-vingt-cinq millions de couronnes à l'Ajax ne voulait plus rien dire. De la petite monnaie, en comparaison. Nous parlions là de plus de sept cents millions de couronnes suédoises.

L'Inter récoltait quarante-six millions d'euros et en plus de ça récupérait Samuel Eto'o dans le package. Samuel Eto'o n'était pas n'importe qui. Il avait marqué trente buts la saison précédente. Il était l'un des meilleurs buteurs de l'histoire de Barcelone et était estimé à vingt millions d'euros. Ce qui, tout confondu, faisait un transfert à soixante-six millions d'euros, un million de plus que ce qu'avait coûté Kaká. La nouvelle fit un sacré boucan. Je n'avais jamais vécu une chose pareille.

Il faisait quarante degrés. On aurait dit que l'air bouillonnait. Tout le monde se précipitait sur moi et je me sentais... sincèrement, j'en sais rien. Il m'était impossible d'avoir les idées claires. Nous jouâmes un match d'entraînement contre une équipe mexicaine et je portai ce maillot numéro dix de l'Inter pour la première et la dernière fois. J'en avais terminé avec ce club. Je commençais à m'en rendre compte. Quand je suis arrivé, l'Inter n'avait pas remporté un titre en dix-sept ans. Là, nous en avions remporté trois de suite et j'étais le *Capocannoniere*, le meilleur buteur du championnat italien. C'était dingue. Alors je regardai Mourinho, le type que j'étais finalement parvenu à faire réagir après avoir marqué un but et, bien sûr, je notai qu'il était furieux et contrarié.

Pour ce match, parce qu'il ne voulait pas me perdre, il me plaça sur le banc. Mais, quelle que soit ma joie d'aller au Barça, j'étais aussi triste de quitter Mourinho. Ce type est spécial. L'année d'après, il quitterait l'Inter pour le Real Madrid et, en même temps, se séparerait de Materazzi. Materazzi est le plus terrible des défenseurs du monde. Et quand il embrassa Mourinho, il se mit à pleurer et, dans un sens, je le comprends. Mourinho ne laisse pas indifférent et je me souviens qu'à l'hôtel, à une autre occasion, après que nous étions tombés l'un sur l'autre, il était venu me voir.

« Tu n'as pas le droit de partir !

— Désolé, il faut que je saisisse cette chance.

— Mais si tu pars, je partirai aussi. »

Mon Dieu, que peut-on répondre à ça ? Ça m'a vraiment touché. « Si tu pars, je partirai aussi. »

« Merci, lui ai-je dit. Tu m'as beaucoup appris. »

— Merci », répondit-il simplement.

Nous avons bavardé un petit peu et c'était sympa. Car ce type est comme moi. Il est fier et veut gagner à tout prix et, bien sûr, il n'a pas pu s'empêcher au moment de partir de me balancer une dernière vacherie :

« Eh ! Ibra !

— Ouais ?

— Tu vas au Barça pour gagner la Ligue des Champions, hein ?

— Ouais, peut-être bien.

— Sauf que cette année c'est nous qui allons la remporter, ne l'oublie pas. Nous allons la gagner. »

Et puis nous nous sommes dit au revoir.

Je pris l'avion pour Copenhague et retrouvai notre maison de Limhamnsvägen avec Helena et les enfants. J'espérais avoir l'occasion de tout leur raconter et de rester planqué. Mais la maison était assiégée. Des journalistes et des fans campaient à l'extérieur. Ils tiraient la sonnette de la porte. De l'intérieur, on les entendait crier, chanter. Ils agitaient des drapeaux de Barcelone. C'était complètement fou et toute ma famille était stressée, maman, papa, Sanela, Keki, personne n'osait sortir. On les poursuivait aussi et je tournais en rond, ma main me faisait mal, mais je n'y prêtais pas trop attention.

Il y avait tant de nouveaux rebondissements – des détails de mon contrat devaient être aplanis, Eto'o faisait le difficile et réclamait plus d'argent, Helena et moi discutions de l'endroit où nous voudrions habiter, tous ces trucs. Il m'était impossible de rester peinard ou d'avoir la tête froide. À peine deux jours plus tard, nous sommes partis à Barcelone. À cette époque, j'avais l'habitude d'emprunter des avions privés. Ça peut paraître prétentieux mais ce n'est pas facile pour moi sur les vols commerciaux. On me casse les pieds. C'est le souk, que ce soit dans un avion ou un aéroport.

Mais, cette fois-ci, je pris un vol régulier. J'avais appelé les mecs du Barça et, comme vous le savez, Barcelone et le Real Madrid sont en guerre. Ils sont plus que rivaux et tout cela pour des raisons politiques, la Catalogne s'oppose au pouvoir central de Madrid et les clubs ont également chacun une philosophie différente. « À Barcelone nous avons les pieds sur terre. Nous ne sommes pas comme le Real. On voyage sur des vols réguliers », m'expliquèrent-ils et cela me parut raisonnable. Nous prîmes la Spanair et atterrîmes à Barcelone à 17 h 15. Si je n'avais pas encore compris à quel point ce transfert était une chose sérieuse, je n'avais plus aucun doute.

C'était la panique. Des centaines de journalistes et de supporters m'attendaient et les journaux y avaient consacré des pages et des pages. On parlait d'« Ibramania ». C'était dingue. Je n'étais pas seulement le plus gros achat jamais effectué par le club. Aucun autre joueur n'avait autant attiré l'attention. Je devais être présenté au stade, le Camp Nou, le soir même. C'est une tradition du club. Quand Ronaldinho était arrivé ici en 2003, il y avait trente mille personnes. À peu près autant avaient accueilli Thierry Henry. Alors que là, on attendait au moins le double et cela me filait des frissons, sincèrement. On m'entraîna vers une porte de sortie derrière l'aéroport et l'on me véhicula jusqu'au stade dans une voiture de sécurité.

Mais, d'abord, il y avait une conférence de presse. Plusieurs centaines de journalistes s'agglutinèrent dans la salle. Elle était bondée et ils s'agitaient : « Pourquoi ne vient-il pas ? » Sauf que nous ne pouvions pas entrer. Eto'o continuait à faire des siennes avec l'Inter de Milan, les négociations dureraient jusqu'au dernier moment et Barcelone attendait la confirmation officielle de l'accord. Le temps passait et les éclats de voix dans la salle se faisaient plus pressants et inquiets ; on frôlait l'émeute. Derrière la scène où nous étions assis, nous pouvions tout entendre parfaitement comme si nous étions au milieu d'eux. Mino, Laporta, moi et les autres gros bonnets patientions en nous demandant : mais que se passe-t-il ? Combien de temps encore devrons-nous rester assis ici ?

« J'en ai marre, s'exclama Mino.

— Nous devons avoir une confirmation…

— On s'en tape, » rétorqua-t-il en passant de l'autre côté et nous sommes finalement entrés.

Je n'avais jamais vu autant de journalistes et je répondis à leurs questions tout en percevant les clameurs du stade. C'était totalement barjot, je vous le dis. Après quoi j'ai enfilé la tenue du Barça pour aller à l'extérieur. On m'avait attribué le numéro neuf, celui que portait Ronaldo quand il était au club, et les choses devinrent très émouvantes. Le stade était chaud bouillant. Il y avait soixante ou soixante-dix mille personnes là-dedans. Je pris plusieurs profondes inspirations avant de faire mon entrée.

Je ne pourrai jamais décrire ça.

J'avais un ballon dans les mains et je me suis dirigé vers cette estrade qu'on avait montée. La foule se mit à gronder tout autour de moi. Ils scandaient mon nom. Le stade entier applaudissait et l'attaché de presse courait dans tous les sens en me donnant des instructions tout le temps, comme : « Dis : *Visca Barça*! », ce qui signifie « Allez le Barça », et je fis ce qu'il me demandait. Puis je me suis mis à jongler, de la poitrine, de la tête, j'ai fait des talonnades et tout ça. Les spectateurs en redemandèrent donc j'embrassais l'écusson du club cousu sur mon maillot. Je dois vous raconter ça. On a dit beaucoup de saloperies à ce propos. Comment peut-il embrasser cet écusson alors qu'il vient à peine de quitter l'Inter ? N'en a-t-il rien à faire de ses anciens supporters ? Toutes sortes de gens râlaient. On en faisait des sketchs à la télé. Mais les responsables de la communication m'avaient demandé de le faire. Ils étaient comme des fous : « Embrasse l'écusson, embrasse l'écusson », et j'étais comme un gosse. J'obéissais. Je tremblais de tout mon corps et je me souviens d'avoir voulu rentrer au vestiaire pour me calmer.

Il y avait trop d'adrénaline. J'étais secoué. Quand finalement ce fut terminé, je regardai en direction de Mino. Il ne s'éloigne jamais de moi de plus de dix mètres. Dans ces moments-là, il est tout pour moi. Nous sommes ensuite allés tous les deux dans le vestiaire et nous avons lu tous les noms inscrits sur les murs : Messi, Xavi, Iniesta, Henry et Maxwell, tous ceux-là, et le mien aussi, Ibrahimović. Ils y avaient déjà pensé et je regardai encore Mino. Il était tout retourné. C'était comme s'il venait d'avoir un bébé. Aucun de nous deux ne pouvions y croire. Cela était plus sérieux que tout ce que nous avions imaginé et mon téléphone bipa. Qui était-ce ? C'était Patrick Vieira. Il dit : « Profites-en. Cela n'arrive pas à beaucoup de joueurs .» Sincèrement, on entend tout un tas de choses de la part de toutes sortes de gens, et, quand un type comme Vieira vous envoie un tel message, on comprend que ce qu'il vous arrive n'est pas banal. Je dus m'asseoir pour reprendre mon souffle.

Je déclarai aux journalistes : « Je suis l'homme le plus heureux du monde ! De toute ma vie, c'est la plus belle chose qui me soit arrivée ». Le genre de choses que d'autres sportifs ont dites avant moi dans des situations similaires. J'étais vraiment sincère. J'allai ensuite à l'hôtel Princesa Sofia, pris aussi d'assaut par des supporters qui se contentaient d'avoir ne serait-ce qu'une chance de m'apercevoir en train de boire un café dans le hall.

Cette nuit-là, j'eus du mal à m'endormir. Pas étonnant. J'étais une boule de nerf et je sentais bien qu'il y avait un truc qui n'allait pas avec ma main. Mais je n'y faisais pas trop gaffe non plus. J'avais tellement d'autres choses en tête que je n'envisageais pas qu'il y aurait un problème le lendemain à la visite médicale. Quand on arrive dans un club, c'est ainsi, on vous fait passer un check-up. Combien tu pèses ? Tu fais quelle taille ? Quel pourcentage de masse graisseuse ? Tu te sens prêt pour jouer ?

Une fois au centre médical, je déclarai : « J'ai mal à la main », et le médecin me fit passer une radio.

J'avais une fracture. Une fracture ! C'était dément. Quand on arrive dans un nouveau club, il est primordial de participer à la préparation d'avant-saison, de faire connaissance avec les autres gars et de voir la façon dont ils jouent. Pour l'instant, cela paraissait hors de propos. Nous devions vite prendre une décision. J'en parlai à Guardiola, l'entraîneur. Il avait l'air gentil et dit qu'il était désolé de ne pas avoir pu être là pour me souhaiter la bienvenue. Il était à Londres avec l'équipe et, comme n'importe qui d'autre l'aurait fait, il déclara qu'il fallait que je sois en forme le plus rapidement possible. Ils ne voulaient pas prendre de risques, ils décidèrent donc que je serais opéré aussitôt.

Un chirurgien orthopédiste me plaça deux broches en fer dans la main pour maintenir la fracture en place, pour l'aider à guérir plus vite. Et le jour même je retournai au centre d'entraînement de Los Angeles. Ça paraissait absurde. Je venais de le quitter avec l'Inter de Milan. J'y revenais avec un nouveau club et un gros plâtre sur la main. La guérison prendrait trois semaines.

24

Nous devions jouer contre le Real Madrid, chez nous, au Camp Nou. Nous étions en novembre 2009. J'avais été absent pendant quinze jours. Je ressentais des douleurs à une cuisse et je démarrerais sur le banc, ce qui n'est jamais drôle. Peu de choses ressemblent à *El Clásico*, le match entre les deux plus grandes équipes du championnat. La pression est énorme. C'est la guerre et les journaux publient des suppléments qui peuvent faire soixante pages. On ne parle de rien d'autre. Les ennemis jurés vont s'affronter.

J'avais fait un bon début de saison en dépit de ma fracture à la main et de tout le chambardement. J'avais marqué cinq buts lors des cinq premiers matchs et l'on m'encensait. Ça se passait bien et il m'apparut évident que la Liga était le championnat où il fallait jouer. Le Real et le Barça avaient investi trois cents millions d'euros dans Kaká, Cristiano Ronaldo et moi. La Serie A italienne et la Premier League anglaise ne les méritaient pas. La Liga était le *must*. Tout se présentait magnifiquement. C'est ce que je croyais.

Même en tournant en rond avec mon plâtre et mes broches dans la main, je m'intégrai au groupe durant le stage de préparation. Je n'étais pas à l'aise avec la langue, bien sûr, et je traînais pas mal avec ceux qui parlaient anglais. Thierry Henry et Maxwell. Mais je m'entendais bien avec tout le monde. Messi, Xavi, Iniesta étaient bons, des types terre à terre, fantastiques sur le terrain et abordables. Personne ne se la jouait, genre, « me voilà, je suis le meilleur », pas du tout. Il n'y avait pas de défilé de mode dans le vestiaire, contrairement aux joueurs italiens. Messi et les gars se baladaient en survêtement, modestes, et puis, bien sûr, il y avait Guardiola.

Il avait l'air bien. Il venait me voir pour parler après chaque entraînement. Il voulait vraiment m'intégrer à l'équipe même si, pour sûr, il régnait une drôle d'ambiance dans ce club. Je l'ai senti tout de suite. Ça ressemblait à une école, comme à l'Ajax. Mais, au Barça, la meilleure équipe du monde, je m'attendais que ce soit d'une autre tenue. N'empêche qu'ici tout le monde se taisait, se montrait poli, bon camarade, alors que ces types étaient tout de même des superstars. Ils se comportaient pourtant comme des petits garçons et, sans doute, ce n'est pas plus mal. Qu'est-ce que j'en sais ? Je ne pouvais pas m'empêcher de me demander : comment ces types auraient-ils été traités en Italie ? Ils auraient été considérés comme des dieux.

Or, là, ils se tenaient bien sagement devant Pep Guardiola. Guardiola est catalan. C'est un ancien milieu de terrain. Il a remporté la Liga cinq ou six fois avec Barcelone et en devint le capitaine en 1997. Quand je suis arrivé, cela faisait deux ans qu'il dirigeait l'équipe et il avait eu des résultats. Il méritait vraiment le respect et le mieux à faire était évidemment de me fondre dans le moule. Ça n'avait rien d'extraordinaire pour moi, j'avais souvent changé de club et je n'étais jamais débarqué comme ça en commençant par donner des ordres autour de moi. Je prends d'abord la température. Qui est fort ? Qui est faible ? Jusqu'où peut-on pousser la plaisanterie ? Qui s'entend bien avec qui ?

En même temps, je connaissais mes qualités. J'avais déjà eu la preuve qu'il était important que j'inculque mon esprit de la gagne à l'équipe et, d'habitude, j'étais rapidement appelé à occuper l'espace et à blaguer pas mal autour de moi. Il n'y a pas si longtemps, pour rigoler, j'avais donné un coup de pied à Chippen Wilhelmsson lors d'un entraînement avec l'équipe suédoise. Le lendemain, je n'en croyais pas mes yeux en ouvrant le journal. On en parlait comme si je l'avais agressé sauvagement. Or ce n'était rien du tout, mais alors vraiment rien. Ça arrive. C'est à la fois un jeu et très sérieux. Quand on est un groupe de mecs qui passent toutes leurs journées ensemble, on se chahute pour se stimuler. Ce n'est rien d'autre que ça. On plaisante. Mais, au Barça, je m'ennuyais sec. J'étais trop gentil et je n'osais plus crier ou piquer des crises sur la pelouse, ce qui est pour moi vital.

Que les journaux rabâchent que j'étais un mauvais garçon n'y était pas étranger. Cela m'a incité à vouloir démontrer le contraire et, bien sûr, j'en faisais un peu trop. Au lieu d'être moi-même, j'essayais de faire le mec super-gentil, ce qui était idiot de ma part. On peut vraiment se laisser influencer par les médias. Je l'admets, ce n'était pas professionnel. Mais ce qui m'ennuyait par-dessus tout était ce refrain :

« Ici, on garde les pieds sur terre. Nous sommes des *fabricantes*[1]. Ici, on bosse. Nous sommes des gens comme tout le monde ! » Cela n'est sans doute pas plus

1. « Nous sommes une marque de fabrique. »

étrange que ça mais ces phrases avaient un ton singulier et je me mis à me demander : pourquoi Guardiola me dit-il cela ?

Pensait-il que j'étais si différent ? Je n'arrivais pas à mettre le doigt dessus, en tout cas, pas tout de suite. Et je ne me sentais pas très bien. Parfois, ça me rappelait l'équipe junior du Malmö FF. Faisait-il partie de ces entraîneurs qui ne voyaient en moi qu'un sale gosse des banlieues ? Mais je n'avais rien fait, je n'avais filé de coup de boule à aucun de mes coéquipiers, je n'avais pas piqué de vélo, rien. De ma vie, jamais je ne m'étais senti aussi poltron. J'étais le contraire de ce que décrivaient les journaux. J'étais un type prudent qui avant toute chose pesait le pour et le contre. Le vieux Zlatan avait disparu ! J'étais l'ombre de moi-même.

Cela ne m'était jamais arrivé auparavant mais, dans l'immédiat, ce n'était pas le plus important. Je me répétais que les choses allaient s'arranger. J'allais me ressaisir. Les choses se calmeraient et peut-être que tout cela n'était que dans ma tête, une forme de paranoïa. Guardiola n'était pas désagréable, pas du tout. Il avait l'air de croire en moi. Il voyait bien que je marquais des buts et combien j'étais important pour l'équipe et pourtant… Cette impression ne me quittait pas. Pensait-il que j'étais différent ?

« Ici, on garde les pieds sur terre. »

S'adressait-il tout particulièrement à moi et était-ce ce qu'il pensait vraiment de moi ? Je ne comprenais pas. Je tentais donc de penser à autre chose. Je me disais : concentre-toi plutôt sur le jeu. Oublie ça !

Mais les mauvaises ondes persistaient et je me mis à me poser de plus en plus de questions. Devrions-nous tous nous fondre dans le même moule, dans ce club ? Ça ne me paraissait pas très sain. Nous sommes tous différents.

Parfois, les gens font semblant, bien sûr. Mais si cela arrive, on ne fait pas que du mal à soi-même, cela porte préjudice à l'équipe. Certes, Guardiola avait obtenu des résultats. Le club avait beaucoup gagné avec lui. Je m'incline, une victoire est une victoire.

Mais aujourd'hui, quand j'y repense, je crois que cela leur a coûté cher. Toutes les fortes personnalités étaient régulièrement écartées. Ce n'était pas par hasard s'il avait déjà eu des problèmes avec Ronaldinho, Deco, Eto'o, Henry et moi. Nous n'étions pas des gens « comme tout le monde ». Il se sentait menacé et essayait donc de se débarrasser de nous, ce n'est pas plus compliqué, et j'ai horreur de ça. Si tu n'es pas quelqu'un « comme les autres », qu'est-ce qui t'oblige à le devenir ? Personne n'y gagne sur le long terme. Bon sang, si j'avais été comme tous ces Suédois du Malmö FF, jamais je ne serais arrivé là où j'en suis. J'en prends, j'en laisse, c'est comme ça que j'ai réussi.

Cela ne marche pas pour tout le monde. Mais ça marche avec moi et Guardiola ne comprenait rien du tout. Il pensait pouvoir me changer. Dans son Barça, tout le monde aurait dû être comme Xavi, Iniesta, et Messi. Pas de problème avec eux, comme je l'ai dit, vraiment pas du tout. Je trouvais génial d'être dans la même équipe qu'eux. Être au milieu de joueurs talentueux me motive et je les ai regardés comme je l'ai toujours fait avec tous les grands joueurs, en me disant qu'ils pouvaient m'apprendre des choses. Aurais-je dû faire plus d'efforts ?

Mais si l'on examine leur parcours, on se rend compte que Xavi est arrivé à l'âge de onze ans. Iniesta en avait douze et Messi, treize. Ils ont été formés au club. Ils n'ont rien connu d'autre et je ne prétends pas que ce n'était pas bien pour eux. C'était leur parcours mais pas le mien. Je venais d'ailleurs : j'arrivais avec mon caractère et il semblait qu'il n'y avait pas de place pour ça dans le petit monde de Guardiola. Mais à ce moment-là, en novembre, ce n'était qu'une impression. Alors mes problèmes étaient plus basiques : je ne savais pas si j'allais jouer et si je serais aussi vif après cette interruption.

À la veille du *Clásico,* la pression était forte au Camp Nou. Manuel Pellegrini, un Chilien, était alors l'entraîneur du Real Madrid. Il était déjà sur la sellette en cas de défaite. On parlait de moi, de Kaká, Cristiano Ronaldo, Messi, Pellegrini et Guardiola. On faisait des comparaisons. La ville était en ébullition bien avant l'heure. J'arrivai au stade au volant de l'Audi du club et me dirigeai vers les vestiaires. Guardiola avait titularisé Henry en attaque. Messi sur l'aile droite et Iniesta sur la gauche. Il faisait nuit. La stade était inondé de lumière et les flashs crépitaient de partout dans les tribunes.

On le sentit immédiatement : le Real Madrid était plus en jambe. Ils se créaient plus d'occasions et, en vingt minutes, Kaká, incroyable d'élégance, fit un dribble d'une habileté remarquable et passa vers l'avant en direction de Cristiano Ronaldo qui était complètement démarqué. Il était dans une position parfaite mais il loupa. Victor Valdés, notre gardien, s'interposa d'un pied et, à peine une minute après, Higuaín y alla à son tour. C'était passé près, très près. Il y avait beaucoup d'occasions, nous étions trop statiques et leur jeu de passes nous posait des problèmes. La nervosité gagna l'équipe et nos supporters sifflaient Casillas. Le gardien du Real prenait tout son temps avant chaque dégagement. Mais les Madrilènes dominaient toujours et nous étions bien contents d'arriver à la mi-temps en ayant préservé le 0 à 0.

Au début de la deuxième mi-temps, Guardiola me demanda de m'échauffer, ce qui, je dois dire, me fit plaisir. Les spectateurs criaient et m'encourageaient. La clameur m'enveloppa et je les applaudis à mon tour pour les remercier. À la cinquante et unième minute, je remplaçai Thierry Henry. J'avais très envie de jouer. Je n'avais pas manqué tant de matchs que ça mais c'était tout comme, sans doute parce que j'avais raté la rencontre de la Ligue des Champions contre mon ancienne équipe, l'Inter de Milan. Mais là, j'étais de retour et quelques minutes après, Daniel Alves, le Brésilien, reçut le ballon sur le côté droit. Alves est rapide, balle au pied, et l'attaque fut rondement menée. La défense du Real n'était pas tout à fait en place et, dans ces situations, je ne me pose pas de questions. Je fonce dans la surface de réparation. C'est alors qu'on m'adressa le centre, j'accélérai dans l'axe.

Je perçai et effectuai une volée avec mon pied gauche, bang ! boum ! dans le but et ce fut comme une éruption volcanique. Je la sentis dans tout mon être, rien ne pouvait plus m'arrêter. Nous l'emportions 1 à 0. J'avais été décisif et les louanges pleuvaient de tous les côtés. Maintenant, personne ne se demandait plus pourquoi j'avais coûté quatre-vingts millions d'euros. J'étais en transe.

Arriva la trêve de Noël. Nous partîmes vers le nord de la Suède où je pilotai une motoneige, et, comme je l'ai déjà raconté, c'était sympa. Mais c'était aussi le point de bascule. Après le 24 décembre, tous les ennuis de l'automne se corsèrent et je ne me reconnaissais plus. C'est comme ça que je le voyais. J'étais devenu un autre Zlatan, un Zlatan qui ne savait plus sur quel pied danser et, chaque fois que Mino avait un rendez-vous avec les dirigeants du Barça, je lui demandais :

« Qu'est-ce qu'ils pensent de moi ?

— Que tu es le meilleur buteur du monde !

— Je veux dire personnellement. En tant qu'homme. »

Jusqu'ici, je ne m'étais jamais inquiété pour ça. Je ne me posais pas spécialement ce genre de question. Pourvu que je joue, les gens peuvent bien dire ce qu'ils veulent. Mais là, tout d'un coup, ça me paraissait important, ce qui montrait que je n'allais pas bien. Je perdais confiance et je me sentais inhibé. Marquer des buts ne m'éclatait presque plus. Je n'osais pas me mettre en colère, ce qui n'est pas une bonne chose chez moi, pas du tout. Je ne suis pas très raisonnable mais là je prenais sur moi. Je suis dur. J'en ai vu. Pourtant, ce regard que l'on portait sur moi et les commentaires des journaux jour après jour qui racontaient que je ne m'intégrais pas, ou que j'étais un cas à part, m'irritaient. J'avais l'impression de revenir en arrière, au tout début de ma carrière. Ça ne vaut pas la peine de lister tout ce qui me tracassait, des détails dont je n'avais rien à faire auparavant, juste des petites choses comme les regards, les commentaires, la tournure des phrases. Je suis habitué aux sales coups. J'ai grandi avec ça. Mais là, j'avais une drôle de sensation. Je ne fais pas partie de la famille ? On ne veut pas de moi ? Qu'est-ce que c'est que ce gâchis ?

La première fois que j'ai vraiment tenté de m'intégrer, on m'a tourné le dos et, comme si cela n'était déjà pas assez moche, il y avait ce truc avec Messi. Vous vous souvenez du premier chapitre. Messi était la grande star. Dans un sens, c'était son équipe. Il était timide et poli, ça c'est sûr. Je l'appréciais. Sauf que maintenant j'étais là. J'avais fait mes preuves sur le terrain et ça faisait beaucoup de bruit.

Il est possible qu'il ait vécu ça comme si j'étais entré chez lui et que je m'étais couché dans son lit. Il annonça à Guardiola qu'il ne voulait plus jouer sur l'aile. Il voulait jouer au centre, ce qui fit que je me retrouvai coincé en pointe et que je ne recevais plus de ballons. À l'automne, la situation s'inversait. Je ne marquais plus les buts. C'était Messi. À partir de là, j'ai eu cette conversation avec Guardiola parce que les dirigeants m'y avaient poussé.

« Parle-lui. Trouve une solution ! »

Et qu'arriva-t-il ? La guerre fut déclarée et il m'imposa sa loi du silence. Il ne me parlait plus. Il saluait tous les autres. Il ne me regardait même plus. Il ne m'a plus jamais adressé le moindre mot et je me sentis mal à l'aise. C'est dur à lâcher mais j'étais vraiment mal. J'aurais préféré prétendre que je m'en tapais. Qu'est-ce que vous voulez que ça me fasse, un mec qui fait de l'intimidation ? Dans un autre contexte, je sais ce que j'aurais fait. Mais je ne me sentais pas assez fort.

La situation me bouffait. Quand un patron a autant d'emprise sur vous, qu'il vous méprise sciemment, ça mine. Mais je n'étais plus le seul à m'en apercevoir. D'autres joueurs le remarquèrent et s'interrogèrent : que se passe-t-il ? À quoi ça rime ?

« Tu dois aller lui parler, me conseillaient-ils. Ça ne peut pas continuer ainsi. »

Non, j'en avais assez dit à ce type. Je n'avais pas l'intention de ramper devant lui. J'ai donc serré les dents et je me suis remis à bien jouer, en dépit de ma position sur le terrain, et de l'atmosphère lamentable dans le club. J'entrai à nouveau dans une phase où je marquais cinq, six buts. Mais Guardiola restait toujours aussi distant, ce qui n'était pas étonnant, je le comprends maintenant.

Ça n'avait rien à voir avec mon style de jeu mais avec ma personnalité. Ces choses tournaient dans ma tête jour et nuit : était-ce quelque chose que j'aurais dit ? Que j'aurais fait ? Il me trouve bizarre ? Je passais tout en revue, chaque petit événement, chacune de nos entrevues. Je n'arrivais pas à trouver. Je ne disais rien mais ça me faisait vraiment suer. Alors je me demandais encore : est-ce ceci, est-ce cela ? Pourtant, non, je n'agissais pas violemment.

Tout au plus, je cherchais mes erreurs, je pensais à ça tout le temps. Mais le type ne lâchait rien et son attitude n'était pas que dégueulasse. Elle n'était pas professionnelle. En fin de compte, c'est toute l'équipe qui souffrait et la direction s'en inquiétait de plus en plus. Guardiola était sur le point de bousiller le plus gros investissement du club alors que s'annonçaient des matchs importants en Ligue des Champions. Quoi qu'il en soit, nous devions affronter Arsenal chez eux. Pendant ce temps, l'entraîneur et moi étions dans une impasse et je suis certain qu'il aurait carrément préféré se passer de moi. Mais sans doute ne voulait-il pas aller aussi loin. Je débutai donc avec Messi à la pointe de l'attaque.

Mais quelles étaient les consignes ? Rien ! Je devais me débrouiller tout seul. Nous étions à l'Emirates Stadium. C'était énorme et, comme d'habitude en Angleterre, les supporters et la presse étaient contre moi. On racontait un tas d'horreurs sur mon compte, du style : « Il ne marque jamais contre les équipes anglaises. » Je donnai une conférence de presse. Malgré tout, j'essayais de rester moi-même. Attendez, vous allez voir ce que vous allez voir.

Mais ce ne serait pas facile, pas avec cet entraîneur. Sur le terrain, les choses ont débuté brusquement. Le rythme était hallucinant et j'en oubliai Guardiola. Le niveau était proche du sublime. Je ne crois pas avoir jamais joué d'aussi bon match que celui-ci. Mais, c'est vrai, j'ai raté quelques occasions. Je tirai à droite du portier d'Arsenal ou directement sur lui. J'aurais dû marquer mais ce ne fut pas le cas et nous atteignîmes la mi-temps sur le score de 0 à 0.

Je me disais que Guardiola allait certainement me sortir. Mais il me laissa reprendre la deuxième mi-temps et elle avait à peine démarré que je reçus un ballon en profondeur de Piqué et je fonçai. Un défenseur était sur moi et leur gardien sortit. La balle rebondit et je le lobai. La balle lui passa par-dessus et entra dans le but. Cela faisait 1 à 0. Juste dix minutes après, sur une belle passe de Xavi, je filai comme une flèche. Cette fois, je ne lobai pas. Je frappai comme un sourd pour inscrire le deuxième but et tout indiquait que nous avions le match en main. J'avais été très bon. Mais que fit Guardiola ? Au lieu d'applaudir, il me fit sortir. Bien joué ! L'équipe se désunit et Arsenal parvint à égaliser, 2 à 2, dans les dernières minutes.

Je n'avais rien ressenti durant le match. Mais après, j'avais mal au mollet, cela empira et ça tombait très mal. J'avais retrouvé la forme. Mais là, je ne pourrais jouer ni le match retour contre Arsenal ni le *Clásico* ce printemps et je ne reçus aucun soutien de Guardiola. Je n'eus droit qu'à des coups de bâton. Si j'entrais dans une pièce, il en sortait. Il refusait même de se tenir à côté de moi. Quand j'y repense aujourd'hui, cela me paraît complètement débile.

Personne ne comprenait rien à ce qu'il se passait, ni les dirigeants ni les joueurs. Quelque chose ne tournait pas rond chez ce bonhomme. Je ne nie pas son palmarès et, par ailleurs, je ne dis pas que c'est un mauvais entraîneur. Mais il devait avoir de sérieux problèmes. Il ne paraissait pas capable de gérer des mecs comme moi. Peut-être avait-il peur de perdre son autorité. Le phénomène est assez banal, non ? Il y a des entraîneurs qui sont sans aucun doute compétents mais qui n'arrivent pas affronter les fortes personnalités et ils ne s'en sortent qu'en les écartant. En d'autres mots, ce sont des leaders lâches !

Bref, il ne m'a jamais demandé quoi que ce soit à propos de ma blessure. Il n'a pas osé. Bon, en fait, il m'avait bien parlé avant la demi-finale de la Ligue des Champions contre l'Inter de Milan. Mais il s'y prenait bizarrement et rien ne fonctionnait. Mourinho avait raison. C'était bien lui et non nous qui allions remporter la Ligue des Champions. Après quoi Guardiola me traita comme si j'étais le seul responsable et c'est à ce moment que la tempête s'est levée.

Dans un sens, c'était effrayant, cette sensation qui montait, tout ce que j'avais accumulé au fond de moi était sur le point d'exploser et, heureusement, Thierry Henry était de mon côté. Il me comprenait et nous en plaisantions ensemble. Cela enlève un peu de pression et même, à un certain stade, je ne me laissai plus envahir par ces trucs. Que faire d'autre ? Pour la première fois, le football ne m'apparaissait plus aussi important. Je me consacrai à Maxi, Vincent et Helena et, durant cette période, je me rapprochai d'eux. Comme quoi, ça n'a pas été inutile. Mes enfants sont tout pour moi. C'est la vérité.

Cependant, je ne pouvais pas tout faire péter dans le club et cette bombe qui sommeillait en moi était sur le point d'éclater. Dans le vestiaire, après le match contre Villareal, j'ai hurlé sur Guardiola. Je lui ai crié dessus, je lui ai dit qu'il n'avait pas de couilles et qu'il s'était dégonflé devant Mourinho. Entre lui et moi, c'était la guerre. Entre Guardiola, ce froussard qui réfléchissait trop, qui n'arrivait même pas à me regarder dans les yeux ou à me dire bonjour, et moi, celui qui était resté silencieux et prudent pendant si longtemps mais qui finalement exploserait pour redevenir lui-même.

Ce n'était pas de la rigolade. Dans d'autres circonstances, avec quelqu'un d'autre, cela aurait pu être terrible. Pour moi, les coups de sang de ce genre ne sont jamais très graves, que je sois celui qui donne les coups ou qui les reçoit. J'ai grandi avec ça. C'est la routine et souvent cela s'est bien terminé. Il faut crever l'abcès. Avec Vieira, après nous être battus comme des furieux, nous sommes devenus amis. Mais avec Pep… Tout a changé.

Il ne gérait pas. Il m'évitait et je me suis bien souvent couché en pensant dans l'obscurité à toute cette situation. Qu'allait-il arriver ensuite ? Que devrais-je faire ? Une chose était claire : ça ressemblait à l'équipe de jeunes du Malmö FF. On me considérait comme un cas à part. Il ne me restait plus qu'à devenir meilleur encore. Il fallait que je devienne si bon que Guardiola ne pourrait même plus me mettre sur le banc. Mais, dès lors, je n'avais plus du tout l'intention de devenir quelqu'un d'autre. Jamais plus. J'envoyai balader les « Ici, ça marche comme ça. Nous sommes des gens comme tout le monde. » Je compris encore mieux à quel point cela était immature. Un véritable entraîneur doit pouvoir gérer différents caractères. Ça fait partie de son boulot. Une équipe marche mieux avec différentes personnalités. Certains sont un peu plus durs. Et d'autres sont comme Maxwell ou Messi et sa bande.

Mais Guardiola ne supportait pas cela et il voulait se venger. Je le sentais. C'était dans l'air et, apparemment, ça ne le gênait pas de faire perdre au club des centaines de millions. Nous allions jouer notre dernier match de championnat. Il me mit sur le banc. Je ne m'attendais à rien d'autre. Mais, soudain, il voulut me parler. Il me fit monter dans son bureau du stade. C'était en matinée et sur les murs il y avait des maillots de foot et des photos de lui, ce genre de trucs. L'ambiance était glaciale. Nous ne nous étions plus reparlé depuis mon esclandre. Il était aussi nerveux que moi. Ces yeux clignaient rapidement.

Ce bonhomme n'a aucune autorité naturelle, aucun charisme. Si vous ne saviez pas qu'il était l'entraîneur d'une équipe de haut niveau, vous ne le remarqueriez même pas quand il entre dans une pièce. Et là, dans son bureau, il gigotait. Je suis certain qu'il attendait que je dise quelque chose. Je n'ai rien dit. J'attendais.

« Bon », commença-t-il. Il ne me regardait pas dans les yeux. « Je ne suis pas sûr de savoir ce que je vais faire de toi la saison prochaine.

— O.K.

— C'est à toi de voir, avec Mino. Je veux dire, tu es Ibrahimović. Tu n'es pas le genre de type qui se contente de jouer une fois tous les trois matchs, si ? »

Il voulait que je réponde. Je le voyais bien. Mais je ne suis pas idiot. Je sais très bien que c'est celui qui en dit le plus dans ces situations-là qui s'en tire le moins bien des deux. Donc, je ne pipai mot. Je n'ai pas bougé. Je restai assis. Bien sûr, il comprit : son message n'était pas très clair. Mais cela semblait signifier qu'il voulait se débarrasser de moi et cela n'était pas de la moindre importance. Je représentais le plus gros investissement jamais consenti par ce club. Cependant, je restai assis là en silence. Je ne fis rien. Alors il répéta :

« Je ne sais pas ce que je vais faire de toi. Qu'as-tu à dire ? Quel est ton avis ? »

Je n'avais rien à dire.

« C'est tout ? lui demandai-je.

— Oui, mais…

— Alors, merci. »

Et je sortis. Je pense que j'avais l'air à la fois tranquille et dur. Du moins, c'est l'impression que je voulais donner. Mais, à l'intérieur, je fulminais et quand je suis sorti j'appelai Mino.

25

Il m'arrive d'aller trop loin. Je ne sais pas. Je me trimballe ça depuis toujours. Quand il buvait, mon père s'emportait comme un ours en furie et toute la famille avait si peur qu'on ne restait pas dans les parages. Mais je lui ai toujours tenu tête, d'homme à homme. Je lui hurlais des trucs comme : « Arrête de boire ! » Il devenait fou. « Sacré bon sang ! Je suis chez moi, je fais ce que je veux. Je vais te flanquer dehors ! »

Parfois, il mettait tout sens dessus dessous. Tout l'appartement était en vrac. Nous n'en venions jamais aux mains. Il avait un grand cœur. Il était prêt à mourir pour moi. Mais, franchement, j'étais tout aussi prêt à me battre.

Certes, à certaines occasions, je sentais que cela n'en valait pas le coup. À quoi bon s'affronter et se mettre en pétard ? Cependant, jamais nous n'aurions fait un pas l'un vers l'autre, nous faisions exactement l'inverse. Et je tenais bon. J'ai résisté à ces disputes et je ne raconte pas ça pour me vanter d'avoir été le type le plus dur de la famille. Pas du tout. Je présente juste le tableau.

Depuis que je suis petit, c'est un de mes traits de caractère. Je fais face. Je ne fuis pas, et pas seulement devant mon père. En aucune circonstance. Durant mon enfance, j'étais entouré de gens coriaces qui se mettaient en rogne à la moindre occasion : ma mère, mes sœurs, les gars de la cité et, depuis ce temps-là, j'ai hérité de ça, de ce côté méfiant : que se passe-t-il ? Qui veut se battre ? Je fonce toujours.

C'est la voie que je me suis choisie. Dans ma famille les autres remplissent différents rôles. Sanela était celle vers laquelle on allait pour les émotions. J'étais celui qui se battait. Si jamais quelqu'un me traitait mal, je lui rendais la pareille. C'était mon mode de survie et cela m'apprit à ne rien enjoliver. Je dis les choses telles qu'elles sont, sans tourner autour du pot. On ne me disait rien qui ressemble à « Tu es vraiment bien, tu es vraiment très bien mais… » C'était plus direct : « Il va sacrément falloir que tu t'accroches. » J'en assumais les conséquences. C'était comme ça. J'avais grandi de cette façon et, certes, j'avais beaucoup changé. J'avais rencontré Helena, j'avais deux enfants, j'étais plus calme et je disais même des trucs comme : « S'il te plaît, passe-moi le beurre. » Mais tout ne disparaît pas pour autant. À Barcelone, je serrais les poings pour être prêt à défendre mon territoire. C'était la fin du printemps, le début de l'été 2010. La Coupe du Monde allait débuter en Afrique du Sud et Joan Laporta quittait le Barça.

Un nouveau président avait été élu et ce type d'événement provoque toujours des mécontentements. Les gens étaient mal à l'aise. Un type du nom de Sandro Rosell fut nommé à sa place. Rosell était le vice-président depuis 2005 et était pote avec Laporta. Mais il s'était passé quelque chose. Apparemment maintenant ils se détestaient. Donc, bien sûr, il y avait de l'anxiété. Est-ce que Rosell allait fiche dehors toute l'ancienne équipe ? Personne ne le savait. Txiki Begiristain, le directeur sportif, avait démissionné pour éviter que Rosell n'ait à le virer lui-même, et bien sûr, je me demandais quelle influence cela aurait sur le conflit qui m'opposait à Guardiola.

Laporta était celui qui m'avait acheté pour une somme record et il n'était pas envisageable que Rosell saisirait l'occasion de lui en mettre plein la figure en prouvant que cette acquisition était une grotesque erreur. Il s'écrivait dans la plupart des journaux que la première mission de Rosell serait d'arriver à me vendre. Les journalistes ne savaient absolument rien de ce qui s'était passé entre moi et Guardiola et, dans un sens, moi non plus. Mais ils avaient pigé que quelque chose n'allait pas et, franchement, il n'y avait pas besoin d'être un spécialiste de foot pour s'en apercevoir. Sur le terrain, je marchais la tête basse et je ne réagissais pas comme à mon habitude. Guardiola m'avait détruit. Et quand Mino appela le nouveau président, il lui raconta mon entretien avec Guardiola.

« Qu'est-ce qu'il voulait dire par là, bon sang ? demanda-t-il. Veut-il se débarrasser de Zlatan ?

— Non, non, Guardiola croit en lui, lui assura Rosell.

— Ben alors pourquoi lui a-t-il dit une chose pareille ? »

Rosell l'ignorait. Il venait d'arriver et personne n'avait l'air au courant. Nous étions dans l'incertitude. Après avoir remporté le championnat, nous sommes partis en vacances. J'avais d'autant plus besoin de vacances que je n'en avais pas pris depuis longtemps. Il fallait que je m'éloigne. Avec Helena, nous sommes donc partis en voyage, à Los Angeles, Vegas, dans ces coins-là, puis la Coupe du Monde a débuté. Je ne l'ai presque pas regardée. J'étais trop déçu. La Suède n'était pas qualifiée et, franchement, je ne voulais plus penser au football, à tout ce foutoir au Barça, j'essayais de faire le vide. Évidemment, cela ne pouvait pas durer. Les jours passaient. J'allais bientôt rentrer et, quelle que soit ma volonté d'éviter de me poser des questions, elles réapparaissaient. Qu'allait-il se passer ? Que devrais-je faire ? Ma tête bourdonnait quand, bien sûr, il m'apparut la solution évidente. Je pouvais m'assurer qu'il me vendrait. Mais je ne me laisserais pas déposséder de mes rêves si facilement. Jamais, jamais. Je décidai de bosser comme un chien pendant les entraînements et de devenir meilleur que jamais.

Personne n'allait m'avoir. J'allais leur montrer, à tous. Et que croyez-vous qu'il arriva ? On ne me donna pas l'occasion de montrer quoi que ce soit à quiconque. Je n'avais pas encore enfilé les crampons que Guardiola me rappela. C'était autour du 19 juin. La plupart des joueurs n'étaient pas revenus de la Coupe du Monde. Tout était assez calme autour de nous et Pep se risqua à une petite conversation. Il avait déjà tout planifié. Il était nerveux et maladroit. Mais, pour commencer, il semblait vouloir être agréable pour que tout se passe bien.

« Comment se sont passées tes vacances ?

— Bien, très bien.

— Comment te sens-tu avant cette nouvelle saison ?

— Impec'. Je suis prêt. Je vais me donner à cent pour cent.

— Écoute.

— Ouais.

— Il faut que tu te prépares à être remplaçant. »

Comme je le disais, c'était le tout premier jour. La préparation n'avait même pas commencé. Guardiola ne m'avait pas encore vu jouer, pas même une petite minute.

Il était impossible de ne pas voir qu'il m'attaquait de front personnellement.

« O.K. Je comprends.

— Comme tu le sais nous avons acheté David Villa de Valence. »

David Villa, sans aucun doute, était un joueur de valeur. Il était une des stars de l'équipe nationale espagnole qui était à la Coupe du Monde et qui allait la remporter, il jouait ailier. Étant donné que je joue au centre, je ne voyais pas bien le rapport.

« Tu as quelque chose à dire là-dessus ? » poursuivit-il.

Rien, me dis-je sur le moment, à part peut-être : félicitations. Puis cela me vint à l'esprit. Pourquoi ne pas mettre Guardiola à l'épreuve ? Pourquoi ne pas essayer de vérifier si tout cela avait véritablement à voir avec le football ou s'il ne s'agissait pas juste de me pousser vers la sortie ? Je me lançai :

« Ce que je dis de ça ?

— Oui.

— Que je vais travailler plus dur. Je vais travailler comme un fou pour gagner ma place dans l'équipe. Je vais te prouver que j'en suis capable. »

Pour être honnête, j'avais du mal à y croire moi-même. Il ne m'était jamais arrivé de faire autant de lèche à un entraîneur. Ma philosophie a toujours été de laisser mon jeu parler pour moi. Affirmer que l'on va se donner à cent pour cent est vraiment ridicule. On est payés pour être à cent pour cent. Mais c'était un moyen d'essayer de comprendre. Je voulais voir sa réaction. S'il avait dit, « O.K., on va voir si tu y arrives », cela aurait eu un sens. Sauf que, là, il me regarda et me demanda :

« Je sais. Mais comment allons-nous pouvoir continuer comme ça ?

— Comme je l'ai dit. Je vais travailler dur et si tu estimes que je suis au niveau, je jouerai à n'importe quel poste, où tu voudras, devant, derrière ou sous Messi. Peu importe, c'est toi qui vois.

— Je sais. Mais comment allons-nous pouvoir continuer comme ça ? »

Il me répétait toujours la même chose et pas une fois ça n'avait le moindre sens. Il n'y arrivait pas. Mais ce n'était pas nécessaire, j'avais compris. Ça n'avait rien à voir avec ma capacité à atteindre le but que je m'étais fixé. Il m'en voulait personnellement et plutôt que l'avouer et reconnaître qu'il ne m'aimait pas, il essayait d'enrober le tout dans des phrases obscures.

« Comment allons-nous pouvoir continuer comme ça ?

— Je ferai comme les autres, je jouerai pour Messi.

— Je sais. Mais comment allons-nous pouvoir continuer comme ça ? »

C'était ridicule et je me demandai s'il ne cherchait pas à me faire sortir de mes gonds, que je hurle : « C'est inacceptable. Je quitte ce club ! » Ce qui lui aurait permis de clamer qu'il n'y était pour rien, que j'avais pris seul la décision de partir. Peut-être suis-je un sauvage, un type qui va trop souvent au conflit. Mais je sais aussi, si besoin est, me retenir, et je n'avais rien à gagner à annoncer que j'étais à vendre. Je l'ai donc remercié calmement de m'avoir parlé et je suis sorti de la pièce.

Évidemment, j'étais furax. Pourtant, ce rendez-vous ne fut pas inutile. Je savais maintenant à quoi m'en tenir. Il n'avait pas l'intention de me faire jouer même si j'apprenais à voler et, désormais, la vraie question était : serais-je capable de dépasser cela, d'aller aux entraînements et d'avoir tous les jours ce type en face de moi ? J'en doutais. Il fallait peut-être changer de tactique. J'y réfléchissais. J'y réfléchissais tout le temps.

Le stage d'avant-saison se déroula en Corée du Sud et en Chine où je devais jouer quelques matchs. Ça ne voulait rien dire. Les joueurs importants n'étaient toujours pas revenus de la Coupe du Monde, j'étais toujours le mouton noir et Guardiola se tenait à distance. S'il voulait quelque chose, il m'envoyait quelqu'un pour me parler et les médias se déchaînaient. Ça avait été le cas tout l'été. Que se passe-t-il avec Zlatan ? Est-ce qu'il sera transféré ? Restera-t-il ? Ils ne me lâchaient pas d'une semelle, pas plus que Guardiola. On lui posait des questions à ce sujet tout le temps et que croyez-vous qu'il leur servait ? Un truc simple et direct comme : « Je n'aime pas Zlatan, je veux m'en débarrasser » ? Pas vraiment. Il avait l'air mal à l'aise et il pratiquait la langue de bois.

« Zlatan décidera de son futur. »

Foutaises. Quelque chose faisait tic-tac en moi. Je me sentais comme pris dans une embuscade et j'étais furieux. Je voulais tout faire sauter. D'un autre côté, comment dire ? Quelque chose s'était déclenché en moi, je comprenais que nous entrions dans une nouvelle phase. Ce n'était plus simplement une guerre. La bataille sur le marché des transferts avait commencé et j'adore ce jeu. De plus, j'avais à mon côté le mec le mieux armé pour aller au front : Mino. Nous nous parlions tout le temps et nous décidâmes que nous allions jouer dur et sévère. Guardiola ne méritait rien d'autre.

En Corée du Sud, j'avais eu un rendez-vous avec Josep Maria Bartomeu, le nouveau vice-président du club. Nous avons discuté dans un hôtel. Au moins, ce type était clair.

« Zlatan, si on te fait une offre, réfléchis-bien.

— Je ne vais nulle part. Je suis un joueur de Barcelone, je reste au Barça. »

Josep Maria Bartomeu eut l'air surpris.

« Mais comment allons-nous résoudre ça ?

— J'ai mon idée.
— Vraiment ?
— Vous pourriez contacter le Real Madrid.
— Et pourquoi devrions-nous le contacter ?
— Parce que si vraiment je devais quitter le Barça, je voudrais aller au Real. Vous pouvez être certain qu'ils m'achèteraient.
— Tu plaisantes », s'exclama Josep Maria Bartomeu, l'air outré.

J'étais sérieux à mort.

« Pas du tout. Il y a un problème. Nous sommes en présence d'un entraîneur qui n'est pas assez courageux pour me dire qu'il ne veut plus de moi. Or je veux rester. Mais s'il veut me céder, c'est au Real Madrid que je veux aller, au moins, vous voilà au courant. »

Je quittai la salle et à partir de là il n'y avait plus de sous-entendus. Je pariais sur le Real Madrid. Mais, bien sûr, ce n'était que le début, une provocation, du bluff. En vérité, nous avions Manchester City et le Milan AC sous le coude.

Certes, j'étais au courant de tout ce qu'il se passait d'incroyable à Man City, il semblait qu'il y pleuvait de l'argent depuis que l'état-major des Émirats arabes unis avait pris les commandes du club. City pouvait devenir sans aucun doute un grand club en peu d'années. Je venais d'avoir vingt-neuf ans. Je n'avais pas de temps à perdre dans un plan à long terme et l'argent n'avait jamais été pour moi l'élément déterminant. Je voulais rejoindre une équipe qui serait immédiatement performante. Et aucun club ne possédait l'historique du Milan AC.

« C'est parti pour Milan ! » ai-je dit.

Quand j'y repense, c'est vraiment incroyable. Depuis ce jour où Guardiola m'avait appelé pour me dire qu'il me mettrait sur le banc, nous jouions serré et, bien sûr, nous savions que lui et les dirigeants étaient à cran. Cela cadrait avec notre stratégie. L'idée était que ces gars seraient si démoralisés qu'ils me laisseraient partir pour une bouchée de pain, ce qui nous aiderait à pouvoir négocier un contrat personnel avantageux ! Nous avions pris rendez-vous avec Sandro Rosell, le nouveau président, qui n'avait aucune marge de manœuvre.

Lui non plus n'avait pas compris quel était le problème entre Guardiola et moi. Il se rendit compte que la situation était intenable et qu'il allait être obligé de me céder à n'importe quel prix, à moins de virer l'entraîneur. Ce qu'il ne pouvait pas se permettre. Pas après les bons résultats qu'il avait obtenus avec le club. Rosell n'avait pas le choix. Qu'il m'apprécie ou pas ne changeait rien, il fallait qu'il se débarrasse de moi.

« Je suis désolé, déclara-t-il. Mais c'est comme ça. Y aurait-il un club en particulier où tu voudrais aller ? »

Mino et moi allions lui réciter le même texte que nous avions joué devant Bartomeu.

« Oui. En réalité, oui, je sais. » Le visage de Rosell s'éclaira.

« Quel club ?

— Le Real Madrid. »

Il pâlit. Laisser partir une star du Barça vers le Real revenait à être passible de haute trahison.

« Impossible. Tout mais pas ça. »

Avec Mino, nous vîmes qu'il était secoué : nous avions l'avantage.

« Bien, poursuivis-je calmement, vous m'avez posé une question et je vous ai répondu. Ça ne me dérange pas de le répéter : le Real Madrid est la seule équipe dans laquelle je me vois aller. J'apprécie Mourinho. Mais il faut que vous décrochiez votre téléphone pour les en informer vous-même. Vous êtes d'accord ? »

Il n'était pas d'accord. Rien au monde ne lui était plus impossible, nous le savions. Sandro Rosell commençait à paniquer. Le club m'avait acheté pour quatre-vingts millions d'euros. Le type était sous pression parce qu'il devait récupérer l'argent mais s'il me vendait au Real, club où Mourinho venait d'arriver, Rosell serait ni plus ni moins lynché par les fans. Il n'était pas facile pour lui de le prendre à la légère. Il ne pouvait me garder à cause de l'entraîneur et il ne pouvait pas me vendre à ses ennemis jurés. Le type avait perdu la main et nous maintenions la pression.

« Mais, pensez-y, tout va se passer comme sur des roulettes. Mourinho a dit lui-même qu'il désirait que j'y aille ! »

Ce n'était pas tout à fait le cas. Mais c'était notre ligne officielle. Par ailleurs, le Milan AC était sur les rangs et nous y travaillions. Plus nous tourmentions Rosell, moins cela faisait les affaires du Barça. Mais mieux c'était pour Milan. Plus Rosell était nerveux et impatient, plus il me vendrait au rabais, ce qui serait en fin de compte tout bénéfice pour nous. La partie se jouait à plusieurs niveaux, l'un en public, l'autre en coulisses. Mais le temps passait. La période des transferts se terminait le 31 août et le 26 nous n'avions rien de moins qu'un match amical à disputer contre le Milan AC au Camp Nou. Rien n'était encore fait. De toute façon, les médias s'étaient emparés de l'affaire. On spéculait dans tous les sens et Galliani, le vice-président du Milan AC, avait annoncé avant de venir qu'il ne rentrerait pas de Barcelone sans Ibrahimović.

Dans le stade, les supporters brandissaient des banderoles : « Reste, Ibra ! ». Évidemment, j'attirai l'attention.

Mais c'était plutôt le match de Ronaldinho. Ronaldinho est une sorte de dieu à Barcelone. Il était à Milan mais avait joué auparavant au Barça et avait été élu deux années de suite joueur de l'année. Avant le match, il était prévu que seraient diffusées sur grand écran des images de ses exploits et qu'il fasse un tour d'honneur. Ce mec… eh bien, il est capable de tout.

Nous étions assis dans le vestiaire en attendant de sortir sur la pelouse. Je me sentais bizarre. Je percevais la clameur de la foule au-dehors. Bien sûr, Guardiola ne me prêtait aucune attention et je me demandai si cela était mon dernier match avec l'équipe. Qu'allait-il se passer ? Je n'en avais aucune idée. Puis tout le monde s'est levé. Ronaldinho jeta un œil par l'entrebâillement de la porte. Il faut reconnaître que Ronaldinho a du charisme. C'est un des plus grands.

Tout le monde le fixait.

Il gueula « Ibra ! » en riant, sarcastique.

« Ouais ?

— T'as fait tes valises ? Je suis venu te chercher pour te ramener à Milan ! »

Tout le monde se mit à rire, en pensant, il n'y a que Ronaldinho pour faire irruption comme ça dans notre vestiaire, et les autres me regardaient.

Bien sûr, ils se doutaient de quelque chose. Mais personne n'en avait jusque-là parlé aussi franchement. À partir de là, tout cela serait répété, encore et encore. Je devais débuter le match. Il n'avait aucune valeur en soi et, juste avant le coup d'envoi, Ronaldinho et moi continuions de blaguer avec ça. Il y eut ensuite un peu partout des photos de nous deux en train de rire sur la pelouse. Puis, au retour dans les vestiaires, dans le tunnel, ce fut encore pire quand tous les gros bras de l'équipe m'interpellèrent : Pirlo, Gattuso, Nesta et Ambrosini.

« Il faut que tu viennes. Ibra, on a besoin de toi. »

Le Milan AC ne traversait pas une bonne phase. L'Inter dominait le championnat ces dernières années et, bien sûr, au Milan AC, tout le monde espérait revivre une période faste. Et j'ai su ensuite que pas mal de joueurs, particulièrement Gattuso, avaient mis la pression sur leurs dirigeants.

« Mais, bon Dieu, achetez Ibra. Nous avons besoin de quelqu'un qui a sa mentalité de gagnant dans l'équipe. »

Mais ce n'était pas aussi simple. Le Milan AC n'avait plus autant d'argent que dans le temps et, même si Sandro Rosell était aux abois, il essayait quand même de leur soutirer le plus d'argent possible. Il voulait cinquante, ou quarante millions d'euros mais Mino continuait à jouer dur.

« Vous n'obtiendrez absolument rien. Ibra va au Real Madrid. Nous ne voulons pas aller à Milan.

— Trente alors ? »

Le temps filait et Rosell baissait le prix, encore et encore. C'est le moment que choisit Galliani pour venir nous rendre visite avec Helena dans notre maison sur les collines. Galliani est un authentique poids lourd, un vieux pote de Berlusconi et son associé en affaires. Comme négociateur, c'est un salaud.

J'avais déjà eu affaire à lui précédemment. C'était au moment de quitter la Juventus et, cette fois-là, il avait dit : « C'est ça ou rien. » La Juventus était alors en crise et il avait l'avantage. Mais là, les cartes avaient changé de main. C'est lui qui avait la pression. Il ne pouvait pas rentrer sans moi, pas après la promesse qu'il avait faite, la pression que lui avaient mise et les joueurs et les fans. D'un autre côté, nous allions lui donner un coup de pouce. Nous nous étions assurés que le prix du transfert serait quasi nul. C'était comme s'il m'avait acheté d'occasion.

« Voilà mes conditions, ai-je dit. C'est ça ou rien. » Je voyais bien qu'il réfléchissait et il transpirait.

Les termes de mon contrat étaient assez raides.

« O.K., accepta-t-il.

— O.K. », et on se serra la main.

Les négociations se poursuivirent sur la partie transfert. Mais ça concernait les clubs et ça ne me touchait pas, pas vraiment. C'était un vrai scénario riche en suspense où un certain nombre de facteurs entraient en ligne de compte. Le temps d'abord. Les aiguilles tournaient. Le malaise du vendeur était tout autre. Le fait que l'entraîneur ne me supportait pas en était encore un supplémentaire. À chaque heure qui passait, Sandro Rosell devenait plus nerveux et le prix de mon transfert continuait de tomber. En fin de compte je fus cédé pour vingt millions d'euros. Vingt millions ! Par la grâce d'une seule personne mon prix avait chuté de cinquante millions d'euros.

À cause des problèmes de Guardiola, le club avait été contraint de faire une très mauvaise affaire, c'était fou, et je le soulignai à Sandro Rosell. Ce n'était pas nécessaire. Il le savait. Je suis certain qu'il n'avait pas dû bien dormir cette nuit-là en se repassant le cours des événements. J'avais marqué vingt-deux buts et effectué quinze passes décisives durant ma seule saison à Barcelone. Pourtant, je perdais soixante-dix pour cent de ma valeur. À qui la faute ? Sandro Rosell ne le savait que trop bien. Je me souviens du jour où nous étions dans son bureau au Camp Nou, lui, Mino, moi, Galliani, mon avocat et Josep Maria Bartomeu. Le contrat était devant nous. Il ne restait plus qu'à le signer et à se dire merci et au revoir.

« Je veux que vous le sachiez, débuta Rosell.

— Oui ?

— Je suis en train de conclure la pire affaire de toute ma vie. Ibra, je te cède pour trois fois rien !

— Vous voyez ce que ça coûte, un management pourri.

— Je sais que ça n'a pas été bien géré. »

Et il signa. Puis ce fut mon tour. Je pris le stylo tandis que tout le monde m'observait, mais il m'apparut que ce n'était pas tout à fait terminé, je voulais ajouter quelque chose. Peut-être aurais-je mieux fait de me taire. Mais il y avait deux, trois choses que j'avais sur le cœur.

« J'ai un message pour Guardiola. » Bien sûr, cela rendit tout le monde nerveux. Que se passe-t-il encore ? Il n'en a pas marre de discuter. Il ne pourrait pas se contenter de signer ?

« Est-ce que tu es sûr ?

— Oui, je veux lui dire… »

Et je leur dis exactement ce que je voulais qu'il lui transmette.

Dans la pièce, ils avalèrent tous leur salive et je peux vous garantir qu'ils se demandaient : pourquoi fallait-il qu'il nous dise tout ça maintenant ? Mais croyez-moi, j'avais besoin de le dire. C'est alors que quelque chose me traversa l'esprit. Ma motivation était de retour. Rien que de penser que j'allais pouvoir refaire mes trucs comme je le voulais me remontait le moral, c'est la vérité.

Après avoir signé ce papier et dit ce que j'avais à dire, j'étais redevenu moi-même. J'avais l'impression de sortir d'un cauchemar et, pour la première fois depuis bien longtemps, jouer au football me démangeait. Toutes ces pensées noires s'étaient envolées et j'entrai dans une phase où jouer serait un pur bonheur. Ou plutôt, jouer était un pur bonheur mêlé à de la rage pure. Le bonheur était d'avoir échappé au Barça et à la rage qu'une seule personne ait pu détruire mon rêve.

Je me sentais libéré et je voyais aussi les choses plus clairement. Quand j'étais au milieu de tout ça, bien des fois j'avais essayé de me donner du courage : ce n'est pas grave, je vais revenir, je vais leur montrer. Je n'arrêtais pas de me le répéter. Mais ce n'est que quand tout fut vraiment terminé que je m'aperçus à quel point j'avais été rongé. Ça avait été dur. Le personnage qui aurait dû être le plus important dans ma carrière de footballeur m'avait royalement ignoré et cela avait été plus terrible que bien d'autres épreuves de ma vie. J'avais été exposé à une énorme pression et dans ces situations-là, vous avez besoin de l'entraîneur.

À quoi avais-je eu droit ? À un type qui m'évitait. Un type qui me traitait comme si je n'avais jamais existé. J'étais censé être une grande star, au lieu de quoi je me sentait rejeté. Bon sang ! J'avais été avec Mourinho et Capello, les deux entraîneurs les plus rigoureux du monde et je n'avais eu aucun problème avec eux. Mais alors, ce Guardiola… Quand j'y pensais, j'étais fumasse. Je n'oublierai jamais quand je dis à Mino :

« Il a tout gâché.

— Zlatan…

— Ouais ?

— Les rêves peuvent se réaliser, et rendre heureux.

— Ouais.

— Mais les rêves qui se réalisent peuvent aussi se retourner contre toi. »

Je comprenais à quel point c'était vrai. J'avais réalisé mon rêve et, en même temps, j'avais été anéanti par le Barça. Quand je descendais l'escalier qui menait à la mer de journalistes qui m'attendaient dehors, j'eus une idée : je ne nommerais pas ce type par son nom. J'avais besoin de trouver quelque chose d'autre et je me souvins de tous les radotages qu'il m'avait débités et soudain, là, à l'extérieur du Camp Nou de Barcelone, cela me vint. Le Philosophe !

Je l'appellerais le Philosophe.

Avec tout ce qu'il y a de plus orgueilleux et de rageur en moi, j'ai dit : « Demandez au Philosophe quel est le problème. »

26

Il y eut une immense clameur et je me souviens d'une remarque que fit Maxi juste après, en vérité une ou deux. La première était juste rigolote. Il me demanda : « Papa, pourquoi tout le monde te regarde ? » J'essayai de lui expliquer : « Papa joue au football. Les gens me voient à la télévision et ils trouvent que je suis bon. » J'étais assez fier (« Papa est plutôt chouette »). Puis cela prit une autre tournure. La fille au pair nous en fit part.

Maxi demandait pourquoi tout le monde le regardait, lui, parce que, bien sûr, ça lui arrivait souvent à cette époque, particulièrement après notre arrivée à Milan et, pire que tout, il ajouta : « Je n'aime pas que l'on me regarde comme ça. » Je suis attentif à ces choses-là. Allait-il lui aussi se sentir différent ? Je déteste que les enfants aient l'impression qu'on les distingue des autres parce que cela me renvoie directement à mon enfance : « Zlatan n'est pas des nôtres. Il est ceci, il est cela. » Tout cela est encore bien présent.

Durant cette période, j'essayai de passer davantage de temps avec Maxi et Vincent. Ce sont de merveilleux enfants, certes, toniques. Mais ce n'était pas facile. C'était de la folie. Après avoir parlé aux journalistes à l'extérieur du Camp Nou, je suis rentré à la maison voir Helena.

Elle ne s'attendait probablement pas à devoir encore déménager si vite, si tôt, et je pense qu'elle aurait bien aimé rester. Mais elle savait mieux que personne que si je ne me sens pas bien sur le terrain, cela affecte toute la famille. C'est pourquoi j'en parlai à Galliani : « J'emmène toute ma clique à Milan : Helena, les garçons, le chien et Mino. » Galliani opina, « *si, si* ». Tout le monde avec moi ! À l'évidence, il avait prévu quelque chose de spécial, nous avons donc quitté Barcelone à bord d'un des avions privés du club. Nous avons atterri à l'aéroport de Milan Linate. On aurait dit qu'Obama débarquait ou un truc comme ça. Huit Audi noires nous attendaient, alignées devant nous, on avait déroulé le tapis rouge, et je sortis avec Vincent dans les bras.

J'étais interviewé vite fait par quelques journalistes triés sur le volet, des types de Milan Channel, de Sky et d'autres médias et, de l'autre côté des barrières, il y avait des centaines de fans en train de crier. C'était super. Je m'en doutais. Le club attendait ce moment depuis longtemps. Cinq ans auparavant, quand Berlusconi avait réservé une table pour nous au restaurant Chez Giannino, on pensait que tout était réglé, net. Ils avaient donc prévu tout un tas de choses, dont mettre sur le site Internet du club un machin assez sophistiqué qui d'abord affichait un écran noir au milieu duquel apparaissait une lumière blanche avec de gros effets sonores qui faisaient « boum boum », juste avant que mon nom, Ibrahimović, s'allume en forme d'éclairs clignotants, puis que ne s'affichent ces mots : « Enfin, il est à nous. »

C'était dingue. Ils avaient mis en ligne ce truc dont personne, à l'évidence, ne se serait douté qu'il aurait autant de succès. Le site Internet explosa. Il tomba en rade. Puis je me rappelle avoir passé les barrières de l'aéroport où se tenaient les fans qui hurlaient mon nom, « Ibra, Ibra ! ».

Je montai dans une des Audi et nous partîmes traverser la ville. C'était un vrai foutoir, il fallait voir ça. « Zlatan a atterri. » Des voitures, des scooters, des caméras de télévision nous suivaient et, bien sûr, ça me requinquait. L'adrénaline montait et je me rendais encore mieux compte que mon passage au Barça m'avait rendu amnésique. J'avais l'impression de sortir de prison et d'être accueilli le jour de ma libération par un défilé de carnaval. J'avais la sensation physique que tous les Milanais m'attendaient et qu'ils voulaient que je prenne les choses en main, que je les mène vers de nouveaux titres et, franchement, j'adorais ça.

La rue devant l'hôtel Boscolo où nous allions séjourner était barrée. Partout dans Milan, les habitants criaient et nous faisaient des signes de la main et, dans l'hôtel, la direction s'était mise en rang et s'inclina. On nous donnait une suite « Deluxe ». En Italie, les footballeurs sont des dieux. On s'en rendit compte immédiatement, tout avait été remarquablement organisé. C'était un club sérieux, avec des traditions et, franchement, j'avais des frissons partout. Je voulais jouer au football. Le jour même, le Milan AC affrontait Lecce pour le match d'ouverture de la saison en Serie A. J'avais demandé à Galliani si je pouvais jouer.

C'était impossible. Mes papiers n'étaient pas encore en règle. Toutefois, nous allâmes au stade. Je devais être présenté au public à la mi-temps et je n'oublierai jamais cette sensation. Je ne voulais pas aller dans le vestiaire. Je ne voulais pas déranger les joueurs qui se rassemblaient. Mais la porte d'à côté ouvrait sur une loge et on m'installa là avec Galliani, Berlusconi et d'autres grosses huiles.

« Tu me rappelles un autre joueur que j'ai eu », me dit Berlusconi.

Évidemment, je devinais de qui il s'agissait, mais je restai poli.

« Qui donc ? demandai-je.

— Un type qui pouvait s'occuper de tout à lui tout seul. »

Il parlait de Van Basten, bien sûr. Il me souhaita la bienvenue dans le club. « C'est un grand honneur », et tous ces trucs, puis nous sommes montés dans les tribunes. Je devais m'asseoir à une distance de deux places de lui pour des raisons politiques. On en faisait toujours des tonnes autour de ce type. Mais si l'on compare avec ce qui allait suivre, c'était plutôt calme. Deux mois plus tard, ce serait tout un cirque autour de Berlusconi, il y avait des bruits concernant une jeune fille et des procès. Mais là, il semblait content. Puis j'ai commencé à sentir l'atmosphère. Le public scanda à nouveau mon nom et je descendis sur la pelouse où ils avaient dressé une petite estrade. Ils déroulèrent un tapis rouge. J'attendis le long de la touche pendant ce qui me parut être une éternité. Le stade était en ébullition. San Siro était archi comble, alors que nous étions en août, période de vacances, et je me suis avancé sur le terrain. Un grondement s'éleva tout autour de moi et j'étais comme un gosse. Au moment d'entrer sous les encouragements et les applaudissements, il y avait plein d'enfants debout de part et d'autre du tapis rouge. Je leur tapai à tous dans la main avant de monter sur scène. Cela ne faisait pas si longtemps que je m'étais trouvé dans la même situation, au Camp Nou. « Maintenant, nous allons tout gagner », ai-je affirmé en italien et la clameur se fit encore plus forte.

Le stade vibrait et, ensuite, on me donna un maillot. Il était à mon nom mais il n'avait pas de numéro. Je n'avais pas encore de numéro car si l'on m'avait bien demandé d'en choisir un, aucun ne me convenait, mais il y avait une chance que je récupère le onze que Klaas-Jan Huntelaar portait en ce moment. Il avait été placé sur la liste des transferts mais comme il n'avait pas trouvé preneur, il allait falloir que j'attende. En tout cas, c'était le top départ. À partir de maintenant, il fallait que je m'assure que le Milan AC remporte son premier *Scudetto* depuis sept ans. Une nouvelle ère de gloire était sur le point de commencer. J'en avais fait la promesse.

Helena et moi avions tous les deux des gardes du corps. On pourrait trouver cela superflu. En Italie, les footballeurs sont soumis à l'hystérie générale, la pression est terrible, et de très vilaines choses peuvent arriver, et je ne parle pas de l'incendie que l'on avait allumé devant notre porte à Turin. Quand j'étais à l'Inter, Sanela était venue nous voir alors que je disputais un match à San Siro. Avec Helena, elles prirent la voiture, notre nouvelle grosse Mercedes, pour aller au stade. Tout autour, la circulation était bloquée, c'était le souk. Helena ne pouvait pas avancer d'un pouce et les gens avaient tout le temps qu'ils voulaient pour la reconnaître. Un type sur une Vespa la doubla un petit peu trop vite, si près qu'il accrocha son rétroviseur.

Sur le moment, Helena n'aurait pas pu dire s'il l'avait fait exprès ou pas. Elle était plus du genre, « Oh ! Non, mais ! Qu'est-ce qu'il a fait ? ». Elle ouvrit la fenêtre pour le remettre en place et, en un coup d'œil, s'aperçut qu'un autre type avec un casque de vélo arrivait à fond vers elle et elle comprit immédiatement : c'est louche, c'est un piège. Elle essaya de refermer la fenêtre mais comme c'était une nouvelle voiture elle ne s'était pas encore familiarisée avec les boutons et donc n'arriva pas à relever la vitre à temps. Le type se pointa et lui donna un coup de poing au visage.

La Mercos percuta la voiture qui venait en face et cela se transforma en méchante bagarre, le type essayant de tirer Helena dehors par la fenêtre. Heureusement, Sanela était là. Elle s'agrippa à Helena et la maintint à l'intérieur, c'était complètement fou. Ça ressemblait à du tir à la corde à la vie à la mort et, enfin, Sanela fut en mesure de tirer Helena à l'intérieur de la voiture. Puis Helena réussit à se retourner sur elle-même, allez savoir comment.

Dans une position impossible, elle mit un coup de pied dans la figure de ce connard. Elle portait des talons de dix centimètres. Cela dut lui faire horriblement mal et le gars s'enfuit. Les gens s'étaient regroupés autour de la voiture, c'était le foutoir complet et Helena était couverte de bleus.

Cela aurait pu mal se terminer. Malheureusement, il se produisait des incidents comme ça. C'est vrai. Nous avions besoin d'une protection. Bref, le premier jour, mon garde du corps, un bon mec, me conduisit à Milanello, les installations sportives du club.

Je devais y passer tous les examens médicaux habituels. Milanello est à peu près à une heure de route de Milan et, évidemment, à notre arrivée, des supporters attendaient près des portes. Je sentis le poids des traditions en saluant toutes les légendes qui composaient l'équipe, Zambrotta, Nesta, Ambrosini, Gattuso, Pirlo, Abbiati, Seedorf, Inzaghi. Pato, le jeune Brésilien, et Allegri, l'entraîneur qui venait juste d'arriver de Cagliari, pas beaucoup expérimenté, mais qui me semblait bon. Parfois, dans un groupe, quand on est le nouveau venu, on est appelé à se poser des questions. Il y a des querelles de hiérarchie, quelqu'un veut prendre ta place : tu te prends pour une star ? Mais, ici, je le flairais immédiatement, on me témoignait du respect. En fait, peut-être ne devrais-je pas le dire, mais une majorité de joueurs m'ont ensuite confié : « Quand tu es arrivé, notre motivation a augmenté de vingt pour cent. Nous avons retrouvé la foi. » Le Milan AC n'avait pas vécu que des moments difficiles en championnat ces dernières années. Le club n'était plus depuis longtemps le meilleur de la ville.

Depuis que j'y étais arrivé en 2006, l'Inter dominait le championnat avec cette mentalité que m'avait transmise Capello et qui, en gros, se résume à ceci : les entraînements sont aussi importants que les matchs. On ne peut pas s'entraîner à la légère et être agressif en match. Il faut se battre à chaque minute, sinon vous aurez affaire à moi. Je passais donc mon temps à essayer d'encourager les gars et de plaisanter avec eux, ce qui me venait naturellement, à part à Barcelone. Dans un sens, ça me rappelait mes premières années à l'Inter. Les types avaient l'air de me demander : « Pousse-nous, pousse-nous », et je me disais, à partir de maintenant, les rapports de force vont un peu évoluer. J'allais à chaque entraînement très remonté et comme c'était le cas avant Barcelone, je leur criais dessus. Je faisais du boucan, je hurlais. Je me moquais de ceux qui se loupaient. On n'avait pas vu les gars remontés comme ça depuis des années.

Il y avait un autre nouveau joueur dans l'équipe. Il s'appelait Robson de Souza mais on l'appelait Robinho. J'avais joué un rôle dans son transfert. Galliani m'avait demandé alors que j'étais encore à Barcelone :

« Que penses-tu de Robinho ? Tu pourrais jouer avec lui ?

— Un excellent joueur, ramène-le ici. Le reste ira tout seul. »

Le club déboursa dix-huit millions d'euros, ce qui n'était pas considéré comme une grosse somme, et, par la même occasion, Galliani en retira beaucoup de prestige. Il avait réussi à m'acheter avec Robinho à un prix défiant toute concurrence. Il n'y avait pas si longtemps, Manchester City avait payé pas loin du double pour Robinho. Mais l'achat était risqué, Robinho était un prodige qui s'était un peu perdu en route. Il n'y a pas plus grand dieu que Pelé au Brésil et, dans les années 1990, il s'occupait du centre de formation de Santos. Pelé avait débuté au Santos FC et le club traversait une mauvaise passe depuis de nombreuses années. Les gens rêvaient qu'il découvre un nouveau grand joueur, mais beaucoup doutaient qu'il y parvienne. Un nouveau Pelé ! Un nouveau Ronaldo, le genre de joueurs qui ne se présentent que rarement en un siècle. Mais, dès la première séance, Pelé était totalement sidéré. Il réclama même un temps mort, raconte-t-on, et entra sur le terrain pour se diriger vers un gamin maigre et pauvre.

« J'en pleurerais, dit-il. J'ai l'impression de me voir quand j'étais enfant. »

Il s'agissait de Robinho, le type allait grandir et devenir la grande star que tout le monde attendait, du moins, au début. Il fut vendu au Real Madrid puis à Manchester City mais, plus récemment, il n'avait plutôt pas très bonne presse. On a fait pas mal de cinéma autour de lui. Au Milan AC, nous sommes devenus proches. Nous étions deux mecs qui avaient eu une enfance compliquée et on pouvait faire des parallèles entre nos vies. On nous avait cassé les pieds parce que nous dribblions trop. Mais il n'était pas assez concentré sur un terrain et faisait trop de jongleries dans son coin, près de la ligne de touche.

Je l'embêtais avec ça. Comme j'embêtais tout le monde dans l'équipe et, avant mon premier match contre

Cesena, à l'extérieur, j'étais comme sur le gril et vous pouvez imaginer l'emballement général.

Les journaux écrivaient des pages et des pages : maintenant, j'allais pouvoir montrer ce que je valais à mon nouveau club.

En attaque, je jouais avec Pato et Ronaldinho, ce qui semblait costaud. Robinho était sur le banc. Mais je ne fis rien de bon. J'étais en surrégime, comme lors de mes premiers matchs à l'Ajax, j'en faisais trop, sans résultat. À la mi-temps, nous étions menés 2 à 0 par Cesena. Perdre à Cesena quand on est le Milan AC ! C'était dingue ! Sur le terrain, j'étais en colère, complètement fou. Bon sang ! Rien ne marchait. Je trimai comme un âne et il fallut attendre la fin du match pour obtenir un pénalty. Qui sait ? Peut-être pouvions-nous renverser le cours du jeu ? J'allais me charger du pénalty et je m'avançai pour le tirer… sur le poteau. Nous avons perdu et dans quel état pensez-vous que j'étais ? Après le match, je devais passer au contrôle antidopage et je suis entré dans la pièce si furieux que j'ai fait valdinguer une table. L'agent de contrôle était terrorisé.

« Calme-toi, calme-toi.

— Écoute, ne me dis pas ce que j'ai à faire sinon tu vas finir comme cette table. »

Ce n'était pas très sympa, ce n'était qu'un agent du contrôle antidopage. Mais voilà comment je me comportais à Milan, quand nous perdions, je voyais tout rouge. Dans ces moments-là, il faut me laisser tout détruire en paix. Je bouillonnai de rage et fus tout simplement heureux de constater que les journaux s'en prirent à moi dès le lendemain dans leurs comptes-rendus minables. Je le méritais et je serrais les poings. Mais les choses ne s'arrangèrent pas lors du match suivant, pas plus que celui d'après, même si je marquai mon premier but à l'extérieur contre la Lazio, match que nous aurions dû gagner. Mais, dans les dernières minutes, nous les avons laissés égaliser et, cette fois-ci, il n'y avait pas de contrôle anti-dopage.

Nous sommes rentrés directement dans le vestiaire où je filai un coup de pied dans le tableau blanc sur lequel les entraîneurs dessinent les tactiques de jeu. Le tableau partit comme un missile et atterrit sur un joueur.

« Ne jouez pas avec le feu, c'est dangereux », gueulai-je.

Il n'y avait plus un bruit dans la pièce parce que je suis sûr que tout le monde savait exactement ce que je voulais dire : nous aurions dû gagner et c'est tout. Et, bon sang, nous n'aurions jamais dû laisser passer ce but idiot en fin de match. On ne pouvait pas continuer comme ça.

Après quatre matchs, nous n'avions que cinq points et l'Inter était en tête du championnat. Comme toujours, je me mis de plus en plus de pression sur les épaules. Nous habitions toujours à l'hôtel Boscolo où nous étions arrivés à nous installer tant bien que mal. Helena, qui jusque-là s'était tenue en dehors de la vie publique, y donna sa première interview. C'était pour le magazine *Elle* et ça fit toute une histoire. Tout ce qu'elle dit à notre propos se retrouva à la une des journaux. Je pouvais dire les trucs les plus insignifiants, comme « Depuis que je connais Helena je mange moins de boulettes et de nouilles », ce qui devenait dans les journaux : « La grande déclaration d'amour de Zlatan à Helena. » Et j'avais l'impression de changer de plus en plus. Moi qui faisais toujours sensation, qui étais le nombril du monde, je devenais plus timide et réservé.

Je n'aimais pas être trop entouré et nous avions une vie tranquille. Je restais enfermé et, après quelques mois, nous avons déménagé dans un appartement que le club nous avait dégoté dans le centre-ville. Ce qui était bien, mais nous n'avions ni nos meubles ni nos affaires. C'était vraiment impersonnel. Tous les matins, mon garde du corps m'attendait en bas dans l'entrée et nous roulions jusqu'à Milanello où je prenais mon petit déjeuner avant l'entraînement puis le déjeuner. Ensuite, il fallait communiquer, beaucoup, faire des photos, d'autres trucs et, comme toujours en Italie, j'étais souvent loin de ma famille. L'équipe résidait à l'hôtel lors de nos matchs à l'extérieur et nous étions consignés à Milanello avant nos matchs à domicile. C'est à ce moment-là que je me suis mis à m'en rendre compte.

Je leur manquais beaucoup à la maison. Vincent grandissait, il parlait de mieux en mieux. C'était fou, vraiment. Maxi et Vincent avaient tellement bougé qu'ils parlaient trois langues couramment : le suédois, l'anglais, et l'italien.

Ma vie entrait dans une nouvelle phase, je pensais souvent à ce que j'allais faire après ma carrière et à Helena pour qu'elle puisse mener la sienne à son tour. J'y réfléchissais. Parfois, il me tardait que ce moment arrive. Parfois non.

Mais je n'en étais pas moins motivé et très vite les choses se calmèrent aussi sur le terrain. J'avais fait gagner l'équipe sept ou huit fois de suite, l'extase et l'hystérie des vieux jours étaient de retour. « Ibra, Ibra », c'était reparti, partout. Les journaux avaient réalisé un photomontage où j'étais représenté avec l'équipe entière au-dessus de moi, comme si je portais tout le Milan AC sur mes épaules. C'est ce qui se disait. Jamais je n'avais été aussi bon.

Mais il y avait une chose que je savais mieux que toute autre à ce stade : au football, vous pouvez être un Dieu un jour et traité comme de la merde le lendemain. Notre plus gros match de la saison cet automne-là approchait, le derby milanais contre l'Inter à San Siro. Je me doutais bien que les Ultras allaient me siffler. La pression serait d'autant plus forte. Par-dessus le marché, j'avais des problèmes avec un type dans l'équipe. Il s'appelait Oguchi Onyewu, c'était un Américain baraqué et je dis à un pote de l'équipe : « Ça va très mal se passer. Je le sens. »

27

On le considérait comme le gars le plus gentil du monde. Oguchi Onyewu ressemblait à un boxeur poids lourd. Il mesurait presque deux mètres, pesait presque cent kilos. S'il n'avait pas sa place dans l'équipe-type, il avait quand même été élu meilleur joueur étranger dans le championnat de première division belge et meilleur joueur de la Ligue américaine de l'année. Mais il me cherchait.

« Je ne suis pas comme les autres défenseurs, me dit-il.

— Tant mieux pour toi.

— Tes insultes ne m'impressionnent pas. Tu en as plein la bouche.

— De quoi tu parles ?

— De toi. Je t'ai vu jouer, tu passes ton temps à insulter les gens et ça m'agace. »

Même si j'en avais assez des défenseurs qui tentaient de me déstabiliser, je n'étais pas non plus du style à les injurier. On m'a tellement balancé de saletés depuis des années comme « salaud de Gitan », ou des trucs sur ma mère et ainsi de suite, que je préfère me venger sur le terrain. La pire des choses étant : « Je t'attends à la fin du match. » Qu'est-ce que ça veut dire ? Qu'on va régler ça sur le parking ? C'est ridicule. Je me souviens d'un milieu défensif de la Juventus, Giorgio Chiellini. Nous avions joué ensemble puis, plus tard, quand j'avais rejoint l'Inter de Milan, on s'était affrontés sur la pelouse et il était tout le temps sur moi. « Allez, ce n'est plus comme avant, n'est-ce pas ? » Il essayait de me provoquer et il me tacla par-derrière. Un geste ignoble. On ne voit pas le mec venir et il te fiche par terre. Il m'avait fait mal. Vraiment mal. Mais je n'ai rien dit. En pareil cas, je ne dis jamais rien. Je t'aurai la prochaine fois, je pense. À la première occasion, je me jetterai sur lui si violemment qu'il ne se relèvera pas pendant un bon bout de temps. Donc, ce ne sont pas des manières. Je n'insulte pas les autres. Au lieu de ça, je tacle. Dès qu'il y a contact, je leur rentre dedans comme une bombe. Mais, cette fois-là, je n'avais pas eu cette chance et, après le coup de sifflet final, je suis directement allé vers lui pour le prendre par la tête et le tirer comme un chien désobéissant. Je voyais bien que Chiellini avait peur.

« Tu voulais te battre. Comment se fait-il que tu te dégonfles maintenant ? » lui glissai-je avant de rentrer.

Je ne me venge pas avec des mots mais physiquement et j'avais prévenu Oguchi Onyewu. Mais il persistait et un jour où je hurlai : « Il n'y a pas coup franc ! », il mit son doigt sur la bouche pour me dire de la fermer, du style, « tu vois, tu parles mal ». Puis j'en ai eu marre.

« Toi, laisse tomber », lui ai-je dit.

Il me fit encore le geste de me taire et j'ai vu rouge. Mais je ne pipai mot. Ce connard allait voir de quelle façon je parle mal en pareille situation et quand il récupéra la balle je fonçai sur lui et sautai en l'air, crampons en avant, pour lui faire le pire des tacles. Mais il me vit arriver et s'écarta et nous nous sommes retrouvés tous les deux au sol. Mince, je l'ai raté. Je l'aurai la prochaine fois. Mais au moment où je me levai pour partir, je sentis un coup sur mon épaule.

Oguchi Onyewu, c'était exactement ce qu'il ne fallait pas faire.

Je lui filai un coup de boule puis nous nous sommes jetés l'un sur l'autre. Il ne s'agissait pas d'une petite bagarre. Nous voulions nous dépecer l'un l'autre. C'était brutal, nous pesions près de quatre-vingt-dix kilos chacun et on se mettait des coups de poing et de genou en se roulant par terre. Évidemment, toute l'équipe arriva pour essayer de nous séparer. Ce qui n'était pas facile du tout. Nous étions fous furieux et, même si on a besoin d'adrénaline sur un terrain, il faut se battre, j'avoue que là, ça dépassait les bornes. C'était une question de vie ou de mort. Par la suite, il se produisit un truc encore plus bizarre.

Oguchi Onyewu se mit à prier. Il avait les larmes aux yeux. Il fit le signe de croix. Qu'est-ce qu'il me fait là ? m'interrogeai-je. Et il devint encore plus enragé. Je le pris comme une provocation et, à ce moment-là, Allegri, l'entraîneur, se pointa et dit : « Calme-toi, Ibra. » Ce qui n'arrangea rien. Je l'écartai de mon chemin et m'élançai à nouveau vers Oguchi. Mais heureusement je fus maîtrisé par mes coéquipiers. Ça aurait pu tourner au vinaigre. Allegri nous sermonna tous les deux. On se serra la main et on s'excusa. Mais Oguchi restait froid comme l'acier, ce qui m'allait très bien. S'il voulait se comporter ainsi, je le ferai aussi, pas de problème. On me ramena à la maison d'où j'appelai Galliani, le boss. Il y a quelque chose que vous devez savoir : je n'aime pas critiquer les autres. Pour moi, c'est un manque de courage. Je trouve que c'est infect, surtout dans une équipe où vous avez endossé le rôle de leader.

« Écoute, ai-je dit à Galliani, un incident malheureux s'est produit lors de l'entraînement. C'est ma faute et j'en assume l'entière responsabilité. Je veux m'excuser et vous pouvez me sanctionner comme bon vous semblera.

— Ibra, on est au Milan. Ça ne marche pas comme ça. Tu t'es excusé, on passe à autre chose. »

Mais on en n'avait pas encore terminé. Comme il y avait des supporters le long de la touche, toute l'histoire parut dans les journaux. Personne ne connaissait l'origine de l'accrochage mais la bagarre fut portée à la connaissance du public. On écrivait qu'il avait fallu dix personnes pour nous séparer, on parlait de mécontentements dans l'équipe et d'Ibra, le mauvais garçon, et les trucs habituels. Je m'en fichais. Écrivez ce que vous voulez ! Mais, tiens, j'avais l'impression d'avoir mal à la poitrine. Pendant la bagarre, je m'étais cassé une côte. Les médecins me posèrent juste un bandage, il n'y avait rien d'autre à faire.

Ce n'était pas vraiment une bonne nouvelle. On enchaînait par le derby contre l'Inter. Pato et Inzaghi étaient blessés. Les journaux noircissaient des pages et des pages là-dessus, et pas seulement sur le duel qui devait m'opposer à Materazzi. D'après eux, le match s'annonçait particulièrement vicelard. Pas simplement parce que Materazzi était un dur et que nous nous étions battus par le passé quand je jouais dans la même équipe que lui, mais parce qu'il s'était foutu de moi pour avoir embrassé l'écusson du Barça au Camp Nou, ceci, cela. Ce n'étaient que des mots mais une chose était sûre, Materazzi n'allait pas hésiter à me rentrer dedans, parce que c'était son boulot. Il était important que l'équipe me neutralise et, dans ces cas-là, il n'y a qu'une manière de répliquer. Il faut répliquer tout aussi fort. Sinon, on perd l'avantage et on risque de se faire mal.

Il n'y a pas pires supporters que les Ultras de l'Inter de Milan. Ils ne pardonnent rien, croyez-moi, et j'étais pour eux l'ennemi public numéro un. Personne n'avait oublié notre altercation après le match contre la Lazio et je savais que je serais hué et insulté. Mais, bon sang, cela fait partie du jeu.

Je n'étais pas non plus le premier joueur de l'Inter à avoir signé au Milan AC. J'étais en bonne compagnie. Ronaldo alla au Milan en 2007 et la bande de l'Inter avait sorti les sifflets pour le déstabiliser. Les matchs entre l'Inter et le Milan AC, connus sous le nom du derby de la Madonnina, soulèvent toujours beaucoup de passion, la politique et la bêtise s'en mêlent. L'affrontement est féroce.

C'est l'équivalent d'un Real contre Barça en Espagne et je me souviens des joueurs dans le stade. Ça se voyait dans leur regard, c'était du sérieux. Nous étions alors en tête du classement et une victoire nous serait précieuse. Le Milan AC n'avait pas gagné le derby depuis plusieurs années. L'Inter avait remporté la Ligue des Champions cette année-là. L'Inter était supérieur. Mais si… Si nous gagnions, cela pourrait être le signe que les rapports de force s'inversaient. J'entendais le grondement de la foule dans les tribunes et la musique qui beuglait dans les haut-parleurs. Il régnait un mélange de haine et d'ambiance de carnaval et je n'étais pas anxieux, pas tout à fait.

J'étais juste excité. Je m'assis pour attendre, impatient, de pouvoir courir et me lancer dans la bataille. Évidemment, je savais que l'adrénaline peut tout fiche en l'air. On peut être totalement à côté de la plaque et ne rien faire de bon. On ne sait jamais. Je me souviens très précisément du début de match et des clameurs de San Siro. On ne s'y habitue jamais vraiment, tout autour de soi le stade est en fusion. Très vite, Seedorf eut une occasion de la tête qui passa juste au-dessus de leur but. Le jeu allait d'un côté à l'autre du terrain.

À la cinquième minute, je reçus une balle du côté droit. Je dribblai et entrai dans la surface de réparation pour me retrouver face à Materazzi. Bien sûr, Materazzi se voulait menaçant. Attends un peu ! Tu ne vas pas m'échapper. Mais il commit une erreur. Il me fit tomber, je m'affalai au sol et, logiquement, je me demandai s'il n'y avait pas pénalty.

Pour moi, c'était évident. Mais je n'en savais rien. Il y avait un tel vacarme et tous les joueurs de l'Inter, évidemment, tendaient leurs mains, l'air de dire, « ben quoi ? ». Mais l'arbitre courut vers le point de pénalty, je respirai profondément. J'allai le tirer et vous pouvez imaginer la scène. Toute l'équipe était derrière moi et il n'y avait pas besoin de savoir à quoi ils pensaient : ne le rate pas Ibra ! Pour l'amour de Dieu, ne rate pas celui-là !

En face de moi, il y avait la cage, le gardien de but et, derrière eux, les Ultras. C'était dément. Ils me sifflaient et criaient. Ils faisaient tout ce qu'ils pouvaient pour me faire dérailler et certains d'entre eux avaient des faisceaux laser. Je recevais un rayon de lumière verte en plein sur le visage et Zambrotta explosa. Il alla voir l'arbitre.

« Bon sang, ils déconcentrent Ibra ! Ils l'aveuglent. »

Mais que pouvaient-ils faire ? Aller fouiller les tribunes ? Ça ne marcherait pas et j'étais complètement concentré. Ils auraient pu allumer des phares ou des projecteurs. Je voulais juste en finir, frapper, et, cette fois, je savais exactement où mettre le ballon : dans le coin à droite du gardien. Pendant quelques secondes, je me tenais là et je le sentis en moi : il fallait que je marque. J'avais démarré la saison en ratant un pénalty. Je ne pouvais pas recommencer. Mais il valait mieux ne pas y penser. On ne doit pas trop réfléchir, sur un terrain. Il faut juste jouer, et j'ai couru puis tiré.

Je frappai exactement là où je l'avais imaginé et il entra. Je levai les bras en l'air et regardai les Ultras droit dans les yeux : vos coups pourris ne marchent pas. Je suis plus fort que ça. Je dois dire que, quand le stade entier se mit à gronder et que je regardai en haut vers l'écran géant qui affichait *Inter-AC Milan, 0-1, Ibrahimović,* c'était bon. J'étais de retour en Italie.

Cela dit, nous n'étions qu'au tout début de la partie et le combat s'intensifia. À la soixantième minute, Abate fut expulsé et ce n'est pas très drôle de jouer à dix contre l'Inter de Milan. On bossa comme des brutes. Materazzi me tenait en laisse et lors d'un face-à-face, quelques minutes plus tard, je fonçai vers la balle, je le percutai et il avait son compte. Ce n'était évidemment pas intentionnel. Il était encore étalé par terre quand le médecin et tous les joueurs de l'Inter accoururent. Les Ultras se faisaient de plus en plus haineux d'autant que Materazzi fut emmené sur une civière.

Dans les vingt dernières minutes, la pression sur nous était terrible et j'étais complètement rétamé. Mais nous y sommes arrivés. Nous avons conservé notre avantage et nous avons gagné. Le lendemain, je devais recevoir le Guldbollen, le ballon d'or suédois. On m'avait prévenu à l'avance, je voulais me coucher de bonne heure, aussi tôt qu'il est possible de le faire quand un tel match vous tourne dans la tête. Mais nous avons décidé de sortir et de fêter ça en boîte de nuit, au Cavalli. Helena m'accompagnait. Nous étions assis assez tranquillement dans un coin avec Gattuso pendant que Pirlo, Ambrosini et les autres se déchaînaient. Nous étions tous tellement soulagés. Nous étions si fous de bonheur que nous ne rentrâmes pas à la maison avant 4 heures du matin.

En décembre, le Milan AC recruta Antonio Cassano. Cassano a une sale réputation de mauvais garçon, comme moi, il aime se pavaner et se vanter d'être un excellent joueur. Le type en a vu des vertes et des pas mûres et a souvent été impliqué dans des bastons avec d'autres joueurs ou entraîneurs dont Capello à la Roma. Capello avait même inventé un terme : la *Cassanata*, pour désigner quelque chose d'irrationnel, de déjanté. Mais Cassano, dans le jeu, était doté de grandes qualités. Je l'aimais beaucoup et l'équipe jouait de mieux en mieux.

Mais il y avait un problème. La sensation s'insinuait en moi. Je commençais à être cramé. J'avais donné tout ce que j'avais à chacun des matchs et je ne pense pas avoir jamais subi autant de pression.

Cela peut paraître étrange quand on pense à tout ce par quoi je suis passé. D'aller au Barça a été dur. Ça n'avait pas été si facile que ça à l'Inter non plus. Mais je le sentais plus que jamais : il fallait remporter le championnat et j'étais le meneur de l'équipe. Je jouais tous les matchs, en gros, comme si c'était une finale de Coupe du Monde et j'étais en train de le payer. J'étais usé.

En fait, je n'étais plus capable d'aller aussi vite que mes pensées et mes flashs sur le terrain. Mon corps ne suivait plus et j'aurais mieux fait de me reposer un match ou deux. Mais Allegri faisait ses débuts. Il voulait lui aussi gagner à tout prix. Il avait besoin de son Zlatan et il me pressait jusqu'à la dernière goutte. Je ne le blâme pas une seconde.

Il ne faisait que son boulot et je voulais jouer. J'avais retrouvé mon style. J'avais du rythme. J'aurais pu jouer même avec une jambe cassée et Allegri me poussait. Nous avions du respect l'un pour l'autre. Mais ça me coûtait cher et je n'étais plus si jeune que ça.

Physiquement, j'étais costaud, mais pas autant que lors de ma deuxième saison à la Juventus, pas du tout. Je me nourrissais bien, je n'étais pas en surpoids. Je faisais attention à tout ce que j'avalais. J'étais tout en muscles mais j'étais plus âgé et différent du joueur que j'avais été au début de ma carrière. Je ne dribblais plus comme avant, je n'étais plus le type de l'Ajax. J'étais un buteur puissant et explosif, obligé de jouer plus intelligemment pour pouvoir finir les matchs. En février, je commençai à être fatigué.

Cela ne devait pas sortir du club mais la presse le révéla et cela fit beaucoup jaser. Est-ce qu'il tiendra ? Peut-il s'en sortir ? Nous commencions aussi à perdre un certain nombre de rencontres pendant les fins de match. Nous ne tenions plus sur la distance et concédions un tas de buts que nous aurions pu éviter. Je passai un mois entier sans marquer le moindre but. J'avais perdu en explosivité et nous fûmes éjectés de la Ligue des Champions par Tottenham. C'était très dur. Je pensais que nous étions la meilleure équipe. Dans le championnat italien aussi nous avions perdu l'initiative et l'Inter revenait en grande forme.

Allaient-ils nous dépasser ? Allions-nous laisser filer l'avance que nous avions au championnat ? C'est ce qu'on racontait. Les journaux envisageaient tous les scénarios possibles et mes cartons rouges n'arrangèrent rien. J'écopai du premier contre Bari, une des équipes du bas du tableau. Nous étions menés 1 à 0 et je me tenais dans la surface de réparation où un défenseur me ceintura. Je me sentis piégé. Je réagis instinctivement. Je fouettai l'air de ma main libre, le frappai à l'estomac et il s'écroula. C'était totalement idiot de ma part, je l'admets.

Mais c'était un réflexe, rien de plus, et j'aurais aimé donner une meilleure explication. Je n'en avais pas. Le football est un combat. Si vous êtes attaqué, vous répliquez, et parfois vous allez trop loin sans savoir exactement pourquoi. Cela m'est arrivé plein de fois. Les années passant, j'ai beaucoup appris. Je ne suis plus le petit dingo du Malmö FF mais je ne m'en affranchirai jamais complètement. Ma mentalité de gagnant a un inconvénient. Je pète les plombs et cette fois-là, contre Bari, je pris un carton rouge. Prendre un carton rouge peut rendre fou n'importe qui, d'un seul coup. Or j'ai quitté la pelouse immédiatement sans rien dire. Cassano égalisa peu après. C'était rassurant. Mais, bon sang, j'étais suspendu, non seulement pour le prochain match contre Palerme mais aussi pour le derby qui suivait contre l'Inter de Milan.

La direction du Milan AC tenta de protester. Ça avait fait toute une histoire. Mais ça ne marcha pas et c'était une sacrée tuile. Pourtant, je ne le pris pas aussi mal que par le passé. C'est vrai. La famille pouvait m'aider. Ça ne servait plus à rien de déprimer. Il fallait que je sois là pour mes enfants. Mais j'avais toujours la rage. Lors d'un match contre la Fiorentina, on aurait pu croire que je m'étais acheté une conduite. Nous menions et il ne restait que quelques minutes à jouer. Puis j'ai mis la balle en touche. J'étais furieux et je hurlai à l'arbitre : « *Vaffanculo* », ce qui signifie quelque chose comme « va te faire foutre ». Certes, ce n'était pas génial, surtout au regard de ce qui s'était passé à Bari. Mais allons donc ! Avez-vous déjà été sur un terrain ? Tout le monde dit « *Vaffanculo* » tout le temps. On n'expulse pas tous les joueurs pour autant. Ils ne sont pas suspendus pour plusieurs matchs. L'arbitre, la plupart du temps, laisse filer.

Il se dit toujours des choses vulgaires sur la pelouse. Mais j'étais Ibra, et Milan était Milan. Nous étions en tête du championnat. Il y avait des implications politiques. On saisit cette occasion pour nous punir. C'est ce que je pensais. J'écopai d'une suspension pour trois matchs. Ce truc stupide pouvait nous coûter le *Scudetto*. Le club fit tout pour sauver la situation. On essaya de me justifier. On insista que je m'en prenais à moi-même, il fallait que je me défende.

« Il était frustré après son erreur. Il s'adressait à lui-même. »

Mais, franchement, c'était n'importe quoi, de quoi pouvais-je être désolé ? D'un autre côté, la sanction était incroyablement sévère. « *Vaffanculo* » ? C'était stupide de ma part. Mais ce n'était rien. De tous les jurons, celui-ci n'est pas le plus grossier. Si vous saviez, j'ai entendu pire. Mais voilà, je devais avaler le morceau et accepter les vannes et les réprimandes. Et l'on me décerna à la télé un prix à la noix. Le « Tapiro d'Oro[1] », le tapir en or. C'est le jeu. Ils vous vénèrent puis vous rabaissent. J'avais l'habitude.

1. Distinction satirique attribuée à une personnalité pour un geste ridicule.

Pendant ce temps, le Napoli avait accroché la deuxième place au classement du championnat juste devant l'Inter. Naples avait connu sa période de gloire dans les années 1980 quand Maradona jouait là-bas mais ces dernières années ils avaient connu toutes sortes de difficultés et revenaient à peine à leur meilleur niveau.

Nous avions trois points d'avance mais il restait six matchs à disputer et j'étais sous le coup d'une suspension pour trois d'entre eux. C'était nul mais je tenais là une occasion de me reposer et de penser à ma vie. Je travaillai sur ce livre. Cela m'obligea à réfléchir, je fus frappé par le fait que je n'avais pas toujours été un mec très sympa. Je n'avais pas toujours dit les choses qui convenaient et je me sentais totalement responsable. Il n'y avait personne d'autre à blâmer.

Pourtant, beaucoup de gens sont comme moi, de jeunes garçons et filles qui se font réprimander parce qu'ils ne sont pas comme tout le monde et parfois, sûr, c'est nécessaire de le faire. Je crois à la discipline. Mais ce qui me met en rogne, ce sont tous ces entraîneurs qui n'ont jamais pu arriver au sommet par leurs propres moyens et qui pourtant se montrent sûrs d'eux : c'est comme ça qu'il faut faire, et pas autrement ! Ils ont l'esprit si étroit ! C'est débile !

Il existe des centaines de voies qui mènent à la réussite et le chemin qui est un peu différent et un peu difficile est souvent le meilleur. Je déteste quand on rabaisse les gens qui se démarquent. Si je n'avais pas été différent, je ne serais pas assis ici maintenant. Je ne prétends pas qu'il faut être comme moi, essayer de faire comme moi, Zlatan ! Pas du tout ! Je dis qu'il faut suivre son chemin, quel qu'il soit, et qu'il ne devrait jamais exister de satanées pétitions. Personne ne mérite qu'on lui tourne le dos juste parce qu'il n'est pas comme les autres.

Mais bien sûr, il ne serait pas agréable de rater le *Scudetto* que l'on avait promis à son club juste parce qu'on a mauvais caractère.

28

Adriano Galliani, assis au stade olympique de Rome, les yeux fermés, suppliait : s'il vous plaît, laissez-nous gagner, ce que je pouvais comprendre. Nous étions le 7 mai 2011, il était 22 h 30 et les minutes défilaient. Elles passaient un peu trop lentement et Allegri et les gars s'agitaient sur le banc. Que l'on croie en Dieu ou pas, il ne restait plus qu'à prier. Si on arrivait à prendre un point face à la Roma, on remportait le *Scudetto*, le premier depuis sept ans.

J'étais de retour sur le terrain. Et c'était plus qu'agréable. J'avais été absent un moment à cause de ma suspension. Mais j'étais bien là et, bien que ça ne soit pas facile, je pouvais décider de la victoire en championnat. La Roma et le Milan AC étaient également en guerre, pas uniquement parce que ce sont deux grandes villes. Le match était crucial pour les deux équipes.

On courait après le titre et la Roma se battait pour la quatrième place. Une quatrième place est une bonne affaire parce qu'elle vous qualifie pour la Ligue des Champions, ce qui fait des rentrées d'argent grâce aux droits télévisuels. Mais les gens ont de la mémoire en Italie et, en 1989, il s'était passé quelque chose. Comme je disais, il arrive que les événements se répètent. Comme s'ils hantaient les lieux. Tout le monde se souvient de Ronaldo qui avait raté son pénalty cette année-là, mais il y eut pire. Antonio De Falchi, un jeune supporter romain, était allé à Milan pour assister au match aller contre le Milan AC. Sa mère était inquiète et l'avait prévenu : « Ne porte pas de vêtements en rouge et or. Ne te fais pas remarquer en tant que supporter de la Roma. » Et il avait obéi.

Il s'était habillé de façon à ne pas attirer l'attention. Il aurait pu passer pour un type qui ne soutenait aucun des deux clubs mais quand un noyau dur de supporters se pointa pour lui demander une cigarette, son accent le trahit. « T'es un supporter de la Roma, espèce de connard ? » Et il fut encerclé. Il fut massacré à coups de pied, battu à mort. Une tragédie. Avant notre match un *tifo* avait été monté pour lui.

Un *tifo* est un hommage célébré par les supporters. Le nom d'Antonio De Falchi était apparu dans le stade en lettres illuminées de jaune et de rouge et, bien sûr, c'était un beau geste. Mais cela avait plombé l'ambiance. L'atmosphère était grave et tendue. Totti est une mégastar à Rome. Il joue dans ce club depuis l'âge de treize ans. Dans sa ville, il est comme un dieu. Il a remporté la Coupe du Monde, a été meilleur buteur du championnat, a reçu le Soulier d'Or, et même s'il n'était plus tout jeune il restait en grande forme. Alors, bien sûr, il y avait partout des effigies de Totti et des panneaux aux couleurs de la Roma. Mais il y avait aussi des drapeaux pour le Milan AC et pour Ibra. De nombreux supporters milanais suivent l'équipe quand elle se déplace et de la fumée de leurs flambeaux montaient des tribunes. Nous espérions tous fêter le titre.

Le match débutait à 20 h 45, comme d'habitude. En attaque, je jouais avec Robinho. Cassano et Pato étaient sur le banc et notre entame était bonne. Mais, à la quatorzième minute, Vučinić perça. J'ai cru qu'il allait marquer, qu'il y avait but. Mais Abbiati, notre gardien, fit un arrêt spectaculaire, un pur réflexe. Puis les choses se tendirent. La dernière fois qu'elle était venue à San Siro, la Roma nous avait battus, on s'est donc mis à s'activer sérieusement. Devant, on courait après la balle, je loupai plusieurs occasions et Robinho frappa le poteau. Prince Boateng s'était retrouvé dans une excellente position mais on n'arriva pas à marquer et le temps passait. Un 0 à 0 nous aurait suffi et l'horloge tournait pour enfin atteindre la quatre-vingt-dixième minute. Cela devait s'arrêter là.

Mais ce diable d'arbitre ordonna cinq minutes de temps additionnel. Cinq minutes ! On a continué à jouer et, franchement, je pense que Galliani, de là où il était, n'était pas le seul à prier. Sept ans sans *Scudetto*, c'est long pour un club comme Milan. De plus, souvenez-vous, j'avais promis que nous gagnerions. C'est la première chose que j'avais dite quand j'avais été présenté à San Siro et, certes, les sportifs disent tout un tas de trucs. Ils promettraient la Lune, ça ne coûte rien. Mais d'autres, comme Mohammed Ali, tenaient leurs promesses et je voulais être un de ceux-là. Je ne voulais pas que ce ne soit que de belles paroles. J'étais venu à Milan avec ma mentalité de gagnant et j'avais promis, juré, bataillé, travaillé et maintenant… on comptait les secondes. Dix, neuf, huit, sept et nous y fûmes !

L'arbitre siffla et la victoire était à nous. On se rua sur la pelouse et de la fumée s'éleva du stade. Les gens chantaient et criaient. C'était magnifique et hystérique. C'était absolument fantastique. Allegri, notre entraîneur, était porté en triomphe et Gattuso courait avec un magnum de champagne en arrosant tout le monde. Cassano était interviewé par la télévision et, autour de moi, ils étaient tous barjots. Ils me disaient : « Merci Ibra, tu as tenu ta promesse », mais, dans le délire, il y avait mieux.

L'adrénaline coulait à flots mais Cassano restait calme. Il avait peut-être besoin d'un coup de fouet. Je passai à côté de lui et du journaliste de la télévision et je lui fichai mon pied dans la tête, pas trop fort, bien sûr, mais pas doucement non plus et il sursauta.

« Mais qu'est-ce qu'il fait ? demanda le reporter.

— Il est fou.

— On dirait bien.

— Sauf qu'un joueur qui nous permet de gagner le championnat peut faire ce qu'il veut. »

Cassano se marrait. Mais je lui avais fait mal. Par la suite, il se baladerait avec une poche de glace sur le crâne. C'est sûr, ça chambrait pas mal et puis la fête commença. Mais, cette nuit-là, je ne m'endormis pas dans la baignoire. C'était n'importe quoi. J'avais passé six ans de ma vie en Italie et, chaque saison, j'avais remporté le *Scudetto*. Est-ce qu'un autre joueur avait réussi ça ? J'en doute et nous n'avions pas simplement gagné le championnat. Nous avons rapporté le trophée à la maison et entre le match du titre et la Coupe d'Italie, nous sommes partis en Chine. Là-bas aussi, c'était la folie totale. Je marquai un but, je fus élu homme du match, je reçus mon dix-huitième trophée[1] et j'étais vraiment très heureux.

Personnellement, j'avais évolué. Le football n'était plus aussi important pour moi. J'avais une famille et je refusai la sélection en équipe nationale suédoise. J'appréciais Lagerbäck. Mais je n'avais pas oublié toute cette affaire de Göteborg. Je n'ai pas la mémoire courte et je voulais passer plus de temps avec Helena et les garçons. Pendant

1. La Supercoupe.

un moment, je ne jouais donc plus avec la Suède mais l'occasion se présenta l'été précédent alors qu'au Barça tout était compliqué et que cela m'agaçait, je me sentais redevenir le gars de la cité, celui qui n'allait pas bien.

Cet été-là, plusieurs de mes coéquipiers de Barcelone disputaient la Coupe du Monde qu'ils allaient remporter et cela me manquait, même si je ne voulais pas revenir en équipe nationale. La sélection demande trop de temps. Je n'étais presque jamais à la maison avec les enfants. J'étais en train de rater pas mal de choses. Mais, à ce moment-là, Lars Largerbäck démissionna. Erik Hamrén était le nouvel entraîneur de l'équipe suédoise. Il m'appela.

« Salut. Je suis le nouvel entraîneur.

— Je vais te le dire tout net, je n'ai pas l'intention de revenir.

— Hein ?

— Je ne sais pas ce que les gens t'ont raconté. Tu t'es peut-être fait des idées, mais je ne jouerai pas.

— Mince, Zlatan. Tu es en train de me retirer le tapis de sous les pieds. Je n'étais pas au courant. »

Mais c'était une vraie tête de lard. J'adore les têtes de lard. On continua à discuter. Ça va être formidable. Ça va être super et tout le tintouin, et pour finir je l'invitai à venir chez nous à Malmö. Je le sentis tout de suite, ce type était cool. On a sympathisé immédiatement. Ce n'était pas un entraîneur suédois classique. Il avait envie de briser quelques tabous et les mecs de cette trempe sont toujours les meilleurs. Vous le savez, je n'ai pas confiance en ceux qui respectent les règles. Parfois, il est bon de ne pas les suivre. C'est comme ça que l'on progresse. Je veux dire, que serait-il arrivé au môme du Malmö FF que j'étais s'il s'était conduit convenablement ? A-t-on jamais écrit de bouquin sur les gens convenables ?

À la fin, j'ai accepté, nous étions d'accord pour qu'il me nomme capitaine et que je sois le leader de l'équipe nationale, j'appréciai. J'appréciai aussi le fait que je serais celui qui irait confronter les médias en cas de défaite. Ça m'excitait, et quand nous avons retrouvé les gars de l'équipe, je les ai bien regardés. Ils devaient se dire : mais qu'est-ce que c'est que ce truc ? D'habitude, une poignée de supporters viennent assister à nos entraînements. Là, il y en avait six mille pour une petite séance à Malmö. Alors, je dis très posément : « Bienvenue chez moi. »

Venir à Malmö est toujours particulier. Certes, j'y suis souvent. Malmö est notre ville. Mais, en règle générale, nous restons à la maison. C'est autre chose de venir pour y jouer. Les souvenirs remontent. L'été après le *Scudetto* et la victoire en Supercoupe, le Malmö FF et le Milan AC devaient disputer un match amical. Les tractations entre les deux clubs et les sponsors avaient duré très longtemps mais, dès que les tickets furent mis en vente, une marée humaine se dirigea vers le stade. Il pleuvait, à ce qu'on m'a dit. Les gens faisaient de longues queues qui serpentaient jusqu'à Pildamm Park.

Pendant des années, j'ai souvent parlé en mal de Malmö. Je n'avais pas oublié ce que Hasse Borg et Bengt Madsen m'avaient fait, mais j'aimais le club et je n'oublierai jamais ce jour où nous sommes arrivés à Malmö. Toute la ville était venue m'accueillir. On aurait dit un carnaval. Tout était sens dessus dessous, les rues étaient barrées, il y avait foule, c'était le délire. Les gens faisaient des bonds, agitaient leurs mains, criaient dès qu'ils m'apercevaient. Un bon nombre d'entre eux avaient attendu des heures juste pour m'entrapercevoir. Tout Malmö était en fête. Tout le monde attendait Zlatan. J'ai connu beaucoup de stades où il y avait du bruit, mais celui-là, c'était spécial : mon présent et mon passé ne faisaient qu'un.

C'était ma vie, encore et toujours, et le stade entier chantait et scandait mon nom. Il y a une scène dans ce vieux documentaire, *Blådårar*, où je suis assis dans un train et où je ne parle à personne en particulier. « Je suis sûr d'un truc, dis-je. J'aurai une Diablo mauve, c'est une Lamborghini. Et sur la plaque il y aura marqué "TOYS" en anglais. »

C'était un peu enfantin, j'étais jeune, j'avais dix-huit ans. Une super-bagnole était ce qu'un garçon comme moi pouvait imaginer de plus cool et le monde m'appartenait. On a largement diffusé ces propos. « T'as entendu ce qu'a dit ce freluquet de Zlatan ? Une Diablo mauve ! » C'était il y a longtemps, c'était trop lointain mais pas assez non plus d'une certaine façon et, cette nuit-là, dans le stade de Malmö, les fans déplièrent une immense banderole sur toute la façade de la tribune et en la regardant je compris en une seconde. Un dessin me représentait près de la bagnole en question avec la plaque TOYS. Dessus, il était inscrit : « Zlatan, reviens. On va te trouver la voiture de tes rêves. »

Ça me touchait profondément, ou comme un de mes amis l'aurait dit dans le temps : « C'est un conte de fées. » Un voyage qui menait de la cité HLM vers un rêve. Il n'y a pas si longtemps, quelqu'un m'a envoyé une photo du pont Annelund. Ce pont est situé juste à la sortie de Rosengård. Quelqu'un y avait accroché un panneau : « Vous pouvez sortir un gars de Ronsengård mais vous ne pourrez jamais faire sortir Rosengård de ce gars. Signé Zlatan. »

Je n'en avais jamais entendu parler. À cette époque-là, j'étais blessé, je m'étais foulé le pied, et je suis rentré à la maison à Malmö pour quelques jours, effectuer des séances de kiné. Un kiné de Milan m'accompagnait et, un après-midi, nous sommes allés près du pont pour voir cette citation. C'était une sensation étrange. C'était l'été, il faisait chaud. Je suis sorti de la voiture pour regarder l'inscription et je sentais qu'il se passait quelque chose en moi. Ces lieux avaient quelque chose de spécial.

Sous ce même pont, mon père avait été agressé et avait eu un poumon perforé. Pas très loin de là, il y avait le tunnel où j'avais l'habitude de courir dans l'obscurité, terrifié, pour aller chez ma mère à Cronmans Väg en me servant des réverbères pour me guider. C'était le quartier de mon enfance. Tout avait commencé dans ces rues et je me sentais, comment dire ? Grand et petit à la fois.

Le héros était de retour. J'étais la star du football mais aussi l'enfant apeuré du tunnel qui s'en sortirait s'il courait assez vite. J'étais tout en même temps et, je vous assure, des centaines de souvenirs refaisaient surface.

Je revis papa avec son casque et sa combinaison de travail, le frigo vide et les canettes de bières, mais aussi comment il avait porté mon lit sur son dos, kilomètre après kilomètre, et comment il avait veillé sur moi quand j'étais à l'hôpital. Je me souvins du visage de ma mère quand elle revenait de son boulot de femme de ménage et de la façon dont elle m'avait serré dans ses bras quand nous étions allés à la Coupe du Monde au Japon. Je me souvins de ma première paire de crampons, celle que j'avais achetée pour cinquante-neuf couronnes quatre-vingt-dix dans un supermarché discount près de l'étal des tomates et des légumes et je me souvins de mon désir de devenir le plus grand footballeur que l'on puisse être et je pensais que j'avais réalisé mon rêve et que tout cela ne serait pas arrivé sans tous les grands joueurs et entraîneurs avec qui j'ai joué et je leur en étais reconnaissant.

C'était Rosengård. Il y avait ce tunnel. Au loin, j'entendis un train passer sur le pont. Quelqu'un me montra du doigt.

Une femme avec un foulard sur la tête s'approcha et demanda si elle pouvait se faire photographier avec moi et je lui souris. Des gens ont commencé à se rassembler autour de moi. C'était un conte de fées, et j'étais Zlatan Ibrahimović.

CHRONOLOGIE
D'UNE CARRIÈRE

1999

Intégré au groupe de l'équipe première du Malmö FF.
Débuts dans le championnat de Suède (Allsvenskan League), 1 but.
Le Malmö FF est relégué en deuxième division (Superettan).

2000-2001

Marque 12 buts avec le Malmö FF en deuxième division.
Débuts en équipe nationale suédoise.
Recruté par l'Ajax Amsterdam.
Retour en première division avec le Malmö FF, marque 3 buts.

2001-2002

Débuts avec l'Ajax, marque 6 buts en championnat.
Marque 2 buts en Coupe de l'UEFA.
Marque 1 but en Coupe des Pays-Bas.
Remporte la Coupe des Pays-Bas.
Huitième de finale de Coupe du Monde.

2002-2003

Remporte la Supercoupe avec l'Ajax.
Marque 13 buts pour l'Ajax en championnat.
Marque 5 buts en Ligue des Champions.
Marque 3 buts en Coupe des Pays-Bas.

2003-2004

Marque 13 buts pour l'Ajax en championnat.
Marque 1 but au tour qualificatif pour la Ligue des Champions.
Marque 1 but en Ligue des Champions.
Remporte le championnat avec l'Ajax.
Quart de finaliste de l'Euro 2004.

2004-2005

Marque trois buts pour l'Ajax en championnat.
Auteur du but de l'année choisi par les spectateurs d'Eurosport.
Cédé à la Juventus de Turin.
Marque 16 buts pour la Juventus en championnat.
Remporte le championnat d'Italie (*Scudetto*) avec la Juventus.
Élu joueur de l'année à la Juventus.
Élu meilleur joueur étranger du championnat italien.
Élu meilleur attaquant en Suède.
Remporte le Guldbollen, ballon d'or suédois.

2005-2006

Marque 7 buts pour la Juventus en championnat.
Marque 3 buts en Ligue des Champions.
Remporte le championnat d'Italie avec la Juventus.
Huitième de finale de la Coupe du Monde 2006.

2006-2007

Recruté par l'Inter de Milan.
Remporte la Supercoupe avec l'Inter.
Marque 15 buts pour l'Inter en championnat.
Remporte le championnat d'Italie avec l'Inter.
Élu meilleur attaquant suédois.
Reçoit le Guldbollen, ballon d'or suédois.

2007-2008

Marque 17 buts pour l'Inter en championnat.
Marque 5 buts en Ligue des Champions.
Remporte le championnat italien avec l'Inter.
Sélectionné dans l'équipe de l'UEFA.
Élu meilleur joueur étranger du championnat italien.
Élu joueur de l'année dans le championnat italien.
Élu personnalité masculine de l'année en Suède.
Reçoit le prix Jeering en Suède.
Élu meilleur attaquant suédois.
Reçoit le Guldbollen, ballon d'or suédois.

2008-2009

Remporte la Supercoupe avec l'Inter.
Marque 25 buts pour l'Inter dans le championnat.
Marque 1 but en Ligue des Champions.
Marque 3 buts en Coupe d'Italie.
Remporte le championnat d'Italie avec l'Inter.
Meilleur buteur du championnat d'Italie.
Marque le but de l'année dans le championnat italien.
Élu meilleur joueur étranger du championnat italien.
Élu meilleur joueur du championnat italien.
Élu meilleur attaquant suédois.
Reçoit le Guldbollen en Suède.

2009-2010

Recruté par le FC Barcelone.
Remporte la Supercoupe avec Barcelone.
Remporte la Supercoupe de l'UEFA.
Marque 16 buts pour Barcelone en championnat.
Marque 4 buts en Ligue des Champions.
Marque 1 but en Coupe d'Espagne.
Remporte le championnat espagnol (Liga) avec Barcelone.
Sélectionné dans l'équipe de l'UEFA.
Élu homme sportif de l'année en Suède.
Élu meilleur attaquant suédois.
Reçoit le Guldbollen en Suède.

2010-2011

Remporte la Supercoupe avec Barcelone, 1 but marqué.
Recruté par le Milan AC.

Marque 14 buts en championnat pour le Milan AC.
Marque 4 buts en Ligue des Champions.
Marque 3 buts en Coupe d'Italie.
Remporte le championnat italien avec le Milan AC.
Remporte la Supercoupe avec le Milan AC, 1 but marqué.

En sélection nationale suédoise (jusqu'en septembre 2011)
69 matchs, 28 buts.

CRÉDITS PHOTOGRAPHIQUES

p. 2-3 : © Efrem Raimondi
p. 6 : © Nike (*en haut*), © FC Internationazale (*en bas*)
p. 8-9 : © Håkan Röjder/Sydsvenska/Scanpix
p. 14 : © Luca Bruno/AP/Scanpix (*en haut*), © Bildbyrån (*en bas*)
p. 15 : © Gustau Nacarino/Reuters/Scanpix (*en haut*), © Leif R Jansson/Scanpix (*en bas*)
p. 16 : © Marcus Ericsson/Bildbyrån
p. 17 : © Andreas Hillergren/Scanpix (*en haut*)
p. 18 : © Håkan Röjder/Sydvenska/Scanpix (*en haut*)
p. 21 : © Jasper Juinen/Getty (*en bas à gauche*), © Pier Paolo Ferrari/Massimo Sestini/Presse Sports (*en bas à droite*)
p. 24-25 : © Christer Wahlgren/KVP/Scanpix
p. 29 : © Giuseppe Cacace/AFP/Scanpix (*en haut*)
p. 30-31 : © Lahalle/Presse Sports
p. 32 : © Max Magazine

David Lagercrantz a fait ses débuts en tant qu'auteur en 1997 avec *My Everest Odyssey*, livre sur l'alpiniste suédois Göran Kropp qui devint un best-seller international. Depuis, il a consacré sa carrière à écrire sur des créateurs et personnalités d'exception qui se singularisent par l'originalité de leur parcours.

David Lagercrantz a connu un succès critique et commercial grâce à un roman inspiré de la vie du pionnier de l'informatique Alan Turing. Il a écrit divers documents et romans. Il donne également des cours d'écriture.

Composition Nord Compo

Impression réalisée par
CPI BRODARD ET TAUPIN
La Flèche
en janvier 2013

PAPIER À BASE DE FIBRES CERTIFIÉES

JC Lattès s'engage pour l'environnement en réduisant l'empreinte carbone de ses livres. Celle de cet exemplaire est de :
1,050 kg éq. CO_2
Rendez-vous sur www.jclattes-durable.fr

Dépôt légal : janvier 2013
N° d'édition : 02 – N° d'impression : 72265